AUTORENVERZEICHNIS

HELGA ELSNER *(H.E.)*
Oberstudienrätin, Pädagogische Hochschule Weingarten,
Fachbereich Haushalt/Textil, Kunst mit Textilem Werken
Schriftleiterin und Autorin der TEXTIL-STUNDE
und Autorenteam:

Inge Hörtensteiner *(I.H.)*, Christine Huchler *(C.Hu.)*
Eva Brückner *(E.B.)*, Melanie Brunnenmiller *(Me.B.)*
Ingrid Bucella *(I.B.)*, Renate Drese *(R.D.)*
Ulrike Feller-Joos *(F.-J.)*, Nadine Gätschmann *(N.G.)*
Iris Gold *(I.G.)*, Hildegard Grübel *(H.G.)*
Bettina Gruel *(B.G.)*, Christina Hermann *(C.He.)*
Gudrun Hermle *(G.H.)*, Irene Jankowski *(I.J.)*
Annika Kolb *(A.Ko.)*, Martha Riedl *(M.R.)*
Marina u. Raphael Rieger-Roth *(R.R.)*, Sofia Rock *(S.R.)*
Gabriele Schlegat *(G.S.)*, Tanja Schrade *(T.S.)*
Sabrina Schulze *(S.Sch.)*, Renate Vogel *(R.V.)*
Karin Welte *(K.W.)*, Edeltraud Wohnhas *(E.W.)*

DORIS JÖHLE-GUTMACHER *(J.-G.)*
Realschullehrerin, Emil-Thoma-Realschule Freiburg
Multimedia-Beraterin
Schriftleiterin und Autorin der TEXTIL-STUNDE II
mit Sofie LeBreton *(S.L.)*, Jacqueline Jöhle *(J.J.)*

KARIN SENGER *(K.S.)*
Grund- und Hauptschulehrerin und Diplompädagogin,
freie Autorin und Fotografin
schreibt seit Jahren Kinderbücher und ist in der außer-
schulischen Kinder- und Jugendarbeit tätig

CORINNA COTTI *(C.C.)*
Fachlehrerin für textiles Gestalten, CH-8807 Freienbach
Präsidentin der Handarbeitslehrerinnen der Stadt
Zürich

URSULA HOFMANN *(U.H.)*
Fachlehrerin für textiles Gestalten, CH-6060 Sarnen

EVE-MARIE ZEYHER-PLÖTZ *(Z.-P.)*
Studienrätin, Pädagogische Hochschule Freiburg,
Institut für Technik, Haushalt und Textil/
Abteilung Haushalt, Textil
Schriftleiterin und Autorin der TEXTIL-STUNDE II
und Autorenteam:

Claudia Bernhard *(C.B.)*, Sandra Blank *(S.B.)*
Heidi Bregenzer *(H.B.)*, Stefanie Christ *(S.C.)*
Claudia Dietz *(C.D.)*, Viola Dröse *(V.D.)*
Barbara Epple *(B.E.)*, Steffi Gruber *(S.G.)*
Silvia Hilse *(S.H.)*, Tina Höschen *(T.H.)*
Ulrike Holbein *(U.Ho.)*, Laura Kirn *(L.K.)*
Kai Klingenstein *(K.Kl.)*, Anja Köberle *(A.K.)*
Kristina Köhn *(K.K.)*, Melanie Krumm *(M.K.)*
Andrea Luckey *(A.L.)*, Kathrin Niederau *(K.N.)*
Ulrike Nil *(U.N.)*, Maren Pollay *(M.P.)*
Stefanie Speders *(S.S.)*, Anja Tröndle *(A.T.)*

Dank auch an Frau F. Braun, GS Kirchzarten und
weitere Mitwirkende in der Schulpraxis sowie an
das Schachenmayr-Designstudio *(S-D-S)* und an
unsere Autorin **Marianne Brüssing *(Ma.B.)*.**

VORWORT

Handarbeiten – ist das denn überhaupt noch „in"? Kann man inzwischen nicht alles viel schneller, schöner, billiger, perfekter kaufen? Aber darum geht es gar nicht!

Das kreative Arbeiten mit den Händen ist für die Entwicklung der Kinder und Jugendlichen wichtiger denn je und es ist für sie besonders faszinierend, wenn neue Ideen aus bekannten traditionellen Techniken entspringen, ungewöhnliche mit altbewährten Materialien in aktuelle Zusammenhänge gebracht werden und die Umsetzungen attraktiver Anregungen für Anfänger und Könner leicht nachvollziehbar sind.

Durch den handelnden Umgang mit den verschiedensten textilen Materialien und Geräten wird nicht nur die Feinmotorik trainiert, sondern auch die Bereitschaft des Heranwachsenden geweckt, Anregungen anzunehmen und Neues zu erlernen, um eigene Ideen und Ziele zu verwirklichen. Dabei entfaltet sich die eigene Kreativität und somit auch die Individualität.

Das Empfinden für Harmonie bei Farben und Formen wird sensibilisiert und das Selbstwertgefühl durch gelungene Arbeiten, die auch als Geschenk Anerkennung finden, gesteigert.

Nahezu automatisch gefördert werden Sorgfalt und Konzentration, da bei vielen Techniken ganz bestimmte Gesetzmäßigkeiten eingehalten werden müssen, damit die Arbeit gelingen kann. Umso größer sind schließlich das Erfolgserlebnis und der Stolz auf die selbst hergestellte Arbeit.

Handarbeiten kann auch von therapeutischer Bedeutung sein. Immer wieder erleben wir unruhige Kinder, die beim Arbeiten mit textilen Materialien ganz in ihre Arbeit versunken sind.

Und noch ein weiterer aktueller Aspekt nimmt Einfluss auf die Lebenswelt der Kinder – der kreative Umgang mit den textilen Materialien schärft ihr Bewusstsein für die Umwelt. Sie lernen die unterschiedlichsten Materialien kennen, die sie auch in ihrem privaten Umfeld wiederfinden und neu verwerten können.

Von großer Bedeutung ist nicht zuletzt die Freude während der praktischen Arbeit und am fertigen Gegenstand. Mit unseren Ideen möchten wir zeigen, wie viel Spaß Handarbeiten machen kann und dazu ermutigen, in die bunte Welt des Textilen Gestaltens einzutauchen. In diesem Buch haben wir eine Fülle von Vorschlägen zusammengestellt, die begeistern und zum Selbermachen anregen sollen.

Wir wünschen viel Freude beim Ausprobieren und an den fertigen gelungenen Arbeiten!

Helga Elsner

Helga Elsner

Textilien, unsere „2. Haut", begleiten uns täglich in den Bereichen der Mode und Bekleidung. Aber auch in Haushalt, Beruf, Freizeit, Medizin und Technik sind sie von großer Bedeutung. Seit wir als Menschen die Welt urbar gemacht haben, wurde das textile Material im funktionalen und ästhetischen Sinne zur Gestaltung unserer Umwelt eingesetzt.

Heute wächst die Vielfalt an modernen textilen Materialien und Effektstoffen enorm durch die rasanten industriellen und technischen Fortschritte in der Faserherstellung, Ausrüstung und Veredlung, wie auch im Design. Dadurch ergibt sich eine Fülle an Gestaltungs- und Experimentiermöglichkeiten. So hatten wir auch keine Mühe, viele interessante Ideen in diesem Buch zusammenzutragen, die den Facettenreichtum des Textilen widerspiegeln.

In dieser Sammlung geht es um die sachorientierte sowie lustbetonte Auseinandersetzung mit Fasern, Garnen, textilen Flächen, Hüllen und plastischen Objekten.

Die Anregungen kommen aus der Praxis. Die einzelnen Autorinnen vertreten verschiedene didaktisch-methodische Ansätze, die bewusst nebeneinander stehen. Alle finden es jedoch wichtig, Textilien mit Kopf, Herz und Hand zu erfassen.

Das gedankliche „Begreifen" und Lernen geschieht in einem großen Maße über das Greifen, Betasten, Fühlen, Erleben und Bestaunen der Materialien, vor allem im Kindesalter!

Hier liegt eine große Chance in der Freizeitgestaltung wie auch im Textilunterricht, der es sich in den letzten Jahrzehnten zum Ziel gemacht hat, die Sinne der Kinder ganzheitlich zu fördern, ohne jedoch Grundkenntnisse, z. B. in textilen Verfahren oder Materialeigenschaften, zu vernachlässigen.

Früher ging es vorwiegend um die Vermittlung von Techniken mit dem Ziel der Herstellung und Aufwertung von Gebrauchsgegenständen der häuslichen Umgebung. Heute wird es als wichtig erachtet, die Kinder und Jugendlichen zu einer bewussten optischen und haptischen Wahrnehmung anzuregen und handelnde und experimentelle wie zielorientierte Prozesse einzuleiten.

Dafür bilden die textilen Techniken und allgemeinen Gestaltungsprinzipien die Grundlage. Mit ihnen werden Ausdrucksformen gesucht. Ebenso bedeutend ist es, eine sachliche Wissensvermittlung und kritische Auseinandersetzung mit dem textilen Material anzubahnen.

Und im Sinne eines globalen Lernens geht es auch im textilen Bereich darum, die eigene und fremde Kulturen kennen zu lernen und wertzuschätzen.

Viel Spaß beim Lesen und Erproben der zahlreichen Vorschläge!

Eve-Marie Zeyher-Plötz

INHALTSVERZEICHNIS

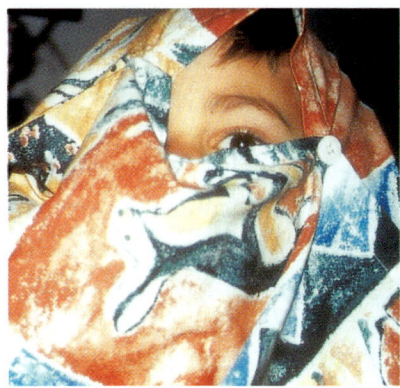

GESTALTEN TEXTILER FLÄCHEN MIT FARBEN UND FORMEN

GESTALTEN TEXTILER FLÄCHEN MIT FÄDEN

BILDEN TEXTILER FLÄCHEN

VERARBEITEN TEXTILER FLÄCHEN

Sowohl in der Schule als auch im Freizeitbereich ist die bunte Palette an kreativen Vorschlägen einsetzbar. In einigen Fällen ergibt sich darüber hinaus die Möglichkeit, das Beispiel in einem anderen Sachzusammenhang zu gestalten, was für eine fächerübergreifende Unterrichtsplanung von großem Nutzen ist.

Ihrem jeweiligen Schwerpunkt gemäß sind die Vorschläge in 14 Kapitel eingeordnet, die verschiedene textile Techniken vorstellen. Innerhalb des Kapitels sind sie nach Altersstufen und Schwierigkeitsgrad gestaffelt.

Wichtige allgemein gültige Hinweise z. B. zur Technik, zum Material, zum geschichtlichen Hintergrund usw. befinden sich auf den jeweiligen Einstiegsseiten der Kapitel.

In der Zeile **KLASSE** wird ein Hinweis darauf gegeben, ab welcher Klassenstufe die jeweiligen Arbeiten vorgeschlagen werden, wobei die Grenzen natürlich fließend sind.

Unter dem Punkt **ZEIT** ist der ungefähre Zeitbedarf angegeben unter Berücksichtigung der erforderlichen Voraussetzungen des kindorientierten Kenntnisstandes. Das erleichtert sowohl die Planung als auch die anschließende Durchführung.

Stichwortartige Formulierungen unter **ASPEKTE** lassen auf einen Blick erkennen, welche Kompetenzen vermittelt werden sollen und welche Themenschwerpunkte im Mittelpunkt stehen.

Unter der Rubrik **MATERIAL** gibt es exakte Angaben zum Verbrauchsmaterial, dem jeweils benötigten spezifischen Werkzeug und, falls erforderlich, zu weiteren Hilfsmitteln.

Einleitende **VORBEMERKUNGEN** bieten je nach Gestaltungsaufgabe schon im Vorfeld viel Wissenswertes.

Die **ANLEITUNGEN** enthalten in knapper Form alle Informationen, die für ein einwandfreies Gelingen notwendig sind. Die Anleitungen sind leicht nachzuvollziehen und lassen gleichzeitig genügend Spielraum für individuelle Variationen.

Wie bei allen ALS-Publikationen üblich, sind die gezeigten Beispiele in der Praxis erprobt. Sie sind so konzipiert, dass ein Nachvollziehen leicht fällt und die individuell gestaltete „Handarbeit" ihre Wertschätzung erhält.

TIPPS, kleine Zeichnungen oder Abbildungen der Arbeitsschritte ergänzen schwierigere Abschnitte oder geben weiterführende Hinweise.

Ziel aller Vorschläge in diesem Themenbuch ist es, textile Zusammenhänge mit allen Sinnen erlebbar zu machen, die Kreativität der Kinder zu fördern und sie in ihrem selbstständigen Tun zu bestärken.

TEXTILES SPIELERISCH
WAHRNEHMEN UND GESTALTEN

Kinder zu Beginn des Schulalters haben ein natürliches Interesse an den Erscheinungen des Textilen und dessen eigener Sprache.

Eine große Rolle spielt dabei die individuelle Entwicklung, der ganz persönliche Zugang und die Betroffenheit eines jeden Kindes, wie auch sein textiler Erfahrungsschatz im häuslichen Umfeld.

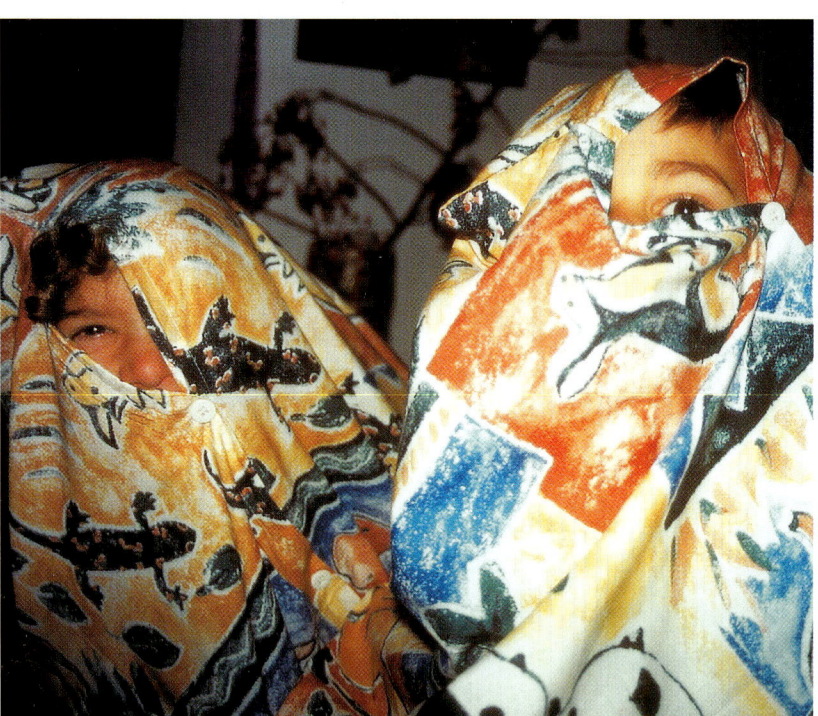

Täglich machen Kinder bewusst oder unbewusst haptische und optische Erfahrungen mit Textilien, so zum Beispiel auf einer Hängematte aus Stoff zu liegen und getragen zu werden, sich in Stoff einwickeln zu können, elastische Stoffe zu dehnen und v. a. m.

Charakteristika von Stoffen, wie die spezifische Stabilität und Flexibilität, können die Kinder durch primäre Übungen erleben. Weiterführend sollen die Kinder lernen, Wahrnehmungseindrücke zu unterscheiden und Materialkontraste zu erkennen. Mit Hilfe eines Fühlkastens oder einer Materialsammlung lassen sich beispielsweise Kontrastpaare herausfinden.

Kinder agieren mit textilem Material in den Bereichen Kleiden und Schmücken, Verkleiden, Schützen und Verhüllen. Sie schlüpfen mit Textilien in neue Rollen, spielen mit textilen Objekten und bauen mit Stoffen ihre ersten Höhlen.

Kinder sind kreativ im Umstrukturieren textiler Halb-
fertig- und Fertigwaren, wie auch im Erfinden neuer
Zusammenhänge. Der eigentliche Handlungsmotor
zum Umgang mit textilem Material ist bei Kindern nicht
unbedingt das Vorgegebene, sondern der Zufall oder
das spielerische Ausprobieren. Die kindliche Produkti-
vität geht oftmals mit einer Spontanität und Kreativität
einher, die man in jedem Fall fördern sollte.

Wahrnehmung ist gebunden an Sinnesorgane und
Empfindungen. Ästhetische Erfahrungen machen
Kinder daher durch eine starke emotionale und sinn-
liche Wahrnehmung in der Auseinandersetzung mit
ihrer unmittelbaren Lebenswelt. Neben den Augen
spielen die tastenden Hände eine besonders große
Rolle.

Wichtig ist es deshalb, alle Sinne gleich stark anzuregen und die unterschiedlichen Funktionen beider Ge-
hirnhälften gleichermaßen zu fördern.

Beim Wahrnehmen und Handeln wählt das Kind aus, es
denkt sachlich, es bewertet, strukturiert, gruppiert
und kombiniert, es erinnert sich an da Gewesenes und
bereits Gelerntes.

Die Entwicklungsphase des Grundschulalters ist für die
Ausbildung dieser Fähigkeiten von entscheidender Be-
deutung. Das ästhetische Erfahrungslernen in unseren
Vorschlägen soll hierzu einen kreativen Beitrag leisten.
(Z.-P.)

13

TAST- UND FÜHLKASTEN

KLASSE: ab 1. Schuljahr
ZEIT: 2–3 Stunden

ASPEKTE

Textiles spielerisch wahrnehmen
Textile Gestaltungsmittel erproben
Materialeigenschaften von Textilien erkennen
Verschiedene Stoffarten und Garne unterscheiden

MATERIAL

Schuhkarton
Stoff-, Fell- und Garnreste
Fasern, Bast, Schnur
Klebstoff
Gewebeband
Doppelseitiges Klebeband
Schere, Bleistift

ANLEITUNG

Auf eine Schmalseite des Kartons mit Bleistift eine Öffnung (durch die später ein Kinderarm passen soll) einzeichnen – genügend Rand nach oben (Deckel) und unten stehen lassen. Die Öffnung ausschneiden.

Nun den Karton von außen mit Stoff überziehen. Zuerst den Deckel, dann den Kasten bekleben.

Den überstehenden Stoff abschneiden und die Stoffkanten mit dem Gewebeband festkleben.

Vorsichtig den Stoff über der Öffnung wegschneiden. Dabei einen Rand stehen lassen, diesen in Abständen einschneiden und nach innen festkleben.

Für den Innenraum des Fühlkastens probeweise Material arrangieren. Auf unterschiedliche Fühlerlebnisse achten und Wege für die tastende Hand gestalten. Idee ist es, die Hand zu locken, interessante „Taststraßen" zu erforschen. Dann mit Klebstoff und Klebebändern die einzelnen Materialien an den Wänden und dem Boden befestigen.

Für die Öffnung einen Vorhang aus Fäden oder Stoff basteln und ankleben. Den Deckel ebenfalls von innen mit Tast- und Fühlmaterialien bekleben.

Den Deckel auf den Kasten setzen und los geht das spannende Fühlen, Tasten und Raten. Nun darf jeder einmal auf Erlebnisreise in einem fremden Fühlkasten gehen – wer fühlt die meisten Unterschiede, kann sie benennen und die Materialien erraten? *(K.S.)*

VORBEMERKUNGEN

Als Einstieg können die Schüler mit geschlossenen Augen in aufgestellte Fühlboxen fassen, die ertasteten Materialien benennen bzw. ihre haptischen Merkmale beschreiben. Es zeigt sich dabei, wie weit die Kinder mit den ertasteten Materialien bereits vertraut sind.

Damit ein stabiles Spiel entsteht, die Dominosteine aus Sperrholz oder sehr festem Karton sägen. Zur Herstellung der Spielsteine bzw. der Tastelemente jeweils passende Schablonen einsetzen.

Beim Ausschneiden und Aufkleben ist Hilfestellung erforderlich. Eventuell müssen die Dominosteine von der Lehrkraft ausgesägt oder ausgeschnitten werden. Nach Fertigstellung des gesamten Tastdominos sollte natürlich auch noch Zeit zum Spielen bleiben.

MATERIAL

Karton für ca. 15 Spielsteine, Schablonen für Dominostein (16 x 8 cm) und Tastfläche (6 x 6 cm)
Bleistift, Lineal, Schere, Klebstoff/Leim
Flache Materialien aller Art (Stoffe, Kork, Rupfen, Leder, Teppichbodenreste, Fell, Schleifpapier, Schnüre …)

TASTDOMINO

KLASSE: ab 1. Schuljahr
ZEIT: ca. 4 Doppelstunden

ASPEKTE

Verschiedene textile Materialien kennen und unterscheiden lernen
Kriterien für das Aussuchen, Ausschneiden und Aufkleben aufstellen
Ein selbst hergestelltes Spiel mit allen Sinnen erleben

ANLEITUNG

Zuerst mit Hilfe der größeren Schablone die Dominosteine aufzeichnen, sauber aussägen bzw. -schneiden und eventuell die Kanten noch glatt schleifen.

Die bereitgelegten Tastmaterialien bei Bedarf glätten und ebenfalls mit Hilfe der kleinen Schablone exakt ausschneiden. Dabei müssen von einem Material immer ein Paar gleicher Tastflächen hergestellt werden.

Auf einem Spielstein immer zwei verschiedene Materialien passend (Außenrand jeweils 1 cm) aufkleben.

Damit die Tastflächen gut haften, müssen sie entsprechend lange angepresst werden. Bei luftigem Material ein zu festes Pressen vermeiden, damit kein Klebstoff an die Oberfläche dringt. *(I.H./H.E.)*

FÜHLBUCHSTABEN

KLASSE: ab 1. Schuljahr
ZEIT: 2 Doppelstunden

ASPEKTE
Förderung der haptischen und optischen Wahrnehmung
Spielerisches Wiedererkennen durch blindes Erfühlen
Einzelne Buchstaben erlernen und festigen oder den
eigenen Namen gestalten

MATERIAL
Einfache Papiere in verschiedenen Größen
Bleistift oder alternativ Plaka-Farbe und Borstenpinsel
Karton DIN A3, Stärke 0,8–1,2 mm
Werk- und Textilschere
Stoffreste in Größe DIN A3
Fühlmaterialien mit ausgeprägter Struktur:
Webpelz, Fell, Samt, Cord, Frottee,
Gitter-, Reliefstoffe, Leder, Flanell
Dekostoffe mit ausgeprägten optischen Qualitäten:
Lurex, Satin, Glanzstoffe
Leim/Buchbinderleim

ANLEITUNG

Einen selbst entworfenen Buchstaben auf Karton im
Format DIN A3 in der Mindestbreite von drei Fingern
mit parallelen Linien aufzeichnen oder mit Plaka-Farbe
und einem breiten Borstenpinsel aufmalen.

Darauf achten, dass der Buchstabe an keiner Stelle zu
schmal wird und dass die zur Verfügung stehende Fläche ausgenutzt wird. Den Buchstaben mit einer Werkschere ausschneiden.

Einen zum Buchstaben passenden Stoff auswählen,
zum Beispiel für **T** ein Tigermuster oder für **F** ein Fell,
für **S** einen sandfarbenen Stoff etc. Das geht nicht bei
allen Buchstaben, daher kann man bei den anderen eine
bevorzugte Farbe, Musterung oder Struktur aussuchen.

Die Oberseite des Buchstabens mit Leim bestreichen
und den gewendeten Buchstaben (spiegelverkehrt) auf
die Rückseite des ausgewählten Stoffes aufkleben. Bei
Fellen, Webpelzen und Samtstoffen sollte die Strich-
richtung des Flors nach unten verlaufen.

Den Stoff, wenn er vollständig getrocknet ist, entlang
der Kartonränder des Buchstabens mit einer Textilschere ausschneiden. →

WANDBEHANG
MIT STUNDENPLAN

KLASSE: ab 3. Schuljahr
ZEIT: 3 Stunden

ASPEKTE

Mit Stoffen und Garnen gestalten
Materialeigenschaften erkennen
und gezielt einsetzen
Flächen gliedern, Muster bilden

TIPP

Die Schüler frühzeitig zum Sammeln von Stoffresten in
passender Größe und Materialqualität anregen.

Als Einführung empfiehlt es sich, einige bereits fertig
gestaltete Fühlbuchstaben in Größe DIN A3 blind
ertasten zu lassen. Formmerkmale und Materialqualität werden auf diese Art und Weise besonders
intensiv wahrgenommen.

Ein großes Angebot an attraktiven Stoffen bietet für die
Kinder den Anreiz, neben den unterschiedlichen Fühl-
erlebnissen auch optische Merkmale zu benennen und
eventuell sprachliche Neuschöpfungen zu entwickeln.
Aus diesem Grund eignet sich das Thema auch fächer-
übergreifend für den Deutschunterricht. *(Z.-P.)*

MATERIAL

Dicke, feste Pappe 42 x 46 cm
Bunte Stoff- und Garnreste
Bettlakenstücke für große Flächen
Schere
Tapetenkleister, großer Pinsel
Stundenplan, Pinnwandnadeln
Klebstoff, Gewebeband
Foto

VORBEMERKUNGEN

Aus Stoffresten und buntem Garn wird im Nu eine ganz
besondere Umrahmung für den Stundenplan oder auch
für das Lieblingsfoto. →

17

ANLEITUNG

Den Tapetenkleister nach Anleitung des Herstellers anrühren – er muss gut ausquellen und darf nicht zu wässrig sein.

Zuerst die Pappe mit einem großen hellen Stoff komplett beziehen. Dazu eignet sich ein Stück von einem alten Bettlaken. Den Stoff mit einer Zugabe von ca. 5 cm an allen Seiten zuschneiden. Mit einem großen Pinsel die Oberfläche der Pappe mit Tapetenkleister gleichmäßig einstreichen. Den Stoff mittig auflegen und sanft andrücken. Falten von der Mitte zu den Rändern hin ausstreichen. Den überstehenden Stoff an den Rändern nach hinten umschlagen.

Aus den Stoffresten Motive mit der Schere ausschneiden und probeweise auf der Pappe anordnen. Platz für den Stundenplan oder das Foto lassen, dieser muss nicht besonders gestaltet werden. Die einzelnen Stoffstückchen mit Kleister bestreichen und aufkleben.

Anschließend das Bild mit bunten Garnresten ausgestalten. Kantenverzierungen, Blüten, Fantasiemuster und Schnörkel lassen sich sehr gut legen und gestalten. Dazu die Fäden durch den Kleister ziehen, in der gewünschten Form auflegen und vorsichtig andrücken.

Das Werk trocknen lassen, dabei an den Seiten beschweren, damit die Pappe möglichst keine Wellen wirft. Je glatter bzw. wasserabweisender die Oberfläche ist und je besser man die Arbeit presst, umso wellenfreier ist das Ergebnis. Eventuell das gesamte Bild über Nacht pressen, der Kleister muss an der Oberfläche schon getrocknet sein, damit nichts anklebt! Den überstehenden Stoff auf der Rückseite mit Klebstoff oder Gewebeband festkleben. Falls sich der Karton noch wellen sollte, Stoff auf der Rückseite gegenkleben. Den Stundenplan oder das Foto mit Pinnwandnadeln befestigen, dann ist das Auswechseln kein Problem.

Für die Aufhängung eine oder zwei Schlaufen, aus Baumwollgarn mit Luftmaschen gehäkelt, an der Rückseite befestigen.

TIPP

Der Vorteil des Tapetenkleisters besteht darin, dass man einzelne Stoffelemente auch nach dem Ankleben noch gut verschieben oder sogar entfernen kann, ohne dass es Flecken gibt. *(K.S.)*

PIRATENSCHLACHT UM DIE SCHATZINSEL

KLASSE: 2./3. Schuljahr
ZEIT: 6 Stunden

ASPEKTE

Für unterschiedliche Materialien sensibilisieren
Verschiedene Sticharten erlernen
Materialien und Sticharten kombinieren
Ein Spiel herstellen

MATERIAL

Gminder Cotton bzw. fester, leinwandbindiger Baumwollstoff, ca. 50 x 50 cm, dunkelblau
Stoff 15 x 10 cm, bunt; 20 Stoffstücke, ca. 3,5 x 5 cm in unterschiedlichen Farben und evtl. verschiedenen Stoffarten (z. B. Fell, Seide, Samt)
Dispersionsfarben oder deckende Stoffmalfarben
Watte, weißes und farbiges Stickgarn, z. B. Anchor Perlgarn Nr. 5
Stick- und Nähnadeln, Pinsel

ANLEITUNG

Zunächst den Baumwollstoff mit Dispersions- oder deckenden Stoffmalfarben dunkelblau bemalen. Dabei nicht vergessen, dass der Start des Spiels im linken oberen Teil des Spielfeldes ist! Dargestellt werden soll eine Schatzinsel mit Palmen, Goldstücken oder einer Schatzkiste, umringt von Quallen, Walen, Fischen und Wasserpflanzen. Und natürlich ein Piratenschiff!

Wenn die Farbe getrocknet ist, einige Motive mit unterschiedlichen Stickstichen hervorheben. Dafür eignen sich die Anlegekette und der Mast des Piratenschiffs, der Palmenstamm und die Palmenblätter, der Wasserstrahl des Wals, Fischflossen und Wasserpflanzen. →

Erst jetzt wird die Spielstraße festgelegt. Jedes Stoffstück und Wattebällchen ist ein Spielfeld. Das Startfeld ist links oben, Ziel ist die Schatzinsel. Die Watte in den Händen zu kleinen Bällchen rollen. Die Stofffelder mit Stecknadeln am Grundstoff befestigen, um den Verlauf der Spielstraße immer im Blick zu haben. Zwischen diesen Feldern ein bis vier Wattebällchen setzen.

Jetzt kann das Annähen von Stoff und Wattebällchen beginnen. Zuerst wird das Startfeld mit einfachen Stichen dem Rand entlang auf das Leinenstück genäht. Die Stoffstücke werden am oberen Rand in Laufrichtung mit ein paar Querstichen befestigt.

Dabei sollte die Farbe von Garn und Stoff ähnlich sein. Bei den Wattebällchen genügt ein Kreuzstich über die Watte mit weißem Garn.

Zuletzt werden unter einige Stoffstücke Zahlen oder ein Würfel gemalt bzw. gestickt, wie z. B. –1, +2. Diese Symbole haben ihre Bedeutung für den Spielverlauf. Das Spielfeld ist nun fertig!

Was noch fehlt, sind die Spielfiguren. Dazu können einfache Schiffchen aus unterschiedlichen Farbpapieren gefaltet und mit Seeräuberfähnchen gekennzeichnet werden.

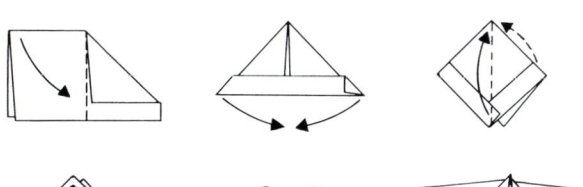

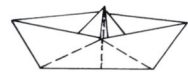

SPIELVERLAUF

Alle Seeräuberschiffe stehen auf dem Startfeld bereit. Ziel des Spiels ist, als Erster auf der Schatzinsel zu sein. Der jüngste Spieler beginnt. Er würfelt und zieht

mit seinem Boot die angegebene Zahl auf den Spielfeldern nach vorne. Landet die Spielfigur auf einem Stofffeld, schaut der Spieler darunter und geht mit seiner Figur die angegebene Zahl vor oder zurück. Ist ein Würfel abgebildet, darf der Spieler nochmals würfeln. Bei einem Kreuz heißt es: Aussetzen! Kommt ein Spieler auf ein Feld, welches schon besetzt ist, wird diese Figur drei Felder zurückgesetzt. Hat ein Spieler seinen Zug beendet, kommt der nächste an die Reihe.

TIPP

Den Grundstoff und den bunten Stoff bereits vorher versäubern, ebenso die kleinen Stoffstücke. Entweder den Stoff mit einer Zackenschere zurechtschneiden oder schmale Streifen mit dem Zickzackstich auf der Nähmaschine versäubern und dann passend zurechtschneiden. *(S.G./Z.-P.)*

EIN SELBST GEDREHTES SPRINGSEIL

KLASSE: ab 3. Schuljahr
ZEIT: 3 Stunden

ASPEKTE

Garne, Garnherstellung und spezifische Fachausdrücke kennen lernen
Garnanalyse zur Unterscheidung der Herkunft
Eigenschaften und Verwendung verschiedener Garne kennen lernen und testen
Springseile herstellen und erproben

MATERIAL

Garne aus verschiedenen Fasern, wie Woll-, Baumwoll-, Bast-, Seiden-, Chemie-, Jute-, Ramie-, Leinen-, Hanfgarne mit unterschiedlicher Herstellung (einfache Garne, Zwirne etc.) in Säckchen verpackt
Fadenzähler, Lupe
Ein echtes Tau oder Abbildungen davon
Zugeschnittene Garne
Arbeitsheft und -blätter
Klebefilm
Stifte oder Holzstöckchen
Je drei Trikotstreifen, 11–12 m lang (für 4 m Seillänge)

VORBEMERKUNGEN

Um in das Thema einzuführen, eignet sich ein Einstieg über haptische Eindrücke ganz verschiedener Garne, die als Knäuel einzeln in Fühlsäckchen verpackt werden. Die Fühlqualitäten beim Tasten beschreiben und Überlegungen anstellen lassen, aus welchem Rohstoff das Garn entstanden sein könnte. Anschließend ca. 20 cm lange Garnstücke durch teilweises Aufdrehen auf Reißfestigkeit, Dehnbarkeit, Elastizität und auf weitere Merkmale hin untersuchen. Mit Fadenzähler oder Lupe die Struktur und Textur der Oberfläche, eventuell das Aussehen der einzelnen Fasern des Garnes, aber auch die Art der Fügung/Drehung betrachten.

Die Ergebnisse können zusammen mit den Proben in ein Arbeitsheft eingetragen werden. →

Wichtige Unterscheidungen:

Einfachgarne: Als solches werden Spinnfasergarne bezeichnet, die durch Zusammendrehen von Stapelfasern versponnen werden. Auch Filamentgarne aus Endlosfasern fallen in diese Kategorie.

Gefachte Garne: Hier handelt es sich um zwei oder mehrere Garne, die lediglich zusammengespult, jedoch nicht miteinander verdreht sind.

Zwirne: Zwirn ist ein Sammelbegriff für alle linienförmigen textilen Gebilde, die durch Zusammendrehen einfacher Garne und/oder Zwirne gleicher oder unterschiedlicher Art entstanden sind. Die Reißfestigkeit wird so erhöht.
Bei **einstufigen Zwirnen** werden mehrere Garne, bei **mehrstufigen** mehrere Zwirne zu einem Zwirn zusammengefasst.
Mit dem Begriff der **Drehung** ist die **Drehrichtung** (S- oder Z-Richtung) und die **Drehzahl** von Garnen und Zwirnen gemeint, die sich auf die Länge von 1 m bezieht.

ANLEITUNG

Vier Kinder bilden eine Arbeitsgruppe (S1–S4). Die drei 11–12 m langen Bänder zur Hälfte legen und die sechs Enden miteinander verknoten. Diese hält das erste Kind während des gesamten Vorgangs gut fest.

Auch eine Schnur kann durch den Knoten geführt und wie ein Gürtel am Körper des Kindes befestigt werden. Das erspart das Halten über eine längere Zeit.

Die drei anderen Kinder halten jeweils eine der drei Schlaufen, in die sie dicke Stifte oder Hölzchen stecken.

Nun beginnen die Kinder gleichmäßig, die Stifte **in die gleiche Richtung**, zum Beispiel nach rechts (S-Richtung des einzelnen Streifens) zu drehen. Wichtig ist es, weder zu wenig, noch zu stark zu drehen.

Beim Überdrehen ergibt sich ein welliges Bild oder der einzelne Strang bildet gar eine Schlinge. Ist eine feste Drehung erzielt, den Drehvorgang stoppen.

Die Kinder sollten nun in gleichem Abstand voneinander stehen. Das erste Kind löst nun die Befestigung am Körper und dreht unter einer straffen Spannung der drei Bänder die zusammengeknoteten Enden **nach links**, es ergibt sich eine Z-Drehung des Springseils. Bei falscher Richtung lösen sich alle Drehungen wieder auf.

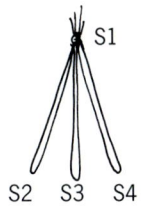

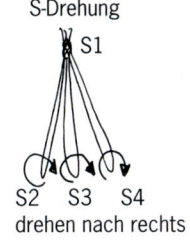

S-Drehung

S2 S3 S4
drehen nach rechts

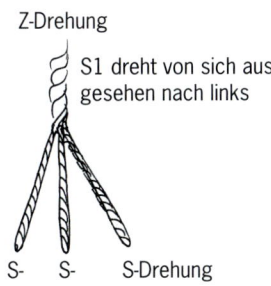

Z-Drehung

S1 dreht von sich aus gesehen nach links

S- S- S-Drehung

TIPP
Wegen der Dehnfähigkeit eignet sich das Trikotseil weniger zum Tauziehen. Hier müsste man ein anderes Grundmaterial wählen, zum Beispiel Hanf oder Jute. Eine angenehme Nebenerscheinung: Durch das weiche Trikotmaterial können sich die Kinder beim Hineinspringen nicht verletzen. (Z.-P.)

FASCHINGS-FIGURINEN

KLASSE: ab 2./3. Schuljahr
ZEIT: ca. 4–5 Stunden

ASPEKTE

Charakteristische Merkmale einer Faschingsfigur benennen und die Besonderheiten bei der Ausgestaltung und Auswahl der Materialien berücksichtigen
Kreativität beim Bekleiden und Ausschmücken der Puppen entwickeln und diesen dadurch Individualität verleihen

MATERIAL

Pappfigurinen zum Ausschneiden (siehe Skizze)
Kantige Holzstäbe, ca. 60 cm lang
Bunte Holzstifte, Kugelschreiber oder Filzstifte
Stoffschere, Papierschere
Klebestift, Holzleim
Dekorationsmaterial, z. B. Spitze, Perlen, Federn
Nähnadel, Nähgarn
Bunte Garnreste
Glänzende, durchsichtige, bunte, gemusterte und raue Textilien, die nicht zu stark fransen, wie z. B. Leder, Kunstleder, Fell, Tüll
Für die Haare Garn in verschiedenen Stärken, Qualitäten und Farben, gefilzte Wollreste

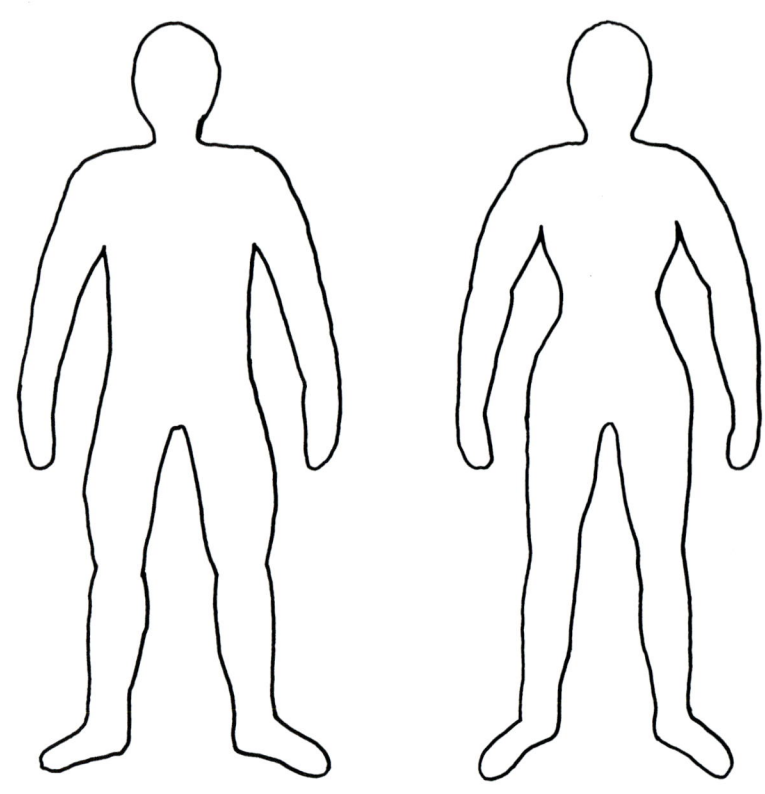

VORBEMERKUNGEN

Die Pappfigurinen für diese Unterrichtseinheit haben etwa eine Länge von 38 cm. Der Körper der Figur ist nur in Umrissen und von vorne dargestellt. Die Beine sind leicht gegrätscht und auch die Arme stehen etwas vom Körper ab, damit die Puppe sowohl mit enger als auch mit weiter Kleidung versehen werden kann. Die Figur ist achsensymmetrisch. Dies erleichtert das Herstellen der Kleidung, da es somit keine Rolle spielt, wie die Puppe auf den Stoff aufgelegt wird.

Um den Kindern das Ausschneiden zu erleichtern, ist es sinnvoll, keinen allzu dicken Karton zu wählen. →

ANLEITUNG

Gesicht, Hände und Arme der ausgeschnittenen Figur anmalen. Die Figur auf die Rückseite eines Stoffes legen und die Konturen für die Kleidung umranden. Soll die Kleidung nicht eng am Körper der Puppe anliegen, darf die Linie nicht direkt entlang der Figur gezogen werden. Als Nächstes das Kleidungsstück so ausschneiden, dass die aufgezeichnete Kontur wegfällt.

Um die Hosen, Hemden, Röcke, Kleider, Schuhe usw. auf die Figur zu kleben, die entsprechenden Stellen der Puppe mit Klebstoff bestreichen und die Teile gut andrücken.

Für die Haare Garnschlaufen legen, in der Mitte zusammenbinden und an den Enden aufschneiden. Als Alternative eignet sich auch gefilzte Wolle.

Nach Belieben kann die Puppe noch ausgeschmückt werden. Auf der Rückseite der fertigen Figurine einen ca. 60 cm langen Holzstab anleimen.

TIPP

Zur Präsentation der Figurinen bei einer Modenschau kann ein großes Stück Stoff (ca. 2 m) gespannt werden, hinter dem sich die Kinder verstecken können. Die Modenschau wird mit Musik (CD/Kassette) untermalt. Mit einem auf zwei Stühlen aufliegenden Brett und einem dekorativen langen Stück Stoff kann auch ein Laufsteg für die Figuren entstehen. (B.E./Z.-P.)

EIN FANTASIEVOGEL
ALS STABFIGUR

KLASSE: ab 3./4. Schuljahr
ZEIT: 3 Doppelstunden

ASPEKTE

Fantasievogel plastisch gestalten
Textiles Material einbeziehen
Plastische Formungsmöglichkeiten von Papier
erkennen
Spielbarkeit des Vogels berücksichtigen

MATERIAL

Zeitungspapier, Kreppklebeband
Eine standfeste Flasche, zur Hälfte mit Sand oder
Kieselsteinen gefüllt
Kleister, Holzleim
Dünne Handschuhe
Rundstab, Länge 50 cm, Ø 1 cm
Packpapier
Farbiges oder weißes Seidenpapier/Strohseide
Plaka- oder Dispersionsfarben
Glänzende und schimmernde Effektstoffe
Transparente Stoffe, Tüll, leichte Vorhangstoffe
Federn, Perlen
Dünne und dicke Pfeifenputzer (Chenilledraht)
Textilschere →

24

ANLEITUNG

Zeitungspapier in einzelne Blätter trennen und dann sehr dicht zu einem Rumpf und Kopf mit Schnabel knüllen. Für den Haltestab unten in der vermuteten Mitte des Schwerpunktes eine ausreichend tiefe Öffnung einplanen.

Dem Schnabel die gewünschte Form geben und mit Kreppklebeband dicht umwickeln.

Die Flügel extra formen und mit Klebeband am Körper gut befestigen.

Dann den Grundkörper Stück für Stück einkleistern und gerissene Fetzen von Zeitungs- und Packpapier in wechselnden Lagen aufkaschieren. Das gibt die Möglichkeit, noch feinere Details herauszuarbeiten.

Den Haltestab gut einleimen. Holzleim oder Kleister-Leim-Gemisch in die vorgesehene Öffnung tropfen lassen. Zeitungs- oder Packpapier in kleinen Schnipseln um den Haltestab herum ins Loch stopfen, bis dieser gut und senkrecht feststeckt und dann den Vogel zwischentrocknen lassen.

Für die Schwanzfedern verschiedene (leichte, gut flatternde) Stoffstreifen reißen oder schneiden. Die Auswahl, Länge, Anzahl und Anordnung bestimmen die Kinder selbst.

Die Streifen zunächst nebeneinander auf einem Kreppklebeband ankleben und dieses dann an der gewünschten Stelle befestigen.

Abschließend noch ein bis zwei Schichten farbiges Seidenpapier oder Strohseide mit Kleister auftragen. Am besten mit Pinsel oder Handschuhen arbeiten, für den Fall, dass das Seidenpapier abfärbt.

Eventuell überstehende Teile des Kreppbandes mit kleinen Schnipseln überkleben.

Jetzt fehlen nur noch die Augen, die aus geknüllten Seidenpapierkügelchen entstehen.

TIPP

Es sieht lustig aus, wenn die Stoffe ausfransen, hierfür sollten sie nicht zu schmal zugeschnitten werden. Auch die sich einrollende Wirkware ergibt einen schönen Effekt.

ERGÄNZUNGEN

Das Thema bietet sich für den fächerübergreifenden Unterricht an. Der Vogel wird im Textil- und Kunstunterricht gestaltet, im Fach Musik wird die entsprechende Melodie ausgewählt, beim Sport kann der Tanz einstudiert oder im Deutschunterricht ein geeigneter Spieltext verfasst werden. *(Z.-P.)*

FINGERPUPPEN MIT MODELLIERTEN KÖPFEN

KLASSE: ab 4. Schuljahr
ZEIT: ca. 4 Doppelstunden

ASPEKTE

Fingerpuppen-Köpfe auf Watterohlingen modellieren
Fingerpuppen nach eigenen Ideen ausgestalten
Die Geschicklichkeit der Hände trainieren

MATERIAL

Wattefingerpuppen
Modelliermasse, z. B. Plastiform
Plastikschüssel mit Wasser
Farben, Pinsel
Woll- und Fellreste
Verschiedenste Stoffreste
Nähgarn, Nadel
Schere, Klebstoff
Borten, Litzen, Schleifen, Schellen,
Glöckchen, Rohwolle etc.

VORBEMERKUNGEN

Diese Fingerpuppen haben als Grundgerüst eine etwa 9 cm hohe Watte-fingerpuppe. Der Kopf wird mit einer kleinen Menge Plastiform aufmodelliert. Sie können im Spiel als Fingerpuppen oder als kleine Stabpuppen eingesetzt werden.

ANLEITUNG

Die Modelliermasse nach Gebrauchsanweisung anrühren und ca. 30 Minuten ruhen lassen. Den Kopf auf eine Wattefingerpuppe aufmodellieren und trocknen lassen. Das Gesicht fantasievoll anmalen, Haare- und/oder Kopfbedeckung aufkleben.

Für das Kleid ein Rechteck von etwa 13 x 22 cm zuschneiden. die kurzen Seiten rechts auf rechts zusammennähen. Die langen Seiten säumen und das Kleid verzieren. In den oberen Saum eine Schnur einziehen und damit das Kleid am Hals der Fingerpuppe befestigen. *(H.E.)*

ANLEITUNG

Die Modelliermasse nach Anleitung mit Wasser vermischen und gut durchkneten. Die Masse in einem Plastikbeutel 30 Minuten ruhen lassen.

Den Lockenwickler (Führungsloch) zu Zweidrittel mit zerknülltem Zeitungspapier umgeben und fest mit dem Garn umwickeln bis eine runde, längliche oder spitze Form, je nach Tierart, entsteht.

Die Modelliermasse gleichmäßig auf die Rohform auftragen, den Tierkopf formen und die Oberfläche gut verstreichen. Etwa zwei Tage durchtrocknen lassen. Gegebenenfalls die Oberfläche nochmals bearbeiten, eventuell eine weitere dünne Schicht auftragen.

Den gut getrockneten Kopf mit Fell, Filz, Perlen usw. ausgestalten und zum Schluss Haare aus Wolle aufkleben. Den Tierkörper aus Fellresten oder Filz anfertigen und weiter ausgestalten. (G.S./H.E.)

TIERHANDPUPPEN

KLASSE: ab 4. Schuljahr
ZEIT: etwa 4 Doppelstunden

ASPEKTE

Tierfiguren beobachten und markante Merkmale erkennen
Diese typischen Merkmale bei der Gestaltung des Tierkopfes berücksichtigen
Den Tierkörper passend zum Kopf herstellen
Mit Tierhandpuppen Theater spielen
Fabeln oder Tiermärchen einstudieren oder eigene Tiergeschichten darstellen

VORBEMERKUNGEN

Die Kinder können Tierfiguren bereits in der Grundschule recht gut herstellen und ausgestalten. Anspruchsvollere Modelle und auch vielseitigere Tierkörper sind jedoch erst ab Klasse 6 (vor allem nach Einführung des Nähmaschinennähens) möglich.

MATERIAL

Plastik-Lockenwickler mit kleinen Widerhaken
Zeitungspapier
Festes Garn
Plastiform-Pulver (200 g für 1–2 Köpfe)
Wasser, Plastikschüssel
Plastikbeutel
Plaka-Farbe, dicke und feine Pinsel
Je nach gewünschter Tierart Fellreste, Filz, nicht fransende Stoffe (z. B. dicker Wollstoff/Plüsch), Lederreste, Lackstoffreste, Federn, Perlen
Scheren, Garn und Nadeln
Flüssigklebstoff und Klebestift

FINGERPUPPEN AUS FILZ

KLASSE: ab 2. Schuljahr
ZEIT: 2 Doppelstunden

ASPEKTE

Aus einem vorgegebenen
Grundschnitt verschiedene
Fingerpuppen nach eigenen Ideen
gestalten
Bastelfilz sachgemäß verarbeiten
Mit einfachen Mitteln Spielfiguren
selbst herstellen

MATERIAL

Bastelfilz in verschiedenen Farben
Schnittschablonen, Bleistift
Woll-, Fell-, Spitzen-, Leder-, Stoffreste
Bunte Federn, Perlen etc. zum Ausgestalten
Nähgarn, Nadel, Stecknadeln
Schere, Klebstoff

VORBEMERKUNGEN

Der Grundschnitt der gezeigten Fingerpuppen ist sehr einfach und lässt dadurch ein breites Spektrum unterschiedlichster Figuren zu. Durch Nähen, Kleben oder Einknüpfen können die Einzelteile befestigt werden. Die beiden Körperhälften müssen haltbar mit kleinen Stichen zusammengenäht werden – vor allem an der unteren Kante sollten am Anfang und Ende der Naht zwei bis drei Stiche übereinander genäht werden, damit die Kinder lange mit ihren Fingerpuppen spielen können.

ANLEITUNG

Körperschablone auf den Filz legen und die Teile zweimal mit Bleistift umfahren. Die beiden Körperhälften zuschneiden.

Je nach gewünschter Figur die entsprechenden Teile für Ohren, Arme, Hut, Schwanz – kurz alles, was zwischen die beiden Körperhälften gesteckt und mit der Körpernaht festgenäht werden soll, zuschneiden und feststecken.

Alle Teile, die vor der Körpernaht befestigt werden sollen, annähen. Körpernaht mit kleinen Vor-, Stepp- oder Schlingstichen schließen. Dabei Anfang und Ende besonders gut fixieren.

Weitere Teile zur Ausgestaltung an der Fingerpuppe befestigen. (H.E.)

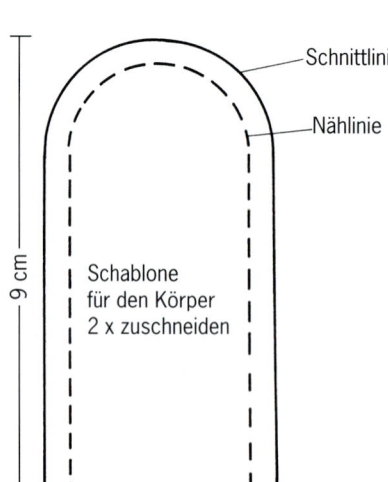

Schnittlinie

Nählinie

9 cm

Schablone
für den Körper
2 x zuschneiden

Kinder-Arbeitskleidung 1430

MODESTILE-KARTENSPIEL

KLASSE: ab 4. Schuljahr
ZEIT: ca. 2 Stunden

ASPEKTE
Spielerisch typische Kinderkleidung verschiedener
Stilepochen kennen und unterscheiden lernen
Ein Kartenspiel selbst herstellen
Nach Regeln spielen, soziale Fähigkeiten entwickeln

MATERIAL
BLANKI-Kartenspiel
Buntstifte
Weißes Papier
Schere
Klebstoff
Laminiergerät oder transparente
DC-fix-Folie

VORBEMERKUNGEN

Merkwürdigerweise haben Kinder auf Gemälden aus vergangener Zeit fast alle „alte" Gesichter, auch die Kleidung und die Körperproportionen werden sehr erwachsen dargestellt. Lediglich eine Puppe oder ein Kreisel als Spielzeugaccessoire erinnert an ein Kind. Das bedeutet, dass sogar die Maler jener Zeiten keinen Blick für das kindliche Aussehen hatten. An den typischen Kleidungsstücken kann man die Epoche erkennen, in der die Kinder gelebt haben.

ANLEITUNG

Die Vorlagen auf weißes Papier kopieren, mit Buntstift kolorieren. Die gestalteten Figuren auf Spielkarten aufkleben. Die entsprechende Epochenbeschriftung selbst auf die Karte schreiben und so platzieren, dass sie beim Spielen gut sichtbar ist.

Damit die Karten nicht so schnell verschmutzen, empfiehlt es sich, diese zu laminieren oder mit selbstklebender, transparenter DC-fix-Folie zu bekleben.

Das Spiel nach den Regeln des „Schwarzen Peters" spielen. Immer ein Mädchen und ein Junge einer Stilepoche bilden ein Paar. →

Spanische Mode 1550–1630

Einteilung in die verschiedenen Epochen

Jeweils ein Mädchen und ein Junge repräsentieren die typischen Kleiderformen der Epochen, in der die Kinder gelebt haben.

Auf dem Fresko „Der heilige Laurentius hilft den Armen" sind ein Mädchen und ein Junge in einfacher Kleidung abgebildet. Die typische Kleidung der unteren Volksschicht waren Hemdkittel und schlichtes Hängerkleid in gedeckten Farben. Man lief barfuß oder in Holzpantoffeln (1430).

Die Kinder mussten schon früh, ab vier Jahren, Erwachsenenarbeit verrichten und mit den abgetragenen, halbwegs passenden Kleidungsstücken ihrer Geschwister Vorlieb nehmen.

Die spanische „Kindermode" ist durch typische Portraits, die oft von Adelskindern gemalt wurden, überliefert, wie die „Infantin" von Velasquez (1550–1630).

Kinder trugen typische Erwachsenenkleidung im Stil ihrer Zeit, Kleidervorschriften regelten genau, was der Einzelne tragen oder nicht tragen durfte.

Eine spezielle Kinderkleidung, wie sie bei uns heute getragen wird, kann man in früherer Zeit nicht finden.

Auch an den Frisuren erkennt man die Epoche. Im Mittelalter und während der Renaissance trugen die leibeigenen Männer ihre Haare kurz. Langes Haar war ein Vorrecht des freien, edlen Mannes. Die Kleider der unteren Volksschicht durften nur in den Farben Braun, Grau oder Beige gehalten sein.

Mit der französischen Revolution änderte sich das Modebild. Kleiderordnungen verloren an Bedeutung. Nun beeinflusste auch die englische Mode Europa (1790).

Die Zeit des Biedermeiers brachte die geschnürte Taille und weite Röcke. Die breite Volksschicht konnte diese Mode mitmachen, denn mit der Erfindung der Nähmaschine und den billigen Baumwollstoffen aus England konnten die Kleider in kürzester Zeit genäht werden (1860–1880). →

Englische Mode 1790   Biedermeier 1860–1880   Jahrhundertwende 1895–1915

Mit der Industrialisierung ging auch die Kleiderreform voran und die Entwicklung der Chemiefaser veränderte die Mode und Bekleidung nochmals grundlegend. Eine bequeme und zweckmäßige Kleidung auch für Kinder steht seitdem im Vordergrund (1895–1915).

Ende des 20. Jahrhunderts wird die Kinder- und Teenagermode ganz groß geschrieben. Viele Stilrichtungen sind erlaubt, besonders beliebt sind Jeansmoden (1960).

Marken- und Labelimage sind nicht nur bei Erwachsenen von Bedeutung, vor allem bei Jugendlichen ist Kleidung ein Kultobjekt: Sneakers, Modeschmuck, Jeanskleidung (2002).

Der Zeitgeist der Mode spiegelt sich auch im Spielzeug wider. Als Kultobjekt schlechthin und kennzeichnend für diese Zeit steht die Barbiepuppe, in deren Kleiderschrank wir die Modezyklen der letzten vierzig Jahre wieder finden.

Aber auch Jungen haben eine Kultfigur, die das weibliche Modeideal im Cyperspace verkörpert: Lara Croft, die virtuelle Spielfigur.

Hinweis: Die beiden letzten Figuren können wahlweise als „Schwarzer Peter"-Karte eingesetzt werden. (J.-G./J.J.)

Lara Croft

Barbie

Jungen-, Mädchenmode 1960

Jungen-, Mädchenmode 2002

GEDICHTE SPIELEN ...

KLASSE: ab 1. Schuljahr
ZEIT: 2–4 Stunden

ASPEKTE
Gedichte auswählen, die sich für
ein Spiel und die Umsetzung mit
Kostümen und Schminke eignen
(siehe Seite 308)
Einfache Kostüme und Requisiten
sammeln und herstellen
Schminkregeln erlernen

SPIELIDEEN
Die Gedichte und Lieder sollten unter dem Aspekt
der einfachen Spielbarkeit mit attraktiven Kostümen,
Requisiten und kontrastreichen Typenfiguren von den
Schülern ausgewählt werden, z. B. Spatzensalat von
Reinhard Michl und Friedrich Hoffmann. Gut eignen
sich auch Gedichte von C. Morgenstern, J. Krüss,
J. Ringelnatz, E. Moser, H. A. Halbey und anderen.

„DIE VERGESSLICHEN RÄUBER"

aus: Josef Guggenmos, Oh, Verzeihung sagte die Ameise
© 1990 Beltz & Gelberg Verlag, Weinheim und Basel

MATERIAL
7 alte Jacken, Westen, Kittel oder Mäntel
7 große Stricksocken (auch löchrige)
7 große Wander- oder Winterstiefel, Gummistiefel
7 alte Hüte, 7 Gürtel
Rohwolle
20 x 20 cm gleichfarbiger weicher Trikotstoff/
Pannésamt
Gummiband oder Faschingsbärte
Holzdegen, Spielbeil, Holzspielmesser
Theaterschminke auf Wasserbasis (braun)
Pinsel, Wasser, Gesichtsseife, Creme und Krepptücher
Felle, Sicherheitsnadeln

ANLEITUNG
Es ist ein einfaches und witziges Gedicht, das auch schon von jüngeren
Kindern gespielt werden kann. Die Bärte für die Räuber stellen die Schüler
selbst her: Beige oder braune Filzwolle auf ein Stück Pannésamt aufkleben
oder mit gleichfarbigem Faden mit der Maschine kreuz und quer aufnähen.
Ein Gummiband befestigen und den Bart über den Ohren einhängen.

Die Augenbrauen können wild geschminkt werden.
Die Räuber sollten etwas unordentlich aussehen: Schlapphüte vom Floh-
markt, alte zerrissene Jackets oder Wolljacken, alte zu große Socken.

„BERTOLT BIBER"

aus: Trio Kunterbunt, Meine Biber haben Fieber
www.mpr-promotion.de

ANLEITUNG
Dieses Gedicht spielt auf einem Marktplatz. Es werden viele Marktfrauen
und Männer gebraucht und einige essbare Dinge, die am Ende der Aufführung eventuell verzehrt werden können. Den Biber mit einfachen Mitteln →

schminken. Ein altes Sitzfell oder Ähnliches, so zurecht-geschnitten, dass es auf beiden Seiten die Ohren bedeckt, reicht schon zur Kennzeichnung aus. Wichtig sind die Nagezähne. Der Biber kann einen gro-ßen Beutel haben, in dem er die geklauten Gegenstän-de verschwinden lässt. Die gebeugte Haltung und der schleichende Gang muss eingeübt werden. Er soll listig und sehr frech erscheinen. Die Marktleute müssen ihr Erschrecken über das Gestohlene mit Gesten zeigen, zum Beispiel Hände auf die Wangen legen. Sie können auch wild gestikulierend miteinander sprechen. Even-tuell kann noch ein Polizist auftauchen, dem der Biber immer entwischt. *(Z.-P./F.B.)*

MATERIAL
„Bertolt Biber"
Fell, Sicherheitsnadeln
Honig, Früchte, Schokolade usw.
Schürzen, Kopftücher und Körbe,
Karierte Tücher für die Marktfrauen
Schminkmaterialien
Nach Belieben eine Stadtkulisse,
Polizistenuniform und -kappe

ASPEKTE
Einführung in die Technik der Handfilzmethode und anschließendes gemeinsames Walken
Eine charakteristische Mausfigur erarbeiten und als Stabfigur ausgestalten
Kulissen herstellen
Ein kleines Theaterspiel einstudieren
Freude am gemeinsamen Spielen und Arbeiten erfahren

BESUCH DER LANDMÄUSE BEI DEN STADTMÄUSEN

KLASSE: ab 2./3. Schuljahr
ZEIT: Filzmäuse: 4 Stunden
Kulissen: 4–6 Stunden

MATERIAL
Holzstab 1–2 cm breit, 50 cm lang
10–20 g Gotlandwolle, andersfarbige Deckwolle
Materialien zum Filzen
Moltontuch oder Bastmatte
Entwurfspapier
Stecknadeln
Papier- und Stoffschere
Diverse Stoffreste
Wandtacker (von der Lehrperson zu betätigen)
Größere Kartonreste
Dispersions- oder Plaka-Farben
Breite Borstenpinsel, Wasser
Stroh, Holzstücke und Klebstoff
Holzgestelle
Schnüre zum Anbinden
Kleine bunt schillernde Gegenstände →

ANLEITUNG

Filzen einer etwa 20 x 15 cm großen Fläche mit einer gut filzenden Grundwolle in der Handreibetechnik (siehe Seite 166). Die Land- und die Stadtmäuse sollten sich farblich etwas unterscheiden. Die Flächen nicht zu dünn arbeiten.

Anschließend alle Filzflächen in ein Moltontuch oder eine Bambusmatte legen. Nochmals gut mit heißem Seifenwasser besprühen, dicht einrollen und mit breiten Haushaltsgummis zusammenhalten. Um die gefilzten Flächen zu verfestigen, diese Rolle unter Druck hin und herrollen.

Während der Filz trocknet einen Entwurf der Mäuse in ihrer charakteristischen Erscheinung anfertigen und als Schnittmuster ausschneiden. Wichtig ist dabei, je zwei Beine gut 2–3 cm breit zu zeichnen. Später beim Ausschneiden der Maus aus dem Filz diese Stellen einschneiden, um vier Beine zu erhalten, sonst könnten sie beim Schneiden und Spielen abbrechen.

Das Muster so ausrichten, dass die Beine an einer dickeren Filzstelle liegen, dann mit einer Textilschere ausschneiden. Beim Ausschneiden nicht zu knapp arbeiten. Anschließend als Verkäufermaus, Räubermaus usw. ausgestalten und die fertigen Mäuse in der Körpermitte an den Haltestab tackern.

WEITERFÜHRUNG

Eine Spielhandlung zum Thema „Landmaus und Stadtmaus" gemeinsam mit den Kindern erarbeiten. Dazu passend können Kulissen aus Karton entstehen, wie z. B. ein bäuerliches Landhaus mit Umgebung und im Kontrast dazu viele Hochhäuser in der Stadt. Weitere Figuren an Haltestäben befestigen, z. B. einen großen mehrsitzigen Bus mit so vielen ausgeschnittenen Fenstern wie Spielmäuse im Bus mitfahren – den Busfahrer nicht vergessen! Weiterhin können auch die Stationen, an denen die Geschichte spielt, mit „auftreten".

Die entsprechende Spielgeschichte kann von der Lehrperson zu einem Rahmentext zusammengefasst werden. Einige Kinder können den Text lesen, während die anderen spielen, und umgekehrt.

Nach der Einteilung können die Figuren nun noch charakterisiert werden: die Maus als Verkäuferin, als Busfahrer, als Polizist, als Räuber oder als Geburtstagsmaus. Die jeweils erforderlichen Materialien aufkleben oder am Haltestab antackern. *(Z.-P./F.B.)*

MUNK, DER KLEINE HÖHLENGNOM

KLASSE: ab 2. Schuljahr
ZEIT: ca. 3 Doppelstunden

ASPEKTE

Geeignete Materialien für eine Klebeapplikation auswählen
Eine Geschichte in eine fantasievolle und individuelle Applikationsarbeit umsetzen

MATERIAL

Rupfen, Leinen, Bastelfilz o. Ä., ca. 40 x 40 cm
Stoffe jeglicher Art, Felle, Leder usw.
Dekorationsmaterial wie Knöpfe, Federn, Muscheln, Perlen, Rohwolle, Netze, Filzstränge, Moos, Wurzeln
Stickgarne, Sticknadeln
Klebstoff, der farblos antrocknet, Leim
Pinsel
Schere

VORBEMERKUNGEN

Erfahrungsgemäß benötigt man für eine Klebeapplikation mit einfachen Stickarbeiten etwa drei Doppelstunden. Zusätzliche Vorbereitungsarbeiten, wie z. B. Färben der Stoffe oder Filzen, sind in dieser Zeitplanung nicht berücksichtigt.

Der Einsatz der oben aufgeführten Materialien ist themenabhängig. Die Applikation ist ein sehr komplexer Gestaltungsvorgang, bei dem Form, Farbe und Material aufeinander einwirken. Eine Beschränkung in der Wahl der Gestaltungsmittel empfiehlt sich.

So wurden am Beispielthema „Munk, der kleine Höhlengnom" vorwiegend naturfarbene Stoffe und Materialien, wie Felle, Leder und Naturfundstücke, eingesetzt. Es

sollten keine Glitzerfäden, grellfarbige Stoffe o. Ä. verwendet werden.

In der Geschichte wird besonders auf das äußere Erscheinungsbild der Gnome eingegangen. Insbesondere wird detailliert geschildert, aus welchen Materialien die Kleidung des Gnoms besteht und welche auffallenden körperlichen Merkmale die Gnome aufweisen. Diese sollten später in der Applikationsarbeit umgesetzt werden können.

Bei dieser Technik kommen fleißige Sammler zum Zuge! Schon einige Tage vor Beginn des Applizierens die Kinder informieren und instruieren, entsprechende Materialien zu sammeln und mitzubringen. →

Um ein Durcheinander zu vermeiden, ist es später hilf-reich, die verschiedenen Werkstoffe nach Farbtönen, Strukturen und sonstigen auffälligen Eigenschaften zu sortieren und in getrennten Behältnissen aufzustellen. So wird ein langes Gewühle vermieden und jedes Kind kann sich gezielt für seine Arbeit die passenden Materi-alien auswählen. Es ist empfehlenswert, größere Stoffe in kleinere Stücke vorzuschneiden.

AUSFÜHRUNG

Einstieg mit einer Geschichte, hier der Anfang von: „Munk, der kleine Höhlengnom". Erklären der Arbeits-schritte, eventuell mit Hilfe eines Ablaufplanes.

Die Auswahl der Stoffe auf einer Grundfläche collage-artig anordnen.

Bei dieser Applikationsarbeit ist die Genauigkeit nicht ausschlaggebend, denn das wilde und ursprüngliche Aussehen des Gnoms kommt am besten durch Über-lappen, Ausfransen, Einreißen und unregelmäßiges Anordnen der Materialien zur Geltung.

Zunächst die Materialien noch nicht ankleben! Nach der Besprechung der Ideen und dem Sammeln von Ver-besserungsvorschlägen etwas Zeit zum Umgestalten geben.

Dann kann mit dem Applizieren begonnen werden. Hier-bei zuerst die untersten Materialien aufkleben bzw. auf-nähen, nach und nach die folgenden Schichten befesti-gen. Wichtig ist, darauf hinzuweisen, dass nicht alle Einzelstücke bis zum Rand mit Klebstoff bestrichen wer-den müssen, um eine plastische Wirkung zu erzielen.

Teile, die keine geeigneten Klebeflächen aufweisen, wie Gräser oder Knöpfe/Perlen für die Augen, mit einigen Stichen befestigen.

TIPP

Dieses Thema bzw. die Technik kann in Verbindung mit anderen Fächern wie Kunst, Deutsch, Musik, Sprachen oder Heimat- und Sachunterricht aufgegriffen werden. Das offene Ende der Geschichte lädt zum fantasievol-len Weitererzählen ein. →

„Munk, der kleine Höhlengnom"

Der kleine Höhlengnom Munk lebte mit seiner Gnomenfamilie in den Tiefen der größten, schönsten und geheimnisvollsten Höhle, die jemals ein Gnom gesehen hatte. Sie befand sich mitten in einer steilen Felswand des großen „Adlerfelsens". Die Gnomenfamilie war sehr stolz darauf, dass sie diese Höhle bewohnte, denn normalerweise lebten Gnome in tiefen, dunklen Wäldern oder in engen Löchern unter der Erde.

Aber nicht nur in der Lebensweise unterschied sich die Familie des kleinen Munk von den anderen Gnomen, auch ihr äußeres Erscheinungsbild war anders als das der Wald- und Erdgnome. Höhlengnome waren größer, stärker, hatten lange Haare und ihre Mäntel, Mützen und Schuhe waren aus Fell und Leder. Die Kleidung der Waldgnome war dagegen wild und fransig. Meistens hatten sie Fell- und Lederreste um sich herumgeschlungen. Darüber hingen Filzstränge, einzelne Stofffetzen und zerrissene Netze, in denen sich Moose, Gräser und sonstige Waldpflanzen verfangen hatten.

Auch ihre Haare waren nicht so schön lang und gleichmäßig gewachsen wie bei den Höhlengnomen. Sie waren wild zerzaust und standen in alle Richtungen ab.

So lebten die Höhlengnome stolz und zufrieden in ihren geräumigen Höhlen, ohne je mit einer anderen Gnomenfamilie Kontakt aufzunehmen. Nur einer sehnte sich nach einem anderen Leben, das war der kleine Munk. Er war schon immer anders als alle anderen Gnomenkinder gewesen. Er war nicht groß und schlank, sondern klein und rundlich. Er war nicht stark und mutig, sondern schwächlich und ängstlich. Dazu kam, dass er auffallend große Ohren und kurze Beine hatte.

Keiner wollte mit ihm spielen, so saß er meist traurig an seinem Lieblingsplatz am Rand der Höhle, ließ seine Beine über die Felsenklippe in die Tiefe baumeln und blickte verträumt über das wunderschöne Tal mit all den Wäldern und Wiesen.

Als er so eines Tages wieder einmal am Rand der Höhle saß, hörte er ein leises, sanftes Flattern. Mit seinen großen, fledermausartigen Ohren konnte er besonders gut hören. Als er sich so umsah, erblickte er plötzlich eine kleine, freundliche Waldfee. Sie erzählte Munk, dass sie ihn schon oft sehr traurig und einsam am Rand der Höhle sitzen sah. Die Fee erklärte, dass sie zweimal im Jahr einen Wunsch verschenken dürfte und beschlossen hätte, einen der beiden ihm zu schenken. Munk wurde immer aufgeregter, doch er musste gar nicht lange überlegen …

An dieser Stelle die Kinder auffordern, die Geschichte weiterzuerzählen. *(L.K./K.Kl./Z.-P.)*

DER TIGERHIT

KLASSE: ab 3. Schuljahr
ZEIT: ca. 4–6 Stunden

ASPEKTE

Liedern mit Kostümen umsetzen
Textile Mittel und weitere Requisiten einsetzen
Grundtechniken des Schminkens erlernen
Musik, Bewegung und Gestik synchronisieren

MATERIAL

Schminkfarben in Schwarz, Weiß, Ocker und Rotbraun
Schminkschwämmchen, Wasser
Spitzer, feiner Haarpinsel Nr. 6
Tigerfaschingskostüm oder Leggins mit T-Shirt
(möglichst gelb-schwarz gestreift)
Löwenkostüm, gelbe oder sandfarbene Kleidung
Früchtenetz und Filzwolle in Beige, Gummiband

REQUISITEN

Binsen in Vasen oder Ton gesteckt oder wild
verknotete Makrameeschnüre mit Bast behängen
oder eingeschnittener grüner Bastelfilz
Gelbe runde Scheibe am Stab als Sonne
Dunkle Jacke oder Anzug
Sonnenbrille, Haargel, schwarze Schuhe
Großer leerer Koffer, dicke lange Schnur
Pflanzengitter oder verknotete Bambusstäbe
Nach Belieben: Schiff als Pappkulisse
Möglichst Orffsche Instrumente und Gitarre

MUSIKQUELLEN

Trio Kunterbunt, Der Tigerhit
aus: Marzipan beim Fahrrad fahr'n
www.mpr-promotion.de
Uli Führe, Mobo Djudju, Kroko Tarrap
FidulaFon, Boppard/Salzburg

VORBEMERKUNGEN

Obwohl für die Umsetzung des Liedes nur ein Tiger
und ein Löwe benötigt werden, eignet sich die Einheit,
das Schminken von Tiergesichtern zu erlernen. Die Kinder
arbeiten in Partnerarbeit und wechseln sich mit
dem Schminken ab.

ANLEITUNG

Für den **Tiger** Kinn, Stirnpartie und Nasenrücken mit
weißer, sehr trockener Aqua-Schminke betupfen: Hierzu
den Schminkschwamm nur mit einer Kante leicht
anfeuchten und so lange im Farbtöpfchen reiben, bis
die Farbe nicht mehr glänzt.

Anschließend Beige an den übrigen Flächen ebenso
trocken auftupfen.

An Stirn, Nasenrücken und Wangen braun schminken.
Mit einem spitzen Pinsel mit Braun und Schwarz
kleine Punkte am Kinn und über der Lippe sowie
Striche an der Stirn und den Wangen aufmalen. Die
Barthaare können schwarz oder weiß sein. →

Das schwarze Dreieck auf der Nasenspitze nicht vergessen, das mit einem Strich zum Mund hin verlängert wird. Dieser teilt sich entlang der Lippe. Die Tigeraugen über den geschlossenen Lidern aufmalen.

Als Kleidung kann man ein Faschingskostüm wählen oder aber ausgediente Leggins und ein gelbes T-Shirt mit dunklen Streifen bemalen.

Der **Löwe** wird ganz ähnlich wie der Tiger geschminkt, einfach nur die Streifen weglassen und den Gesamtteint des Löwen etwas stärker ockerfarben betonen.

Die Mähne können die Kinder auch selbst gestalten. Hierfür ein weitmaschiges Obstnetz oder auch ein Reststück eines Netzes oder Gitterstoffes für die Kopfform kreisförmig zuschneiden. Dieses etwas an den Kopf anpassen, indem man den Außenrand wie bei Abnähern mit Sicherheitsnadeln zusammenfasst. Filzwolle vom Vlies in etwa 20 cm langen Strängen abzupfen, zur Hälfte legen, die Schlaufe durch das Netz führen und dann die Enden durchziehen.

Gelbe oder sandfarbene Kleidung vervollständigen das Löwenkostüm.

TIPP

Das Stück wird dem Ablauf des Liedes gemäß gespielt. Statt dem Tiger Fesseln in Form eines Seiles anzulegen, ist es für den zügigen Ablauf besser, ihn hinter ein Gitter zu ziehen, zum Beispiel ein Pflanzengitter oder ein Gitter aus verknoteten Bambusstäben.

Es gibt zum Text auch eine Kassette oder CD von Trio Kunterbunt, auf denen der „Tiger-Hit" jedoch in einem schnellen Tempo gesungen wird. Besser ist es, Orffsche Instrumente einzusetzen (Trommeln, Klanghölzer) und mit Gitarrenbegleitung das Stück selbst zu singen.

Die Kinder, die gerade nicht im Einsatz sind, können sich ebenfalls als Tiger und Löwen schminken und im Chor oder als Publikum auftreten.

ERGÄNZUNGEN

Sehr gut eignet sich auch die CD mit Lieder- und Spielbuch „Kroko Tarrap" von Uli Führe, auf der sich Instrumental-Titel und witzige Zirkuslieder befinden. Dort kommen unter anderem Zirkuskrokodile, Riesentausendfüßler, Elefanten und Clowns vor. Ebenfalls geeignet ist „Mobo Djudju", in dem ebenfalls sehr lustige und fantasiereiche Kinderlieder zu finden sind. (Z.-P.)

RÄUBER-GESCHICHTEN

KLASSE: ab 3./4. Schuljahr
ZEIT: 3–4 Stunden für Verkleidung und Fotoserie

ASPEKTE

Darstellung des Inhaltes eines Kinder- oder Jugend-
buches mit prägnanten Szenen am Beispiel des Räuber
Hotzenplotz von Ottfried Preußler

Eine Geschichte kreativ verändern und in Form einer
Bilderfolge (Fotoszene) bzw. eines szenischen Rollen-
spiels wiedergeben

Geeignete Textilien und nicht textile Mittel für Ausdruck
und Darstellung einsetzen

Verkleiden als Mittel der Kommunikation und Selbst-
darstellung erfahren

MEDIEN

Bücher oder Videofilme zu den
ausgewählten Inhalten

VORBEMERKUNGEN

Die Geschichten sollten kurz zuvor
gelesen werden. Verschiedene
Geschichten parallel in Gruppen
erarbeiten. Die Szenen können auch selbst erfunden
werden.

Die Umsetzung findet am besten im Freien statt, z. B.
auf dem Schulhof, an einem ruhigen Platz vor einer
Wand oder in der Nähe einer einladenden Bank.

MATERIAL

Fotoapparat oder Digitalkamera,
Filmmaterial

Großmutter:

Kopftuch, Schürze, Omaschuhe
Dicke Wollstrümpfe, Weidenkorb
Körperschminke (für die Gesichtsfalten)
Haarpinsel und Wasser

Räuber:

Bart aus Wolle, dunkle Körperschminke
Lange Stiefel, alte Kappe oder Hut
Alte zerfetzte Jacke (mit aufgenähten Flicken)

Kasperl und Seppl:

Karohemden, Lederhosen oder ausgediente Jeans
Filzhut, Halstuch, evtl. Perücke
Rote Schminke (für Wangen und Lippen)

Requisiten:

Stofftier Gans, große Werkschere
Rupfensack (mit Zeitungspapier ausgestopft) →

ANLEITUNG

Jede Geschichte in 4–10 spannende Szenen unterteilen, je nach Anzahl der Gruppen. Bei der Einteilung für
jede Szene überlegen, ob und wie sie vor der Kamera
darstellbar ist und welche Mittel benötigt werden. Gerade beim Einsatz eines Fotoapparates muss jede Szene
so prägnant und ausdrucksstark wie möglich gespielt
werden.

TIPP

Als abenteuerliche Szenen eignen sich Räuberszenen,
Wettaktionen, witzige Überraschungssituationen, hinter-
listige Tricks etc.

WEITERFÜHRUNG

Im Fach Deutsch den Inhalt auf wichtige Aussagen,
sinnvolle Gliederung und Dramaturgie untersuchen.

Im Fach Bildende Kunst den Umgang mit dem Fotoapparat, der Digitalkamera oder auch dem Videogerät
erlernen.

Zur Erarbeitung des Inhaltes können sich auch ab
Klasse 4 kleine Expertengruppen bilden. Dies kann
zum Beispiel folgendermaßen aussehen:

Gruppe 1 ist für die Niederschrift der Teilszenen verantwortlich, Gruppe 2 für das Zusammensuchen und
eventuell für das Anfertigen der Utensilien, Gruppe 3
für das sachgerechte Erlernen des Umgangs mit der
Kamera, Gruppe 4 für die Einstellungen während der
Aufnahmen und das Arrangement der Umgebung.

Am Beispiel des Räubers Hotzenplotz können die
Szenen folgendermaßen aussehen:

Szene 1: Die Großmutter sitzt auf der Gartenbank
und streichelt liebevoll ihre Gans, die sie im Weidenkorb platziert hat.

Szene 2: Räuber Hotzenplotz schleicht sich seitlich an
und stiehlt die Gans aus dem Korb.

Szene 3: Der Dieb steckt die Gans in den Sack. Es
schaut noch ein kleines Stück von ihr heraus.

Szene 4: Kasperl und Seppl schleichen sich von hinten
an den Sack heran. Das Schleichen muss sichtbar
gemacht werden.

Szene 5: Sie schlitzen mit einer großen Schere den Sack auf.

Szene 6: Der Kopf der Gans schaut
aus dem Sack heraus.

Szene 7: Die Gans ist auf den Boden
gefallen. Noch ist nicht klar, ob sie
lebt oder nicht.

Szene 9: Die Kinder nehmen die
Gans auf den Arm.

Szene 10: Happy End: Jetzt küssen
und liebkosen sie die noch lebende
Gans. (Z.-P.)

STOFFMALEREI UND STOFFDRUCK

Stoffmalerei ist eine einfache und reizvolle Technik, die Kinder schon ab der ersten Klasse begeistert ausführen. Sie ist nicht aufwändig und bietet viele Möglichkeiten Textilien nach eigenen Vorstellungen zu gestalten.

Für die Stoffmalerei und den Stoffdruck geeignet sind möglichst glatte, gleichmäßig gewebte **Stoffe** ohne Struktur aus Naturfasern oder, je nach Farbhersteller, auch aus Mischgeweben oder Kunstfasern. Grundsätzlich die Stoffe bzw. Kleidungsstücke vorher waschen, damit sie appretur- und weichspülerfrei sind und die Farben gut aufnehmen können.

Um Flächen zu gestalten, haben flüssige **Stoffmalfarben** den Vorteil, dass sie mit dem Borstenpinsel schnell und gleichmäßig aufgetragen werden können. Die einzelnen Farben sind untereinander mischbar und verdünnbar, so kann jede gewünschte Farbabstufung erzielt werden.

Für Linien, Punkte, Konturen oder Schriftzüge wählt man immer **Stoffmalstifte** oder Tuben mit Kanülen zum direkten Farbauftrag.

Nach der Fertigstellung und Trocknung der Motive diese von links durch Bügeln fixieren. Spezielle Angaben bei den Gebrauchsanweisungen der Farbhersteller sind zu beachten.

Besonders effektvoll ist das Malen mit dem **Fashion-Pen.** Textilien lassen sich einfach gestalten, indem die Farbe auf eine Spezialfolie aufgetragen, abgezogen und anschließend nur noch auf das ausgewählte Kleidungsstück aufgebügelt wird.

Der **Fun Liner** oder **Pluster-Pen** eignet sich nicht nur zur Dekoration von Papier, Holz oder Keramik, sondern auch für appretur- und weichspülerfreie Textilien (bis max. 20 % Kunstfaseranteil). Die Farbe direkt aus der Flasche auftragen. Es können mehrere Farben schichtweise übereinander aufgetragen werden, ohne dass sie verlaufen. Jede Farbe bleibt plastisch für sich stehen und so lassen sich nach einer sechsstündigen Trockenzeit mit Hilfe eines Bügeleisens ganz einfach dreidimensionale Effekte gestalten. Bei Verwendung des Pluster-Pens die Gebrauchsanleitung des Herstellers beachten.

Beim **Stoffdruck** unterscheidet man verschiedene Techniken des Drucks:

Der **Hochdruck** (z. B. Druck mit Stempeln oder Modeln, Linoldruck, Materialdruck) und die **Zwischendruckverfahren** (z. B. Frottage, Monotypie, Schablonieren) eignen sich speziell für den Stoffdruck von Hand.

Der **Flachdruck** (z. B. Siebdruck) ist etwas aufwändiger, jedoch als Handsiebdruck auf Stoff ebenfalls mit relativ einfachen Hilfsmitteln anzuwenden.

Der **Transferdruck** (z. B. Übertragung durch Scannen und Drucken auf eine spezielle Folie, anschließendes Aufbügeln auf den Stoff) stellt eine moderne Form des Drucks dar. Ist man (in der Schule) mit Computern, Scannern und Farbdruckern ausgerüstet, so lassen sich Bildvorlagen und eigene Gestaltungen vom Entwurfspapier auf die Spezialfolie und von dieser auf den gewaschenen und gebügelten Stoff übertragen.

Der **Stempeldruck** stellt eine klassische Form des Handdrucks dar, dessen Prinzip die Wiederholbarkeit der Formelemente ist. Mit dem Druck können Zu- und Anordnungsprinzipien auf einer Fläche erfahren werden. Die Elemente kann man drehen, reihen, spiegeln oder auch sich überschneidend anordnen. Dabei spielt die Lage und der Abstand der Formen zueinander eine große Rolle. Die Stempel können Einzelmotive oder Musterwiederholungen abbilden, symmetrisch oder asymmetrisch, aber auch als Ballung, Streuung oder Gruppen angeordnet werden und grundsätzliche Kompositionsprinzipien veranschaulichen.

Für das Bedrucken eignen sich die gleichen **Stoffe** wie bei der Stoffmalerei. Spezielle Effekte erzielt man auf strukturierten oder grob gewebten Materialien wie Rupfen, Gaze etc.

Außerdem steht auf den Gebrauchsanweisungen der **Druckfarben**, für welche Stoffe sie geeignet sind. Grundsätzlich verwendet man in der Schule für den Stoffdruck wasserlösliche Farben, wie z. B. DEKA-Permanent oder Marabu-Textil. Auch Seidenmalfarbe, mit einem Verdicker angerührt, kann als Druckfarbe benutzt werden.

Den Farben wird für den Druck kein Wasser zugesetzt. Nach dem Trocknen die Farben von der Rückseite des Stoffes her einbügeln, die Arbeiten sind dann nach Herstellerangabe waschbar.

Für den Stoffdruck muss die **Arbeitsfläche** weich unterpolstert und eben sein. Dies kann man mit einer Moltonunterlage im gewünschten Ausmaß selbst einrichten.

Allgemein sind für den **Stempeldruck** auf Stoff saugfähige Materialien zur Herstellung des Stempels besonders geeignet. Bewährt haben sich Crepla (Moosgummi, am besten in einer Stärke von 3 mm), synthetisches Sohlengummi, Korken, Radiergummi, Silikonstempel, Styropor, Karton, zugeschnittene Holzteile und vieles mehr.

Für den Druck mit Modeln sind alte Holzmodel, weiche, zum Schnitzen geeignete Hölzer, Linoleumplatten, Filze etc. zu verwenden.

Nach Herzenslust experimentieren kann man beim **Materialdruck:** So z. B. mit frischen Naturblättern, Schwämmen aller Art, Gitterstores, Netzen, Draht, Schrauben, Röhren, mit Relief versehenem Holz, Stofffalten und vielem mehr.

Für den **Kordel- oder Schnurdruck** klebt man dickere Schnüre auf eine Holzfläche, ohne dass sie sich überschneiden. Anfang und Ende des Garns an der Seitenwand der Holzfläche ankleben. Die Kordeln oder dickeren Schnüre müssen zuerst einmal gut mit Farbe eingewalzt werden, bevor ein Abdruck gemacht wird.

Für den **Druckvorgang** gibt es weitere Möglichkeiten in Abhängigkeit von der Wahl des Druckträgers: Mit einem Pinsel Farbe aufnehmen und den Stempel oder das entsprechende Material (z. B. Naturblätter) mit flach gehaltenem Pinsel bestreichen und abdrucken.

Mit einer Druckwalze die Farbe auf einer Glas- oder Kunststoffplatte dünn und gleichmäßig verteilen und auf den Druckträger (Stempel, Model oder Material) aufwalzen. Der Vorteil: Die Farbe kann nicht so tief in die Rillen dringen und es bilden sich keine Farbwülste. Oder die Farbe von einem Stempelkissen abnehmen, das man mit Filz auch selbst anfertigen kann.

Die Frottage
Das Wort stammt aus dem Französischen und bedeutet: frotter = abreiben. Es handelt sich um eine seitenrichtige Abreibetechnik von Reliefmaterial, die zu den aleatorischen Verfahren (Zufallsverfahren) gehört.

Das strukturierte Material unter den gebügelten Stoff legen, den man mit Kreppband befestigt.
Zum Einfärben mit der Druckwalze die Farbe dünn aufnehmen und über den Stoff walzen. Als Variante können Teile, die nicht als Struktur erscheinen sollen, vorher mit Kreppklebeband abgeklebt werden.

Alternativ mit speziellen Stoff- bzw. Seidenmalkreiden flach über den Stoff reiben, der auf dem Reliefmaterial befestigt wurde.

Die Kreidestriche entweder anschließend föhnen, mit leichter Hitze einbügeln oder unter Dampf fixieren. Sie fließen in jedem Fall etwas aus. Bei dünnen Stoffen dichten sie das Gewebe auch ab, ähnlich wie bei der Verwendung eines Konturmittels. Zwischen den Kreidestrichen kann man dann auch Stoff- oder Seidenmalfarben auftragen.

Die Monotypie

Monotypien sind faszinierende Mischungen aus Malerei und Druck und eignen sich wie die Frottage zum Experimentieren. Auf diese Art und Weise werden individuelle Einzelstücke hergestellt. Der Einmaldruck (griech. monos typos) ist ein spiegelverkehrter Abdruck und wird von einer Astralon-, Glas- oder Stahlplatte abgenommen. Astralonplatten sind glasklar und werden im Handel für Kaltnadelradierungen angeboten. Die Plattengrößen bestimmen die Druckgröße.

Als **Farben** eignen sich Stoffmalfarben- und Stoffdruckfarben, Siebdruckfarben für Stoff oder mit Verdicker eingedickte Seidenmalfarben.

Auch hier gibt es verschiedene Methoden, die Farbe aufzutragen:
Mit dem Borsten- oder Synthetikhaarpinsel die Farbe auf die Platte übertragen. Es entstehen dabei Strukturen und eventuell gewollte Farbwülste.
Mit einer Druckwalze die Farbe dünn auf die Platte walzen. Mit Hilfe von Maurerkämmen, Pappstreifen, Palettenmessern, den Fingern, Pinseln, Tüchern, geknülltem Papier etc. Strukturen herauskratzen und die Farbe auf die Seite schieben.

Auf die so bearbeitete Platte den gewaschenen und gebügelten Stoff legen, die Oberseite zum Motiv hin gewandt, und das Motiv mit einer sauberen, breiten Druckwalze, die kräftig über den Stoff geführt wird, übertragen. Den Stoff abziehen und zum Trocknen aufhängen.

Das Schablonieren

Motive werden auf spezielles, wasserfestes Schablonenpapier, Plastik, Karton oder Klebefolie gezeichnet, sodass ein Rand und eventuell Motivstege bleiben. Mit einer spitzen Schere oder einem Papierschneidemesser die Zeichnung vorsichtig ausschneiden, möglichst so, dass eine Positiv- und eine Negativform entsteht. Als Unterlage eignet sich eine Pressspan- oder eine Styroporplatte, die, mit Zeitungen belegt, zum Anheften feiner Schablonenmotive mit Stecknadeln oder Pinnstiften dient.

Für den **Farbauftrag** mit einem Rundpinsel nur sehr wenig Farbe, der kein Wasser zugesetzt wurde, aufnehmen. Überschüssige Farbe aus dem Pinsel auf einer Zeitung abtupfen, erst dann die Farbe mit senkrecht gehaltenem Pinsel locker und gleichmäßig an den gewünschten Stellen auftupfen. *(Z.-P.)*

AQUA-WORLD UND FLOWER POWER

KLASSE: ab 1. Schuljahr
ZEIT: je 2–3 Doppelstunden

ASPEKTE
Mit Stoffmalfarben malen
Schablonentechnik einsetzen
Flächen farbig ausgestalten
In Gruppenarbeit eine ganze Stoff-
bahn bedrucken

MATERIAL
Baumwollstoff
Borstenpinsel
Bügeleisen
Feste Pappe für die Schablonen
Schere/Cutter, Bleistift

„Aqua-World"
Schablonen für große und kleine
Fische
Seidenmalfarbe in Flieder, Farn-
grün, Türkis, Lapisblau, Himmel-
blau, Silbergrau, Orange
Stoffmalstifte in Schwarz

„Flower-Power"
Schablonen für Blütenkranz und
-stempel
Seidenmalfarbe in Flieder, Pink,
Rot, Orange

ANLEITUNG
Motive mit Bleistift auf die Pappe malen. Um jedes auf-
gemalte Motiv einen Kasten zeichnen. Zunächst den
Kasten mit dem Motiv ausschneiden, dann das Motiv
ausschneiden. Es entsteht eine Negativ-Schablone.

Den appreturfreien Stoff glatt ausbreiten, die Verteilung
bzw. die Anordnung der Motive überlegen, dann Schablone auflegen und innere Begrenzung mit wenig Farbe
(relativ trockenem Pinsel) austupfen. Um auf dem
Stoff Farbflecken zu vermeiden, Schablonenkanten mit
Klebeband überziehen und zuerst die hellen, dann die
dunklen Farben auftragen.

Die Schablone entfernen und das Motiv ausarbeiten.
Die Seidenmalfarben lassen sich wunderschön feucht
ineinander malen, dadurch wirken die Motive sehr
lebendig! Die Farbe ist sehr dünnflüssig, daher vorsichtig dosieren! Beim Thema „Aqua-World" zum Schluss
die Raubfischaugen mit schwarzem Stoffmalstift auf
den trockenen Stoff aufmalen. *(K.S.)*

TIPP
Diese Vorschläge eignen sich sehr
gut für große Gemeinschaftsarbei-
ten. Jeder Schüler entwickelt eine
eigene Schablone und alle zusammen bemalen und gestalten damit
die Stoffbahn. Im Nu erblüht eine
bunte Blumenwiese oder sausen
viele bunte Fische um große Raub-
fische herum.

HERZEN

KLASSE: ab 2. Schuljahr
ZEIT: 2–3 Doppelstunden

ASPEKTE
Mit Stoffmalfarben malen
Lieblingsmotive entwerfen
Verschiedene Farben kombinieren
Eigenes „Wohlfühl"-Hemd herstellen

ANLEITUNG

Große, mittlere und kleine Herzen auf Pappe aufzeichnen und ausschneiden. Es entsteht eine
Positiv-Schablone.

Ein großes Stück Pappe in das appreturfreie
T-Shirt schieben und die Vorderseite des
Shirts mit Stecknadeln glatt und leicht ge-
strafft darauf feststecken.

Schablonen probeweise auflegen und die
Mustergestaltung überlegen.

Zuerst die großen Herzen übertragen, d. h. die
Schablone auflegen und mit dem Stoffmalstift
den Rand dick nachziehen, in gleicher Weise die
mittleren und zum Schluss die Zwischenräume
mit den kleinen einfarbigen Herzen füllen.

Die großen und mittleren Herzen mit Stoffmalfarbe ausmalen. Nach dem Trocknen mit
Goldfarbe oder Stoffmalstiften Muster einzeichnen.

Zum Schluss die kleinen Herzen mit Stoffmalstiften oder Goldfarbe ausmalen.

Alles (auch zwischen den einzelnen Arbeitsgängen)
gut trocknen lassen und nach Angaben des Herstellers
die Farben durch Bügeln fixieren. *(K.S.)*

MATERIAL
Baumwoll-T-Shirt (weiß)
Stoff- und Druckmalfarben in Mittelgelb, Karminrot,
Mittelblau, Saftgrün, Metallicgold
Stoffmalstifte in Rosa, Rot, Orange, Gelb, Grün, Blau
Pinsel, Schere, Stecknadeln
Feste Pappe
Bügeleisen

„WINDOW COLOR" AUF STOFF

KLASSE: ab 2. Schuljahr
ZEIT: je 1–2 Doppelstunden

ASPEKTE

„Window Color"-Technik auf Stoff
anwenden
Verschiedene Entwurfsmöglich-
keiten kennen lernen
Flächen gliedern, Muster bilden
Marmoriertechnik anwenden

MATERIAL

Baumwoll-Mützen
Baumwoll-Säckchen
Spezialfolie (oder Klarsichthülle)
Bügelpapier, Bügeleisen
Schaschlikspieß

„Javana Tex Fashion-Pen" für Katzen-Mützen in Orange,
Rot, Gelb, Lila, Silberglitter, Schwarz
für Fledermaus-Mützen in Schwarz, Lila, Gelb
für Mandala-Säckchen in Hellblau, Lila, Orange, Rot,
Gelb
für Blumen-Säckchen in Schwarz, Grün, Rot, Orange,
Gelb, Hellblau
für marmoriertes Säckchen in Schwarz, Rot, Orange,
Gelb, Hellblau

VORBEMERKUNGEN

Die Farbspur aus den Stiften ist ziemlich dick, deshalb
einfache Motive mit breiten (nicht zu feinen) Konturen
auswählen. Alternativ können feine Metalldüsen auf die
Stiftöffnungen gesetzt werden.

Um die Farbe beim Ausmalen gut mit den Konturlinien
zu verbinden, benutzt man am besten einen Schaschlikspieß, mit dem man die Farbe verteilen und direkt
bis an die Konturlinien ziehen kann. →

ANLEITUNG

Ein Motiv mit geschlossenen Konturlinien auswählen, unter eine Spezialfolie (oder Klarsichthülle) legen und die Konturen nachmalen.

Trocknen lassen (ca. 2–3 Stunden). Anschließend die einzelnen Flächen bzw. entstandene Lücken farbig ausmalen. Nun das Bild wieder gut durchtrocknen lassen (ca. 6–8 Stunden).

Das Bild vorsichtig von der Folie lösen, auf die zu applizierende Stelle legen, Bügelpapier darüber legen und das Motiv nach Anweisung des Herstellers aufbügeln.

MARMORIERTECHNIK

Zuerst in der gewünschten Größe des Motivs eine Außenbegrenzung, z. B. Kreis, Rechteck, Pyramide oder ein Oval, auf die Spezialfolie malen. Trocknen lassen (ca. 2–3 Stunden).

Nun die Fläche von einer Seite zur anderen in waagerechten oder senkrechten Streifen satt mit unterschiedlichen Farben füllen. Mit dem Schaschlikspieß die nassen Farben zu feinen Schlangenlinien verziehen. Nach Wunsch den Vorgang noch einmal in der Gegenrichtung wiederholen. Bei einem Kreismotiv arbeitet man in feinen Spiralbewegungen von der Mitte aus.

Dann die Arbeit wieder gut durchtrocknen lassen (ca. 6–8 Stunden).

Motiv vorsichtig von der Folie lösen, auf die zu applizierende Stelle legen, Bügelpapier darüber legen und nach Gebrauchsanleitung des Herstellers aufbügeln.
(K.S.)

TIPP

Das abschließende Aufbügeln der Motive auf die Mützen ist schwierig, deshalb zunächst besser Stoffsäckchen, T-Shirts etc. dekorieren.

49

„LOGO? – COOL!"
T-SHIRTS MIT EIGENEM LOGO

KLASSE: ab 2. Schuljahr
ZEIT: je 2 Doppelstunden

ASPEKTE

Technische Umsetzung von Entwürfen erproben
Übungen zur Farbenlehre (Kontraste, Farbkombi-
nationen, Farbverhältnisse)
Übungen zur Formenlehre (Punkt, Linie, Fläche)

MATERIAL

T-Shirts (weiß oder unifarben)
Verschiedene farbige Fun Liner
(Pluster-Pen)
Eventuell Stoffmalfarben
Papier, feste Pappe
Weicher Bleistift
Schwarzer Filzstift
Stecknadeln
Bügeleisen

VORBEMERKUNGEN

Mit dem Pluster-Pen werden farbige Konturen und bunte Muster einfach auf das T-Shirt gemalt. Beim Bügeln
schäumen die Konturen auf und … plopp, ist ein super-
tolles Shirt entstanden! Wer will, kann auch noch zusätzlich verschiedene bunte Stoffmalstifte verwenden.

TIPP

Pluster-Pen mit der Spitze nach unten lagern, damit
man mit gefüllter, blasenfreier Linie malen kann. Die
Spitze nur leicht in den Stoff drücken. Stifte immer gut
verschließen, sonst trocknet die Farbe in der Spitze
ein.
Auch alte Hosen und Sweat-Shirts lassen sich prima
dekorieren, z. B. mit bunten Blüten oder einem
Schmetterling. Oder wie wär's mit einem Teddy auf
dem Nachthemd? →

ANLEITUNG

Zuerst eine Vorlage erstellen. Dazu den Namen oder die Anfangsbuchstaben groß auf Papier aufmalen und für jeden Buchstaben einen Rahmen zeichnen. Das Ganze entweder gleich in der richtigen Größe vorzeichnen oder mit dem Kopierer vergrößern. PC-Fans erstellen ihr Logo mit den dort angebotenen Schriftarten.

Die Vorlage auf das appreturfreie T-Shirt übertragen, z. B. indem die mit schwarzem Filzstift nachgemalte Vorlage unter den Stoff gelegt wird. Mit Nadeln feststecken und die durchscheinenden Konturen mit einem weichen Bleistift zart nachmalen.

Vorlage entfernen und eine feste Pappe einschieben. Das T-Shirt im Bereich des Musters mit Stecknadeln auf der Pappe fixieren.

Beim T-Shirt „ANNA" kann gleich mit dem Nachmalen der Konturen mit dem Pluster-Pen begonnen werden. Beim T-Shirt „M" mit den Stoffmalfarben beginnen und die Pluster-Farben erst anschließend auftragen. Zuerst die Konturen der Buchstaben nachmalen, trocknen lassen, dann das Innere mit Mustern ausgestalten. Von der Mitte der Arbeit nach außen arbeiten, damit keine Linien verwischen. Die Linien zwischendurch etwas trocknen lassen, um versehentliches Verschmieren zu vermeiden.

Stoffmalfarben laufen manchmal ineinander, wenn sie noch feucht sind. Daher zwischendurch trocknen lassen oder kleine unbemalte Flächen dazwischen frei lassen und später nachmalen.

Nach ca. sechs Stunden sind die Pluster-Pen-Farben trocken. Nun das T-Shirt von links auf einer weichen Unterlage mit wenig Druck kurz (10–60 Sekunden) auf Stufe „Baumwolle" bügeln. Die Farbe schäumt matt auf.

Alternativ können die Linien auch im Backofen aufgeschäumt werden (siehe Anleitung des Herstellers). Die Stoffmalfarbe wird durch das Bügeln gleich mit fixiert. (K.S.)

EIN FANTASIETIER
MIT MATERIALDRUCK

KLASSE: ab 2./3. Schuljahr
ZEIT: 4–5 Stunden

ASPEKTE

Technik des Materialdrucks kennen lernen
Unterschiedliche Druckmaterialien erproben
Freude am gestalterischen und kreativen Tun und am
gemeinsamen Ergebnis, dem „Fantasietier", erfahren

MATERIAL

DIN-A4-Papier
Entwurf eines Fantasietiers
Overhead-Folie, Packpapier
Einfarbige Stoffe
Füllwatte
Garne für die Haare
Knöpfe, Perlen für die Augen
Buchbinderleim und Pinsel
Stoffmalfarbe je 125 ml in Kontrastfarben zum Stoff
Deckende Stoffmal- und -druckfarben für dunkle Unter-
gründe
Druckstöcke wie Schwämme, Schrauben, Nägel, Papp-
kanten, Styropor, Netze, Korken, Lego-Steine u. v. m.
Borstenpinsel oder Walze, Kunststoff- oder Glasplatte,
Wasserbehälter
Molton und Zeitungspapier
Schere

VORBEMERKUNGEN

Zur Einführung ins Thema das Zeichenspiel „le cadavre
exquis" (Falt-Papier mit Zufallskomposition) spielen,
d. h. ein DIN-A4-Blatt quer in drei Teile falten. Die Fanta-
sietiere entstehen in folgenden drei Schritten: Erst den
Kopf, dann Bauch und Beine und schließlich das Hinterteil von jeweils einem anderen Schüler zeichnen lassen.
Bevor der nächste Spieler das Blatt erhält, das bereits
Gezeichnete verdecken bzw. umfalten, sodass man
nicht weiß, was zuvor gezeichnet wurde. Es werden
lediglich Markierungspunkte für den folgenden Abschnitt gemacht. Das originellste Fantasietier wird von
den Schülern ausgewählt und gemeinsam umgesetzt.

ANLEITUNG

Den Entwurf des Fantasietiers auf Folie kopieren, auf
das an der Wand befestigte Packpapier projizieren und
auf die gewünschte Größe bringen. Dann die Umrisse
auf das Packpapier und von dort auf den doppelt liegenden Stoff übertragen und ausschneiden. Um das
Fantasietier plastischer wirken zu lassen, einen Keil –
entweder am Rücken oder am Bauch des Tiers – einplanen. Bei elastischen Stoffen ist dies nicht unbedingt
notwendig. →

Das Zusammennähen der Stoffteile des Tiers kann von der Lehrkraft übernommen werden, falls die Schüler noch nicht über Nähmaschinenkenntnisse verfügen. Schließlich den Körper mit Füllwatte ausstopfen und die Wendeöffnung zunähen.

Das bunt gemusterte Schuppenkleid oder Fell entsteht aus kleinen Stoffstücken unterschiedlicher Form und Größe, die, im Materialdruck gestaltet, als Zotteln am Fantasietier angebracht werden. Es geht hier weniger um die Farbgestaltung (deshalb auch die Beschränkung auf nur zwei Farbtöne), als vielmehr um das Erfinden von Mustern und die Auseinandersetzung mit den Gestaltungsprinzipien.

Der Materialdruck kann auf verschiedene Art und Weise geschehen: Die Farbe mit einem Borstenpinsel auf den Druckstock auftragen, den ausgewählten Gegenstand auf eine mit Farbe ausgewalzte Plastikfolie auftupfen oder den Stempel direkt einwalzen und auf den Stoff drucken, ohne ihn dabei zu versetzen, nachzudrucken oder zu verschieben. Ein weicher Untergrund, z. B. Molton mit einer Zeitungsauflage ist vorteilhaft.

Die trockenen, bedruckten Stoffstücke auf der Rückseite nur an ihrer oberen Kante mit Buchbinderleim einpinseln und am Stofftier befestigen. Damit sich die Stoffstücke auch überlappen, sollte von unten (Bauch) nach oben (Rücken) gearbeitet werden. Überstehende Reststücke mit der Stoffschere abschneiden. Abschließend das Gesicht mit Augen, Nase und Haaren ausschmücken.

TIPP

Handelt es sich um eine große Klasse oder will man das Stofftier nicht überdimensional groß machen, einfach verschiedene originelle Fantasietier-Gefährten herstellen!
Die Vorgabe, dass für ein Stoffstück nur eine Farbe und auch nur ein ausgewähltes Material verwendet werden darf, kann dabei helfen, den Schwerpunkt noch mehr auf das Experimentieren mit den Gestaltungsmitteln zu verlagern. (A.T./Z.-P.)

EIN TIER, DAS SICH BEWEGT

KLASSE: ab 2. Schuljahr
ZEIT: 2–3 Doppelstunden

ASPEKTE
Eigenständig einen Stempel herstellen
Ein Motiv in einzelne Glieder zerlegen und zu einem
beweglichen Mobile zusammenfügen

MATERIAL
Helle, unifarbene Stoffreste
(pro Glied ca. 20 x 20 cm)
Dispersionsfarbe in verschiedenen Tönen
Pinsel oder Walzen
Zeitungspapier
Holzklötzchen
Moosgummi und weitere Materialien, z. B. Schrauben,
Blätter, Schwämme, Ringe, Kork
Reißfestes Garn zum Verbinden der Glieder
Pappe, Holzleim

VORBEMERKUNGEN
Dieses Thema kann auch gut in Gruppenarbeit entstehen, jeweils mit einem anderen Motiv (z. B. Fisch,
Schlange, Krokodil). Das Objekt sollte mindestens aus
fünf Gliedern bestehen, damit es sich im Wind gut
bewegen kann.

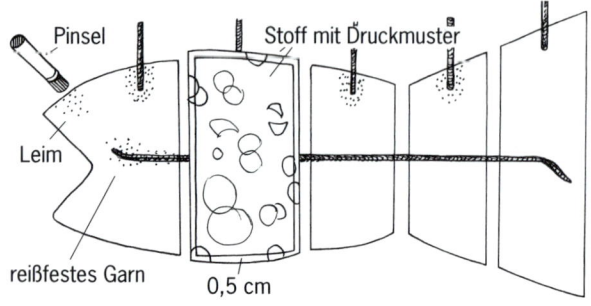

ANLEITUNG
Als ersten Schritt das Tier in Originalgröße auf der Pappe aufzeichnen und
in einzelne Glieder unterteilen, diese ausschneiden und als Schnittschablone für den Stoff verwenden. Die Teile Platz sparend aus dem doppelt
liegenden Stoff schneiden, sodass man pro Glied jeweils zwei Stoffteile
erhält. Eine Nahtzugabe von mindestens 0,5 cm als Kleberand einplanen.
Nun die Stoffteile gegengleich auslegen und bedrucken.

Für das Drucken eigene Motive aus Moosgummi oder anderen Materialien
herstellen und die Farbe sparsam mit dem Pinsel oder der Walze auf den
Stempel auftragen.

Für jede Farbe jeweils eine eigene Walze zur Verfügung stellen. Als Druckunterlagen altes Zeitungspapier oder Folien verwenden.

Während die bedruckten Stoffe trocknen, die Schnur mit Leim auf die ausgerichteten Gliederteile aufkleben, dabei einen Abstand von ca. 2,5–4 cm
einhalten. Auch die Schnüre für die Aufhängung gleich mit befestigen, wieder gut trocknen lassen.

Jetzt alle Flächen der Vorderseite mit dem Stoff bekleben. Den überstehenden Rand zunächst an den Ecken schräg abschneiden, an den →

Seiten nach hinten umschlagen und dort festkleben. Für die Rückseite die Stoffränder nach innen einschlagen und so aufkleben, dass der Stoff von der Vorderseite bedeckt wird. Anschließend alle Einzelteile pressen, damit sie sich nicht biegen.

Das fertige Gliedertier mit den Schnüren so an einem Ast oder einem Stab aufhängen, dass es waagerecht ausgerichtet ist.

VARIATIONSMÖGLICH-KEITEN

Die einzelnen Glieder doppelt aus Pappe zuschneiden und mit Stoff bekleben. Dabei ist darauf zu achten, dass sie gegengleich bezogen werden. Nach dem Trocknen die passenden Teile aufeinander kleben. Die Gliederschnüre liegen dann zwischen den Teilen. (A.L./Z.-P.)

KUSCHELKISSEN

KLASSE: ab 4. Schuljahr
ZEIT: 3 Doppelstunden

ASPEKTE

Einen Kissenbezug einfärben und bedrucken
Einen dekorativen Gegenstand herstellen
Vorgefertigte Model als Druckstock einsetzen

MATERIAL

Gewaschenes Baumwollkissen
40 x 40 cm
Seidenmalfarben
Stoffdruckfarbe (farblich passend)
Plastiktüte, Pipetten, Holzmodel
Linoleum, ca. 20 x 30 cm
Filz, Handtuch
Teigschaber/Spatel, Bürste
Folie oder alte Zeitungen
Bügeleisen

ANLEITUNG

Zum Einfärben das Kissen gut anfeuchten und in einer Plastiktüte knüllen („crashen"). Mit der Pipette die Seidenmalfarbe auf das gecrashte Kissen geben und etwas durchkneten, damit sich die Farbe verteilt.

Das Kissen herausnehmen und leicht gecrasht zum Trocknen auslegen. Anschließend glatt bügeln und vor dem Bedrucken eine Lage Zeitungspapier hineinlegen. Als Druckunterlage ein Handtuch verwenden.

Für das Stempelkissen den Filz nass machen, gut ausdrücken, auf das Linoleum legen und die Druckfarbe mit

dem Spatel gleichmäßig darauf verteilen. Das Model auf dem Stempelkissen gleichmäßig einfärben und fest abdrucken. Den Druckstock nach jedem Abdruck erneut einfärben.

Das bedruckte Kissen trocknen lassen und auf der Rückseite durch Bügeln fixieren. Nach dem Gebrauch jedes Model in kaltem Wasser gründlich mit der Bürste reinigen und trocknen lassen. (I.H./H.E.)

SPIEL FÜR UNTERWEGS

KLASSE: ab 3. Schuljahr
ZEIT: 5–6 Doppelstunden

ASPEKTE

Ein Spiel mit eigenen Spielregeln erfinden
Spiel und Beutel mit Stoffdruck gestalten
Erfahren, dass man ohne große Kosten ein Spiel
nach eigenen Vorstellungen herstellen kann

MATERIAL

Zeichenpapier für den Entwurf 40 x 40 cm
Linon in Weiß für das Spielfeld 40 x 40 cm
Linon in Gelb für den Beutel 30 x 60 cm
Verschiedene Holzstempel (quadratisch, rund,
sternförmig …)
Schwarzer Stoffmalstift, bunte Stoffmalfarben
Flache Schälchen und Filzreste für Stempelkissen
Nähnadel, Nähgarn, Schere
Baumwollgarn für die Kordel
Spielsteine, Würfel

VORBEMERKUNGEN

Für Pausen und Wartezeiten sind diese handlichen und leichten Spiele aus
Stoff für Kinder vor allem deshalb faszinierend, weil sie diese selbst erfunden und angefertigt haben.

ANLEITUNG

Ein Spiel in Originalgröße auf Zeichenpapier entwerfen und die Spielregeln
festlegen.

Das Spielfeld dem Entwurf entsprechend mit Holzstempeln auf weißen
Stoff drucken. Die Spielrichtung durch Verbindungslinien mit einem
schwarzen Stoffmalstift kennzeichnen.

Den gelben Stoff für den Beutel ebenfalls mit Stempeldruck gestalten,
zu einem Beutel für Spiel und Zubehör zusammennähen und mit einer
Einzugsvorrichtung für die selbst gedrehte Kordel versehen. *(H.E.)*

56

FROTTAGEMONSTER

KLASSE: ab 3./4. Schuljahr
ZEIT: 6 Stunden

ASPEKTE

Formen und Strukturen kennen lernen
Möglichkeiten der Frottage auf Stoff erproben
Experimentell arbeiten
Arbeitsschritte sachlogisch gliedern
Ein Fantasietier (Monster, Saurier …) entwerfen und auf
ein größeres Format übertragen

MATERIAL

Abbildungen von Sauriern aus Büchern oder Geschichte
von einem Monster
Entwurfspapier (DIN A4), Bleistift
Overhead-Folie und Folienstift
Textilkreide, alternativ Ölwachskreide
Glatte, leinwandbindige, helle Stoffreste aus gewa-
schener, getrockneter und gebügelter Naturfaser
(zum Beispiel Cretonne, Nessel), Größe jeweils
ca. 20 x 15 cm
Holzstücke und andere Reliefteile
Kreppklebeband, Textilschere
Dunkelgrundiger, fester, glatter Stoff
Hellgrundiger, glatter, leinwandbindiger Baumwollstoff
Buchbinderleim oder Haftvlies
Dunkle Knöpfe für die Augen
Nadel und Faden
Schneiderkreide

VORBEMERKUNGEN

Geeignete Reliefmaterialien schon im Vorfeld sammeln lassen, z. B. Baum-
rinde, Blätter mit ausgeprägten Adern, Gräser, Schilf, Binsen, Lattenzäune,
Rohrgeflecht, Reifen, Fußmatten, alle Arten von Gittern, z. B. Fenster- und
Fußgitter, Druckmodel, grobgittrige Stoffe, Strukturtapeten, Wellpappe etc.

Dabei sollen die Kinder angeregt werden, sich in ihrer alltäglichen Umgebung intensiver umzusehen und sie einmal in einem anderen Zusammenhang wahrzunehmen. Ein gegenseitiger Tausch des Gesammelten ist anzuregen.

Die Gestaltungsaufgabe gliedert sich in einen experimentellen und entde-
ckenden Umgang mit reliefhaften Erscheinungen und die Gruppierung der
Frottagen sowie die Entwurfsbildung eines imposanten Fantasietiers. →

Es empfiehlt sich, von vornherein zwei Arbeitsgruppen zu bilden, eine Frottagegruppe und eine kleinere Gruppe für den Entwurf. Später werden dann die Gruppen getauscht.

Die Textilfrottage eröffnet viele gestalterische Möglichkeiten. Die Musterung kann sich auf Teilflächen beziehen, die später in neue Zusammenhänge gebracht werden, wie das Bildbeispiel zeigt. Die Formen können aber auch assoziativ entstehen, wobei die Gesamtform von innen herauswächst, ohne dass der Stoff zerlegt und neu zusammengesetzt wird.

ANLEITUNG

Einen glatt gebügelten Naturstoff flach auf das Relief legen. Falls er zum Verrutschen neigt, mit einem Kreppklebeband befestigen.

Die Textilkreide flach halten, eventuell das Schutzpapier hierzu ein Stück abziehen und das Relief „abrubbeln". Dabei sollte man nicht zu stark auf die Kreide drücken, da sich sonst kleine Kreidestückchen ablösen, die stören können.

Sinnvoll ist es, eher dunklere Kreiden einzusetzen, die sich gut von dem hellen Stoff abheben (oder helle Kreiden auf dunklerem Stoff). Wichtig ist die Unterschiedlichkeit der Abriebe in Helligkeit, Kontrast, Dichte und Strukturwirkung. Den Kindern entsprechend Zeit zum Entdecken lassen.

Die Kreide wird normalerweise eingebügelt und kann dabei etwas breiter zerfließen, jedoch ist eine Fixierung der Kreide durch Bügeln bei dieser Aufgabe nicht unbedingt nötig, da es sich nicht um einen Gebrauchsgegenstand handelt.

Anschließend ein Tier entwerfen. Als Schnittmuster ausschneiden und mit Schneiderkreide auf Stoff übertragen. Die Frottagen so ausschneiden, dass die Strukturen bis zum Rand reichen und eine sinnvolle Anordnung ergeben. Die Glieder des Tiers sollen sich optisch von anderen Körperteilen, z. B. dem Rumpf, unterscheiden. So ist es von Vorteil, für die Beine dieselbe Struktur zu nehmen oder für eventuelle Hörner eine andere, um sie optisch vom Kopf abzusetzen.

Zuerst alle Frottageteile auf dem Grundstoff so anordnen, dass sie, eventuell mit leichter Überlappung, dicht an dicht liegen und der Untergrund nicht mehr sichtbar ist. Anschließend die Teile mit Stecknadeln aufstecken und, wenn nötig, die Stoffe entlang der gezeichneten Tierkontur beschneiden.

Unten liegende Teile zuerst aufleimen. Hierzu die Teile nacheinander noch einmal kurz entfernen und den Leim auf die Unterseite auftragen. Zuletzt die Augen ausgestalten, z. B. mit Knöpfen.

TIPP

Sehr imposant sieht es aus, wenn die Gestalt in Übergröße dargestellt wird. Dies kann über eine Wandprojektion erfolgen, von der man dann den Schnitt in der gewünschten Größe abnimmt. Ist dies für eine Gruppenarbeit geplant, sollte man die Gruppen wechseln, damit keine Wartezeiten durch die Übertragung des Entwurfs entstehen.

Weitere Themen: Ein Baum verwandelt sich, Ein altes Gesicht, Im Zaubergarten … *(S.C./Z.-P.)*

KUNTERBUNTES WOHLFÜHLKISSEN

KLASSE: ab 3. Schuljahr
ZEIT: ca. 6 Stunden

ASPEKTE

Schabloniertechnik anwenden
Positiv-Negativ-Formen einsetzen und kombinieren
Mit Farben modulieren

MATERIAL

Schablonenpapier, beschichteter
Karton oder feste Plastikfolie
Styrodur oder glattes Styropor
Stoffmal- und -druckfarbe
Runde Schablonierpinsel Nr. 8
Baumwoll-Kissenhüllen, gewaschen
und gebügelt
Stecknadeln, Nagelschere, Zeitung

ANLEITUNG

Zum Einstieg eignen sich Themen mit einfachen Motiven. Diese ohne Details auf die Pappe übertragen und mit einer Nagelschere ausschneiden, sodass man gleichzeitig eine positive und eine negative Schablone erhält. Beim Zeichnen die Kinder darauf hinweisen, dass der Abstand vom Motiv zum Papprand mindestens 2–3 cm breit sein sollte.

Zum Ausschneiden das Motiv an einer geraden Stelle knicken und exakt an der Linie einschneiden, sodass man eine positive Form und gleichzeitig eine negative Lochschablone erhält. Das Kissen an den Kanten mit Stecknadeln befestigen, damit es nicht verrutscht. In das Innere der Kissenhülle Zeitungspapier legen, so kann keine Farbe auf die andere Seite durchdringen. Die Schablonen können dann zum Schablonieren entweder mit der Hand festgehalten werden oder man steckt sie auf der mit Zeitungen belegten Styroporplatte mit Stecknadeln fest.

Mit einer Farbe am oberen Rand beginnen und sich dann weiter nach unten vorarbeiten. So wird vermieden, dass bereits aufgetragene Farbe verwischt. Danach die nächste Farbe auftragen. Für jede Farbe einen gesonderten Pinsel verwenden. Der Pinsel wird immer getupft, nicht gezogen. Wenig Farbe mit dem Pinsel aufnehmen und zunächst auf dem Zeitungspapier abtupfen.

Ist das Kissen fertig schabloniert, nach dem Trocknen auf der Unterseite bügeln.

TIPP

Grundsätzlich wenig Farbe mit dem Pinsel aufnehmen und zunächst auf Zeitungspapier abtupfen.
Als weitere Gestaltungsmöglichkeiten bieten sich das Modulieren mit der Farbe, Variation der Schablonen (positiv/negativ), das Überlagern etc. an. (A.L./Z.-P.)

WURFSPIEL

KLASSE: ab 6. Schuljahr
ZEIT: 3 Doppelstunden

ASPEKTE

Aus einem ausrangierten Federballschläger und Leintuch (Linon) ein Wurfspiel für Draußen herstellen
Das Spiel mit Schablonendruck individuell gestalten
Für die Wiederverwertbarkeit gebrauchter Gegenstände aus Haushalt und Freizeit sensibilisieren

MATERIAL

Alter Federballschläger
Alter Tennisball
Linon für den Fangbeutel 90 x 50 cm sowie
ein großer Linonstreifen 5 x 60 cm zum Zubinden
Linon für den Ball 40 x 40 cm
7 Linonstreifen 5 cm breit in unterschiedlicher Länge
(70–100 cm)
Stoffmalfarben in Gelb, Rot und Blau
Stupfpinsel, Farbschälchen
Zeitungspapier zum Abdecken
Overhead-Folie für die Schablone
Kleine Schere, Nähgarn
Nähmaschine, Bügeleisen

VORBEMERKUNGEN

Es ist für Kinder immer wieder ein schönes Erlebnis, wenn sie aus vorhandenen, nicht mehr benutzten Gegenständen aus Haushalt und Freizeit nahezu kostenneutral etwas ganz Neues herstellen können.

Dieses Wurfspiel ist für zwei Personen gedacht, eine wirft den Flugball, die andere versucht ihn mit dem umfunktionierten Schläger zu fangen.

ANLEITUNG

Alle Teile zuschneiden. Motive für den Schablonendruck aus einer Overhead-Folie herausschneiden.

Den Stoff für Fangbeutel, Ball und Bänder mit Schablonendruck gestalten. Den bedruckten Stoff nach dem Trocknen durch Bügeln fixieren.

Den Stoff für den Fangbeutel mit Zickzackstich versäubern und zu einem Schlauch zusammennähen.

Die Bespannung des Federballschlägers entfernen. Die Oberkante des Schlauches großzügig um den Rahmen des Schlägers legen und festnähen.

Mit dem kleinen Stoffstreifen den Beutel im unteren Teil zubinden.

Das quadratische Stoffstück um den Tennisball legen und festbinden. Die Flugbänder festnähen. *(K.W./H.E.)*

IGEL IM HERBSTLAUB

KLASSE: ab 2. Schuljahr
ZEIT: 4–5 Stunden

MATERIAL

Grober Rupfen (kleinere Stücke)
Naturfasergewebe (z. B. alte Betttücher) oder
feiner Rupfen für den Hintergrund, z. B. 35 x 25 cm
Stoffmalfarben in Herbsttönen, Borstenpinsel
Stickgarne in Braun und Schwarz
Sticknadeln
Klebstoff, Leim, Schere, Zeitungen
Herbstblätter mit ausgeprägter Rippenstruktur

ASPEKTE

Unterschiedliche Blattformen als gestalterisches Mittel
einsetzen
Materialdruck und Flachstich anwenden
Verschiedene textile Techniken kombinieren

TIPP

Die fertigen Bilder können für jeden
Schüler gerahmt oder zu einem
Wandteppich für das Klassenzimmer zusammengenäht werden.

VORBEMERKUNGEN

Vorab die Kinder Laub sammeln lassen. Zu Beginn der Gestaltung auf die Anordnung der Herbstblätter aufmerksam machen: Der Igel soll teilweise durch sie verdeckt werden. Für den Igel Rupfenstücke oder Stoffreste, auch farbliche Unregelmäßigkeiten sind hier von Vorteil, vorbereiten. Die Stacheln sollten nicht fadengebunden, sondern von den Kindern frei gestickt werden.

ANLEITUNG

Zunächst den Igel auf dem groben Rupfen vorzeichnen und mit Stoffmalfarben gestalten, trocknen lassen, anschließend ausschneiden und eventuell einige Stacheln am Körper aufsticken.

Jetzt geht es an die Gestaltung des Laubhaufens, in dem sich der Igel verstecken soll. Die gesammelten Herbstlaubblätter sollten noch frisch und nicht zu zart sein. Zum Einfärben das jeweilige Blatt auf ein Stück Zeitungspapier legen, mit dem Borstenpinsel die Farbe gleichmäßig auf der Unterseite verteilen. Das eingefärbte Blatt auf dem Stoff (ohne es zu verrutschen) platzieren, ein Stück Zeitung auflegen und fest andrücken. Vorsichtig abnehmen und eventuell ohne erneuten Farbauftrag an einer anderen Stelle ein zweites Mal abdrucken. Auf diese Weise nach und nach den Hintergrund mit verschiedenen Blattmotiven bedrucken. Der Platz hinter dem Igel kann frei bleiben. Die Farbe muss trocknen, bevor der Igel an seinem Platz angeklebt bzw. aufgestickt werden kann.

Weitere Blätter auf Rupfen abdrucken, ausschneiden und diese zum Schluss um oder über dem Igel dekorieren und ankleben. *(B.E./A.T./Z.-P.)*

MEIN MONOGRAMM

KLASSE: ab 4. Schuljahr
ZEIT: für den Entwurf: 2–3 Stunden
        weitere Bearbeitung: ca. 2 Stunden

ASPEKTE

Schriftelemente als Zeichen verändern
Ein individuelles Monogramm entwerfen
Eine moderne Übertragungs- und Drucktechnik erlernen: Scannen, Spiegeln, Größenänderung, Ausdrucken in Originalfarbe auf ein Spezialpapier
Den Computerdruck auf einen Gegenstand aus Naturfaser übertragen

MATERIAL

Weißes Zeichen- oder Schreibmaschinenpapier
Breite und spitze Filzstifte
Deck- oder Plaka-Farben
Transferfolie = Spezialpapier für Stofftransferdruck (DIN A4)
Spezialvlies als Bügelschutz
T-Shirt, alternativ helle Stofftasche
Computer, Scanner
Farbdrucker für DIN-A4-Formate
Bügeleisen bzw. Transferpresse

VORBEMERKUNGEN

Der Transferdruck bietet viele fächerübergreifende Möglichkeiten, zum Beispiel: Entwurfsbildung im Fach Kunst, Umsetzung und eventuell auch Befestigung durch Nähen von Hand und mit der Maschine im Fach Textil oder die Entwicklung der Schrift im Fach Deutsch.

Zur Motivation und Einführung einige Beispiele von Buchstaben zeigen, die verändert wurden, z. B. zu Gesichtern, Tiergestalten, architektonischen Teilen.

Danach Ideen zu einzelnen Buchstaben sammeln. Jedes Kind entwickelt ein Bildzeichen zu seinen Initialen, möglichst in Originalgröße der späteren Verwendung.

Es wird darauf hingewiesen, dass die verschiedenen Scan- und Druckerprogramme unterschiedlich aufgebaut sind und hier nur einige allgemein gültige Angaben gemacht werden können.

ANLEITUNG

Vorab beim Drucker die Art und Weise des Papiereinzugs mit Normalpapier testen, falls dies nicht bekannt ist. Hierzu vor dem Einzug eine kleine Markierung auf dem Papier machen, damit später das Spezialpapier mit der richtigen Seite eingelegt werden kann.

Den Entwurf mit dem „Gesicht" nach unten auf die Glasfläche des Scanners legen. Die Markierungen beachten!

Scan-Programm öffnen, Scannen (Voransicht).

Eventuell das Bild bearbeiten. Zum Beispiel den Bildausschnitt markieren: Mit der linken Maustaste einen Rahmen um den gewünschten Ausschnitt ziehen, Vergrößerungsfaktor festlegen (z. B. 100 % für Originalversion). →

Hat man ein Scan-Programm mit Spiegelfunktion, so werden die Buchstaben in normaler Ansicht entworfen, ansonsten müssen sie spiegelverkehrt übertragen werden. Am besten am Fenster durchzeichnen!

Wichtig: Die Buchstaben müssen gespiegelt werden, damit sie auf dem Shirt lesbar sind.

Mit den Bildeinstellungen kann auch noch die Farbe in Helligkeit, Kontrast und Sättigung verändert werden.

Das Bild als Datei oder nur für den Druck speichern. Bei dieser Aufgabe kann man für einen einmaligen Transfer direkt auf den Befehl „Drucken" gehen.

Das Spezialpapier mit der richtigen Seite in den Drucker einlegen. Achtung: Nur an den Rändern anfassen!

Druckoptionen wählen:
Format: Hoch- oder Querformat
Typ: Spezialpapier für T-Shirt
Quelle: manueller Einzug oder Fach
Druckqualität: normale oder beste
Anzahl der Kopien.

Entwurf ausdrucken.

Das Shirt oder die Tasche vorher waschen, trocknen und vorbügeln. Vor dem Transfer kurz noch einmal die gewünschte Stelle überbügeln.

Die Übertragung des farbig bedruckten Spezialpapiers auf den Stoff geschieht mit einem Bügeleisen und höchster Temperaturstufe (Baumwolle bis Leinen) oder mit einer einfach zu bedienenden Transferpresse.

Den Computerentwurf mit der farbig bedruckten Seite nach unten auf den Stoff legen. Ein hitzebeständiges Vlies darauf legen und einbügeln (dies dauert mit dem Bügeleisen etwas länger, bei der Transferpresse ca. 15 Sekunden bei über 300 °C).

Nach Abkühlung die Schutzschicht des Papiers entfernen, der Transferdruck wird sichtbar. Noch einmal nachfixieren, indem das hitzebeständige Vlies zuunterst gelegt wird. Dann die farbige Seite des Stoffes darauf legen und nochmals bügeln.

TIPP

Das Spezialpapier sollte vor und auch nach dem Drucken in einer Klarsichthülle oder Ähnlichem aufbewahrt werden, da beim Druck jede Fluse (auf der weißen Papierbeschichtung) übertragen wird. *(Z.-P.)*

KLEINE GESCHENKE
WIRKUNGSVOLL GESTALTEN

KLASSE: ab 4. Schuljahr
ZEIT: ca. 4 Stunden

ASPEKTE

Gestaltungsmöglichkeiten für nützliche Accessoires
überlegen und umsetzen
Transferdruck und Serviettentechnik miteinander
kombinieren

MATERIAL

Motivservietten
Textilmedium für die Serviettentechnik
Pinsel (Stärken 8–15)
Topfhandschuh, Brillenetui, Kulturbeutel aus weißer
Baumwolle
Transferfolien
PC mit Farbdrucker
Schreibprogramm (Word ab 6.0, Cliparts)
Schere, Bügeleisen

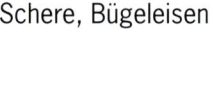

ANLEITUNG

Das Accessoire auswählen und für die Gestaltung
einen Entwurf zeichnen. Im Folgenden sind mögliche
Vorgehensweisen beschrieben.

Die **Schriftgestaltung** auf dem PC mit dem Schreibprogramm Word erstellen.

Über die Menüleiste *Einfügen* unter *Grafik WordArt* auf-
rufen.

Im WordArt-Katalog die gewünschte Stilart auswählen.

Den WordArt-Text bearbeiten, den gewünschten Text
eingeben.

Schriftart und Größe nach Wunsch über die Menüleiste
verändern.

Auch die WordArt-Form kann verändert werden.

Die Schrift mit Hilfe der Ziehpunkte platzieren. →

Schrift aktivieren, Menü *Zeichnen* aktivieren und *drehen – horizontal* anklicken. Die Schrift wird gespiegelt, damit sie beim Drucken auf der Transferfolie spiegelverkehrt erscheint. Diesen Vorgang unbedingt durchführen!

Transferfolie in den Drucker legen (Anweisungen für den Foliengebrauch beachten!) und ausdrucken.

Ca. 2 mm um das ausgedruckte Motiv herum ausschneiden. Motiv mit der bedruckten Seite auf den Stoff legen, mit dem Bügeleisen nach Gebrauchsanleitung aufbügeln und die Restfolie abziehen.

Schrift immer als letzten Schritt aufbügeln, damit die Buchstaben nicht durch andere Tätigkeiten beschädigt werden!

Mit der **Serviettentechnik** das gewünschte Motiv aus der Serviette ausschneiden, ca. einen 2 mm breiten Rand stehen lassen. Die restlichen Serviettenschichten abziehen.

Das Textilmedium dünn mit dem Pinsel auf die markierte Fläche des Grundstoffes auftragen.

Das Motiv vorsichtig mit der rechten Seite nach oben auflegen und mit einem weichen Pinsel glatt streichen.

Nochmals etwas Textilmedium auf der Serviettenoberfläche dünn verstreichen: von der Mitte nach außen, sodass keine Falten entstehen. Vorsicht, die Serviettenfläche löst sich leicht ab!

Über Nacht trocknen lassen.

Ein Seidenpapier über das getrocknete Motiv legen und mit mittlerer Hitze überbügeln. *(J.-G.)*

TIPP
Die Serviettenmotive mit Stoffmalstiften weiter bearbeiten. Oder aus verschiedenen Serviettenmotiven ein neues Bild zusammensetzen wie beim Topfhandschuh „Ente und Huhn".

SEIDENMALEREI

Seidenmalerei ist eine der anspruchsvollsten und vielseitigsten textilen Techniken und wird oft im Rahmen von projektorientiertem Arbeiten angeboten.

Die **Seidenmalfarben** sind verlaufende Farben. Der Grad der Ausbreitung auf dem Stoff ist abhängig von der Stoffart und der Farbe.

Man unterscheidet die Farben nach der Art des Fixierens in:
Bügelfixierbare Farben mit zugehörigem Konturmittel
Dampffixierbare Farben mit zugehörigem Konturmittel
Farben mit Flüssigfixierung
Farben, die keine zusätzliche Fixierung benötigen.

Folgende wesentliche Unterschiede bestehen zwischen den bügelfixierbaren Farben und den dampffixierbaren Farben:

Die **bügelfixierbaren Farben** sind für den Schulgebrauch einfach zu handhaben. Sie sind konzentriert und lassen sich um ein Mehrfaches verdünnen. Die Farben werden mit einem Bindemittel an die Faser gebunden. Mischungen sollten nach Gebrauch verschlossen werden. Nach dem Trocknen werden die Farben durch Bügeln auf der Stoffrückseite fixiert.

Dampffixierbare Farben sind hochkonzentriert und lassen sich bis auf das Vierzigfache verdünnen. Sie lassen sämtliche Teiltechniken zu, auch lasierendes Malen ist damit möglich. Die Seide behält nach dem Fixieren mit Wasserdampf ihren Glanz und ihre Geschmeidigkeit. Die fertig bemalten Stoffe sollten mittels spezieller Dampffixiergeräte fixiert werden.

Zum Anmischen der Farben sind Plastikpaletten mit einstellbaren Bechern oder verschließbare Döschen praktisch. Pipetten eignen sich zum Dosieren, flache und spitze Haarpinsel zum Auftragen der Seidenmalfarbe. Wenn offen aufbewahrte Farbreste eingetrocknet sind, diese später einfach wieder mit Wasser auflösen.

Der klassische **Seidenmalrahmen** sollte verstellbar sein, er wird jedoch nicht für alle Seidenmaltechniken benötigt.

Die Seide mit Dreizackstiften oder speziellen Spannkrallen straff aufspannen, und zwar erst eine Reihe Stifte auf einer Seite eindrücken und dann versetzt die gegenüberliegenden Stifte auf Lücke befestigen.

Wird die Seide zuvor leicht angefeuchtet, so dehnt sie sich zunächst aus, um sich beim Trocknungsprozess wieder zusammenzuziehen. Man erhält dann eine sehr straffe Fläche.

Geeignete **Seiden** für die Schule sind Pongé-Seide (ab Stärke 05/06), Fuji-Seide, Seide-Baumwolle-Taffeta, Chiffon, Satin, Twill und Crêpe de Chine.

Entwürfe mit einem wasserfesten Stift auf Papier anfertigen. Oder den Entwurf mit dem Verschwindestift (Strich-Ex, Zauberstift, Sublimatstift) vorzeichnen, die Linien verschwinden nach 3–10 Stunden oder sofort, wenn sie mit Feuchtigkeit in Berührung kommen. Oder bei der Konturmitteltechnik mit dem Konturmittel direkt nachzeichnen, jedoch neben den vorgezeichneten Linien auftragen.

AQUARELLTECHNIK

Die Farben werden feucht nebeneinander oder ineinander aufgetragen. Für fließende Übergänge kann der Untergrund auch stellenweise angefeuchtet werden. Für große Flächen, z. B. Hintergründe, kann man mit Verlaufmittel arbeiten. Die Technik erfordert ein rasches Arbeiten, da sich beim Farbauftrag auf bereits angetrockneten Farben eventuell ungewollte Ränder ergeben. Führt man diese Ränder bewusst herbei, spricht man von der Schichttechnik.

KONTURMITTEL- ODER TRENNTECHNIK

Es gibt ein natürliches Kontur- oder Trennmittel, die so genannte Gutta, die nicht wasserlöslich ist, und außerdem synthetisch hergestellte Konturmittel, die in vielen Tönen erhältlich sind. Zum direkten Auftrag eignen sich am besten Tuben mit einer langen schmalen Tülle. Sie sind schnell und problemlos anzuwenden und zu verschließen.

Um das Konturmittel aus Fläschchen aufzutragen, eignen sich für Kinder die Federkanülen ab Stärke 0,7 mm.

Zum Auftragen des Konturmittels den Entwurf unter eine glatte Plastikfolie, Kunststoff- oder Glasplatte legen, auf dieser den Stoff mit Kreppband an den Ecken befestigen. Dies gelingt am besten zu zweit. Man kann den Entwurf auch direkt unter die Seide legen. Nach dem Trocknen des Konturmittels für die weitere Bearbeitung die Seide auf den Rahmen spannen.

Das Arbeiten mit Konturmittel erlaubt sowohl einen geschlossenen Umriss, als auch Binnenlinien. Die Linie muss stets vollständig durchgezogen werden.

Den Pinsel vor dem Farbauftrag am Wasserbecher oder Maltuch etwas abstreifen und nicht ganz bis an den Konturmittelrand auftragen. Die Farbe verläuft von selbst dorthin.

SALZTECHNIK

Salz oder Zucker sind hygroskopisch und entziehen der aufgetragenen Farbe Flüssigkeit. Man verwendet grobkörnige Ware.

Die Seide muss gut gespannt sein, eventuell nachspannen. Die Körner gezielt oder auch willkürlich auf die noch feuchten Farben auflegen. Wo sie liegen, bilden sich helle Pünktchen. Trägt man mit Wasser verdünnte Farben gemischt übereinander auf, so trennen die Körnchen gewisse Farbanteile und es können sich bunte Effekte ergeben.

Wichtig: Das Salz muss auf der Seide liegen bleiben und in Ruhe trocknen, bevor es entfernt wird. *(Z.-P.)*

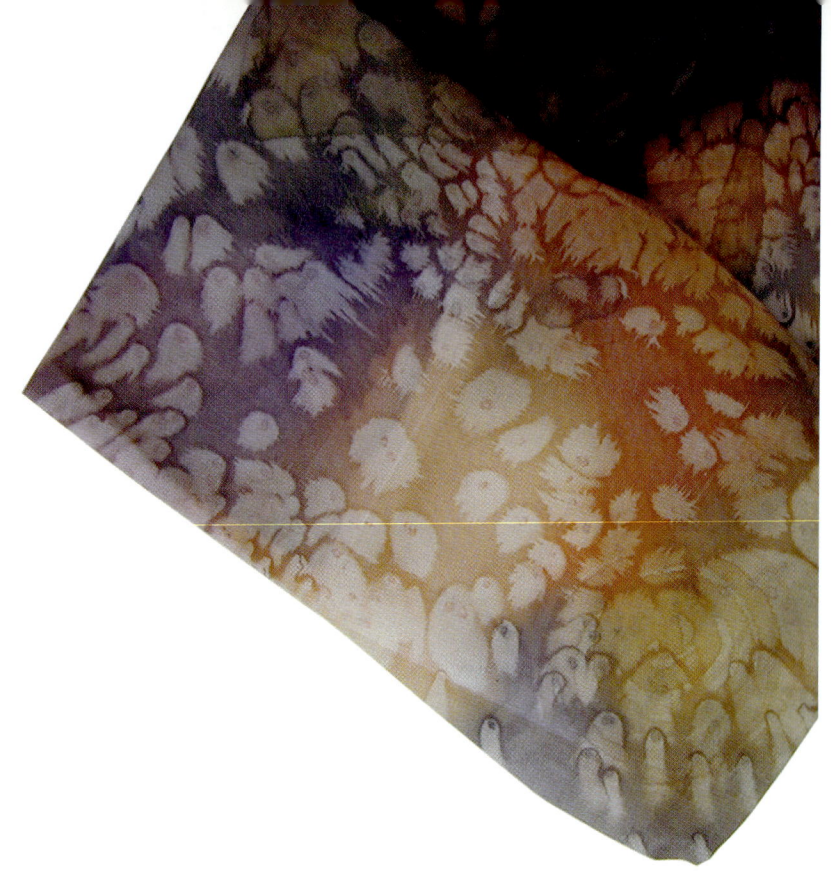

ORIENTALISCHE STADT

KLASSE: ab 3. Schuljahr
ZEIT: 4–5 Doppelstunden

ASPEKTE
Seidenmalerei als Werkverfahren kennen lernen
Den Arbeitsplatz sachgerecht vorbereiten
Sorgfältig mit flüssigen Farben arbeiten

VORBEMERKUNGEN

Es ist für Kinder einfacher, zur Abgrenzung normale Wachsmalstifte statt der üblichen Gutta zu verwenden; diese breiteren Linien können durch die Farbwahl in die Bildgestaltung einbezogen werden. Beim Übertragen des Entwurfs mit Wachsmalstiften auf Seide müssen alle Umrisslinien sorgfältig geschlossen werden, um ein Auslaufen der Farbe zu verhindern.

Beim Auftragen der Farbe sollte nicht ganz an die Begrenzungslinien gemalt werden. Für alle Seidenmalfarben gilt: Die Farben nie aus dem Glas nehmen, da sie schnell verwässern oder sich vermischen.

ANLEITUNG

Betrachtung von Bildern orientalischer Städte. Hinweis auf typische Merkmale (Kuppeln, Minarette, kubische Formen der Häuser) geben. Zeichnen und Besprechen des Entwurfs.

Die Seide straff aufspannen. Die Umrisslinien mit Wachsmalstiften übertragen und anschließend föhnen, damit das Wachs in die Seide eindringen kann. Das Bild ausmalen.

Eventuell durch Aufstreuen von Salz auf die feuchte Seide den Hintergrund gestalten. Nach dem Trocknen das Salz abstreifen und die Ornamente mit Goldgutta verzieren. Danach die Seide abspannen und von der Rückseite bügeln.

Die Orientalische Stadt kann nun mit oder ohne Passepartout, aber auch wie abgebildet mit einer Goldborte versehen, zu einem Bild weiter verarbeitet werden. (C.Hu./H.E.)

MATERIAL
Seidenmalrahmen, Dreizackstifte
Seide 45 x 45 cm
Seidenbügelfarben
Wachsmalkreiden
Wasserbecher, Mallappen, Föhn
Pinsel Stärke 10 oder 12 mit guter Spitze
Effektsalz
Goldgutta
Passepartout oder Borte
Aufhängung

LAMINIERTE LICHTOBJEKTE

KLASSE: ab 3./4. Schuljahr
ZEIT: 5–6 Stunden

ASPEKTE

Verschiedene Seidenmaltechniken einsetzen
Unterschiedliche Motive gestalten
Laminiertechnik anwenden
Zum Lichtobjekt zusammenfügen

MATERIAL

Weißes Papier DIN A4
Dunkler Permanentstift oder weicher Bleistift
Zwei Seidenzuschnitte DIN A4, z. B. Pongé 06, 08
Seidenspannrahmen
Dreizackstifte zum Aufspannen
Konturmittel in Tuben
Seidenmalfarben zum Einbügeln oder Dampffixieren
(vorwiegend Gelb- und Rottöne)
Farbpaletten mit Näpfchen
Haarpinsel in verschiedenen Stärken
Wasserbehälter
Tuch zum Ausdrücken des Pinsels
Zeitungen oder Folie zum Unterlegen
Laminiergerät
Zwei Laminierfolien DIN A4 in stärkerer Qualität
Lederlochzange, Locher, Prickelnadel oder spitze
Straminnadel
Verschiedene Garne oder farbiger Bast
Entsprechend großes Glas, Teelicht

ANLEITUNG

Eine Seite der Lampe wird mit Aquarell- oder Salztechnik bemalt, die andere mit Konturmitteltechnik.

Die Seide anfeuchten und straff auf den Seidenmalrahmen spannen. Hierzu erst eine Seite auf dem Rahmen mit Dreizackstiften befestigen und dann auf der gegenüberliegenden Seite die Dreizackstifte auf Lücke versetzt fixieren.

Für die Rückseite die Seide individuell nach den eigenen Vorstellungen bemalen. Bei der Farbauswahl ist darauf zu achten, dass vor allem Rot- und Gelbtöne ein warmes Licht ergeben. Beim Spiel mit den Farben in Aquarelltechnik sollte rasch und zügig gearbeitet werden, damit die Farben ineinander fließen und keine unerwünschten Trockenränder entstehen. →

Bei der Konturmittel-Technik empfiehlt es sich, den Entwurf mit einem dunklen Stift auf Papier anzufertigen und diesen unter den Rahmen mit der aufgespannten, trockenen Seide zu legen. Es ist darauf zu achten, dass beim Konturmittelauftrag sämtliche Formen geschlossen sind, da sonst später die Farbe austritt.

Wichtig: Da die Konturlinien im feuchten Zustand leicht verwischen können, müssen sie von links oben nach rechts unten angelegt werden. Gut trocknen lassen, bevor die Flächen mit Seidenmalfarben ausgefüllt werden.

Nach dem Trocknen der Seidenmalerei die Ränder, die auf dem Seidenspannrahmen auflagen, rundherum abschneiden. Da die Seidenstücke nach der Bemalung einzeln laminiert werden, ist eine Fixierung der Farben durch Bügeln oder Dampf nicht unbedingt erforderlich.

Jede Laminierfolie besteht aus einer doppelten Lage, die an einer Kante verschweißt ist. Die zugeschnittene Seide zwischen die doppelte Folie legen. Es muss an allen Seiten ein Folienrand von 3–5 mm überstehen, denn nur dieser wird verschweißt.

TIPP

Es ist darauf zu achten, dass keine Verunreinigungen innen oder außen auf die Folie gelangen. Eventuell abstehende Fasern vorher abziehen.

Wichtig: Die Folie mit der geschlossenen Seite voran in das Laminiergerät einschieben. Der Vorgang des Laminierens geht recht schnell. Damit die Folie nicht im Gerät hängen bleibt, ist eine stärkere Qualität von Vorteil.

Nach dem Laminieren die beiden Folien so aufeinander legen, dass die Vorderseiten nach außen zeigen. Mit einem wasserlöslichen Folienstift rechts und links gleiche Abstände von oben und unten und ca. 0,5 cm von den Seitenkanten entfernt einzeichnen oder mit einer Nadel anstechen. Man kann pro Folie zwei, drei oder vier Löcher stanzen oder mit einer spitzen Straminnadel das Garn direkt durchziehen. Die Folien mit Garnschlaufen oder mit dem Vorstich verbinden.

Ein breites und ausreichend hohes Glas, in dem das Teelicht steht, zwischen die Folien schieben.

VARIATIONSMÖGLICHKEITEN

Zum Beispiel für eine größere Lampe drei bis vier Folienflächen (auch Quadrate) an der kurzen Seite miteinander verbinden. Eigenen kreativen Ideen sind hier keine Grenzen gesetzt. *(Z.-P.)*

PIRATENSCHIFF
AUF HOHER SEE

KLASSE: ab 3. Schuljahr
ZEIT: 5–6 Stunden

ASPEKTE
Piratenschiff entwerfen
Fachbegriffe aus der Schifffahrt
erlernen oder vertiefen
Verschiedene Seidenmaltechniken
anwenden

MATERIAL
Medien zur Einführung ins Thema, wie z. B.
Abbildungen von Piratenschiffen
Entwurfspapier, Mindestgröße DIN A4
Weicher Bleistift oder wasserfester Filzstift
Plastikfolie oder weiße Plastiktüte, Kreppband
Seidenpongé ab Stärke 08 in Rahmengröße oder
Baumwolle-Seide-Mischgewebe, Taffeta
Seidenfarben zum Einbügeln oder für Dampffixierung,
vor allem Schwarz, Blau, Gelb, Rubinrot, Aubergine
Grobkörniges Salz oder Hagelzucker
Konturmittel in Tuben: Schwarz, Gold, Silber und Perl-
mutt
Watte, Wattestäbchen
Napfpaletten mit Näpfchen zum Mischen
Seidenmalrahmen und Dreizackstifte
Flache und spitze Haarpinsel
Wasserbecher →

ANLEITUNG

Zunächst die Teile eines Schiffes anhand von Büchern besprechen, ebenso die Darstellung von Wasser und Himmel. Anschließend den Schiffsentwurf und die Wellen skizzieren und mit einem schwarzen wasserfesten Stift nachzeichnen.

Den Entwurf auf die Plastikfolie legen. Die Seide darüberlegen und an den Ecken mit Kreppband auf der Plastikfolie straff befestigen. Den durchscheinenden Entwurf direkt mit Konturmittel aus der Tube nachzeichnen. Den ersten Tropfen aus der Tube mit Kreppapier entfernen.

Wichtig: Von oben nach unten und von links nach rechts arbeiten (Rechtshänder) und die Konturen jeweils gut schließen, vor allem die äußeren Umrisslinien. Nach Belieben auch die Wellen mit hellblauem Konturmittel bis zu den seitlichen Stoffkanten anlegen (oder später nur mit Salztechnik arbeiten). Das Konturmittel gut trocknen lassen.

Anschließend die Seide auf den Rahmen spannen und die Farben für Himmel und Wasser vorbereiten. Für den Himmel ein Grau oder mit Wasser verdünntes Schwarz in vier Näpfchen füllen und Blau-, Violett- und Rosanuancen zufügen. Dann den Bereich des Himmels partiell leicht anfeuchten und diesen vom oberen Teil des Bildes her mit ineinander fließenden Farben anlegen. Er sollte sich später farblich vom Meer unterscheiden.

In einen Gewitterhimmel kann nach dem Trocknen ein Blitz mit spitzem Pinsel gelb eingefügt werden. Beim Farbauftrag immer ca. 2 mm von den Konturen Abstand halten. Falls etwas Farbe über die Konturen tritt, diese dann sofort mit etwas Wasser und Wattestäbchen verdünnen.

Solange der Himmel noch feucht ist, das Wasser mit verschiedenen Blau-, Grün-, Violett- und Türkistönen anlegen. Die Farben dürfen auch über das Konturmittel des Wassers fließen. Solange die Farben noch feucht sind, ein paar Salz- oder Zuckerkörner aufstreuen und abwarten, bis der Untergrund getrocknet ist. Dann die Körner entfernen.

Das Schiff mit Braun-, Grau-, Ocker- und Rottönen bemalen. Kanonenöffnungen, Totenköpfe, Flaggen und eventuell auch eine Schatzkiste, mit etwas glitzernder Stoffmalfarbe aufgepeppt, dürfen natürlich nicht fehlen. Nach Belieben kann das Bild noch mit einem Passepartout gerahmt werden.

TIPP

Das Wasser und einzelne Wolken können auch mit der Schichttechnik ausgearbeitet werden. In diesem Fall muss die Farbe (zum Beispiel mit einem Föhn) zwischengetrocknet werden, bevor die nächstdunklere Schicht aufgetragen wird. (Z.-P.)

SEIDENBEZOGENE SCHACHTELN

KLASSE: ab 4. Schuljahr
ZEIT: 2 Doppelstunden

ASPEKTE

Grundlegende Seidenmaltechniken wie Aquarelltechnik,
Konturentechnik und Salztechnik erlernen oder festigen
Mit Verdicker arbeiten
Dose bemalen und mit Stoff
beziehen

MATERIAL

Schachteln mit Öffnung im Deckel
Kleiner Seidenmalrahmen
Seidengewebe
Eventuell dünnes Vlies
Seidenmal-Bügelfarben
Konturenmittel in verschiedenen
Farben
Borstenpinsel
Flache und spitze Haarpinsel
Grobkörniges Salz
Wasserbecher
Strich-Ex-Stift
Acryl- oder Deckfarbe, Klarlack
Leim, Klebstoff

ANLEITUNG

Die Schachtel in ihre Einzelteile zerlegen. Die innen liegende Kartonscheibe
als Schablone zum Aufzeichnen des Umrisses auf die Seide verwenden.
Will man auch noch die Seitenwand beziehen, so wird der Umfang mit dem
Maßband abgemessen oder die Dose seitlich bis zum Ausgangspunkt ab-
gerollt und die Länge (Umfang) markiert (ca. 45 cm). Für die Höhe der Seitenwand auf jeder Seite am Stoff 1 cm zugeben, für die Länge 2–3 cm
(ca. 48–50 cm).

Den Deckelrahmen oder auch weitere Schachtelteile nach Belieben bemalen. Da die Gestaltungsfläche sehr klein ist, einfache Motive, wie z. B. Symbole, Monogramme, abstrakte Zeichen, Tiere oder Pflanzen, auswählen. →

Die Motive können mit dem Strich-Ex-Stift vorbereitet oder frei gezeichnet werden. Sollen sie mittig angebracht werden, den inneren Deckelrand oder bei der Seitenwand den überstehenden Deckelrand ebenfalls einzeichnen.

Für das Beziehen der Seitenwand die Fläche dünn mit Leim einstreichen. Den getrockneten Stoff glatt auflegen, die Nahtzugaben oben und unten überstehen und die Enden leicht überlappen lassen. Das überstehende Ende einschlagen und mit etwas Leim festkleben. Dann die Schachtel am inneren Rand 1 cm einstreichen und die obere Nahtzugabe nach innen umkleben. Darauf achten, dass sich keine Falten bilden. Wenn notwendig, die Nahtzugabe an der unteren Standfläche leicht einschneiden und ebenfalls ankleben.

Den Deckel wie folgt zusammensetzen: Die gebügelte Seide auf dem inneren Deckelrand anleimen, den Seidenrand nochmals mit Klebstoff einstreichen (eventuell noch ein dünnes, passend zugeschnittenes Vlies unterlegen), dann den Vliesrand nochmals mit Klebstoff bestreichen und die gewölbte Plastikfläche von unten her gegen die Seide beziehungsweise das Vlies drücken. So entstehen keine Falten.

Als Abschluss die Pappform am Rand 1 cm mit Klebstoff bestreichen und von unten her gegen den Plastikrand drücken. *(Z.-P.)*

TIPP

Keine dicke Seide verwenden, sonst passt der Deckel später nicht mehr. Für Pongé, Fuji und andere Seiden eignen sich alle Grundtechniken, und Satin besonders gut für die Aquarell- und Salztechnik.

GROSSE FANTASIEBLUME

KLASSE: ab 6. Schuljahr
ZEIT: 6 Stunden

ASPEKTE

Eine große plastische Blume fantasievoll gestalten
Verschiedene handwerkliche Techniken erlernen
Wahrnehmung durch Einsatz besonderer Materialien, z. B. Baumwoll-Organdy, transparenter Polyesterorganza usw. fördern

MATERIAL

Entwurfspapier
Strich-Ex-Stift, evtl. Konturmittel zur Sicherung der Kanten
Nähnadeln, Garn
Borsten- oder Haarpinsel
z. B. Stärke 8 und 16–20
Wasserbecher, Volumenvlies
Transparente Stoffe, z. B. steifer
Baumwoll-Organdy, Polyesterorganza
Stoffe in verschiedenen Grüntönen
z. B. Baumwoll-Organdy, Pannésamt
Bastelfilz
Seiden- oder Stoffmalfarben
Sisalfiguren- oder Blumendraht
Drahtzange
Kleister bzw. Buchbinderleim
Perlen und eventuell Duftstoffe

VORBEMERKUNGEN

Einfache Formen aus einer Kreisform oder einem wellig gezeichneten Kreis entwickeln. Sehr schön sieht es bei transparenten Stoffen aus, wenn man mehrere leicht unregelmäßige Kreise in gleicher Größe oder immer kleiner werdend übereinander schichtet. Kompliziertere Formen werden aus einzelnen Blütenblättern entwickelt, die man am Kelch miteinander vernäht.

Tüll ist ein steifes Material und muss nicht versäubert werden. Aus verschiedenfarbigen Tüllschichten lässt sich schnell eine Blüte gestalten. Baumwollorgandy, ein weiteres steifes Gewebe, kann mit Stoffmalfarben bemalt werden. Polyesterorganza hingegen ist sehr dünn, hat keinen Stand und sollte deshalb mit Volumenvlies als Einlage verstärkt werden. →

ANLEITUNG

Die Kreise oder Einzelblüten in Originalgröße auf das Entwurfspapier aufzeichnen und ausschneiden. Je nach Steifheit des Materials entscheiden, ob der Stoff in einfacher oder doppelter Stofflage mit oder ohne Volumenvlies verarbeitet wird.

Nach Belieben den Baumwoll-Organdy auf einer Folie liegend mit Seiden- oder Stoffmalfarbe einfärben, pro Lage eine variierende Farbe wählen. Nach dem Trocknen einbügeln. Bei steifen Stoffen – wie Organdy – werden mehrere bemalte Lagen übereinander geschichtet. Dünne Stoffe hingegen doppelt legen, Oberseiten innen liegend. Das zugeschnittene Volumenvlies obenauf feststecken. Durch alle drei Lagen nähen, an einer möglichst geraden Stelle ein Wendeloch lassen. Eventuell kleine Einschnitte bis knapp vor die Naht machen und Blüte wenden.

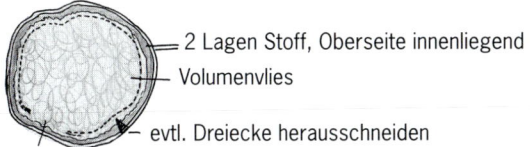

2 Lagen Stoff, Oberseite innenliegend
Volumenvlies

evtl. Dreiecke herausschneiden

Wendeloch an einer
möglichst geraden Stelle

Eine Alternative ist das Einnähen von dünnem Draht, 1 cm vom Blütenrand entfernt. Einen breiten und weiten Zickzackstich einstellen und über den Draht nähen. →

Für den Stiel einen stärkeren Figurendraht aus Sisal oder einen Blumendraht verwenden. Einige Blätter zuschneiden, die Blattstiele nicht zu dünn schneiden und die Blätter eventuell mit Gutta umranden, damit der Stoff nicht ausfranst. Die gewünschte Stelle am Stiel mit Leim einstreichen und mit einem langen, ca. 3 cm breiten, ebenfalls mit Leim bestrichenen, grünen Stoffstreifen oder grünen Blumenkreppband schräg umwickeln, dabei die Blätteransätze mit einwickeln.

mit Kreppband befestigtes Blatt

Sisaldraht

grünes eingeleimtes Stoffband

Abschließend den Stiel mit der Blüte verbinden. Blüten aus kreisförmigen Gebilden lassen sich am leichtesten am Stiel befestigen: Die Blütenmitte um das Ende des Stiels legen und mit einem Faden dicht um den Stiel herum zuschnüren. Zur Betonung der Blütenmitte kann zusätzlich ein farblich abgesetzter Stoff oder farbiges Garn vorher in die Mitte gelegt und mit eingeschnürt werden. Dann die Blüte nach oben kippen und mit ein paar Handstichen von innen am Stielansatz hin und her stechend zunähen.

Einzelne Blütenblätter verbindet man von Hand mit einem kleinen Vorstich. In der Mitte ein Loch für den Stiel lassen. Dann den Stielbeginn mit einem Stück Stoff oder farbigem Garn umlegen (für die Staubblätter) und in das Loch einführen. Die Blütenblätter am Stiel mit Handstichen festnähen. *(Z.-P.)*

SCHAL IN SHIBORI-TECHNIK

KLASSE: ab 4. Schuljahr
ZEIT: ca. 2 Doppelstunden

ASPEKTE
Den Umgang mit dampffixierbaren Seidenmalfarben anhand der Shibori-Technik kennen lernen

MATERIAL
Seidenschal 150 x 45 cm
Seidenmal-Dampffixierfarben, Baumwollkettgarn, Essig
Plastikrohr Ø 10 cm, ca. 30 cm lang
Kochtopf mit Siebeinsatz, Alufolie
Kreppband, Plastikeimer, Gummihandschuhe
Altes Frotteehandtuch →

ANLEITUNG

Einen rollierten Seidenschal (Pongé 06/08 oder Crêpe de Chine 08) der Länge nach zusammenfalten, bügeln und die Längsseiten zusammenheften.

Den Schal an einer Ecke mit Kreppband unten an das Rohr kleben und spiralförmig um dieses herum wickeln.

Zur Befestigung einen Baumwollfaden spiralförmig von unten nach oben darüberwickeln, dabei den Schal zusammenschieben und den Faden wieder zurück zum Anfang wickeln, die Fadenenden verknoten.

Mit einer Pipette die Farben rundum auftragen. Dabei darauf achten, dass auch die Zwischenräume Farbe abbekommen. Einen Esslöffel Essig mit vier Esslöffeln Wasser verdünnen und zur gleichmäßigen Verteilung der Farben ebenfalls mit der Pipette auftragen.

Kochtopf ca. 4 cm hoch mit Wasser füllen, Siebeinsatz eines Schnellkochtopfes umgestülpt einlegen und die Rolle mit der eingefärbten Seide darauf stellen, den Topf mit Alufolie gut abdecken und ca. 30 Minuten leicht kochen (fixieren).

Die fixierte Seide unter fließendem Wasser spülen, etwas abtrocknen und die Wicklung öffnen. Abschließend die Seide nochmals gründlich waschen, in einem Frotteehandtuch antrocknen lassen, Heftfaden entfernen und bügeln. *(I.H./H.E.)*

BLÄTTER FÜR JEDEN HERBST

KLASSE: ab 6. Schuljahr
ZEIT: 6 Stunden

ASPEKTE

Herbstblätter als Raum- oder Tischschmuck fantasie-
voll bemalen und gestalten
Mit der Nähmaschine nähen, Verstürztechnik anwenden
(Spitzen und Rundungen)
Stiele durch Umwickeln von Draht mit Stoffstreifen
plastisch ausgestalten

MATERIAL

Herbstblätter
Entwurfspapier, Bleistift, Strich-Ex-Stift
Papier, Stoffschere, Stecknadeln, Nähgarn
Dicht gewebter, leinwandbindiger Stoff 20 x 40 cm,
z. B. Seidenpongé ab Stärke 10, Mischgewebe, dün-
nes, blickdichtes Baumwollgewebe o. Ä.
Stoffstreifen, 25–35 cm lang, 2–3 cm breit
Konturmittel, Farbe nach Wahl
Seiden- oder Stoffmalfarben
Verdicker für Seidenmalerei
Seidenspannrahmen und Dreizackstifte, Wasserbecher
Borsten- oder Haarpinsel (z. B. Stärke 8–16)
Dünne Vlieseinlage oder Füllwatte
Eventuell Seidenpapier
Blumendraht Ø 1–2 mm, Leim

ANLEITUNG

Die herbstlichen Blätter naturgetreu in der gewünschten Größe (mindestens 17 x 17 cm) abzeichnen oder große gepresste Herbstblätter auf ein
weißes Papier legen, umzeichnen und ausschneiden.

Den Stoff auf einen Seidenmalrahmen spannen. Die Blattzeichnung als
Schablone zweimal gegengleich auf den Stoff aufstecken und ein Blatt mit
Konturmittel exakt umranden, das gegengleiche nur mit Strich-Ex.

Beide Blätter herbstlich in Aquarelltechnik auch über den Rand bemalen.
Hierzu verwendet man Ockertöne, Rost und warmes Rot, Orange, Olivgrün
und Braun. Schön sieht es aus, wenn die Spitzen etwas farbiger gestaltet
werden. Die Adern mit etwas verdickter Farbe zart hervorheben. Für den
Stiel Stoffstreifen in entsprechenden Farben bemalen. Die Farben nach
dem Trocknen fixieren.

Die beiden gegengleichen Blätter passgenau aufeinander stecken, aber
noch nicht ausschneiden. Die Oberseiten sind innen, das Blatt mit der Konturmittellinie liegt oben. Da das untere nur durch eine Strich-Ex-Linie →

markiert wurde, darf es beim Nähen auch zu leichten Verschiebungen kommen.

Die auf Motivgröße zurechtgeschnittene Vlieseinlage und eventuell ein Seidenpapier unterlegen. 1 mm innerhalb des Konturmittels mit Stichlänge 1,5 durch alle Lagen nähen, an Blattspitzen mit Länge 1–1,2, sonst werden sie später beim Wenden durchstoßen.

An einer möglichst langen geraden Strecke eine Wendeöffnung von ca. 4–5 cm und für den einzusetzenden Stiel 1 cm freilassen. Will man ihn mit fortlaufendem Übergang zum Blatt nähen, muss er breit genug sein (mindestens 2 cm), damit die Nahtzugaben innen Platz haben.

Nach dem Nähen das Blatt ausschneiden. Das Seidenpapier abreißen. Das Vlies ganz knapp an der Naht beschneiden und ausdünnen. An Spitzen und Rundungen bis unmittelbar vor die Naht einschneiden, das Blatt wenden und die Spitzen mit einer Häkelnadel gut herausarbeiten. Die Wendeöffnung zunähen.

Die Hauptadern mit einem Heftstich von Hand oder mit einem langen Nähmaschinenstich (Länge 4–5 mm) nachnähen. Anschließend die Naht etwas raffen, sodass das Blatt leicht schrumplig wirkt. Hierzu leicht am Oberfaden ziehen. Den Anfang festhalten und dann verknoten.

Für einen angesetzten Stiel das Ende des bemalten Stoffstreifens am Ende eines 10–15 cm langen Blumendrahts befestigen. Den Draht mit Leim bestreichen und den Stoffstreifen schräg darumwickeln. Den fertigen Stiel in die Öffnung des Stoffes einführen und mit einigen Stichen gut befestigen. (Z.-P.)

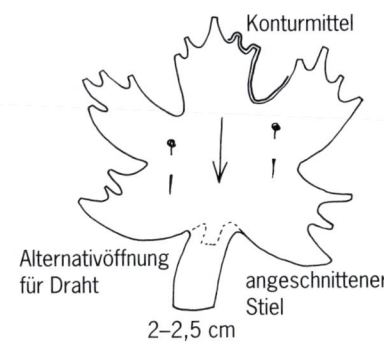

Konturmittel

Alternativöffnung für Draht

angeschnittener Stiel

2–2,5 cm

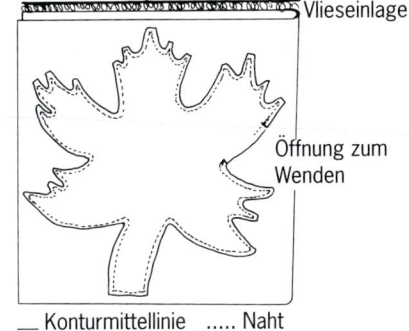

Vlieseinlage

Öffnung zum Wenden

___ Konturmittellinie   ..... Naht

TIPP

Die Stiele können ins Blatt integriert oder mit umwickeltem Draht extra angesetzt werden.
Führt man längere Stiele weit ins Blatt ein, so können viele Blätter auch als Herbststrauß zusammengebunden werden.

RESERVETECHNIKEN

Die **Reservetechniken** beinhalten alle Färbeverfahren, bei denen Stoffe oder andere Materialien ihre Musterungen erhalten, indem sie partiell reserviert und dann gefärbt werden. Sämtliche bei uns bekannten Reservetechniken stammen vermutlich ursprünglich aus dem ostasiatischen Raum.

Als Bezeichnung für die Reservierung durch Abdecken mit pastenförmigem Material oder Wachs hat sich der indonesische Name **Batik** durchgesetzt; wohl nicht zuletzt deshalb, weil diese Technik auf der Insel Java zur höchsten Vollkommenheit gelangt ist und auch heute noch große Bedeutung hat.

Weitere sehr beliebte **Reservetechniken** auf Stoff, bei denen bestimmte Partien so umwickelt bzw. abgebunden (reserviert) werden, dass sie während des Färbevorgangs die Farbe nicht annehmen, stammen aus dem Malaiischen und werden dort als Plangi bezeichnet. Bei uns sind diese Techniken als **Schnur-** oder **Bindebatiken** bekannt.

Die Gesamtwirkung der in diesen Techniken gestalteten Stoffe entsteht durch das Zusammenspiel von reservierten und gefärbten Stoffpartien. Es ergeben sich immer wieder neue, wunderschöne Musterungen durch unterschiedliche Abbinde- und Farbvariationen.

Die einfachste und schnellste Reservetechnik ist bei uns als **Papierbatik** bekannt – eine alte japanische Technik, die besonders deshalb so begeistert, weil in kürzester Zeit die reizvollsten Ergebnisse entstehen. Man spricht bei dieser Papier- oder Stoffgestaltung auch von Tauchfärben. Es eignen sich hierfür z. B. dünne, appreturfreie Stoffe wie Batikseide oder feiner Baumwollbatist. Allerdings sind diese Arbeiten nicht

waschecht, da der Stoff nur ganz kurz in das Farbbad eingetaucht wird.

Papierbatik
Durch mehrmaliges Falten, partielles Abdrücken (Reservieren) und kurzes Eintauchen des Batikpapiers in verschiedene Farbbäder entstehen immer wieder neue Muster und Farbtöne.

Material
Das **Batikpapier** muss dünn (Stärke ca. 17–19 g/qm), glatt und sehr saugfähig sein; im nassen Zustand darf es nicht leicht reißen.

Als **Farbe** verwendet man konzentriert angesetzte handelsübliche Batikfarbe. 10 g Farbpulver und 1 Esslöffel Salz mit 1/4 Liter kochendem Wasser gut verrühren und mit 3/4 Liter Wasser auffüllen.

Die **Färbegefäße** dürfen nicht umkippen; am besten verwendet man niedrige, standfeste Schälchen wie z. B. Quarkbecher.

Arbeitsschritte

Falten: Immer auf einer glatten, festen Unterlage und nur mit der Fingerkuppe (nicht mit dem Fingernagel!) falten, damit das dünne Batikpapier nicht beschädigt wird.

Je öfter das Batikpapier gefaltet wird, desto interessanter wird das Ergebnis. Allerdings darf das gefaltete Papier nicht zu dick werden, weil dann keine gleichmäßigen Färbungen möglich sind.

Reservieren: Stellen, an denen keine Farbe eindringen soll, können während des Färbens mit fest zusammengedrücktem Daumen und Zeige- bzw. Mittelfinger oder einer Wäscheklammer bzw. Pinzette reserviert werden.

Färben: Mit dem Eintauchen in die Farbe an der schmalsten Stelle beginnen (das ist z. B. beim Kreis die Spitze des gefalteten Papiers) und immer nur ein kleines Stück ganz kurz ins Farbbad tauchen. Dabei das Aufsteigen der Farbe beobachten.

Nun den gefärbten Teil hochbiegen (zur Vermeidung unerwünschter Farbflecken kann man das noch ungefärbte Papier mit einem Stück Zeitungspapier schützen) und das nächste Stück in eine andere Farbe tauchen; so oft wiederholen, bis das Batikpapier vollständig eingefärbt ist.Das Batikpapier kann auch parallel zur Faltrichtung in die Farbe getaucht werden.

Punktartige Muster entstehen, wenn nur die beim Falten entstandenen Ecken in die Farbe getaucht werden.

Durch Richtungsänderung (Eintauchen der Kanten oder Ecken), Zusammendrehen und Überfärben können weitere reizvolle Ergebnisse erzielt werden.

Wenn einmal kleine Partien ganz gezielt eingefärbt werden sollen, kann die Batikfarbe mit einem Pinsel oder einem Strohhalm auf das gefaltete Papier aufgetragen werden.

Trocknen: Anschließend zum Trocknen die gefärbten Batikpapiere zwischen zwei Lagen saugfähiges Papier legen und leicht ausdrücken.

Beim Auseinanderfalten ist Vorsicht geboten, weil nasses Batikpapier leicht reißt. Deshalb am besten nur so weit auffalten, wie es ohne Schwierigkeiten geht und dann erst einmal auf Zeitungspapier antrocknen lassen.

Bügeln: Die Papierbatik zwischen zwei Stofflagen bei mittlerer Hitze bügeln bevor sie ganz trocken ist, dann verschwinden auch die Falzlinien wieder.

Weiterverarbeiten: Die fertigen gebügelten Papierbatiken sollten (unter sparsamster Verwendung eines Klebestifts) auf einen weißen Untergrund geklebt werden, damit die Farben optimal zur Wirkung kommen.

Tropfbatik

Die Tropfbatik ist die einfachste Art, Stoff mit Wachs zu reservieren. Das Wachs wird von der brennenden Kerze auf den appreturfreien Stoff getropft und muss ihn vollständig durchdringen. Im lauwarmen Farbbad nimmt der Stoff nur an den wachsfreien Stellen Farbe an.

Nach dem Ausspülen und Trocknen kann der Stoff erneut mit Wachstropfen reserviert und gefärbt werden. Dabei ist zu beachten, dass die verschiedenen Färbungen stets von Hell nach Dunkel vorgenommen werden müssen. Es können sehr schöne Mischtöne entstehen.

Material

Für diese Batikarbeiten und alle anderen Reservetechniken sind gewaschene (appreturfreie) Baumwoll- oder Seidenstoffe besonders geeignet.

Einfache weiße Christbaumkerzen, die rasch abbrennen und leicht tropfen, haben sich für den **Wachsauftrag** bewährt.

Als **Farbe** kann jede Stoff- oder Batikfarbe verwendet werden; sie muss nach Herstellerangabe angesetzt werden.

Große Plastikeimer oder -schüsseln, in denen der Stoff vollständig von der Farbflotte bedeckt ist und gut bewegt werden kann, dienen als **Färbegefäße**. Zum Umrühren nimmt man am besten alte Plastikkochlöffel.

Arbeitsschritte

Wachsauftrag: Die Kerze muss während des Tropfens relativ dicht an den Stoff gehalten werden (ca. 5–10 cm). Wenn sie immer wieder gedreht wird, entstehen gleichmäßige runde Tropfen.

Sollen die Wachstropfen nicht ineinander laufen, müssen sie mit so viel Abstand gesetzt werden, dass bei der zweiten „Runde" jeweils ein Wachstropfen zwischen die inzwischen fest gewordenen passt.

Färben: Folgendes gilt grundsätzlich bei Färbungen von Wachsbatik und bei Abbindeverfahren.

Die Farbintensität hängt von der Konzentration sowie der Temperatur der Farbflotte und der Färbedauer ab.

Intensive, kräftige Farben erhält man also, wenn man den reservierten Stoff mindestens 30 Minuten so heiß wie möglich (Achtung: Wachs schmilzt bei ca. 40 °C!) in einer relativ konzentrierten Farbflotte färbt. Nach jedem Färben die überschüssige Farbe gründlich ausspülen und besonders nach dem letzten Farbbad den Stoff

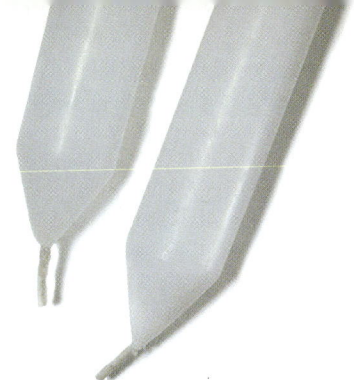

mehrmals in kaltem Wasser ausspülen, bevor er glatt zum Trocknen aufgehängt wird.

Die für die Wachsbatik typischen Krakelüren (feine Risse) entstehen, wenn man den gewachsten Stoff vor dem letzten Farbbad unter kaltem Wasser knittert.

Wachs entfernen: Die fertige Batik wird zwischen altem Zeitungspapier, das immer wieder gewechselt werden muss, so lange ausgebügelt, bis das Wachs weitestgehend entfernt ist.

TIPP
Wachsränder, sogenannte Wachshöfe, lassen sich durch Dampffixierung oder mit verdünntem Waschbenzin entfernen.

TIPP
Der Umgang mit Batikfarben hinterlässt natürlich Spuren, die nicht leicht zu entfernen sind. Deshalb die Arbeitsfläche mit mehreren Lagen Zeitungspapier und den Fußboden eventuell mit Plastikfolie abdecken. Ferner empfiehlt es sich, unempfindliche Kleidung bzw. einen Malkittel sowie Gummihandschuhe zu tragen.

Lokomotive

Die folgenden Arbeitsschritte gelten für eine Wachsbatik (Tropfbatik) mit 4 Farbbädern.

1. Wachsauftrag: Alles, was weiß bleiben soll, wird mit Wachs reserviert.
1. Farbbad: Rosa.
2. Wachsauftrag: Alles, was rosa bleiben soll, wird mit Wachs reserviert.
2. Farbbad: Karminrot.
3. Wachsauftrag: Alles, was rot bleiben soll, wird mit Wachs reserviert.
3. Farbbad: Lila/Violett 50 : 50.
4. Wachsauftrag: Alles, was lila bleiben soll, wird mit Wachs reserviert.
4. Farbbad: Violett/Blau 50 : 50.
Trocknen. Das Wachs ausbügeln.

Schnur- oder Bindebatik

Zum Abbinden können festgezwirnte Garne, z. B. dünne Paketschnur, Bast oder Haushaltgummis verwendet werden. Material und Färbevorgang siehe Seite 84 unter dem Abschnitt Tropfbatik.

Verschiedene Abbindetechniken

1. „Knülltechnik"

Den Stoff locker zusammenknüllen und beliebig (nicht zu fest) umwickeln. Bei größeren Flächen empfiehlt es sich, den Stoff an mehreren Stellen zusammenzuknüllen und abzubinden, da sonst zu viel Stoff nach innen kommt und weiß bleibt.

2. „Streifentechnik"

Den Stoff ziehharmonikaartig falten – am schnellsten klappt das durch Bügeln – und an mehreren Stellen verschieden breit abbinden.

3. „Päckchentechnik"

Den Stoff in Längsrichtung ziehharmonikaartig falten, dann in Querrichtung falten und wie ein Päckchen über Kreuz abbinden.

4. „Zwirbeltechnik"

Den Stoff in Längsrichtung ziehharmonikaartig falten, wie eine Kordel (nicht zu fest) verzwirbeln und nun mehrfach abbinden.

5. „Steinchentechnik"

Kieselsteinchen einzeln in den Stoff einbinden.

6. „Kreistechnik"

Die Mitte des gewünschten Kreises hochziehen und nun in (un)regelmäßigen Abständen Kreise abbinden.

7. „Knotentechnik"

Den Stoff lediglich (gezielt oder wahllos) mit einfachen Knoten versehen – diese jedoch nicht fest anziehen, sonst lassen sie sich nach dem Färben schwer lösen.

1

2

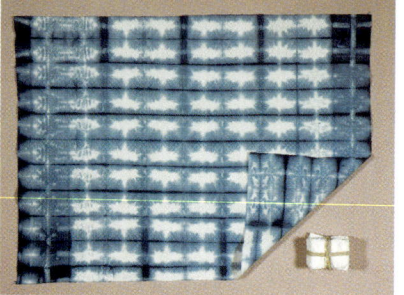

3

4

5

6

7

TIPP

Beim Lösen der Abbindeschnur entstehen keine Löcher, wenn man erst den Knoten hochzieht und die Schnur dann an dieser Stelle aufschneidet. *(H.E.)*

SEIDENSCHALS

KLASSE: ab 4. Schuljahr
ZEIT: 1–2 Doppelstunden

ASPEKTE
Gestaltungsmöglichkeiten durch Abbinden und Färben
von Stoffen ausprobieren
Eine Möglichkeit zur Gestaltung individueller Geschenke
kennen lernen
Grundsätzliches über das Material Seide erfahren

MATERIAL
Fertig rollierte Seidenschals
Batikfarbe in Rosa, Bordeaux und evtl. Dunkelblau
Alte Frotteehandtücher
Abbindeschnur, Schüsseln etc.

VORBEMERKUNGEN

Seidenschals sind Accessoires, die gern getragen werden. Der Handel bietet rollierte Schals in verschiedenen Qualitäten an, die sich gut für diese Technik eignen. Die Ergebnisse fallen zwar recht unterschiedlich aus, aber jede Qualität hat ihren beonderen Reiz.

ANLEITUNG

Die Schals in den gewünschten Techniken abbinden.

1. Farbbad: Rosa, danach gründlich ausspülen. Gegebenenfalls einige Abbindungen lösen, um an diesen Stellen ein ungemischtes Bordeaux zu erhalten. Dann alles, was rosa bleiben soll, durch Abbinden reservieren.
2. Farbbad: Bordeaux, danach gründlich ausspülen.
3. Farbbad: Dunkelblau, danach gründlich ausspülen.
Wird eine weitere Farbe gewünscht, alles, was bordeauxfarben bleiben soll, durch Abbinden reservieren.

Die Abbindungen vorsichtig lösen. Die Schals in ein altes Frotteehandtuch wickeln, ca. 15 Minuten darin antrocknen lassen und anschließend trockenbügeln. *(H.E.)*

SCHULTÜTEN

KLASSE: ab 3. Schuljahr
ZEIT: 2 Doppelstunden

ASPEKTE

Feinmotorik durch exaktes Falten und präzises
Ausschneiden von Formen schulen

MATERIAL

Kleine und große Schultüten
9–10 Batikpapiere, 10 x 14 cm
Schablone der Ente und ihrer Rollen
Batikfarbe in Gelb und Braun
Serviettentechnik-Lack
Weicher Pinsel
Braune Wolle

VORBEMERKUNGEN

Neben der Papierbatik bietet sich zum Bekleben der
Schultüten auch die bekannte Serviettentechnik an.
Um ein vielfältigeres Ergebnis zu erhalten, können
auch beide Techniken bzw. Materialien kombiniert werden. Weitere Variationen sind
durch verschiedene Batikfarben, Falttech-
niken und Motive möglich.

ANLEITUNG

Für beide Schultüten die Papiere mit der Streifentechnik in Gelb-Braun
sowie für die große Tüte noch zusätzlich Papiere in brauner Farbe
färben.

Mit der Schablone die Enten und die Rollen auf den Papieren vorzeichnen und ausschneiden. Eines der gestreiften Papiere für die Spitze der
kleinen Schultüte aufheben.

Als Erstes die Enten mit dem Serviettentechnik-Lack auf die Schultüten kleben, indem man mit dem weichen Pinsel den Lack vorsichtig von der Mitte der Ente nach außen streicht.

Danach die Rollen, das Auge und den Mund gleichermaßen auf die
Schultüte aufbringen.

Anschließend die braune Wolle in ca. 2 cm lange Stücke schneiden und aufzwirbeln. Diese am Kopf der Enten ebenfalls mit
dem Servietten-Lack befestigen.

Zum Schluss die Spitze der kleinen Schultüte mit dem übrig
gebliebenen braun-gelben Papier dekorieren. *(S.Sch./H.E.)*

KLEINE GESCHENKE BUNT GESCHMÜCKT

KLASSE: ab 2. Schuljahr
ZEIT: mindestens 1 Doppelstunde

ASPEKTE

Alltägliche Gebrauchsgegenstände individuell und ansprechend gestalten
Farbwirkungen und -mischungen in ihren Gesetzmäßigkeiten erkennen
Entdecken, dass mit geringem Zeit-, Material- und Kostenaufwand sehr schöne Ergebnisse erzielt werden

MATERIAL

Karton-Bastelsätze bzw. -Stanzteile
Batikpapier in den entsprechenden Größen
Batikfarben als 1 Liter-Konzentrat
Kleine, flache Farbgefäße
Alte Zeitungen
Papierhandtücher
Klebestift oder Serviettentechnik-Medium

ANLEITUNG

Batikpapier in der entsprechenden Größe zuschneiden, falten, färben, antrocknen lassen und bügeln.

Da das Batikpapier so dünn ist, empfiehlt sich vor allem für die Gegenstände, die öfter in die Hand genommen werden, das Aufkleben und Fixieren mit dem Medium bzw. Klarlack für Serviettentechnik.

Die gebügelte Papierbatik faltenfrei auflegen und mit weichem Pinsel und Klarlack dünn über die gesamte Fläche und die Ränder streichen und festdrücken. Es entsteht ein zarter Glanz und die Papierbatik wird unempfindlicher. Trocknen lassen.

Für einfache Gegenstände reicht das sorgfältige Aufbringen mit einem Klebestift.

Die freien Flächen am Kaleidoskop können noch mit Mikrowellpappe beklebt werden. (S.R./H.E.)

PLATZSETS

KLASSE: ab 3. Schuljahr
ZEIT: 2 Doppelstunden

ASPEKTE

Mit einer einfachen Methode schöne Platzsets
herstellen
Je nach Auswahl von Farben, Falt- und Färbetechnik
immer wieder neue Ergebnisse erzielen

TIPP

Will man zwei gleiche Musterungen haben, kann man
auch zwei Bogen Batikpapier gemeinsam falten. Die
Faltung sollte allerdings nicht zu dick sein, damit eine
gleichmäßige Färbung möglich ist.

VORBEMERKUNGEN

Wichtig ist es, zunächst die Arbeitsfläche mit einer
dicken Lage Zeitungspapier oder Plastikfolie zu schützen. Die vorbereitete Farbe schütteln und pro Farbe etwa 50 ml in die standfesten Farbgefäße geben. Außerdem saugfähiges Papier und eine Pinzette bereitlegen.

Um anschließend zügig arbeiten zu können, einen mit
Zeitungspapier abgedeckten Platz zum Trocknen der
Batiken mit Bügelbrett und Bügeleisen einrichten.

MATERIAL

Batikfarben – für jede Farbe 10 g Farbpulver
1 Esslöffel Kochsalz, 1 Liter kochendes Wasser
Hitzebeständiges Gefäß, Rührlöffel, Schraubgläser
Batik- oder Japanpapier (Stärke ca. 17–19 g/qm,
Größe 22 x 33 cm)
Färbegefäße
Malkittel oder Schürze
Saugfähiges Papier, z. B. Einweghandtücher
Pinzette, Schere, Klebestift
Rollschneider, Schneidematte und Lineal
Weißes Papier (ca. 80 g/qm, DIN A3)
Bunter Fotokarton (ca. 300 g/qm, DIN A3)
Laminiergerät mit Folie DIN A3 (andernfalls
transparente Selbstklebefolie)

ANLEITUNG

Beim **Falten** kann man die gesamte Kreativität walten
lassen. Je öfter man das Batikpapier faltet, desto
interessantere Musterungen entstehen beim anschließenden Färben (siehe Seite 82). →

TIPP

Falls doch etwas misslingt …
Eine weniger gut gelungene oder
gerissene Arbeit kann man zerschneiden und dann auf die Vorderseite einer Grußkarte kleben oder
zu einem Lesezeichen weiterverarbeiten.

Die Papierbatik zwischen zwei Lagen saugfähigem Papier leicht ausdrücken, vorsichtig auseinander falten
und zum Antrocknen auf das Zeitungspapier legen. Treten Schwierigkeiten auf, kann man eine Pinzette zu Hilfe nehmen oder das reißempfindliche Papier zuerst im
gefalteten Zustand antrocknen lassen und erst dann
öffnen und bügeln.

Falls die Ränder der Papiere durch den Färbevorgang
uneben geworden sind, diese mit dem Rollschneider
begradigen. Die fertige Arbeit mit wenig Klebstoff mittig auf das weiße Papier kleben, um die Brillanz der
Farben zu erhöhen. Um rundherum einen gleichmäßigen weißen Rand zu erhalten, benutzt man am besten
eine Schneidemaschine und gibt eine Randzugabe von
etwa 1 cm. Die Papierbatik anschließend in die Mitte
des bunten Fotokartons kleben. Geschützt wird sie mit
einer abschließenden Laminierfolie. *(G.H./H.E.)*

BLUMENSTECKER

KLASSE: ab 4. Schuljahr
ZEIT: 4–5 Doppelstunden

ASPEKTE

Stoff mit Tropfbatik in zwei Farbgängen gestalten
Aus dem gebatikten Stoff Blumenstecker anfertigen

MATERIAL

Weiße Kerzen, Streichhölzer
42 x 24 cm Stoff von alten Bettlaken
Holzrundstab 50 cm lang, Ø 1 cm
Füllwatte zum Ausstopfen
Stecknadeln, Nähgarn und Nähnadel
Federn, Bänder, Kordeln, Blüten
Batikfarben in Rot, Gelb, Grün

VORBEMERKUNGEN

Das Tropfen mit Wachs ist eine einfache Technik des Batikens und daher auch schon für Grundschüler geeignet. Sie kommen schnell zu ansprechenden Ergebnissen, da es „Fehler" nicht gibt.

ANLEITUNG

Ansetzen des gelben Farbbads. Alles, was weiß bleiben soll, mit Wachs betropfen. 10–15 Minuten unter Rühren im gelben Farbbad färben, ausspülen, trocknen lassen.

Ansetzen des roten und grünen Farbbads. Alles was gelb bleiben soll mit Wachs betropfen. 10–15 Minuten in Rot oder Grün färben, gut ausspülen, trocknen lassen.

Das Wachs zwischen alten Zeitungen ausbügeln. Den wachsfreien Stoff doppelt legen und die Umrisslinien der Figur mit Bleistift aufzeichnen. Die Stoffteile mit Steppstichen zusammennähen, an der Unterseite ca. 8 cm offen lassen.

Jetzt erst die Figur mit 1 cm Nahtzugabe ausschneiden. An Ecken und Rundungen bis fast zur Naht hin einschneiden, damit nach dem Wenden wenig Falten entstehen. Wenden, ausstreifen und bügeln.

Den Tierkörper ziemlich fest stopfen, dabei sollte gleich der Stab eingeführt werden. Die Öffnung mit Matratzenstich schließen und den Stab durch mehrmaliges Umnähen befestigen.

Anschließend die Stecker individuell mit farblich passenden Federn, Blüten, Bändern usw. gestalten. *(C.Hu./H.E.)*

SCHNECKENKISSEN

KLASSE: ab 4. Schuljahr
ZEIT: 7 Doppelstunden

ASPEKTE

Einfache Baumwollkissen mit einem Schneckenmotiv in Tropfbatik gestalten
Für Ton-in-Ton-Farbabstimmungen sensibilisiert werden
Erfahren, dass man beim Batiken stets von Hell nach Dunkel färben muss

MATERIAL

Zeichenpapier 40 x 40 cm
Bleistift, Radiergummi, Lineal
Dicker Permanent Stift
Weißes Baumwollkissen 40 x 40 cm
Weiße Haushaltskerzen, Streichhölzer
Batikfarben in Rosa, Altrosa, Lila und Violett

ANLEITUNG

Für das Thema Schnecke, aber auch jedes andere Motiv, den Entwurf auf einen vorbereiteten Bogen Zeichenpapier in Originalgröße mit Bleistift anfertigen und die Konturen dann mit einem wasserfesten, schwarzen Stift nachziehen.

Das Kissen vor der Bearbeitung waschen und bügeln. Den Entwurf nun glatt in das Kissen legen, eventuell mit ein paar Stecknadeln fixieren, er muss gut sichtbar sein. Zunächst mit dem Wachsauftrag auf alle Stellen, die weiß bleiben sollen, beginnen und dann entsprechend der Reihenfolge der Farbbäder fortfahren, wie auf den Seiten 84 und 85 beschrieben.

Die Färbefolge bei diesen Schneckenkissen ist:
Rosa – Altrosa – Violett/Lila im Mischungsverhältnis 50 : 50.

Nach dem letzten Farbbad das Kissen trocknen lassen und das Wachs ausbügeln. *(C.He./H.E.)*

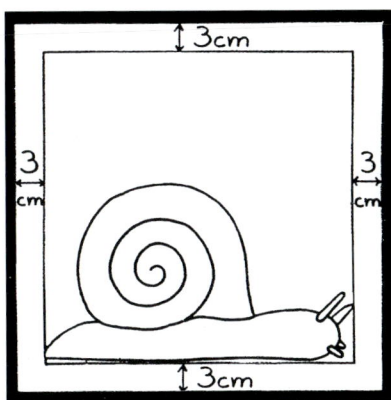

KINDERSCHÜRZE

KLASSE: ab 4. Schuljahr
ZEIT: 4 Doppelstunden

ASPEKTE

Einfache Kreisornamente gestalten
Erste Erfahrungen mit dem Färben
von Textilien sammeln
Technik des Batikens mit dem
Pinsel erlernen

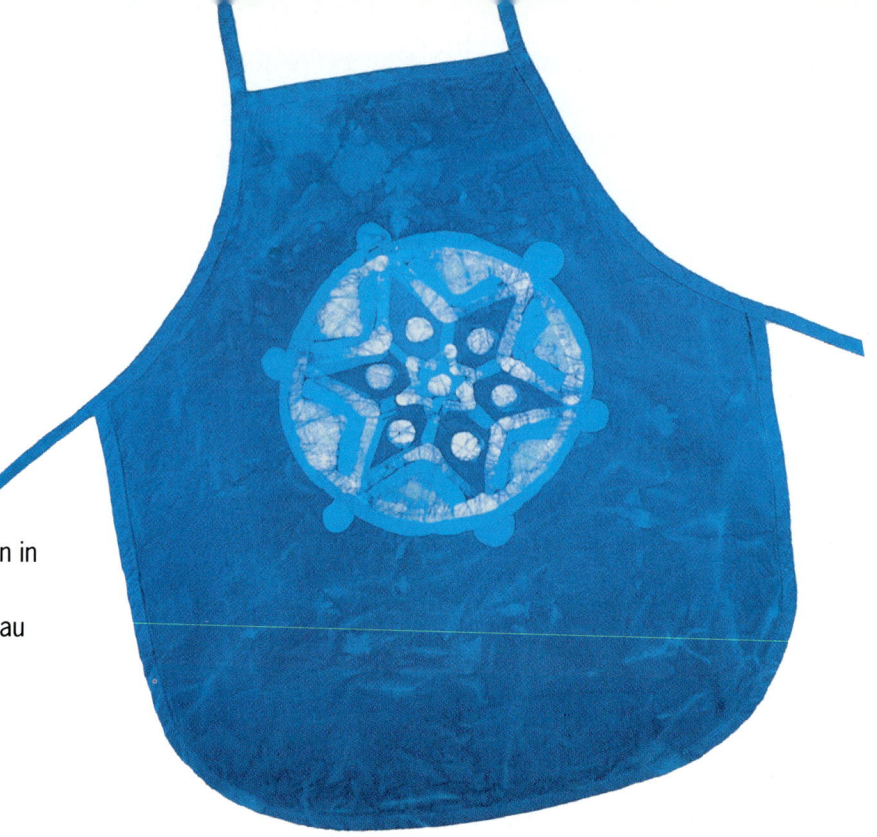

MATERIAL

Gewaschene Baumwollschürzen in
Weiß/Natur
Batikfarbe in Hell- und Dunkelblau
Alte Kochlöffel
Batikwachs
Spezieller Wachsschmelztopf
Borstenpinsel
Batikrahmen

TIPP

Zum Aufspannen des Stoffes sind auch Styropor-
verpackungen von Tiefkühltorten sehr gut geeignet.
Sie haben eine runde Aussparung in ausreichender
Größe und die Stecknadeln lassen sich zum Spannen
des Stoffes ganz leicht befestigen.

VORBEMERKUNGEN

Diese Arbeit eignet sich als Einstieg in diese Technik,
denn zwei Färbungen sind ausreichend.

Beliebt sind neben dem Kreismotiv auch einfache
Grundformen wie Fische, Blüten oder Masken.

ANLEITUNG

Einen Entwurf anfertigen und auf den Stoff übertragen. Die Schürze auf
dem Rahmen aufspannen. Auf die Linien, die später weiß erscheinen sollen, mit dem Pinsel heißes Wachs auftragen. Wichtig: Das Wachs muss
so heiß sein, dass es den Stoff ganz durchdringt.

Jetzt die Schürze so lange in das erste Farbbad (hellblau) legen, bis die
gewünschte Farbintensität erreicht ist (mindestens 15 Minuten). Nach
dem gründlichen Ausspülen muss der Stoff trocknen. →

Danach die Linien oder Flächen abdecken, die hellblau bleiben sollen. Nun erfolgt das zweite Farbbad (dunkelblau). Anschließend wieder gründlich ausspülen und trocknen.

Nach dem Trocknen kann ein Teil des Wachses durch Knittern und Reiben aus dem Stoff entfernt werden. Das verbliebene Wachs zwischen alten Zeitungen ausbügeln.

TIPP

Wichtig ist, dass keine frischen Zeitungen verwendet werden, weil die Gefahr besteht, dass Druckerschwärze auf den Stoff abfärbt.

Handgefärbte Stücke sollten immer separat gewaschen werden. (M.R./H.E.)

RABE

KLASSE: ab 3. Schuljahr
ZEIT: 4–5 Doppelstunden

ASPEKTE

Mit der Mischtechnik „Malbatik" arbeiten
Stoffmusterung durch Malen und Färben gestalten

MATERIAL

Pongéseide 06 oder 08, fertig rolliert
Seidenmalfarben, bügelfixierbar
Batikfarben
Batikwachs
Wachsschmelzgerät
Haarpinsel
Borstenpinsel für Wachsauftrag
Batiksteckrahmen oder Pappkarton

VORBEMERKUNGEN

„Malbatik": Die Kombination von Stoffmalerei und Batik bietet Gestaltungsmöglichkeiten, die nicht zu erreichen sind, wenn nur eine der beiden Techniken ausschließlich verwendet wird. Diese Mischtechnik wird auch „Maltik" genannt. In dieser Technik können einerseits Farben nebeneinander stehen, die in der klassischen Batiktechnik beim Übereinanderfärben nie entstehen würden. Andererseits gewinnt die Malerei durch die Krakelüren, die durch das Brechen des Wachses entstehen, an Lebendigkeit.

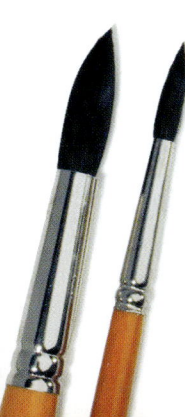

ANLEITUNG

Den Entwurf in Originalgröße auf Papier anfertigen und dann auf den Stoff übertragen.

Den Stoff aufspannen und alle Linien oder Flächen, die weiß erscheinen sollen, mit dem flüssigen Wachs nachzeichnen.

Auftrag der Seidenmalfarben Schwarz, Grün, Braun, Gelb. Den getrockneten Farbauftrag mit Wachs abdecken. Wachsauftrag knittern, wenn Krakelüren gewünscht werden. Anschließend die Arbeit in ein hellgraues Farbbad geben, trocknen lassen.

Nach dem Trocknen das Wachs zwischen saugfähigem Papier ausbügeln. Die Arbeit kann als Tuch, Kissenplatte oder Bild Verwendung finden. (M.R./H.E.)

„MEIN NAME LEUCHTET AUS DEM DUNKEL"

KLASSE: 5. und 6. Schuljahr
ZEIT: 2 Doppelstunden

ASPEKTE

Den Umgang mit Seide und Seidenmalfarben üben

Maltik: Malen und Batiken verknüpfen

Eine leuchtende und harmonische
Farbgruppe zusammenstellen

Eine Reservierungstechnik kennen
lernen

Mit grafischer Schriftgestaltung experimentieren

MATERIAL

Seidentuch, Pongé 06/08,
z. B. 45 x 45 cm

Seidenmalrahmen

Flache Haarpinsel für Seidenmalerei

Seidenmalfarben, helle und dunkle
Töne

Bügel- oder Dampffixierfarben

Batikwachs

Wachsschmelzgeräte

Borstenpinsel für das Wachs

Eventuell einige Tjantings (hält
Wachs länger flüssig)

Alte Zeitungen, Bügeleisen

VORBEMERKUNGEN

Das Wachs lässt sich auf verschiedene Weise auftragen. In unserem
Fall eignen sich breite Borsten-
flachpinsel, sie hinterlassen lebendi-
ge Spuren. Für feinere Linien, Muster oder Dekorationen verwendet
man einen Tjanting, bei dem das
heiße Wachs nur durch eine kleine
Öffnung fließen kann.

Das Wachs muss sehr heiß aufgetragen werden und erscheint glasig.
Sobald es auf der Seide weißlich
wirkt, hat es das Gewebe nicht richtig durchdrungen oder war zu kalt.
Die Farbe läuft darunter.

ANLEITUNG

Zunächst das Seidentuch straff auf einen Rahmen spannen und das ganze
Tuch in bunten, leuchtenden Farben anmalen. Um besonders schöne, fließende Übergänge zu schaffen, bietet sich die Nass-in-Nass-Technik an.

Wenn der erste Auftrag getrocknet ist, den eigenen Namen zügig mit
Wachs auf das Tuch auftragen. Darauf achten, dass das Wachs heiß genug ist. Alle weiteren Stellen, an denen auch später noch der erste Farbauftrag sichtbar sein soll, ebenso mit Wachs abdecken.

Da das Wachs sofort fest wird und keine Abkühlzeit benötigt, kann die weitere Bemalung gleich fortgeführt werden. Das gesamte Tuch mit →

dunklen Farben übermalen. Am kräftigsten wird der Kontrast natürlich mit Schwarz, es eignet sich auch ein dunkles Blau oder eine Mischung aus beiden Farben.

Ist die Farbe getrocknet, das Wachs ausbügeln. Dazu alte Zeitungen unter und über die Seide legen, die das Wachs aufsaugen. Alt deshalb, damit die Druckerschwärze nicht mehr abfärbt. Überall dort, wo Wachs aufgetragen war, erscheint nun der erste, leuchtende Farbauftrag. Der Name leuchtet sozusagen aus dem Dunkel. *(M.K./Z.-P.)*

MATERIAL
Alter Kochtopf mit Wasser
Holzstab, Handschuhe
Dünne Stoffreste
Schnur
Beizmittel: Alaun
(15 g auf 100 g Färbegut)
Plastikeimer/-schüssel
Wäscheleine/-ständer
Färbegut
Färbepflanzen (Menge: ca. 100 g frische Pflanzen pro 100 g Färbegut, bei getrockneten Pflanzen 200 g)

Gelbtöne:
Kamille (die ganze Pflanze ohne Wurzel)
Zwiebel (trockene Schale)

Brauntöne:
Schwarztee, Walnuss (Schalen)

Grüntöne:
Walnuss (Blätter), Holunder (Blätter), Birke (Blätter), Brennnessel (ganze Pflanze ohne Wurzel)

FÄRBEN MIT PFLANZEN

KLASSE: ab 3. Schuljahr
ZEIT: 1–2 Doppelstunden

ASPEKTE
Verschiedene Pflanzen und Gemüse als Färbemittel für textile Materialien kennen lernen
Aus gesammelten Pflanzen Farbflotten herstellen

VORBEMERKUNGEN
Zum Färben mit Pflanzen eignen sich ausschließlich Naturfasern (wie Wolle, Baumwolle oder Seide). Chemiefasern nehmen die Farbe nicht an. Es ist darauf zu achten, dass das Färbegut hell ist und vorher gewaschen wurde.

Um kräftige Farbtöne zu erzielen, ist es am besten, das Färbegut für längere Zeit (1–2 Stunden) im Färbebad zu belassen.

Damit es sich mit den Pflanzenfarbstoffen besser verbinden kann, bedarf es meistens einer Mittlersubs- →

tanz. Hierzu wird ein aus Metallsalzen bestehendes Beizmittel verwendet. Das Färbegut wird entweder in einer Vorbehandlung gebeizt (effektiver) oder aber Beiz- und Färbevorgang werden miteinander verbunden, um Zeit und Aufwand zu sparen. Eine gebräuchliche Beize ist Alaun.

Da mit Pflanzen gefärbte Textilien nicht wasch- und lichtecht sind, bietet sich diese Art des Färbens vor allem für Restmaterialien an, die wiederum z. B. im Rahmen einer Klebeapplikation weiterverarbeitet werden können.

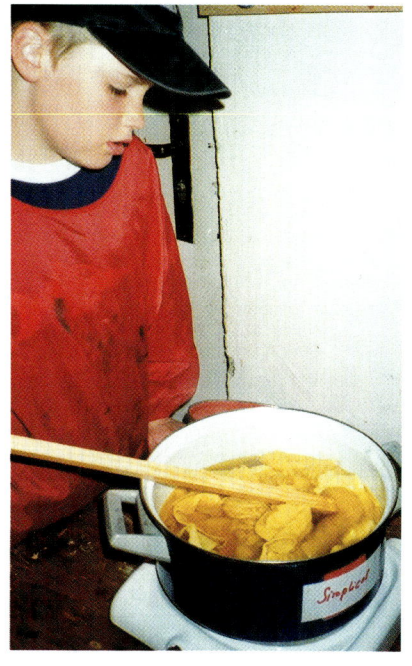

ANLEITUNG

Stoffreste für kleine Beutel zurechtschneiden. Färbepflanzen mit einer Schere zerkleinern und in die Stoffbeutelchen verpacken.

Beizmittel (Alaun) in kaltes Wasser geben. Wasser zum Kochen bringen. Gefüllte Stoffbeutelchen in das kochende Wasser geben. Einige Zeit (mindestens 5 Minuten) bei geschlossenem Deckel köcheln lassen.

Die zu färbenden Stoffe in kleine Stücke schneiden und für mindestens 20 Minuten in das Färbebad geben. Ab und zu mit dem Holzstab bewegen.

Nach Erreichen des gewünschten Farbtons das gefärbte Material mit Hilfe eines Stocks aus dem Farbbad in eine Plastikschüssel geben, auswaschen, gut ausdrücken (Handschuhe!) und zum Trocknen aufhängen. (A.K./Z.-P.)

TIPP

Mit vielen anderen Pflanzen und Früchten können weitere Farbtöne erzielt werden, beispielsweise ergeben Beeren sehr unterschiedliche Rottöne. Einfach ausprobieren! Viele Färbepflanzen sind im Handel in getrockneter Form erhältlich.

VORBEMERKUNGEN

Zu den Färbevorgängen sollten auf den Tischen Arbeitsanweisungen zur Handhabung der Farben liegen. Vor Arbeitsbeginn die Verhaltensregeln besprechen, die während des Färbens einzuhalten sind. Das heiße Wasser muss jeweils die Lehrperson zugießen.

Gefärbt werden Baumwollstoffreste und weiße Wolle. Beobachtungskriterien während des Färbens können sein: Stärke der Einfärbung, Zeitdauer, Einfachheit der Handhabung, Aspekt der Umweltverträglichkeit, Haltbarkeit der Einfärbung sowie die Pflege gefärbter Produkte.

Es ist günstig, an Stationentischen zu arbeiten: an Station 1 mit Naturfarben, an Station 2 mit synthetischen Farben. Jede Kleingruppe ist für eine Färbung verantwortlich. Nach dem Färben die Proben spülen, zum Trocknen aufhängen und miteinander vergleichen. Die gefärbten Proben finden nach dem Trocknen Verwendung in der folgenden Gestaltungsaufgabe.

EINE BALLONFAHRT, DIE IST LUSTIG

Ein Vergleich von natürlichen und synthetischen Farben

KLASSE: ab 4. Schuljahr
ZEIT: 4–6 Stunden

ASPEKTE

Natürliche und synthetische Farben im Hinblick auf ausgewählte Kriterien vergleichen
Färbeversuche durchführen und die Färbeproben einsetzen

MATERIAL

Hilfsmaterialien zum Färben wie Plastikschüsseln, heißes Wasser, große Rührlöffel oder Holzstäbe
Batikfarben in Grundtönen, je 1 Päckchen 10 g
Gesammelte Pflanzen und Farbpulver, Zwiebelschalen, Reseda-Gelb, Schwarztee, Alaun
Baumwollstoffreste, weißes Kardenband oder Wolle im Vlies
Stickgarn in beliebiger Farbe, Sticknadeln
Fester dunkler Stoff für den Untergrund DIN A3
Buchbinderleim

ANLEITUNG

Für den Ballon eignen sich vor allem die synthetischen Färbungen, mit ihren leuchtenden Tönen entsprechen sie modernen Ballonmaterialien. Den Ballon aus einem Rest des dunklen Grundstoffs zuschneiden. Darauf die gefärbten Stücke mit ihren geraden Kanten dicht aneinander kleben. Die überlappenden Teile entlang der Ballonkontur abschneiden. Dann den fertig beklebten Ballon auf der Grundfläche positionieren und einen Korb mit Wollfäden mit ihm verbinden. Pflanzengefärbte Wollstränge zu Wolken auseinander zupfen und um den Ballon herum aufkleben. (Z.-P./S.H.)

ZARTE SCHMETTERLINGE, BEMALT ODER TAUCHGEFÄRBT

KLASSE: Bemalen ab 2. Schuljahr
Tauchfärben ab 6. Schuljahr
ZEIT: Bemalen und Ausarbeiten 3–4 Stunden
Tauchfärben und Ausarbeiten 5 Stunden

ASPEKTE

Transparenten Organdystoff bemalen oder tauchfärben
Eine Schmetterlingsform entwerfen

MATERIAL

Entwurfspapier
Bleistift
Bemalter Schmetterling
Baumwoll-Organdy ca. 20 x 30 cm
Stoffmalfarben, Pinsel, Wasser
Tauchgefärbter Schmetterling
Baumwoll-Organdy ca. 40 x 30 cm
Batikfarbe in Gelb und Rot, nach Belieben auch
weitere Töne, Färbeschalen, Wasserkocher
Holzstäbchen in Rumpflänge oder
lange Pfeifenputzer (Chenilledraht)
Dünner Draht, silberfarben
Dickerer Draht oder runder Holzstab
Nylonfaden, transparent
Nähmaschine und Nähgarn, falls vorhanden:
Cordonetfuß
Nähnadel, farblich passendes Nähgarn

VORBEMERKUNGEN

Der mit Stoffmalfarben gestaltete Schmetterling kann schon in den unteren Klassenstufen angefertigt werden, da er keine Drahtversteifung benötigt, er dient z. B. als Fensterdekoration.

ANLEITUNG

Bemalter Schmetterling

Mit den Kindern unterschiedliche Schmetterlinge betrachten und ihre Formen besprechen, den Schmetterling auf Papier vorzeichnen (evtl. Faltschnitt). Wichtig ist es, das Rumpfteil mindestens 2–3 cm breit zu zeichnen, da hier später Holzstäbchen oder Pfeifenputzer eingearbeitet werden. Den Entwurf unter den passend zugeschnittenen Organdy legen, die Kontur mit Bleistift nachzeichnen. So kann man sie wieder deckungsgleich schieben, wenn der Entwurf verrutscht. Den Stoff symmetrisch bemalen. →

TIPP

Eine Hälfte bemalen, den Stoff zur Hälfte zusammenklappen, sodass die Farbe mit geringerer Intensität auf die andere Hälfte durchdringt, dann diesen Teil nachmalen.

Ist der Stoff getrocknet, den Schmetterling an der Kontur entlang ausschneiden, in der Rumpfmitte falten, ein Holzstäbchen oder einen Pfeifenputzer einlegen und mit Überwendlingsstichen festnähen.

Tauchgefärbter Schmetterling

Um Querstreifen zu erhalten, den Stoff in gewünschter Größe zuschneiden und die längere Seite zur Hälfte knicken. Dann nochmals quer knicken und diese Falte zuerst in die heiß angerührte Farbflotte eintauchen, anschließend die ungefärbten Ränder in andere Farben tauchen, sodass alle Töne ineinander laufen.

Für Längsstreifen färbt man entlang des Rumpfknicks. Nach dem Trocknen den Schmetterlingsentwurf (Faltschnitt) auf den Stoff stecken und entlang der Kontur ausschneiden, für eine Drahteinlage diese jedoch nur aufzeichnen.

Soll der Schmetterling für eine Aufführung oder als Deko für eine Pflanze eingesetzt werden, kann man Draht einarbeiten.

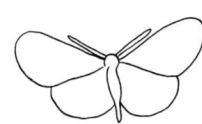

Eine Möglichkeit besteht darin, den Draht 1 cm von der geschnittenen Stoffform entfernt, entlang der Kontur zurechtzubiegen. Die Stoffkanten an starken Aus- oder Einbuchtungen ca. 0,5 cm einschneiden, um den Draht herum ankleben oder anstecken und mit Überwendlingsstichen festnähen.

Eine weitere Variante: Den an der Form entlang zurechtgebogenen Draht mit einem Zickzackstich mit größter Stichlänge und -breite darüber nähen und erst dann die Form ausschneiden. Die Nadelspitze muss immer rechts und links des Drahts einstechen, da sie sonst beschädigt wird.

Den Rumpf wie beim bemalten Schmetterling fertig stellen, aber dort ebenfalls Draht einnähen.

Für einen Haltestab ein Stück Draht zur Hälfte legen und verdrehen. Zur Verstärkung eventuell nochmals zur Hälfte legen und wieder verdrehen; alternativ Draht durch einen gelochten Holzstab führen.

Für fliegende Schmetterlinge ein Gummiband an der Rumpfverstärkung anbringen. *(Z.-P.)*

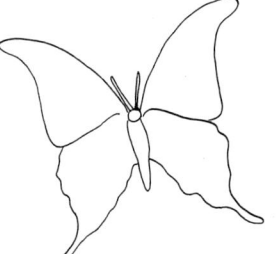

MARMORIEREN

Das Marmorieren zählt zu den faszinierendsten textilen Werkverfahren. Es entstehen immer wieder andere Formen und Musterungen. Man kann zwar ähnliche, nie aber genau gleiche Ergebnisse erzielen. Das macht unter anderem den Reiz aus: Marmorieren ist ein kreatives Abenteuer.

Marmorieren ist auch ein Spiel mit dem Zufall, das empfinden junge wie alte Menschen beim Farbensetzen und besonders beim Verziehen der Farben. Auch Schüler, die das Erlebnis Marmorieren im Textilunterricht erfahren, können sich dieser Faszination nicht entziehen.

Beim Marmorieren handelt es sich um ein Werkverfahren, bei dem zunächst Farbtropfen mit Zahnstochern oder Pipetten auf einen flüssigen Marmoriergrund aufgebracht und mit einer Stecknadel, einem Schaschlikspieß, einem Zahnstocher oder einem grobzinkigen Kamm zu schwimmenden Mustern verzogen werden. Legt man nun ein passendes Stück Stoff darauf, so gelangt das Muster vom Marmoriergrund auf den Stoff.

Es gibt verschiedene **Marmorierfarben**, man sollte jeweils den entsprechenden **Marmoriergrund** verwenden, um ein optimales Ergebnis zu erzielen. Eine Alternative zum käuflichen Marmoriergrund bietet reiner Kleister ohne Zusatz. Aber es muss vorher erprobt werden, wie er auf das jeweilige Farbsystem reagiert.

Zur Aufnahme des Marmoriergrundes eignen sich flache **Gefäße** bzw. **Schalen** mit einer hellen Oberfläche, damit die Farben während des Marmoriervorgangs deutlich zu erkennen sind.

Alle feinen und mittelgroben **Stoffe** aus Baumwolle, Leinen und Seide lassen sich marmorieren. Wichtig ist, dass die Stoffe appreturfrei sind (ggf. vor dem Marmorieren waschen). Damit die Stoffe glatt auf den Marmoriergrund gelegt werden können, sollten sie gebügelt sein. Beim Marmorieren ist darauf zu achten, dass der Stoff die gleiche Größe besitzt wie die Oberfläche des Marmoriergrundes.

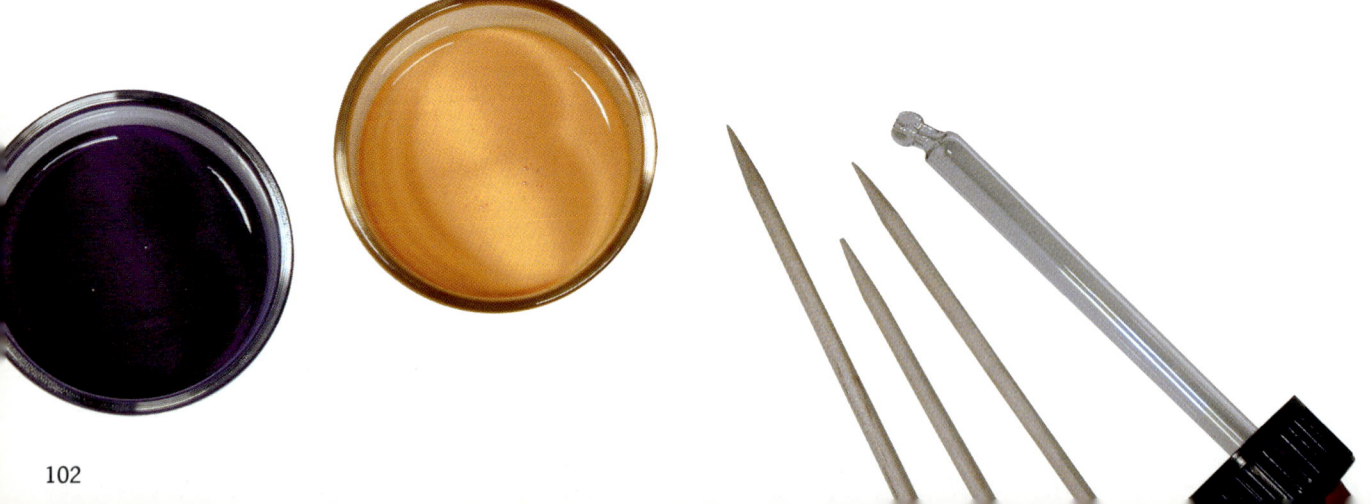

MARMORIERVORGANG

Den Marmoriergrund etwa 2 cm hoch in die zum Marmorieren vorgesehene Schale füllen.

Einen Zahnstocher in ein Farbglas tauchen, abtropfen lassen – es darf kein Farbtropfen mehr am Zahnstocher hängen – und nun den Zahnstocher kurz auf den Marmoriergrund „tippen" oder die Farbe mit einer Pipette auftropfen. Darauf achten, dass die Farbe nicht mit Marmoriergrund verunreinigt wird. Die Farbe breitet sich sofort über mehrere Zentimeter kreisrund auf dem Marmoriergrund aus. Ist dies nicht der Fall, muss der Marmoriergrund mit Wasser verdünnt werden!

Nun können weitere Farben in oder neben diesen Farbkreis gesetzt werden. Die Farben auf dem Marmoriergrund vermischen sich nicht, sondern sie verdrängen sich gegenseitig und das ist der Reiz dieses Werkverfahrens. Je öfter eine Farbe in eine andere gesetzt wird, desto mehr Ringe entstehen, die farblich intensiver werden.

Weitere interessante Gestaltungsmöglichkeiten bietet das „Verziehen". Dabei zieht man mit den eingangs erwähnten Gegenständen langsam durch den Marmoriergrund und nun verändern sich die Farbflächen. Je nach Häufigkeit und Richtung entstehen immer wieder neue Muster.

Wenn das Muster gefällt, den Stoff mit beiden Händen spannen und rasch möglichst glatt auf die Oberfläche legen. Es dürfen sich keine Luftblasen oder -streifen zwischen Stoff und Farbe bilden. Der Stoff nimmt jetzt das Muster an.

Kurz warten, bis das Muster auf der Rückseite überall gleichmäßig sichtbar wird; eventuell leicht antupfen.

Stoff mit beiden Händen herunternehmen, sodass er glatt bleibt, abtropfen lassen und mit der Rückseite auf altes Zeitungspapier legen. Den Marmoriergrund mit Papiertüchern so weit wie möglich vom Stoff abtupfen und den Stoff auf einer Plastikfolie trocknen.
Oder unter einem zarten Wasserstrahl den Marmoriergrund entfernen und anschließend trocknen.

Den Stoff nach dem Trocknen durch Bügeln der Rückseite (so heiß wie es der Stoff verträgt) fixieren, anschließend kann der marmorierte Stoff weiterverarbeitet werden; er ist bis 30 °C waschbar.

Farbreste können mit Zeitungspapier von der Oberfläche des Marmoriergrunds „abgezogen" werden, indem man das Papier passend zuschneidet, auf den Marmoriergrund legt und (mit den Farbresten) abhebt. Der Marmoriergrund kann mehrmals verwendet werden. Ist er jedoch stark verschmutzt, sollte er entsorgt werden.

Dickt der Grund während des Marmorierens etwas ein, am besten mit Wasser verdünnen und gut verrühren.

Die Marmorierfarben sollten etwa denselben Flüssigkeitsgrad haben wie der Grund, damit sie nicht absinken. In warmer, trockener Luft dicken sie ein, wenn die Fläschchen längere Zeit offen stehen. Sie können dann tropfenweise mit Wasser verdünnt werden. *(H.E.)*

MARMORIERTE GEGENSTÄNDE

KLASSE: ab 4. Schuljahr
ZEIT: 2–3 Doppelstunden

ASPEKTE

Marmorieren kennen lernen und die Faszination dieses Spiels mit Farben und Formen erleben
Mit Freude individuelle Muster selbst entwerfen und umsetzen

VORBEMERKUNGEN

Wenn man besonders schöne Muster durch Marmorieren gestalten will, sollte man sich zunächst ausführlich mit dieser Technik vertraut machen.

Man kann Tischsets und Kissen aus alten, ausgedienten Bettlaken oder anderen vorhandenen Materialien anfertigen. So entstehen aus nicht mehr gebrauchsfähigen Textilien wieder attraktive Stücke, die zum einen als Gebrauchsgegenstände, zum anderen als hübsche Dekogegenstände dienen können. Die unterschiedlichen Ergebnisse geben jedem gestalteten Gegenstand eine persönliche Note.

Die marmorierten Stoffe können mit einem farbigen Stoff umrandet werden, um die gewählten Marmorierfarbtöne in ihrer Wirkung zu unterstützen.

Durch dieses Umranden mit einfarbigem Stoff kann sich die Wirkung stark verändern, was vor allem bei den blau-gelb gestalteten Sets deutlich wird.

Die gestaltete Fläche kann auch nur foliert oder auf einen anderen Hintergrund aufgenäht werden.

Der Kreativität bei der Kombination der verschiedenen Farben, Formen und Materialien sind keine Grenzen gesetzt.

GRUNDAUSSTATTUNG

Alte Zeitungen, um den Tisch gut abzudecken
Zahnstocher oder Pipetten zum Aufträufeln der Farbe auf den Marmoriergrund
Stecknadeln, um die Farbe auf dem Grund zu verziehen
Marmorierfarben und -grund
Schneebesen, Eimer
Marmorierschalen in entsprechender Größe →

„TISCHSETS"

MATERIAL
Stück eines altes Bettlakens oder
Perlaida-Handarbeitsstoff 35 x 45 cm
Einfarbiger Baumwollstoff 45 x 55 cm
Marmorierfarben und -grund

ANLEITUNG
Stoff marmorieren und fixieren.

Die einzelnen Schritte des Marmoriervorgangs werden
im Einleitungstext ausführlich beschrieben.

In den einfarbigen Baumwollstoff Briefecken einarbeiten, den marmorierten Stoff einlegen und mit dem
Saum festnähen. *(I.G./H.E.)*

Einfassung mit Briefecken

Den Stoff für die Rückseite des Sets oder der einzufas-
senden Arbeit auf allen Seiten mit einer entsprechend
großen Nahtzugabe zuschneiden, hier 5 cm.

Von beiden Seiten einer Ecke ausgehend 10 cm abmessen und beide Punkte mit einer Linie markieren
(Nahtlinie). In 1 cm Abstand die Linie der Nahtzugabe
einzeichnen und entlang dieser die Ecke abschneiden.

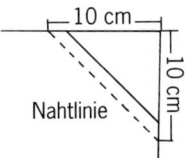

Die schräge Schnittkante rechts auf rechts zur Hälfte
legen und zusammenstecken.

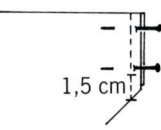

Auf der Nahtlinie die Ecke – an der Spitze beginnend
bis auf 1,5 cm zusammennähen. Die Naht auseinander
streifen, die Ecke wenden und die Spitze herausziehen.

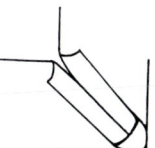

Nachdem alle vier Ecken fertiggestellt sind, die Seiten
glatt ziehen, einen 1 cm breiten Saum nach innen einschlagen und bügeln.

Anschließend das einzufassende Teil mit der gestalteten Seite nach oben in diesen Umschlag hineinlegen
und am Saumeinschlag knappkantig steppen.

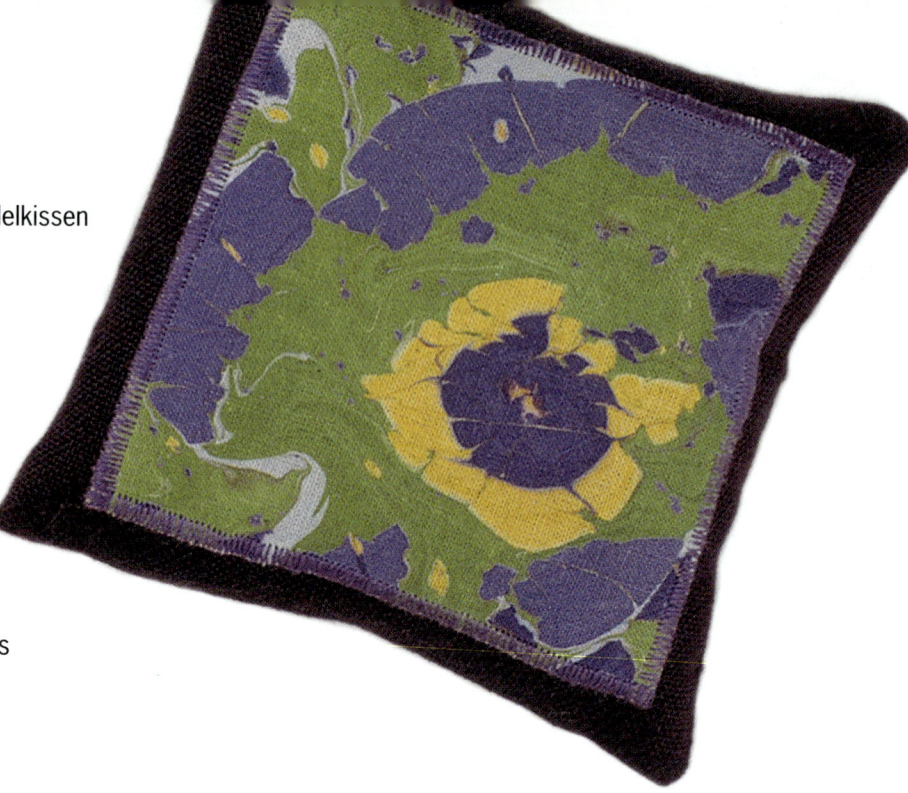

„KISSEN-VARIATIONEN"

MATERIAL

Weißer Baumwollstoff zum Marmorieren
Unifarbener Baumwollstoff für das Kissen/Nadelkissen
(in der gewünschten Größe)
oder ein fertiger Kissenbezug

ANLEITUNG

Stoff marmorieren und fixieren.

Den marmorierten Stoff auf die Vorderseite des
Kissens/Nadelkissens nähen oder applizieren.

Das Kissen fertig nähen. *(H.E.)*

„EIN KISSEN – VIER MUSTER"

MATERIAL

4 Stücke weißer Baumwollstoff 15 x 15 cm
Weißer Kissenbezug 40 x 40 cm

ANLEITUNG

Die vier Stoffstücke unterschiedlich marmorieren, nach
dem Fixieren zusammennähen (patchen) und auf die
Vorderseite des Kissenbezugs nähen oder applizieren.
(H.E.)

„SEIDENTUCH"

MATERIAL

Rolliertes Seidentuch 90 x 90 cm
Selbst hergestelltes Marmoriergefäß, bestehend aus
Seidenmalrahmen (1 x 1 m) und entsprechend großem
Stück Plastikfolie

ANLEITUNG

Da der mit Plastikfolie bespannte Seidenmalrahmen eine große Menge Marmoriergrund aufnimmt, lohnt es
sich, gleich mehrere Tücher nacheinander zu marmorieren, anschließend zu fixieren.

Wegen der Größe der Seidentücher empfiehlt es sich,
die Farbe zu zweit aufzutragen und auch das Tuch zu
zweit aufzulegen und abzunehmen. (H.E.)

Auf sämtlichen Erdteilen ist es eine Jahrtausende alte Tradition, Stoffe mit Stickereien zu verzieren. Festliche Gewänder, Wandteppiche, sakrale Textilien wurden und werden ebenso bestickt wie Gebrauchsgegenstände für den Alltag.

Dabei geht es nicht nur um die individuelle Gestaltung und die Förderung der Kreativität: Sticken beruhigt. Das ist neben der Förderung der Konzentration, Sorgfalt und Ausdauer wohl der entscheidende Grund, weshalb an den Schulen und im Freizeitbereich noch so viel gestickt wird. Auch in therapeutischen Einrichtungen sind längst die positiven Auswirkungen des Stickens auf den Menschen bekannt.

Gestickt wird in allen Kulturen. Die traditionellen Grundstiche sind überall bekannt, auch wenn die Anwendung je nach Tradition und Geschmack unterschiedlich ist. Stickarbeiten werden in **fadengebundene** und **freie** Stickereien unterteilt.

Material
Bei Stickanfängern ist es ratsam, für fadengebundene Stickereien ein gut zählbares Gewebe zu verwenden. Stoff, Garn und Nadel müssen aufeinander abgestimmt sein, wie z. B. ein grober Rupfen, der mit einfachen Wollfäden und einer groben Nadel ohne Spitze bestickt wird.

Haben die Kinder bereits Erfahrungen im Umgang mit Nadel und Faden gesammelt, sollten sie mit Perlgarn oder Sticktwist, z. B. der Marke Anchor von Coats, auf den klassischen zählbaren Handarbeitsstoffen in AIDA- oder Leinwandbindung mit einer Fadenzahl von 70 oder 80 Fäden pro 10 cm sticken. Später ist es auch möglich und reizvoll, mit einer spitzen Sticknadel Jeans und ähnliche Materialien zu besticken.

Freie Stickereien sind nicht an zählbare Gewebe gebunden und lassen den größten Spielraum für kreatives Arbeiten zu, z. B. auch auf selbst gefilzten Flächen.

Anchor Sticktwist ist das klassische Garn, das zum Sticken geeignet ist. Es besteht aus 100 %iger, hochwertiger, langstapeliger, gekämmter Baumwolle, die mercerisiert ist. Dadurch erhält das Garn einen brillanten Glanz, der auch nach längerem Gebrauch erhalten bleibt. Außerdem ist Anchor Sticktwist in über 400 verschiedenen Farben erhältlich, was schöne Abschattierungen und Nuancen beim Sticken zulässt. Seit einigen Jahren gibt es auch Multicolor- und melierte Kombinationstöne, bei denen farbenprächtige Muster automatisch beim Sticken entstehen. Typisch für Sticktwist ist, dass er aus 6 Einzelfäden besteht und somit teilbar ist. Je nach Stoffstärke oder Feinheit der Stickerei wird 2-, 3-, 4-fädig oder mit ganzem Faden gestickt. Anchor Sticktwist ist bei 60 °C waschbar. Sticktwist ist meist als Sparsträngchen erhältlich, d. h. man kann eine stickgerechte Fadenlänge direkt vom Strängchen abziehen. Die Banderole bleibt am Strängchen.

Pflegeeigenschaften:
- 95 Waschecht bis 95 °C
- 3 Punkte bügelbar
- Chemische Reinigung P
  Koch-, licht- und reibecht

Anchor Perlgarn ist ein hochwertiges Garn, das aus 100 %iger, mercerisierter, langstapeliger Baumwolle besteht. Da es sich nicht spaltet, ist es für Kinderhände besonders geeignet. Typisch daran ist die perlige Zwirnung, die der Stickerei ihren Charakter verleiht. Perlgarn wird häufig für gezählte Stickerei verwendet, z. B. Plattstich oder Hardanger Stickerei, Ajour- und Durchzugsarbeiten. Gut geeignet ist das Garn auch für Knüpfbändchen.

Handelsübliche Stärken sind Perlgarn 8, ein sehr feines Garn, Perlgarn 5 und 3. Perlgarn 5 wird am häufigsten verwendet. Auch hier ist Perlgarn Multicolor eine Innovation der Firma Coats. Der Effekt zeigt sich direkt bei der Verarbeitung.

Pflegeeigenschaften:
- 95 Waschecht bis 95 °C bzw. 60 °C bei Multicolor
- 3 Punkte bügelbar
- Chemische Reinigung P
  Koch-, licht- und reibecht

Für bestickte Handarbeiten gilt: Waschen ist besser als chemisch reinigen, dabei sind vorab die Empfehlungen des Stoff- und Garnherstellers zum Waschen zu beachten. Um die Brillanz der farbigen Stick- und Häkelgarne zu erhalten, Waschmittel ohne Bleichmittel und ohne optischen Aufheller verwenden.

STICKSTICHE

Es gibt eine Vielzahl an Stickstichen und ihren Variationen. Nachfolgend eine Auswahl an Grundstichen (jeweils für Rechtshänder), die in den Themenvorschlägen verwendet werden. Sie können natürlich vielseitig variiert werden.

Linien- und Konturenstiche

Der einfachste der Linienstiche ist der **Vorstich**, der beim Nähen auch als Heftstich bezeichnet wird.
Stickrichtung: von rechts nach links.

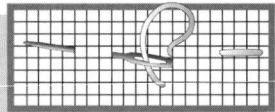

Der **Steppstich** zeigt auf der Vorderseite eine durchgehende Linie; da er ein sehr fester Stich ist, wird er vorwiegend beim Nähen verwendet.
Stickrichtung: von rechts nach links.

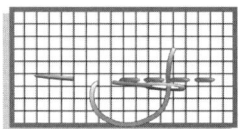

Der **Stielstich** wird gern für geschwungene Konturen, Blattadern, Stiele etc. verwendet.
Stickrichtung: von links nach rechts.

Auch der **Kettenstich** eignet sich gut für geschwungene Konturen, Monogramme und natürlich als Zierstich; er ähnelt einer Luftmaschenkette.
Stickrichtung: von oben nach unten
oder von rechts nach links.

Füllende Zierstiche

Besonders beliebt ist der **Flachstich**, der je nach Abstand auch als Platt- oder Spannstich bezeichnet wird. Er kann senkrecht oder schräg, dicht aneinander oder mit kleinem Abstand, in gleicher oder unterschiedlicher Länge gestickt werden – aber nicht zu lang, sonst kann sich der Stoff zusammenziehen. Das Garn sollte dick genug sein, damit der Stoff überdeckt wird.

Bei der Hardangerstickerei zählt der Flachstich zu den Grundstichen.
Stickrichtung: von unten nach oben
oder von links nach rechts.

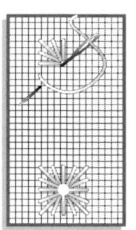

Einzelne Flachstiche, von der Mitte aus strahlenförmig angeordnet, bilden den **Sternstich**.

Der **Überwendlingsstich** (auch „halber Kreuzstich") wird so gestickt, dass er auf der Oberseite schräg und auf der Rückseite senkrecht liegt.
Stickrichtung: von links nach rechts.

Der **Kreuzstich** besteht aus Grund- und Deckstich. Zunächst wird der Grundstich in der Hinreihe (von links nach rechts) und dann der Deckstich in der Rückreihe (von rechts nach links) gestickt. Die Richtung dieser beiden Stiche muss immer gleich sein, sonst ergibt sich ein unregelmäßiger Gesamteindruck. Es wird in Reihen gestickt.

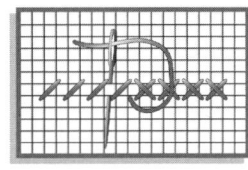

Will man jedoch Motive oder Monogramme sticken, stickt man jedes Kreuz fertig. Die Fäden auf der Rückseite verlaufen dabei vorwiegend waagerecht. Stickrichtung: von rechts nach links.

Beim **Zickzackstich** erscheint auf der Vorderseite eine Zickzacklinie, auf der Rückseite ergeben sich zwei parallel verlaufende Steppstichreihen. Er ist besonders dekorativ, wenn mehrere Reihen dicht untereinander gesetzt werden.
Stickrichtung: von rechts nach links.

Auch der **Hexenstich** ist sehr variabel, nützlich wie auch dekorativ und dabei relativ einfach zu sticken. Stickrichtung: von links nach rechts.

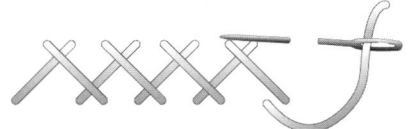

Für Augen, Blütenstempel und Ähnliches eignet sich der **Knötchenstich** besonders gut. Nach dem Ausstechen wird der Faden zweimal um die dicht über den Stoff gehaltene Sticknadel gewickelt und festgehalten, dann wird die Nadel neben der Ausstichstelle wieder eingestochen, der Faden durch- und das Knötchen festgezogen.

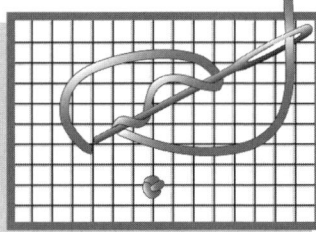

Befestigungsstiche
Der **Schlingstich** (auch Feston- oder Langettenstich) kann sehr variationsreich in Anordnung und Ausführung als Zierstich, vor allem aber als Randbefestigung angewendet werden. Den einfachen Schlingstich beherrschen schon Zweitklässler. Zum Säumen wird er so gestickt, dass die eingeschlagenen Stoffkanten vom Schlingstich „umschlungen" sind. Damit auch die Ecken schön werden, sollten mindestens drei Stiche in die Ecke gesetzt werden. Stickrichtung: von links nach rechts.

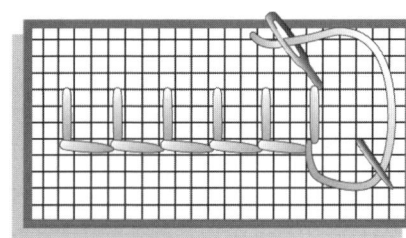

Der **Hohlsaumstich** gehört eigentlich zur Durchbruchstickerei. Er ist aber hervorragend zur Befestigung des Gewebes geeignet, wenn die Stoffkanten ausgefranst werden sollen. Wichtig ist, dass zunächst ein bis zwei Gewebefäden auf der Linie ausgezogen werden, auf der gestickt werden soll – so kann man schnell und exakt arbeiten. Die restlichen Fäden für die Fransen werden erst ausgezogen, wenn rundherum der Hohlsaumstich gearbeitet wurde.
Stickrichtung: von links nach rechts. *(H.E.)*

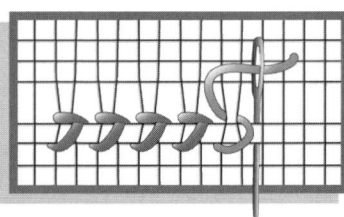

LESEZEICHEN

KLASSE: ab 2. Schuljahr
ZEIT: 1 Doppelstunde

MATERIAL

Stramin in verschiedenen Farben
oder Plastikstramin
Zier- bzw. Satinbänder in unter-
schiedlichen Längen
Anchor Sticktwist und Perlgarn
Straminnadeln

ASPEKTE

Kleine Flächen durch Anordnung symmetrischer und
geometrischer Formen oder auch durch Linienführun-
gen gestalten
Stickarbeit durch ein farblich passendes Textilband
ergänzen

VORBEMERKUNGEN

Für erste kleine Stickarbeiten ist das Gittergewebe
„Stramin" besonders geeignet. Außer Kreuzstichen lassen sich auch alle anderen Stickstiche darauf erproben
und anwenden. Sticken auf dem in sich stabilen „Plastikstramin" bringt zusätzliche Vorteile. Dieses Material
ist aufgrund der guten Zählbarkeit für den Einstieg in
den Bereich Sticken geeignet. Schnell entstehen kleine
Objekte, die direkt am Motiv ausgeschnitten werden
können. So spielt es keine Rolle, ob zunächst gestickt
und anschließend die Form ausgeschnitten wird. Nur
darauf achten, dass die Stickstege am Motiv nicht verletzt werden. Ein Versäubern wie bei Stoffen ist nicht
erforderlich. Auch zu kleinen dreidimensionalen Objekten sind Stickereien auf Plastikstramin schnell mit
Stickstichen zusammengefügt.

ANLEITUNG

Zunächst die Größe des Lesezeichens festlegen und
aus Stramin oder auch Plastikstramin ausschneiden.

Ein kleiner Entwurf vor Beginn der Stickerei erleichtert
die Flächengestaltung. Hierbei sind viele Stickarten
möglich.

Anfang und Ende der einzelnen Garne auf der Rückseite vernähen. Eventuell eine zweite Straminfläche da-
hinter legen und beide mit einem Stickstich miteinander verbinden.

Ein farblich passendes Textilband, durch einzelne Stickstiche gezogen oder am unteren Ende eingeknüpft, ergänzt die Stickarbeit. *(Ma.B.)*

BILDERRAHMEN-SCHMUCK

KLASSE: ab 3. Schuljahr
ZEIT: je nach Motiv, mindestens 1 Doppelstunde

MATERIAL
Anchor Sticktwist: je 1 Strang pro Farbe
Plastikstramin oder Stramin aus der Serie Anchor Kollektion weiß, grün (für den Tigerhintergrund)
BLANKI-Bilderrahmen

ASPEKTE
Stickanleitung mit Farblegende lesen und übertragen
Kreuzstich deckend sticken
Auf festem Untergrund sticken

ANLEITUNG

Das Muster mit Kreuzstichen deckend auf Plastikstramin oder Stramin sticken. Die Stickanleitung mit Farblegende befindet sich im Anhang auf Seite 309.

Nach Beenden der Stickerei die gestickten Motive ausschneiden. Dabei ein Kästchen Abstand zur Stickerei stehen lassen. Der Rand bildet somit noch einen besonderen Abschluss und der Stickfaden hat einen besseren Halt.

Die ausgeschnittenen Motive mit Sprühkleber auf die Bilderrahmen kleben. *(B.-K.)*

HERZEN

KLASSE: ab 2. Schuljahr
ZEIT: 1 Doppelstunde

MATERIAL
Wahlweise Plastikstramin oder Stramin
Anchor Stickgarn in verschiedenen Farben
Perlen und Pailletten

ANLEITUNG
Für die fantasievollen Herzen zunächst
einen Entwurf auf Papier aufzeichnen. Das
erleichtert die ausgewogene Verteilung der
verschiedenen Dekorationselemente wie Perlen
und Pailletten. Herzen aus Plastikstramin lassen
sich übrigens auch gut mit kleineren Herzen aus
Gewebestramin kombinieren. Ein gestickter Rand
gibt dem Ganzen noch den letzten Schliff. (Ma.B.)

LOKOMOTIVE UND ANHÄNGER

KLASSE: ab 3. Schuljahr
ZEIT: 3 Doppelstunden

MATERIAL
Plastikstramin, Perlen (für Räder)
Stickgarn in Gelb, Orange, Rot, Braun, Aubergine

ANLEITUNG
Die Zugmotive bieten viel Fläche, um verschiedene
Stickarten abzuwechseln. Die Räder dabei gesondert
sticken und dann auf Lokomotive und Wagen aufnähen.
(Ma.B.)

STIFTE-BOX

KLASSE: ab 3. Schuljahr
ZEIT: 2–3 Doppelstunden

MATERIAL
Plastikstramin: 4 Seitenwände 8 x 12 cm,
Bodenplatte 8 x 8 cm
Anchor Perlgarn in verschiedenen Farben
Variopapier

ANLEITUNG
Erst alle Seitenteile verzieren, dabei eventuell auf die
Muster der Stifte-Box eingehen und passende Motive
(auch in Verbindung mit Papierausschnitten) aufsticken.
Boden- und Seitenteile zusammenstecken und -nähen.
(Ma.B.)

BESTICKTER HEFTEINBAND

KLASSE: ab 2. Schuljahr
ZEIT: 3 Doppelstunden

MATERIAL
Zählstoff (6 Fäden = 1 cm) 32 x 18 cm
Anchor Mattstickgarn oder auch Baumwollgarn
Stumpfe Sticknadel
Bügelvlieseline
Nähnadel, Nähgarn

ASPEKTE
Neue Zierstiche erlernen
Zierstiche als Gestaltungsmittel anwenden

VORBEMERKUNGEN
Der Einband ist für das Format DIN A6, z. B. für ein Hausaufgabenheftchen, gedacht.

Zum Sticken eignet sich am besten Zählstoff und Anchorgarn. Die Stickstiche auf einem Musterfleck ausprobieren.

Bei der Herstellung des Werkstücks ist den Kindern dann die Auswahl, die Anordnung und die Menge der gestickten Reihen freigestellt.

Der Zählstoff sollte vorab gekettet werden, damit er beim Sticken nicht ausfransen kann.

ANLEITUNG
Zuerst die Stiche auf dem Musterfleck ausprobieren und die Abfolge festlegen. Dabei wird auch das Einfädeln, Knotenbilden und Vernähen der Endfäden geübt.

Auf dem Zählstoff in Längsreihen sticken. Dabei am oberen und unteren Rand 2,5 cm frei lassen.

Nach Beendigung der Stickerei alle Kanten 1,5 cm umschlagen, heften und gut bügeln, anschließend die Vlieseline aufbügeln.

Auf den Schmalseiten jeweils 2,5 cm einschlagen und oben und unten mit Matratzenstich zusammennähen. *(C.Hu./H.E.)*

NADELBUCH

KLASSE: ab 2. Schuljahr
ZEIT: 5 Doppelstunden

MATERIAL

AIDA-Stoff 26 x 11 cm
Bast und Filz in verschiedenen Farben
Stumpfe Sticknadel, Schere
Farbstifte
Vorschlag für Stickmuster
Stecknadeln, Nähgarn

ANLEITUNG

Farbentwurf zusammenstellen, dazu entweder ein Stickmuster vorgeben oder auf Karopapier farbig gestalten lassen.

Bei der Stoffumrandung die äußerste Fadenreihe entfernen.

Bastfäden abmessen, dabei die gesamte Stofflänge plus 3 cm auf jeder Seite berechnen. Bast in eine stumpfe Sticknadel einfädeln.

Mit Vorstichen die erste Reihe in der entsprechenden Farbe nach dem Muster sticken. Stickanfang und Stickende befinden sich auf der gleichen Seite. Fäden stehen lassen.

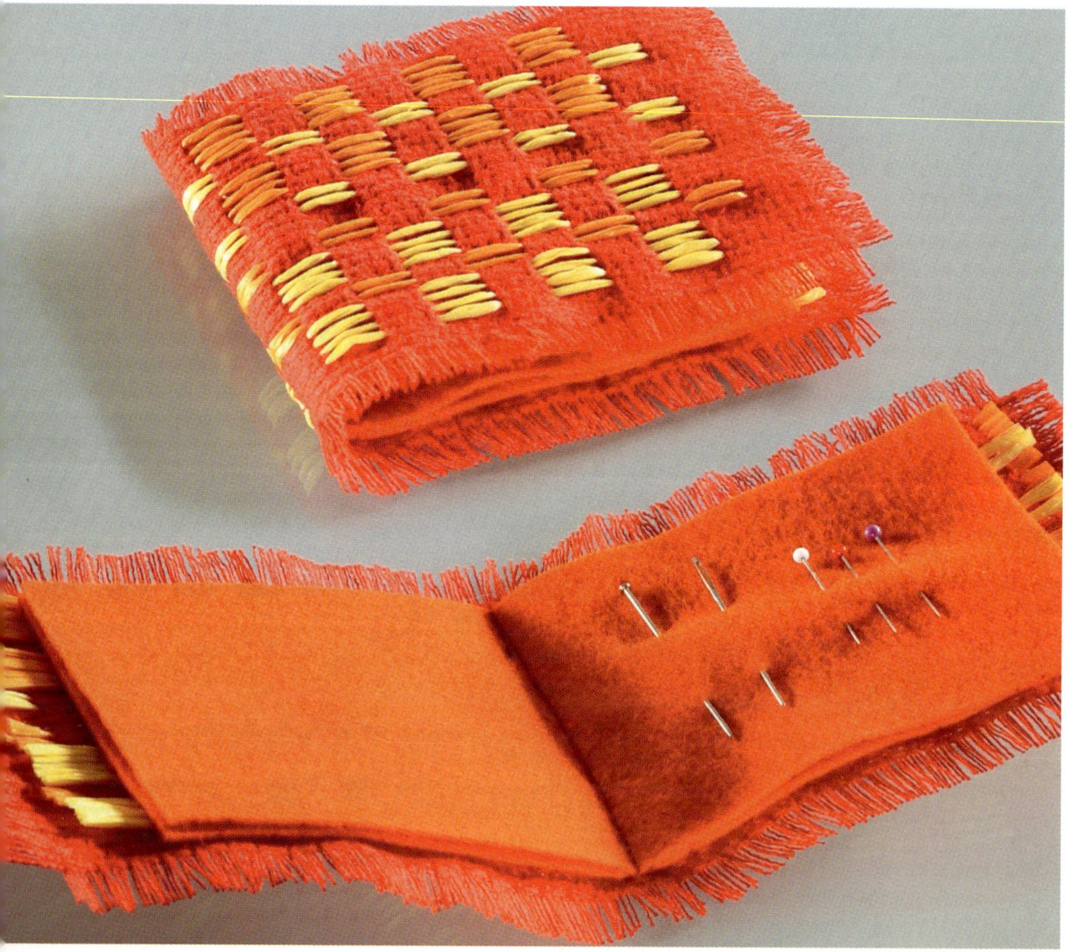

In dieser Art alle anderen Linien sticken, zum Schluss alle Bastfäden auf gleiche Länge schneiden.

Aus Filz für die Innenseiten 3–4 Teile (evtl. in unterschiedlichen Farben) im Format 20 x 8 cm ausschneiden.

Die Filzteile auf der Innenseite des Umschlags feststecken, Mitte anzeichnen und mit Steppstichen von Hand einnähen oder mit der Nähmaschine zweimal durchnähen. (Dieser Arbeitsschritt muss von einem Erwachsenen gemacht werden.) *(C.C.)*

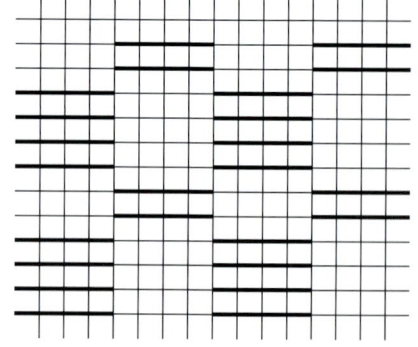

VORBEMERKUNGEN

Obwohl der Vorstich als der einfachste Stich gilt, bietet er sehr schöne Gestaltungsmöglichkeiten. In Kombination von senkrecht und waagerecht gestickten Linien entstehen attraktive Muster.

Bei der Linienführung ist zu beachten, dass die senkrechten und waagerechten Linien immer in der gleichen Reihenfolge gestickt werden. Am einfachsten ist es, jede Reihe senkrecht und waagerecht versetzt zu sticken, so entsteht das Treppenmuster.

Stickt man senkrecht und waagerecht die beiden mittleren Reihen parallel zueinander und alle anderen versetzt, erhält man ein einfaches Zentralornament. Die verschiedenen Muster entstehen also durch den Wechsel von parallel und versetzt gestickten Linien.

DUFT- UND NADELKISSEN

KLASSE: ab 2. Schuljahr
ZEIT: 4–5 Doppelstunden

ASPEKTE

Eine einfache und wirkungsvolle Art der Gestaltung kennen lernen
Den Vorstich kreativ einsetzen
Entdecken, dass man mit einfachen Mitteln sehr schöne Ergebnisse erzielen kann

MATERIAL

Karopapier
Feiner Filzstift und Lineal für den Entwurf
2 x AIDA-Handarbeitsstoff 10 x 10 cm
Anchor Perlgarn Nr. 5
Sticknadel ohne Spitze
Schere
Lavendelblüten oder Watte

ANLEITUNG

Verschiedene Entwürfe auf Karopapier anfertigen um die Vielfalt an Musterungsmöglichkeiten zu entdecken. Am besten von der Mitte ausgehend die senkrechten Vorstichreihen sticken.

Ebenso die waagerechten Vorstichreihen sticken. Eventuell auch das zweite Stoffteil besticken.

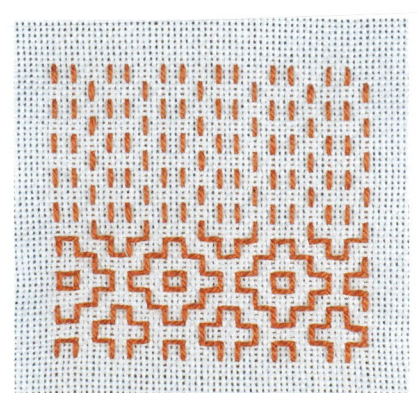

Im Abstand von 1–1,5 cm zur Stoffkante rundherum eine feste Steppstichreihe arbeiten. Beide Stoffstücke müssen die gleiche Anzahl an Steppstichen aufweisen. Die Nahtzugaben einschlagen.

Die beiden Stoffstücke von rechts zusammennähen, indem die Steppstichreihen mit dem Überwendlingsstich fest verbunden werden (Endeln). Es entsteht eine kordelartige Zierkante. Vor dem Schließen der letzten Kante das Kissen mit Watte oder Lavendelblüten füllen. Eventuell eine Aufhängeöse anbringen. *(H.E.)*

HANDTUCH

KLASSE: ab 2. Schuljahr
ZEIT: 4 Doppelstunden

MATERIAL

Baumwollgarn, Anchor Sticktwist
Fertiges Tuch in Waffelpiqué oder
Waffelpiquéstoff
Sticknadel ohne Spitze

ASPEKTE

Linienstickerei einüben
Wahrnehmung schulen
Lineare Muster entwerfen
Musterwirkung erkennen

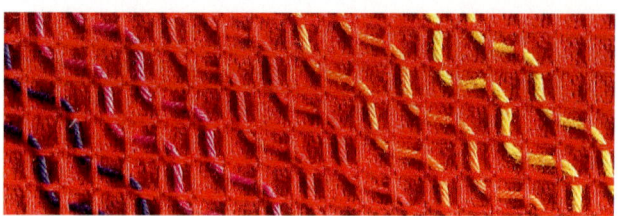

VORBEMERKUNGEN

Bilder mit erkennbaren Linien und Grafiken (Wetterkarte, Börsenindex, Fieberkurve usw.) dienen zum Aufnehmen dieses Themas. Es bietet sich an, gemeinsam mit den Kindern diese Linien zu besprechen und unterschiedliche Wirkungen zu beschreiben z. B. zackig, geschwungen, ruhig, bewegt, überschneidend, langweilig, spannend …

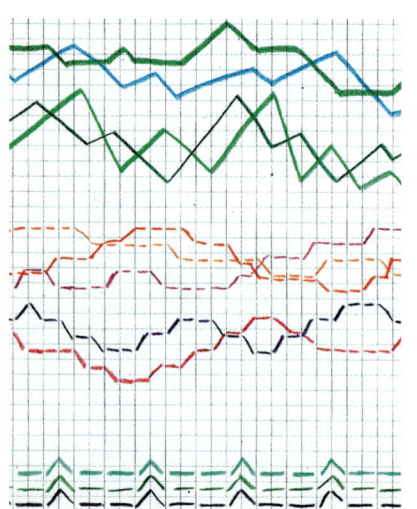

TIPP

Verschiedene Gestaltungsanlässe geben.
2. Schuljahr: Spontanes, freies Sticken z. B. zum Thema Schulweg, Reise, Ich besuche … usw.; nur waagerechte Stiche verwenden!
Ab 4. Schuljahr: Geometrische Grundformen mit einbeziehen, Flächen mit Stickstichen ausfüllen.

ANLEITUNG

Mit Farbstiften spontane Linien auf ein Blatt Papier zeichnen. Anschließend mit Bleistift auf kariertem Papier zwei bis drei Muster entwerfen. Die Quadrate entsprechen optisch dem Waffelpiqué.

Bestimmte Kriterien aufstellen, um die Entwürfe miteinander vergleichen zu können:
Die Linien fortlaufend, d. h. nicht rückwärts, zeichnen;
Stichlänge nur über ein Quadrat (Häuschen);
Stiche waagerecht, senkrecht, diagonal;
Farbenaufgabe stellen, z. B. Komplementärfarben zur gewählten Tuchfarbe in drei abgestuften Nuancen, Regenbogenfarben, nur warme Farben, nur kalte Farben, Grundfarben;
Möglichst viele Farbkontraste setzen;
Linienmenge festlegen.

Die Entwürfe nach den Regeln auswerten, den besten Entwurf auswählen und auf das Tuch sticken.

Beim Waffelpiqué sind Längs- und Querfadengruppen gut sichtbar. Davon werden stets nur zwei Fäden aufgefasst.

Anfang und Ende des Fadens auf der Rückseite durch Auffassen von sechs bis acht Querfäden vernähen. Darauf achten, dass möglichst nur am Anfang und am Schluss einer Sticklinie vernäht werden muss. Eventuell können die Anfangs- und Schlussfäden im Saum vernäht werden. *(U.H.)*

BLUMENWIESE AUF RUPFEN

KLASSE: ab 2. Schuljahr
ZEIT: 3–4 Doppelstunden

VORBEMERKUNGEN

Wenn die Zeit drängt, ist es möglich, den Rupfen vor Gebrauch mit der Nähmaschine zu ketteln. Legt man jedoch Wert auf kreatives und eigenständiges Arbeiten, sollte die Randgestaltung mit Zierstichen nach eigenen Ideen erfolgen.

MATERIAL

Papier und Stifte zur Herstellung eines Entwurfs
Rupfen, ca. 30 x 20 cm
Anchor Stickgarne in verschiedenen Farben
Sticknadel ohne Spitze
Schere

ANLEITUNG

Einen farbigen Entwurf mit möglichen Motiven und deren Konzeption im Bild anfertigen.

Mit Hohlsaumstichen die Randgestaltung des stark ausfransenden Rupfens vornehmen.

Das Bildinnere nach individuellen Vorstellungen in freier Stickerei gestalten und die Fadenenden stets gleich vernähen und abschneiden.

Das Bild von der Rückseite dämpfen. Eventuell die Schnittkanten ausfransen. *(A.Ko./H.E.)*

ASPEKTE

Verschiedene Zierstiche kennen lernen
Neue Stichvariationen ausprobieren
Blumen und sonstige Motive erfinden und diese im Stickbild umsetzen
Das Material Rupfen als Stickuntergrund einsetzen
Hohlsaumstich in die Randgestaltung einbeziehen

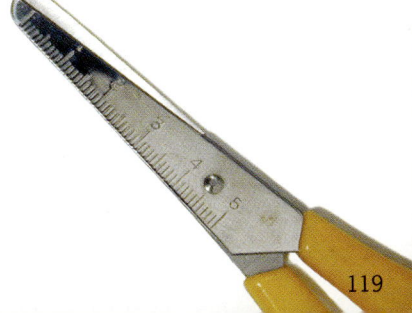

TINTENHUT AUS FILZ

KLASSE: ab 3. Schuljahr
ZEIT: 5 Doppelstunden

MATERIAL

Filz in verschiedenen Farben
Stoff (Leinen oder Baumwolle)
Wolle, Anchor Perlgarn Nr. 5
Papiermuster mit Halbkreis und
geometrischen Formen
Schere, Häkelnadel Nr. 4
Bleistift/Farbstift
Stecknadeln, Klebestreifen
Spitze und stumpfe Wollnadel

ANLEITUNG

Hut: Einen Halbkreis auf Papier entwerfen, ausschneiden, Platz sparend auf den Filz stecken und mit Bleistift- oder Farbstiftpunkten aufzeichnen. Muster entfernen, den Punkten entlang ausschneiden.

Geometrische Formen aufzeichnen und ausschneiden, auf den Hut stecken und mit Vorstichen rundherum festnähen.

Die beiden geraden Seiten zusammenstecken und mit Überwendlingsstich zusammennähen.

Mittelteile: Der Tintenhut enthält ca. 4–6 saugfähige Stoffteile, die als Kreisform (Durchmesser etwas kleiner als den Hut wählen) zugeschnitten und zum Schluss in den Filzhut eingefügt werden.

Pompon: Aus doppeltem Wollfaden eine 15 cm lange Häkelschnur häkeln, auf beiden Seiten 10–20 cm der Wolle stehen lassen.

Zwei Pompon-Kartonkreise, geschlitzt mit Mittelloch, zuschneiden. Die Kreise so zusammenlegen, dass die Öffnungen nicht übereinander liegen.

Den Kartonring mit Wolle umwickeln bis die Öffnung ausgefüllt ist. Die Wollenden mit Klebestreifen fixieren.

Pompon an der Kante vorsichtig aufschneiden, mit einem Wollfaden zusammenbinden.

Ein Ende der Häkelschnur um die Pompon-Mitte binden, jetzt Kreise entfernen, Pompon in Form schneiden und Häkelschnur von oben durch den Hut ziehen.

Mittelteile genau aufeinander legen und die Mitte beim obersten Teil anzeichnen. Mit der spitzen Wollnadel die beiden Enden getrennt durch die Mitte ziehen und gut verknoten.

ASPEKTE

Filz und Stoff zuschneiden
Vorstich und Überwendlingsstich lernen
Vernähen üben
Einen Pompon gestalten

TIPP

Anstelle der Pompon-Schablonen gibt es auch Vorlagen-Sets aus Karton zu kaufen.
Es empfiehlt sich, den Stoff vor der Verarbeitung zu waschen, eventuell alte Leintücher verwenden. *(C.C.)*

SPIELEBEUTEL

KLASSE: ab 2. Schuljahr
ZEIT: 5 Doppelstunden

MATERIAL
Filz in verschiedenen Farben
Anchor Perlgarn Nr. 5 in verschiedenen Farben
Baumwollgarn in verschiedenen Farben
Sticknadel mit Spitze
Schere, Lineal
Schablone für den Taschenbeutel
17 x 45 cm
Stecknadeln, Ösen
Bleistift oder Farbstift

ASPEKTE
Zuschneiden von Filz üben
Vorstiche und Überwendlingsstich anwenden
Vernähen lernen
Kordel drehen

ANLEITUNG

Eine Schablone aus Karton anfertigen und Platz sparend auf den Filz legen. Mit Bleistift (helle Farben) oder Farbstift (dunkle Farben) an der Schablone entlang mit Punkten nachzeichnen. Den Filz ausschneiden.

Auf der Rückseite des Filzes mit dem Lineal zehn Linien einzeichnen, die sich nicht kreuzen sollen. Mit regelmäßigen Vorstichen den Linien entlang sticken. Mit einem Knoten beginnen, am Schluss die Fäden vernähen.

An den beiden kurzen Seiten eine Linealbreite nach innen biegen und feststecken. Den Beutel zusammenfalten und an den Seiten feststecken. Oben mit dem Zusammennähen mit Überwendlingsstichen beginnen. Oben auf jeder Seite vier Ösen anbringen.

Für die Kordel viermal 1,5 m Garn abschneiden. Je zwei Garnstücke miteinander verdrehen. Kordeln so durch die Ösen ziehen, dass ein Gegenzug entsteht. *(C.C.)*

TIPP

Es gibt unzählige Varianten zur Liniengewinnung, z. B. Wellenlinien (Wasser). Nicht mehr als zwei Kreuzungspunkte pro Linie!

BLÄTTERKISSEN MIT HEILKRÄUTER-FÜLLUNG

KLASSE: ab 3. Schuljahr
ZEIT: 3–4 Doppelstunden

MATERIAL

Für ein kleines Blätterkissen:
Leinen oder naturfarbener Baum-
wollstoff, ca. 25 x 45 cm
Anchor Stickgarn in verschiedenen
Naturtönen
Nähgarn
Band zum Aufhängen
Füllwatte, Kräuter
Sticknadel, Nähnadel
Schere

ASPEKTE

Verschiedene Stoffe aus Naturfasern kennen lernen
Stiel-, Stepp- und Überwendlingsstich üben
Erfahren, welche Wirkung Kräuterkissen auf die
Gesundheit und das Wohlbefinden haben

VORBEMERKUNGEN

Bei der Materialauswahl muss darauf geachtet werden,
dass ein zum Stoff passendes Stickgarn verwendet
wird – der Naturcharakter sollte erhalten bleiben.
Heilkräuter, Blüten oder Blütenblätter wie Kamille, Hop-
fen, Lavendel, Rosen, Rosmarin u. a. wirken wohltuend
und entspannend. Es empfiehlt sich, diese am besten
während der Blütezeit zu sammeln und vor dem Einfüllen gut trocknen zu lassen. Die Blätterkissen können
neben ihrer heilenden Wirkung auch zur Dekoration im
Wohnbereich dienen.

ANLEITUNG

Einen individuellen Entwurf skizzieren und den Schnitt
erstellen. Dafür die gewünschte Blattform anhand der
Schablone auf den Stoff zeichnen.

Die Blattform sowie die Blattadern mit dem Stickgarn
nachsticken.

Vorder- und Rückteil ca. 1 cm außerhalb der gestickten
Blattform von Hand oder mit der Nähmaschine mit kleinen Steppstichen zusammennähen. Dabei das Einnähen des Aufhängebandes nicht vergessen.

Außerhalb der Nählinie die Blattform zuschneiden, die
Ecken einschneiden, verstürzen und bügeln.

Jetzt das kleine Kissen mit Füllwatte und ausgewählten
Heilkräutern füllen. Die Öffnung mit kleinen Überwendlingsstichen schließen. (I.H./H.E.)

ORIENTALISCHE STADT

KLASSE: ab 3. Schuljahr
(Gemeinschaftsarbeit)
ZEIT: 3–4 Doppelstunden

ASPEKTE

Verschiedene Stickstiche erfinden und anwenden
Knotenbilden und Vernähen üben
Raumschmuck herstellen
Gemeinschaftsgefühl entwickeln

VORBEMERKUNGEN

Um den Kindern die Vorstellung einer orientalischen Stadt zu geben wird auf Illustrationen zu bekannten Märchen wie „Der fliegende Koffer" oder „Der kleine Muck" zurückgegriffen. Merkmale einer solchen Stadt werden besprochen: Minarette mit hohen spitzen Türmen, Kuppelbauten, kubische Formen der Häuser. Zur Wahl stehen zwei Arten der Ausführung: buntes Garn auf beigem Grund oder weißes und goldenes Garn auf dunkelblauem Grund. Falls die Kinder noch nie frei gestickt haben ist es ratsam, eine Probe auf einem kleinen Rest des Grundstoffs anfertigen zu lassen. Gleichzeitig wird dabei das Knotenbilden und das Vernähen wiederholt.

ANLEITUNG

Anhand einer Bildbetrachtung typische Merkmale einer orientalischen Stadt herausarbeiten, einen entsprechenden Entwurf anfertigen und besprechen.

Beim Umsetzen des Entwurfs sollten die Stiche in der Regel nicht länger als 1,5 cm sein, ansonsten müssen sie mit kleinen Querstichen gehalten werden. Dies trifft auch bei dickeren Garnen zu, die nicht durch den Stoff gezogen werden können. Nicht nur die Umrisse sticken, sondern auch die Flächen füllen. Nach Fertigstellung aller Arbeiten werden diese von den Schülern zu einem Gesamtbild zusammengelegt, vom Lehrer mit der Maschine zusammengenäht, auf Vlieseline aufgebügelt und mit der Aufhängung versehen. *(C.Hu./H.E.)*

MATERIAL

Papier in Stoffgröße und Bleistift für den Entwurf
Blauer Grundstoff, nicht zu locker gewebt und appretiert, 25 x 25 cm (fertige Größe 22 x 22 cm)
Sticknadel mit Spitze
Weiße und goldene Garne (Wolle, Baumwolle)
Graue Bügelvlieseline in Größe des Wandbehangs
Rundholz zum Aufhängen
Goldspitze oder -borte

MANDALAS

KLASSE: ab 4. Schuljahr
ZEIT: 2–3 Doppelstunden

MATERIAL
Schere, Bleistift, Papier
Weißer, grauer oder cremefarbener
Filz 16 x 16 cm
Sticknadel mit Spitze
Anchor Sticktwist
Kleine Glasperlen
4 Holzleisten für Rahmen
(Innenmaß 14 cm)
Schulmalfarbe
Pappe für die Rückwand
Klebstoff, Klebeaufhänger

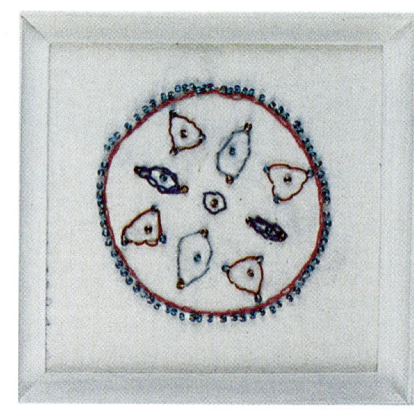

ASPEKTE
Ein Mandala mit Perlen sticken
Bekannte Stiche auswählen und
richtig anwenden
Konzentrationsfähigkeit, Sorgfalt
und Geschicklichkeit fördern

ANLEITUNG
Einen Faltschnitt nach dem altbekannten Schnittmuster
für Schneekristalle aus einem Papierkreis mit 10 cm
Durchmesser anfertigen. Diesen Entwurf mit Bleistift
auf Filz übertragen. Die Formen mit drei- oder vierfädi-
gem Sticktwist nachsticken und mit farblich passenden
Perlen ausgestalten.

Die Leisten zusammenleimen und nach dem Trocknen
mit Schulmalfarbe bemalen. Die Stickerei auf die
Papp-Rückwand kleben. Rahmen aufkleben und den
Aufhänger anbringen. (C.Hu./H.E.)

TATTOO AUF JEANSKLEID

KLASSE: ab 4. Schuljahr
ZEIT: Je nach Umfang mind. 2 Stunden

MATERIAL
Jeanskleidung (Hose, Kleid, Hemd)
Anchor Sticktwist oder Perlgarn Nr. 5
Bleistift (Schneiderkreidenstift)
Sticknadel mit Spitze, Schere
Tattoo-Schablonen von Coats
Kariertes Entwurfspapier →

ASPEKTE

Kleidung aufwerten und kreativ umgestalten
Verschiedene Stickstiche kombinieren
Tattoos als Stickbilder umsetzen

ANLEITUNG

Tattoo-Form auswählen, auf das Kleidungsstück legen und mit Schneiderkreide die Form nachzeichnen. Die Linien müssen gut sichtbar sein, ansonsten werden die Stiche unregelmäßig.

Die Linien mit dem Stepp- oder Kettstich nachsticken.

Punkte können auch als Knötchen gestickt werden. Dazu den Faden zweimal um die Nadel wickeln, dann direkt neben der Ausstichstelle einstechen und das Knötchen fest anziehen. Die mit Perlgarn gestickten Knötchen sind erhabener in ihrer Form als die aus Sticktwist.

Werden nicht so wulstige Linien gewünscht, den sechsfädigen Sticktwist teilen und mit drei oder vier Fäden sticken. Die Endfäden auf der Rückseite verwahren.

TIPP

Die Stickarbeit immer von der linken Seite auf einer weichen Unterlage bügeln, damit die Stickerei nicht platt wird.

Damit das Tattoo besonders glatt gestickt werden kann empfiehlt es sich, beim Sticken einen Stickrahmen zu verwenden.

Es können auch eigene Tattoos entworfen werden. Diese dann auf den Stoff übertragen und aussticken. *(J.-G.)*

FOTOCOLLAGE AUF KARTEN UND BILDERN

KLASSE: ab 4. Schuljahr
ZEIT: Je nach Gestaltung ca. 2–4 Doppelstunden

MATERIAL

Modejournal oder Katalog
Vergrößertes Foto/eigenes Portrait
Hintergrundstoff DIN A4 nach Wahl
Sticknadel, Schere, Klebstoff
Verschiedene Stickgarne und Wolle mit Struktur
Lineal, Bleistift, Entwurfspapier
Bilderrahmen oder Tonkarton für Karten
Wieder ablösbare Klebepads
Aufbügelbare Vlieseline

ASPEKTE

Verschiedene Stickstiche ausprobieren und kombinieren
Stickbilder kreativ gestalten
Kleine Geschenke herstellen

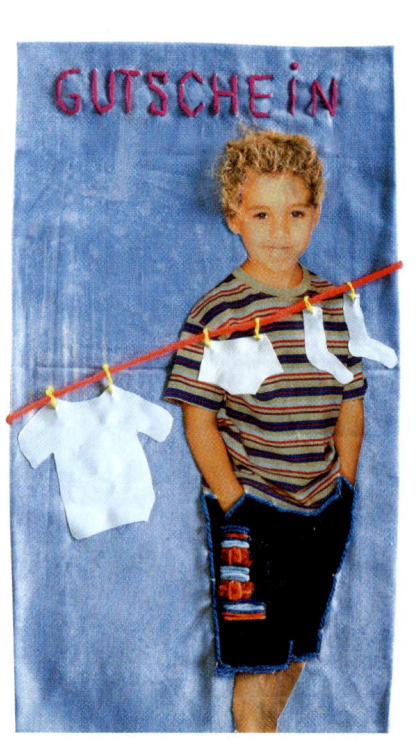

ANLEITUNG

Eine vergrößerte Fotografie oder ausgeschnittene Figur auf den ausgewählten Hintergrund legen und an den Ecken fixieren. Ausgewählte Verzierungen, Schriftzüge oder Umrisse leicht markieren und mit Wolle oder Effektgarn nachsticken. Auf gleiche Weise lassen sich auch Gutscheine oder Geburtstagskarten gestalten.

Wer Buchstaben sticken möchte, sollte die Umrisse jeweils an den Enden mit einem Bleistiftpunkt markieren, sodass der Buchstabe gut erkennbar ist. Mit Steppstich und einem geteilten dreifädigem Sticktwist aussticken. Für die Haargestaltung eignet sich vor allem der flächendeckende Flachstich, für die Konturen auch der Vorstich. *(J.-G./J.J.)*

BAUMWOLLTASCHE MIT STICKBAND

KLASSE: ab 3. Schuljahr
ZEIT: 5–7 Doppelstunden

MATERIAL

Fertige einfarbige Baumwolltasche,
ca. 35 x 40 cm
Weißes Stickband, ca. 40 cm lang
und 5 cm breit
Anchor Sticktwist oder Perlgarn Nr. 8
Weißes Nähgarn
Näh- und Sticknadel
Weiche, aufbügelbare Vlieseline

VORBEMERKUNGEN

Stofftaschen erfreuen sich allgemeiner Beliebtheit.
Eine selbst gestaltete Tasche ist unverwechselbar und
immer ein originelles Geschenk. Je nach Vorkenntnis-
sen der Schüler kann man die Sticharten, die Anzahl
und die Anordnung der Stiche variieren. Den oberen
Teil der Tasche können die Schüler frei gestalten.

ASPEKTE

Verschiedene fadengebundene Sticharten auf zählba-
rem Untergrund erlernen

ANLEITUNG

Einen Entwurf über die Reihenfolge der ausgewählten Stickstiche in der
gewünschten Farbe anfertigen und entweder mit Sticktwist oder Perlgarn
auf dem Stickband ausführen.

An einer Kante mit der ersten Reihe beginnen und die zweite Reihe mit
dem gleichen Stich an der gegenüberliegenden Kante ausführen.

Geeignete Stiche: Stepp-, Zickzack-, Kreuz-, Stiel-, Ketten- und Hexenstich
und ihre Variationsmöglichkeiten.

Festnähen des Stickstreifens mit kleinen Überwendlingsstichen.
Sticken im oberen Taschenteil nach einer aufgezeichneten Linie.
Ausgestalten durch Sternchen und Namen.

Bei Gestaltung direkt auf der Tasche ist es empfehlenswert, die aufbügelbare Vlieseline unterzulegen. Wenn der Taschenstoff nicht durch Vlieseline
verstärkt ist, haben die Schüler das Problem, dass sich der relativ feine
Stoff beim Sticken zusammenzieht. *(M.R./H.E.)*

HARDANGER DUFTSÄCKCHEN

KLASSE: ab 6. Schuljahr
ZEIT: 3 Doppelstunden

MATERIAL

Weiße Bänder mit Hohlsaum-
rändern zum Besticken
Weißes Anchor Perlgarn Nr. 5
(Plattsticheinfassungen)
Weißes Anchor Perlgarn Nr. 8
(Umwickeln der Fadenstege)
Kleine spitze Schere
Futterstoff
Getrockneter Lavendel
Farblich passendes Band

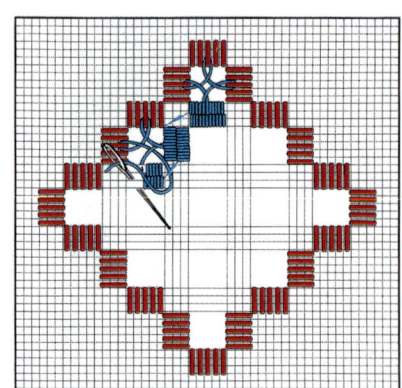

VORBEMERKUNGEN

Mit der Hardanger-Sticktechnik, die ihren Ursprung in Skandinavien hat, kann man schöne Gegenstände wie Decken, Kissen oder Fensterschmuck herstellen. Allerdings erfordern aufwändige Formen und Ornamente sehr viel Zeit und Geduld. Für die Schule bietet es sich deshalb an, kleinere Gegenstände wie Duftsäckchen herzustellen. Die Schüler können dann relativ schnell ein schönes Ergebnis erzielen.

ANLEITUNG

Auf einem Karopapier das Muster für die Hardanger-Stickerei entwerfen.

Die Gewebefäden abzählen und die Mitte mit einem Faden markieren.

Plattsticheinfassungen nach der Vorlage sticken. (Anfangs- und Endfäden gut vernähen!)

Die senkrechten und dann die waagerechten Gewebefäden im Quadrat/ Dreieck mit der kleinen Schere vorsichtig abschneiden und ausziehen.

Anschließend die Stege mit Perlgarn umwickeln.

Die oberen Kanten der Borte umschlagen, feststecken und steppen.

Nun das Säckchen rechts auf rechts legen, feststecken und knappkantig steppen, danach die Ecken abschneiden und das Säckchen wenden.

Den Futterstoff 8,5 x 8,5 cm zuschneiden, feststecken und steppen, dabei eine etwa 5 cm breite Öffnung an einer Seite lassen.

Die Lavendelblüten durch die Öffnung einfüllen und anschließend die Öffnung von Hand zusammennähen.

Zum Schluss das Lavendelkissen ins Säckchen geben und mit dem Band verschließen. *(Me.B./H.E.)*

ASPEKTE

Kleine Geschenke herstellen
Konzentration, Ausdauer sowie Feinkoordination üben
Schnelles motivierendes Ergebnis erzielen

GÄSTEHANDTÜCHER MIT KREUZSTICHBORDÜREN

KLASSE: ab 4. Schuljahr
ZEIT: 5–6 Doppelstunden

ASPEKTE

Ein Bandornament mit geometrischen Formen entwerfen
Sensibilität für einfache, klare Formen entwickeln
Eine Borte mit Kreuzstich besticken

VORBEMERKUNGEN

Diese Handtücher mit den bestickten Borten sind sehr ansprechend und dekorativ; sie eignen sich auch hervorragend als Geschenk für Erwachsene. Einfacher wäre es, Handtücher mit eingewebtem AIDA-Feld (z. B. aus der Serie Anchor Kollektion von Coats) zu verwenden. Das Aufnähen des Bandes würde entfallen; doch wenn man nicht sehr genau arbeitet, kann die Rückseite weniger schön ausfallen. Verwendet man AIDA-Bänder, die nach dem Sticken aufgenäht werden, wird die Rückseite „unsichtbar" – das Handtuch ist von beiden Seiten gleich schön.

MATERIAL

Entwurfspapier
Feiner Filzstift
Handtuch bzw. Gästehandtuch
5 cm breites AIDA-Kreuzstichband (ca. 6 cm länger als das Handtuch) oder Handtücher mit eingewebtem AIDA-Feld
Perlgarn Nr. 8 evtl. als Ombrégarn
Sticknadel ohne Spitze, Schere

ANLEITUNG

Für die Kreuzstichborten muss unbedingt ein Entwurf angefertigt werden. Besonders geeignet ist Karopapier mit kleinen Kästchen (etwas größer als Millimeterpapier), wobei jedes ausgefüllte Kästchen für einen Kreuzstich steht. Das Entwurfspapier muss in der Breite dem AIDA-Band entsprechen. Wenn man noch nie Bandornamente entworfen hat ist es hilfreich, von der Mitte aus in Längsrichtung zu beginnen und dann nach oben und unten weiter zu zeichnen. Vorgabe könnte z. B. sein, immer abwechselnd drei Kästchen zu füllen und ein Kästchen leer zu lassen.

Die Borte mit Kreuzstich so besticken, dass sich auf der Rückseite keine langen Fäden befinden. Dabei die Fadenenden immer gleich vernähen und kurz abschneiden. Von der Rückseite dämpfen. Die Borte von Hand oder mit der Nähmaschine aufnähen. *(H.E.)*

KNOTEN UND KNÜPFEN

Ob Knoten, Knüpfen, Drehen, Flechten, Makramee u. a., sie alle bezeichnen Verschlingungsarten, die der Mensch seit frühesten Zeiten anwendet, um Dinge zu befestigen, zu verbinden oder gar um mit ihrer Hilfe zu kommunizieren.

Einer der Ursprünge von Knoten liegt in der Seefahrt, aber auch im Alltag der Landbevölkerung waren sie zu finden. So benutzten beispielsweise die Inkas eine Knotenschnur, die Quipu genannt wurde, als Rechensystem.

Die Technik des Knotens wird vor allem auf Schiffen ausgeübt und ist bis in unsere Zeit erhalten geblieben. Herkunft und Namen der wichtigsten uns bekannten Knoten lassen sich daher von den Erfordernissen eines Schiffes auf See ableiten.

Auch in Ländern, die keine engere Beziehung zum Meer hatten, brauchte man ebenso Knoten um zu knüpfen, etwas miteinander zu verbinden oder um zu flechten. Neben den verschiedenartigen Seemannsknoten ist eine große Zahl handwerklicher Knoten zu finden. Dies ist der Grund, warum dieselben Knoten oft verschiedene Namen tragen.

Gemäß ihrer unterschiedlichen Funktionen, kann man in **Zier-** und **Nutzknoten** unterscheiden.

Wichtige Makrameegrundknoten (Zierknoten) sind z. B. der Flach- und der Wellenknoten, die ausführlich auf Seite 137 beschrieben werden. Zu den Nutzknoten zählt man unter anderem Verbindungsknoten, Schlingenknoten, Wurfleinenknoten, Kürzungsknoten und Maschenknoten, die man zusammenziehen oder verschieben kann.

Bei der Beschreibung der einzelnen Knoten werden folgende Fachausdrücke verwendet:

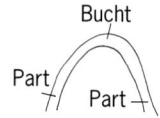

Die **Bucht** ist eine Krümmung oder Schleife in einem Ende. Die **Part** ist das Längsstück zwischen zwei Buchten.

Bucht mit offenem Auge

Bucht mit geschlossenem Auge.

Bucht mit einem Kreuzauge.

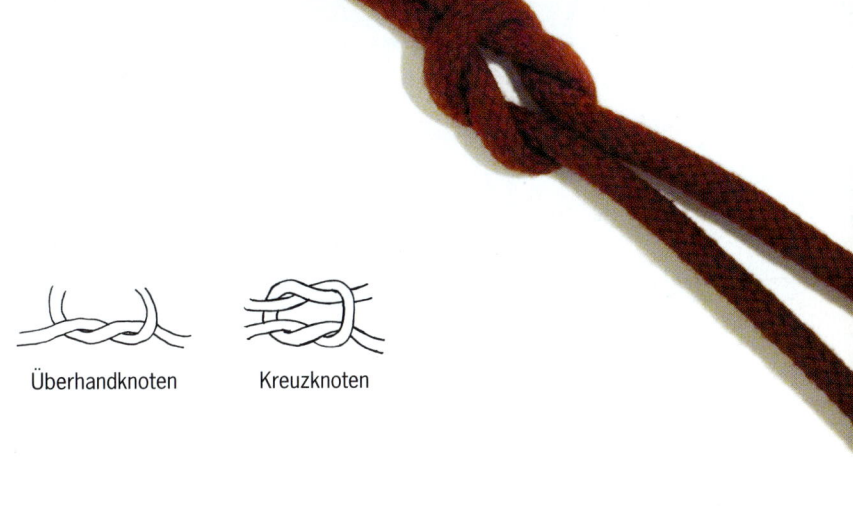

GEBRÄUCHLICHE KNOTEN

Nachfolgend eine kleine Auswahl der gebräuchlichsten Knoten, die zum Teil auch im ersten Themenvorschlag **Knotenspiel** verwendet werden.

Kreuz- oder Flachknoten

Angefangen wird wie bei der Schleife mit einem einfachen Knoten, auch **Überhandknoten** genannt. Danach einen weiteren darauf setzen, wobei zu beachten ist, dass die jeweiligen Enden zur gleichen Seite zurückgehen und somit parallel zum ersten Knoten liegen.

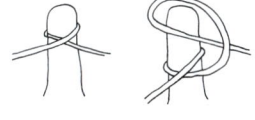

Überhandknoten   Kreuzknoten

Webeleinenstek

(Stek: seemannssprachlich für Knoten) Die Schnur wird direkt an oder um einen Gegenstand (z. B. beim Anlegen eines Schiffes um einen Poller) gelegt. Anschließend eine Bucht mit Kreuzauge darüber legen und festziehen.

Einfacher Anglerknoten

Die Schnur durch den Angelhaken nach oben ziehen und dann wieder nach unten führen, sodass nun drei Abschnitte der Schnur parallel liegen und der letztere links davon. Dann das Ende mehrmals um die rechte und mittlere Schnur wickeln. Nach der letzten Umwicklung das Ende durch das Auge festziehen.

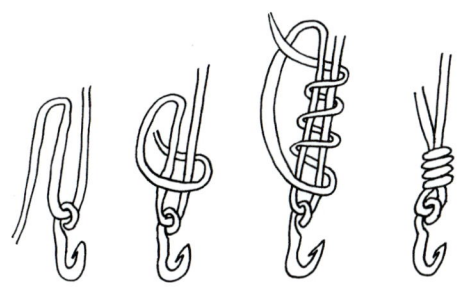

Verkreuzungsknoten

Im unteren Drittel des Päckchens zwei Parten überkreuzen und ineinander greifen lassen. Das eine Ende verläuft von der Stirnseite über die Rückseite des Päckchens, dabei beim Queren der schon vorhandenen Schnur eine Bucht mit offenem Auge legen. Das Ende über die Querschnur und unten durch das Auge ziehen. Nun kommt die Schnur wieder auf die Vorderseite. Dort wird sie erneut im anderen unteren Drittel verkreuzt. Die beiden Enden verlaufen jeweils zur Rückseite unter der Längsschnur durch und werden mit einem einfachen Knoten miteinander verknotet.

vorn

hinten

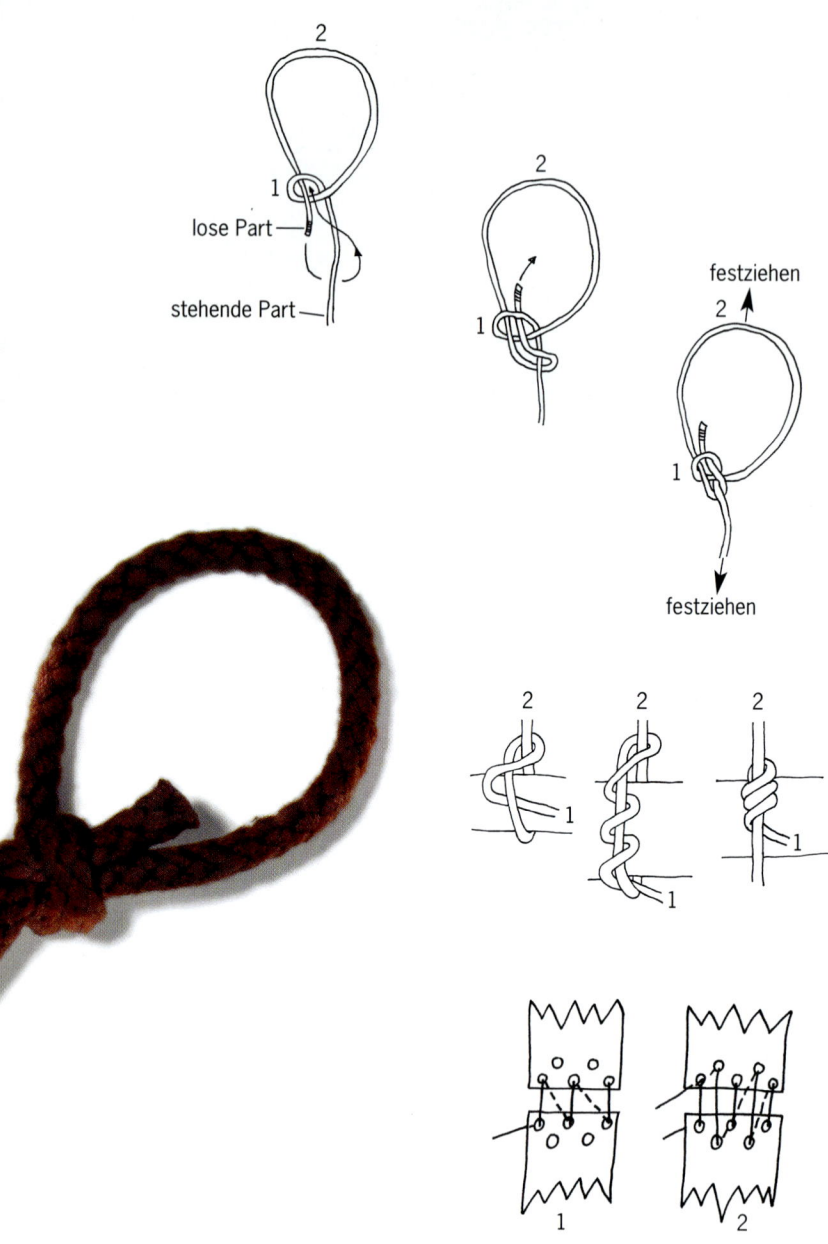

Schlaufenknoten (Palstek)

Ein Schlaufenknoten, auch Schlaufe genannt, wird ähnlich wie der Webeleinenstek dazu verwendet, etwas an einem Poller o. Ä. festzumachen. Er wird aber frei gebunden und erst dann um einen Gegenstand gelegt; er kann sich zudem nicht zuziehen und ist leicht zu lösen. Zuerst eine kleine Bucht mit Kreuzauge (1) legen. Mit der oben liegenden Part dann das große Auge gegen den Uhrzeigersinn legen. Die lose Part von hinten durch die Bucht (1) stecken und von unten um die stehende Part führen. Anschließend die lose Part wieder zurück durch die Bucht (1) stecken. Der Palstek zieht sich fest, wenn man an der großen Bucht (2) und an der stehenden Part zieht.

Zimmermannsstek

Der Zimmermannsstek erhielt seinen Namen von den Zimmerleuten, die ihn zum Transport schwerer Baumstämme benutzten. Er ist aber auch eine gute Verbindung um Seile und Stricke, die stark belastet werden, zu verankern. Die Schnur um einen Gegenstand legen. Das Ende (1) hinten um die Schnur (2) legen, dann unter der Schnur hindurchführen und dreimal umwickeln. Zuletzt den Knoten fest um den Gegenstand ziehen.

Verschnürung für die Brücke

Die Schnürung wird wie folgt durchgeführt: Zuerst werden die nahe beieinander liegenden Öffnungen, wie in der Skizze gezeigt, miteinander verbunden. Auf dem Rückweg werden die weiter auseinander liegenden Öffnungen verbunden und die Enden verknotet.
(H.B./K.K./Z.-P.)

ABENTEUERLICHE REISE INS KNOTENLAND

KLASSE: ab 3. Schuljahr
ZEIT: 2–3 Doppelstunden

ASPEKTE

Anwendung der Knoten im täglichen Leben erfahren
Verschiedene Knoten erkennen, benennen und üben
Funktion der Knoten kennen

MATERIAL

Karton, mindestens 2 mm stark, 60 x 60 cm
Sperrholz oder Pressspan
Farbiges Tonzeichenpapier, Fotokarton
Karton und/oder Stoffe
Fotokarton für die Ereigniskarten
Schnüre, Kordeln in verschiedenen Farben und mittlerer Stärke (z. B. Baumwollkordel, Paketschnur)
Dünne Pappe, Wellpappe, Papier, Toilettenpapierrollen, Eierkarton, kleine Schachteln, Äste, leere Fadenrollen, Draht, Korken u. Ä.
Kleister, Klebstoff, Klebeband, Klebefilm
Schere, Papierschneidemesser und Unterlage
Locher, Lochzange

VORBEMERKUNGEN

Die Idee des Spiels „Abenteuerliche Reise ins Knotenland" ist es, Situationen aus dem Alltag zu wählen, in denen ein Knoten benutzt werden könnte, um Dinge miteinander zu verbinden, festzumachen, etwas zu verschließen oder zu transportieren. Die Kinder sind bei der Erstellung des Spiels aufgefordert, ihren Alltag nach Knoten „abzusuchen" und diese in eine spielerische Reise einzubauen. Bei der Erarbeitung der einzelnen Stationen erkennen die Kinder die Verwendung von Knoten, üben sie und finden Möglichkeiten für die Umsetzung im Spiel.

Das Spiel in Gruppenarbeit in mehrfacher Ausführung, jeweils mit verschiedenen Knotenstationen, die die Kinder selbst bestimmen, anfertigen. Informationsmöglichkeiten über einzelne Knoten sind bereitzustellen. Nach der Fertigstellung die entstandenen Spiele untereinander tauschen. Dabei wird eine Vielfalt von Knoten kennen gelernt. →

Spielzubehör
Spielplan
9 Knotenstationen mit Utensilien (befestigt oder lose)
9 Ereigniskarten
Spielfiguren, 1 Würfel
Evtl. Anleitung zu jedem Knoten

ANLEITUNG

In diesem Spiel werden folgende Knoten an den einzelnen Stationen verwendet, die, soweit erforderlich, auf den vorherigen Seiten beschrieben sind: Kreuzknoten, Webeleinenstek, einfacher Anglerknoten, Verkreuzungsknoten, Schlaufenknoten, Zimmermannsstek, Knoten für eine Brücke.

TIPP

Verwendet man beim Aufziehen des Tonzeichenkartons für den Untergrund Kleister, sollte man den Karton auf beiden Seiten bekleben, da er sich sonst wölbt. Man kann das Spiel auch auf Sperrholz gestalten, das bemalt und beklebt wird. Auch kann der Karton auf Holz geklebt werden.

Die Lauffelder entweder ausschneiden oder z. B. mit einem Korken aufstempeln.

SPIELANLEITUNG

„Abenteuerliche Reise ins Knotenland" ist ein Würfelspiel für 2–5 Kinder.

Zu Spielbeginn erhält jedes Kind eine Spielfigur, die es auf dem **Start**-Feld platziert. Die Ereigniskarten werden an den entsprechenden Knotenstationen ausgelegt und fehlende Knotenutensilien werden an entsprechender Stelle für das Spiel bereitgelegt.

Nun wird reihum gewürfelt, um sich auf den Weg durch das Knotenland zu machen. An den roten Ereignisfeldern muss jedes Kind stoppen und die Knotenaufgabe lösen, sonst geht es nicht weiter. Hat ein Kind Schwierigkeiten den richtigen Knoten zu knüpfen, sollen die anderen Mitspielerinnen und Mitspieler Hilfestellung geben. Hat ein Kind seinen Knoten an der jeweiligen Station ausgeführt, löst es die Verknotung für den nächsten Spieler wieder.

Gewonnen hat, wer als Erste/r das **Ziel** erreicht und erfolgreich das Knotenland durchreist hat.

Ein Ereignisfeld kann wie folgt aussehen:

An der Station befindet sich ein Angelhaken und eine Schnur. Auf der **Ereigniskarte** ist zu lesen: „Nach der langen Reise bekommst du Hunger. Um einen Fisch fangen zu können, baust du dir mit Hilfe eines einfachen Anglerknotens eine Angel."

Beispiele für weitere Ereigniskarten:

„Um den Fluss erneut überqueren zu können, wirfst du ein Lasso um den Poller am anderen Ufer."

„Damit du deinen Proviant transportieren kannst, schnüre ein Proviantpaket."

„Knüpfe einen Knoten deiner Wahl!"

„Um über die Brücke zu gelangen, musst du Seile zusammenschnüren."

„Endlich hast du den Fluss erreicht. Überquere ihn mit dem Boot. Mache es auf der anderen Seite am Poller mit einem Webeleinenstek fest."

„Dein Schuh ist aufgegangen. Binde ihn mit einer Schleife wieder zu."

„Das Ziel deiner abenteuerlichen Reise liegt vor dir. Um es zu erreichen, muss das Seil mit einem Zimmermannsknoten fest am Baumstamm verknotet werden."

„Du hast Feuerholz gesammelt und willst es nun zum Transport zusammenschnüren. Benutze hierfür den Kreuzknoten, damit auch kein Stock verloren geht."

(H.B./K.K./Z.-P.)

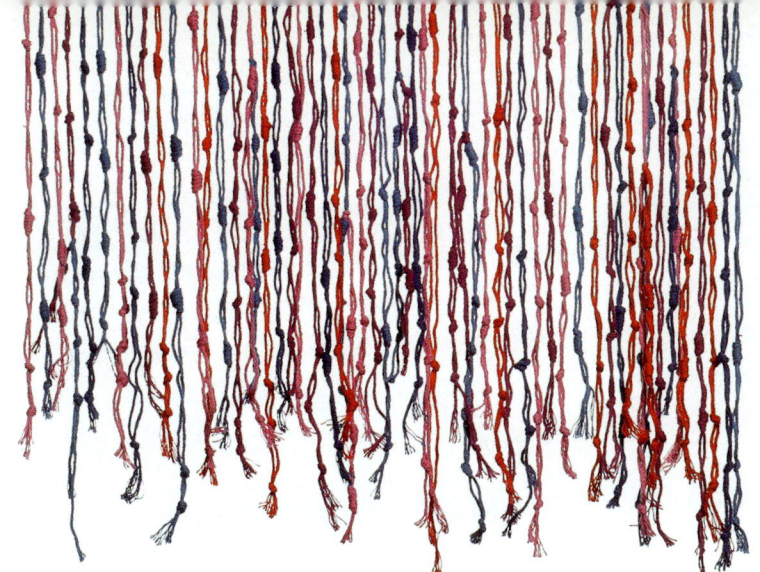

DIE KNOTENSCHRIFT

KLASSE: 1.–2. Schuljahr
ZEIT: 1 Doppelstunde

ASPEKTE
Kulturelle Leistungen früherer Völker erfahren
Traditionelle Übermittlungsmöglichkeiten von
Informationen kennen lernen
Mit Knoten Flächen gliedern und Muster bilden

MATERIAL
Holzstab (ca. 53 cm)
Baumwollgarn Coats Lyric 8/8 in
Blau, Mittelblau, Rot, Rosa und
Bordeaux
Roter Lack auf Wasserbasis
Pinsel, Schere

VORBEMERKUNGEN

Herrscher und Untertanen des Inkareichs in Peru kannten keine herkömmliche Form der Schrift. Sie verwendeten zum Zählen und als Nachrichtensystem den „Quipu" – ein Bündel von kompliziert verknoteten und verschieden gefärbten Schnüren.

Ein Quipu bestand meistens aus einer Kopfschnur (oder einem Stock), von der etwa hundert verknotete Schnüre verschiedener Farben und Längen herabhingen. Oft wurden noch mehr Schnüre an den Hauptstrang angebracht, sodass ein Bündel von bis zu mehreren tausend Schnüren entstand.

Die Lage und Anzahl der Knoten einer Schnur hatten eine genaue Bedeutung. Man fand heraus, dass wahrscheinlich ein einzelner Knoten oben 1 000, ein Knoten auf der nächsten Ebene 100, ein Knoten am Ende der Schnur 1 und ein ausgelassener Knoten eine Null darstellte. Eine Gruppe von vier Knoten bedeutete je nach ihrer Lage 4 000, 400, 40 oder 4. Gelesen wurden die Schnüre von rechts nach links. Auch Farben hatten ihre Bedeutung: Weiß stand für Frieden, Gelb für Gold oder Mais, Rot für Blut oder Krieg.

ANLEITUNG

Der Wandbehang besteht aus 55 verschiedenfarbigen ca. 1,50 cm langen und einigen dazugeknoteten kürzeren Baumwollgarnen.

Den Holzstab bemalen und trocknen lassen. Einen Faden von 1,50 m Länge abschneiden, die Enden aufeinander legen und einen Überhandknoten 2–3 cm nach der Schlaufe knoten. Nun in unregelmäßigen Abständen Vierer- und Überhandknoten knüpfen.

Viele weitere Fäden in unterschiedlichen Farben und Längen knoten. Zum Schluss die Fäden in ca. 0,5 cm Abstand auf dem Stab arrangieren. Nach Wunsch an die Stockenden eine Schlaufe zum Aufhängen anknoten.

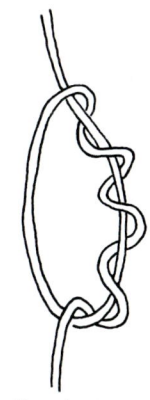

Viererknoten

TIPP

Der Knotenwandschmuck kann auch nur mit Naturmaterialien (Schnur, Lederriemen, Bast) und eingeknoteten Perlen, Federn etc. gestaltet werden. Gut verarbeiten kann man hier auch dicke Garnreste. *(K.S.)*

EINE ECHSE AUS KNOTEN

KLASSE: ab 3. Schuljahr
ZEIT: 2 Stunden

ASPEKTE

Gestaltungsmöglichkeiten mit Knoten entdecken
Einhänge-, Flach und Wellenknoten erlernen
Knotenwechsel und Einknoten von neuem Garn üben

MATERIAL

Makrameegarn in zwei unterschiedlichen Stärken und Farben
Klebeband oder Teppichfliese
(zum Befestigen der Garne)
Eventuell Schlüsselring oder Draht
Klebstoff

VORBEMERKUNGEN

Es sollte den Kindern gezeigt werden, wie man die zwei langen Schnüre an einem Kreis (mit einem Schlüsselring oder Schnurkreis) befestigt. Hierfür eignet sich der Einhängeknoten.

Für die nun folgende Echse können entweder zwei Einhängeknoten übereinander oder nebeneinander (siehe Zeichnungen Seite 137) gesetzt werden, sodass insgesamt vier Fäden zur Verfügung stehen.

Damit die Kinder leichter behalten können, mit welchen Fäden gearbeitet wird, wählt man am besten zwei unterschiedliche Stärken. Man bezeichnet die in der Mitte liegenden Garne als „faule Fäden" oder „ruhende Garne" und die jeweils außen liegenden Garne als „fleißige Fäden" oder „Arbeitsgarne".

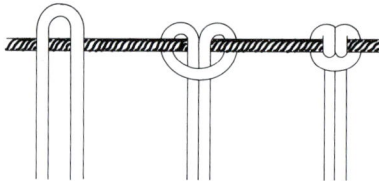

ANLEITUNG

Für den Körper der Echse die beiden Fäden zur Hälfte legen und unter den Ring schieben. Alle vier Enden so durch die gewonnenen Schlaufen ziehen, dass das dünne Garn als „faule Fäden" in der Mitte liegt (Einhängeknoten). →

Mit **Flachknoten** den Körper der Echse nun wie folgt knüpfen:
Den linken Faden über die zwei „faulen" und unter den rechten „fleißigen" Faden legen.

Der rechte „fleißige" Faden kommt unter die zwei „faulen" Fäden und wird dann durch die linke Schlaufe gezogen.

Diese beiden Schritte wiederholen, nur jetzt von der rechten Seite her; danach wieder abwechselnd von der linken und der rechten Seite.

Nach drei Schlingen auf der rechten und nach zwei Schlingen auf der linken Seite rechts und links eine größere, lockere Schlinge bilden. In diese zwei Schlingen später die beiden Vorderbeine der Echse knoten.

Nach weiteren fünf Schlingen auf der rechten und vier Schlingen auf der linken Seite wieder auf beiden Seiten eine lockere Schlinge bilden. Hier werden dann die Hinterbeine angeknüpft.

Dann für den Schwanz der Echse nochmals auf der rechten Seite fünf Schlingen und auf der linken Seite vier Schlingen bilden. Die Schnüre nicht abschneiden, sondern am Schluss weiter verarbeiten.

Flachknoten

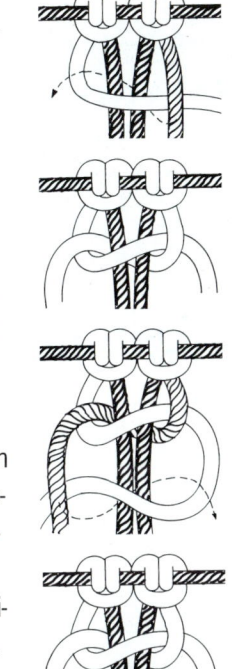

Jetzt mit dem Einhängeknoten Schnüre für die Beine an die Schlingen knoten und den **Wellenknoten** anwenden. Er ist eine Variation des Flachknotens. Die Knoten sind gleich, nur wird bei dieser Variation immer von der gleichen Seite her begonnen. Die Beine also nur von einer Seite her knoten. Auf beiden Seiten sollten jeweils zehn Schlingen sein.

Als Abschluss alle vier Fäden mit einem Doppelknoten aus dünnerem Makrameegarn zusammenbinden und die Fadenreste abschneiden.

Am Körperende sind mehrere Varianten möglich:
1. Wie an den Beinen mit einem Doppelknoten um alle vier Fäden abschließen und für den Schwanz die Fäden ungefähr noch 10 cm stehen lassen.

2. Die Fäden zum Schluss ca. 10 cm flechten und dann mit einem Doppelknoten um die vier Fäden schließen.

3. Es wird wie in Variation 2 vorgegangen, nur im Anschluss etwas Klebstoff auf den Schwanz auftragen, damit man diesen etwas verbiegen kann. *(C.B./Z.-P.)*

Wellenknoten links herum (Drehung nach rechts)

Wellenknoten rechts herum (Drehung nach links)

TRAUMFÄNGER

KLASSE: ab 3. Schuljahr
ZEIT: ca. 2–3 Stunden

MATERIAL

Holz- oder Metallreifen, Peddigrohr
oder Weiden
Garn für das Netz
Stabile bunte Schnüre (z. B. aus
Jute oder Baumwollkettgarn)
Perlen, Federn
Schere, Klebstoff

ASPEKTE

Merkmale eines Traumfängers
kennen lernen
Traumfänger individuell gestalten
Durch das sinnhafte Nachgestalten
des Traumfängers kulturelle Sach-
verhalte entdecken

VORBEMERKUNGEN

Als Einstieg in das Thema dient eine
selbst erfundene, auf dem traditionellen Hintergrund des Traumfängers basierende Geschichte.
Danach gegebenenfalls ein Phasen-
modell vorstellen und die dazu not-
wendigen Techniken erklären sowie
auf kreative Lösungswege eingehen.

ANLEITUNG

Einen Ring (Reifen) aus eingeweichter Weide oder Peddigrohr formen. Anfang und Ende übereinander legen.
Mit Halbschlägen oder durch dichtes Umwickeln mit
dickerem Jutegarn, Paketschnur oder Ähnlichem den
Kreis fixieren. Das Ende der Schnur in den Anfang zu-
rückstopfen und eventuell etwas verkleben.

Anschließend das Garn am Rahmen mit einem Doppel-
knoten befestigen und zu einem Netz innerhalb des
Rahmens verspannen. Eine individuelle Verzierung mit
Perlen und Federn innerhalb des Netzes ist freigestellt.

Nach der Fertigstellung des Netzes bzw. seiner Ausschmückung beliebig viele Schnüre, die wiederum mit
unterschiedlichen Materialien geschmückt sind, am
unteren Rand des Reifens anbringen.

TIPP

Das Umwickeln oder Umknoten der Reifen sollten die
Schüler in Partnerarbeit durchführen. Es macht Spaß,
vorab gemeinsam die Naturmaterialien zu sammeln.
Fertige Holzringe sind aber meistens stabiler.
Das Thema Traumfänger kann z. B. in ein Projekt über
die Ureinwohner Amerikas, Neuseelands oder Austra-
liens mit einbezogen werden. (S.S./U.Ho./Z.-P.)

DOSENPUPPEN

KLASSE: ab 3. Schuljahr
ZEIT: 4 Doppelstunden

ASPEKTE

Lustige Vogelscheuchen aus vorwiegend kostenlosem Material anfertigen
Wellenknoten lernen

MATERIAL

Konservendose (Ø 8 cm,
Höhe 7–8,5 cm)
Holzkugel (Ø 3,5 cm) mit Bohrung
4 Tannenzapfen, Korken oder kleine
Holzkugeln mit Bohrung
Grobe Holzwolle oder Naturbast
Bindfaden oder Paketschnur
Dicker Nagel, Hammer, Kreppband

ANLEITUNG

Für Arme und Beine aus dem Bindfaden bzw. der Paketschnur insgesamt vier dickere Stränge mit dem Wellenknoten (siehe Seite 137) anfertigen, jeweils ca. 20 cm lang.

Tannenzapfen oder Korken als Füße und/oder Hände mit dünnerem Bindfaden anknoten.

Mit einem dicken Nagel möglichst mittig von oben ein Loch in die Dose schlagen. Von innen die Blechkanten eventuell mit etwas Kreppband bekleben, damit das Garn später nicht durchscheuert.

Durch das obere Ende der Beine einen ca. 50 cm langen Bindfaden ziehen und so verknoten, dass beide Enden gleich lang sind.

Den doppelten Bindfaden von unten durch das Loch in der Dose ziehen. Die Arme quer über die Dose legen und in der Mitte mit dem Bindfaden der Beine festbinden.

Die Schnur durch die durchbohrte Holzkugel (Kopf) ziehen, Holzwolle oder Naturbast als Haare einbinden und festknoten. Das Gesicht aufmalen.

Da die Puppen aus wetterfesten Materialien entstehen, können sie als Vogelscheuchen lange Zeit Wind und Regen trotzen. (F.J./H.E.)

FREUNDSCHAFTS-BÄNDER

KLASSE: ab 3. Schuljahr
ZEIT: 4 Doppelstunden

ASPEKTE

Mit Fäden experimentieren
Textilien als Ausdrucksmittel einer
Kultur erfahren
Knotenbildungen erproben und zum
Flächenbilden durch Knüpfen nutzen

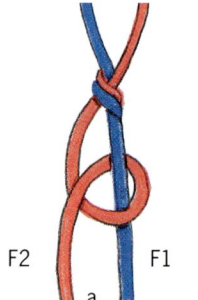  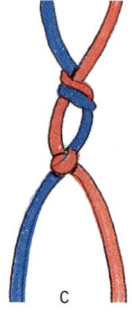

TIPP

Man kann bequem flechten, wenn
man den Fadenknoten vorsichtig an
der Hose auf Kniehöhe feststeckt!

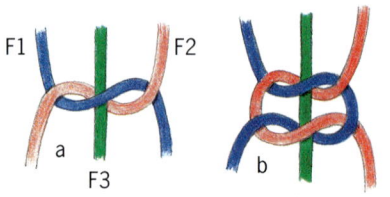

VORBEMERKUNGEN

Freundschaftsbänder sind in einem bestimmten Alter bei Kindern sehr beliebt. Nachfolgend eine kurze Erklärung zu den Knoten, um das Knüpfen dieser Bänder zu erleichtern.

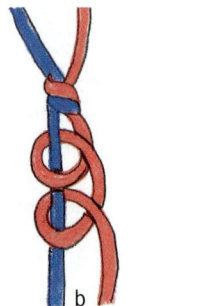 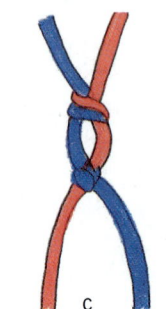

Nach links geknüpfter Doppelknoten

a) F2 mit der rechten Hand spannen, mit der linken F1 von rechts nach links über F2 legen, durch die entstandene Schlaufe ziehen und den Knoten nach oben schieben.
b) Den zweiten Knoten genauso knüpfen und auch nach oben ziehen.
c) Der nach links geknüpfte Doppelknoten ist fertig. Die Fäden haben ihre Position gewechselt.

Nach rechts geknüpfter Doppelknoten

F1 ist der Arbeitsfaden (rot)
F2 ist der Spannfaden (blau)

a) F2 mit der linken Hand spannen, nun mit der rechten Hand F1 von links nach rechts über F2 legen, durch die entstandene Schlaufe ziehen und den Knoten nach oben schieben.
b) Den zweiten Knoten genauso knüpfen und den Knoten nach oben schieben.
c) Fertig ist der Doppelknoten und die Fäden haben ihre Position gewechselt.

Halbknoten

a) Mit dem links außen liegenden Faden F1 über F3 (Einlagefaden) und unter F2. Dann F2 unter F3 und durch die Schlaufe von F1. Sanft festziehen.
b) Mit dem links außen liegenden Faden F2 über F3 und unter F1. Dann mit F1 unter F3 und durch die Schlaufe von F2. Sanft festziehen. Fertig ist der zweite Halbknoten.
Nachdem man mehrere Halbknoten geknüpft hat, erhält man eine spiralförmige Kette. Perle jeweils auf F3 fädeln und bis zum letzten Halbknoten hochschieben. Mit den Fäden F1 und F2 einen Halbknoten knüpfen. →

„REGENBOGENBAND"

ANLEITUNG

Dieses dekorative Schrägband wird nur mit rechten Knoten geknüpft (siehe Zeichnung/Erklärung).

Als Erstes die Fäden in der angegebenen Länge zuschneiden. Die Fäden zu einem Strang zusammennehmen und nach ca. 10 cm einen Knoten machen, die überstehenden Fäden am Anfang und am Schluss werden im Anschluss an das Knüpfen geflochten.

Die Sicherheitsnadel durch den Knoten stechen und mit ihr die Fäden auf einer festen Unterlage befestigen. Die Fäden in der Farbfolge F1 bis F8 strahlenförmig sortieren.

Begonnen wird mit dem links außen liegenden Faden F1. F1 ist jetzt der Arbeitsfaden, mit dem je zwei rechte Knoten über F2 bis F8 geknüpft werden. Die Knoten immer sanft nach oben festziehen, die ruhenden Fäden sollten dabei gespannt sein. F1 liegt jetzt rechts außen und die erste Reihe ist fertig.

Wieder wird mit dem Faden links außen gearbeitet. Mit F2 je zwei rechte Knoten über F8 bis F1 knüpfen. Am Ende der zweiten Reihe ist F2 ganz rechts außen.

Nach diesem Schema weiterknüpfen, bis das geflochtene Band gut um das Handgelenk passt. Aus den verbleibenden Fäden einen Zopf flechten und die Enden verknoten.

Die Sicherheitsnadel aus dem Anfangsknoten entfernen, ihn vorsichtig lösen und auch diese Fäden flechten.

MATERIAL

8 Fäden Stickgarn – pro Faden 90 cm Anchor Sticktwist in den Farben Gelb (F1), Orange (F2), Bordeaux (F3), Rosa (F4), Dunkellila (F5), Mittelblau (F6), Dunkelgrün (F7), Gelbgrün (F8)
Schere, Sicherheitsnadel

„MULTICOLORBAND"

ANLEITUNG

Das aparte bunte Muster des breiten Armbands entsteht von selbst durch die wechselnden Farbverläufe des Garns. Das Schrägband wird nur mit rechten Knoten geknüpft (siehe Zeichnung/Erklärung).

Das Knüpfen erfolgt wie bei dem Regenbogenband.

Die ersten Reihen müssen besonders aufmerksam geknüpft werden, da die Fadenreihenfolge erst dann stabilisiert ist.

MATERIAL

8 Fäden Anchor Sticktwist Multicolor – pro Faden 90 cm
Pastell-Bunt (F1–F8)
Schere
Sicherheitsnadel

„ZICKZACKBAND"

MATERIAL

8 Fäden – pro Faden ca. 80 cm
Anchor Sticktwist:
2 x Blau (F1 + F5)
2 x Hellblau (F2 + F6)
2 x Lila (F3 + F7)
2 x Bordeaux (F4 + F8)
Schere, Sicherheitsnadel

ANLEITUNG

Das schöne Zickzackmuster entsteht durch den Wechsel von rechten und linken Knotenreihen (siehe Seite 140).

Die Fäden wie gehabt vorbereiten und in der Farbfolge: F1, F2, F3, F4, F5, F6, F7, F8 sortieren.

Wieder wird mit dem Faden links außen gearbeitet. Mit F2 je zwei rechte Knoten über F3 bis F1 knüpfen. Am Ende der zweiten Reihe ist F2 ganz rechts außen. Nach diesem Schema weiterknüpfen, bis das geflochtene Band gut um das Handgelenk passt.

Die 3. bis 16. Reihe entsprechend arbeiten. Bis hierher ist nun mit jedem Faden einmal eine Reihe geknüpft worden und F8 liegt rechts außen.

Nun folgt der Wechsel. Es wird von rechts nach links gearbeitet: Mit dem Faden F8 rechts außen werden je zwei linke Knoten über F7 bis zum linken Rand F1 geknüpft.

Die Fäden sanft nach oben festziehen – die Abstände zur letzten Knotenreihe ergeben sich von selbst.

Mit dem Faden F7 rechts außen über F6 bis zum linken äußeren Faden F8 knüpfen.

Wenn 16 Reihen von links nach rechts geknüpft sind, folgt wieder der Wechsel. Es wird wieder von rechts nach links gearbeitet. F1 ist der erste Faden mit dem über F2 bis F8 je zwei rechte Knoten bis zum rechten Rand geknüpft werden. Später erneut wechseln.

Nachdem insgesamt vier Richtungswechsel (16 Reihen rechts – Wechsel – 16 Reihen links – Wechsel – 16 Reihen rechts – Wechsel – 16 Reihen links – Wechsel – 16 Reihen rechts) vorgenommen wurden, ist das Band fertig geknüpft.

Aus den verbleibenden Fäden einen Zopf flechten und die Enden verknoten. Die Sicherheitsnadel entfernen, den Knoten vorsichtig lösen und auch diese Fäden flechten.

„HOLZPERLENBAND"

ANLEITUNG

Das Holzperlenband entsteht aus Halbknoten (siehe Seite 140), in die Perlen in gewissen Abständen eingeknüpft werden. Die Fäden zuschneiden, zusammennehmen und mit der Sicherheitsnadel auf einer festen Unterlage befestigen.

Fäden sortieren: grüner Doppelfaden F1 + F2 (Knüpffaden A), schwarzer Doppelfaden F3 + F4 (Einlegefäden C), lila Doppelfaden F5 + F6 (Knüpffaden B).

Den linken grünen Doppelfaden (Knüpffaden A) über die schwarzen Einlegefäden und unter den rechten lila Doppelfaden (Knüpffaden B) legen. Dann den rechten lila Doppelfaden unter die Einlegefäden legen und nach oben durch die Schlaufe von Knüpffaden A führen. Sanft festziehen. Fertig ist der erste Halbknoten. Jetzt den links außen liegenden Knüpffaden B über die Einlegefäden und unter den rechten Knüpffaden A legen. Den linken Knüpffaden unter den Einlegefäden nach oben durch die Schlaufe von Knüpffaden B führen. Sanft festziehen – der zweite Halbknoten ist fertig.

Für die Perlen: Nach ca. acht Halbknoten eine Perle auf die Einlegefäden ziehen und einem Halbknoten um die Perle herumknüpfen. Nach ca. sechs Halbknoten die nächste Perle auffädeln, einen Halbknoten um die Perle herumknoten, weiterarbeiten, bis alle fünf Perlen eingearbeitet sind – anschließend noch acht Halbknoten knüpfen. Restliche Fäden wie üblich flechten und verknoten.

Die Sicherheitsnadel entfernen, den Knoten vorsichtig lösen, die Enden flechten und verknoten.

MATERIAL

6 Fäden Anchor Sticktwist:
2 x ca. 70 cm Grün
(F1 + F2/Knüpffaden A)
2 x ca. 70 cm Lila
(F5 + F6/Knüpffaden B)
2 x 60 cm Schwarz
(F3 + F4/Einlegefäden)
5 Holzperlen
Schere, Sicherheitsnadel

„WICKELARMBAND"

MATERIAL

5 Fäden Anchor Sticktwist à 80 cm in Weiß, Schwarz, Hellgrün, Rotbraun, Hellbraun
Schere, Sicherheitsnadel

ANLEITUNG

Die Fäden zuschneiden, zusammennehmen und nach ca. 5 cm einen Knoten machen. Mit einer Sicherheitsnadel auf einer festen Unterlage befestigen.

Einen Faden auswählen und ordentlich um die restlichen Fäden wickeln. Am besten hält man die zu umwickelnden Fäden straff mit der linken Hand und wickelt den Faden mit der rechten. Diesen Faden beliebig lange wickeln, dann einen neuen Faden auswählen und den früheren Faden wieder zu den restlichen zurücklegen.

Alle Farben möglichst gleich oft wickeln, damit alle Fäden bis zum Schluss des Armbands reichen. Wenn man eine bestimmte Farbe öfter benutzen möchte, gleich einen längeren Faden einplanen.

Für ein Ringelmuster zwei Fäden vom Strang trennen, mit dem einen ein größeres Stück umwickeln und dann das Stück mit dem zweiten Faden in großen Abständen spiralförmig umwickeln.

Zum Schluss einen Knoten machen und ca. 5 cm Fäden stehen lassen. Das Armband zweimal um das Handgelenk schlingen und verknoten. (K.S.)

MUSIKRASSEL AUS KNOTEN UND PERLEN

KLASSE: ab 4. Schuljahr
ZEIT: 4 Stunden

ASPEKTE
Eine Musikrassel herstellen
Schnüre über einem plastischen
Grundkörper unter Einbeziehen ver-
schiedener Holzperlen verknoten

MATERIAL
Zierkürbis oder Kalebasse (birnenförmig oder rund) mit Griffmöglichkeit
(d. h. mit entsprechend langem Stängel oder Einbuchtung am Kürbis)
Eine ungerade Anzahl langer Schnüre aus reiß- und abriebfestem glattem
Material, wie Baumwollkettgarn, Hanfschnur, Leder (ca. 6–8fache Länge
der Arbeitsfläche)
Verschiedene runde und lange Holzperlen

VORBEMERKUNGEN
Die Schnurdicke sollte geringer sein als das Perlen-
loch. Beim Einkauf auf sauber geschliffene Perlen-
löcher achten.

ANLEITUNG
Unterhalb des Griffes ein Stück Schnur horizontal um
die schmalste Stelle der Kürbisform legen, die Enden
gleich lang ausrichten und nicht zu straff mit einem
doppelten Knoten binden.

Einhängeknoten

Nun weitere lange Schnüre (ca. 6–8fache Länge des
Kürbises) zur Hälfte legen und mit einem einfachen Einhängeknoten in gleichem Abstand auf der am Kürbis
befestigten Schnur anbringen (siehe Abb.). Es muss
sich zusammen mit den Enden des Anfangsknotens
eine ungerade Anzahl ergeben. Beim gezeigten Beispiel
sind es 7 Doppelschnüre, also 14 Arbeitsschnüre. →

Die Arbeitsschnüre teilen und jeweils eine Schnur der ersten Einhängung mit einer der nächsten zusammenführen, auf jede Schnur eine Holzperle fädeln und beide Schnüre mit einem doppelten Knoten verknüpfen.

Insgesamt nicht zu dicht am Kürbis knoten, damit die Perlen später auch klappern können.

Anschließend die Einzelschnüre wieder teilen und zu den benachbarten führen. Vor oder auch erst nach dem Zusammenknoten eine Perle einfügen und so weiter fortfahren.

Bei der dicksten Stelle empfiehlt es sich, lange Perlen oder entsprechend mehrere aufzufädeln. Es wird immer die gleiche Anzahl an Knotenpunkten (hier 7) gearbeitet (siehe Zeichnung).

In der unteren Mitte der Kürbisform alle Schnüre zusammenführen, mit einem Überhandknoten verknoten und Perlen auf einzelne Schnüre auffädeln, eventuell in unterschiedlicher Höhe.

Zwischen den Perlen und an den Enden jeweils einen dicken Knoten arbeiten, der nicht durch die Öffnung der Perle rutscht.

TIPP

Alle Knoten sollten auf der gleichen horizontalen Strecke liegen ("Breitengrad"). Auch nach dem Knoten kann sofort wieder eine Perle durch beide Schnüre gefädelt werden, ebenso wieder vor dem nächsten Knoten. Je mehr Perlen beim Rasseln hin und her rutschen, desto mehr Geräusche gibt die Rassel von sich. Falls es den Schülern schwer fällt, alle Knoten auf eine horizontale Linie zu setzen, kann man die "Breitengrade" leicht auf dem Kürbis anzeichnen. Hierzu ein Maßband umspannen und gleichmäßig Punkte markieren.
(Z.-P./G.W./C.B.)

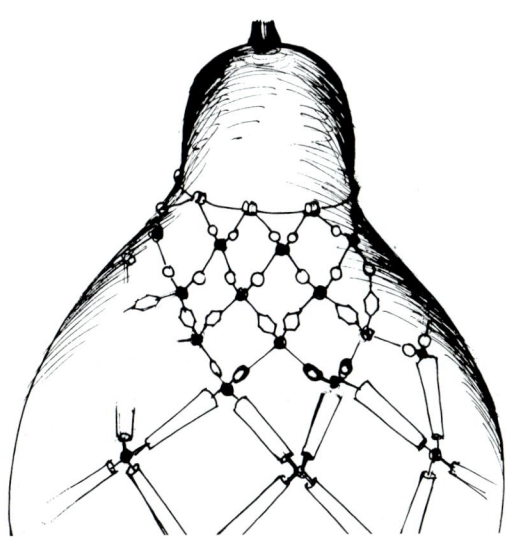

EINE RICHTIGE KLETTERLEITER

KLASSE: ab 6. Schuljahr
ZEIT: ca. 6–7 Stunden
(inklusive 2 Stunden Färben)

ASPEKTE

Eine sichere Kletterleiter aus Hanf-
seilen und Knoten herstellen
Gemeinschaftlich an einem Projekt
arbeiten

MATERIAL

Der Materialverbrauch ist abhängig von der Anzahl und Breite der Tritt-
stufen und der Dicke des Seils:
50 m Hanfseil (Ø 1 cm für 10 Stufen, bei einer Stufenbreite von 30 cm)
Baumwollkettgarne oder Synthetikschnur
Dünne farbige Schnur
Maßband
Großer Karabiner, Schäkel oder separates Seil
(Ø 2 cm, Länge individuell)
Eventuell stabile Heringe zur Bodenverankerung

VORBEMERKUNGEN

Die Leiter ist nicht schwierig herzustellen, der dafür
erforderliche Knoten sollte zuvor im kleinen Modell
geübt werden, am besten in Partnerarbeit.

Geeignet sind Seile aus Hanf, da sie die nötige Festigkeit und Stabilität besitzen, relativ wetterbeständig sind
und man sie auch barfuß gut benutzen kann, das heißt,
sie sind rutschfest und tun nicht weh.

Für eine Stufe benötigt man 4–4,20 m Hanfseil, für die
Aufhängung am Anfang und das Ende jeweils zusätzlich
1,40–1,50 m.

Günstig ist es, eine Probestufe wie folgt zu erarbeiten:
Das Seil genau auf Hälfte legen, die Stufe, wie unten
beschrieben, arbeiten und die Strecke beider Seile bis
zum Beginn der nächsten Stufe markieren, so kann der
neue Wert errechnet werden.

Will man die Seile färben, müssen sie unbehandelt
sein. Eine farbige Leiter ist nicht unbedingt nötig, sieht
jedoch lustig aus. Arbeitet man mit zwei verschiedenfarbigen Seilen, so erhält man Trittstufen mit abwech-
selnden Farben.

Für das Einfärben der Hälfte des Seils eine heiße Farbflotte in einem großen Topf vorbereiten. Das Farbbad
auch während des Färbens auf guter Hitze halten! Das
Seil kann in der Länge etwas eingehen, also etwas
mehr als die Hälfte einplanen. Anschließend muss das
Seil eine Zeit lang an einem warmen Ort trocknen. →

ANLEITUNG

Das Seil auf Hälfte legen. Der Bruch bildet die obere Aufhängeschlaufe. Nach 30 cm kann ein Überhandknoten gearbeitet werden (60 cm Seilverbrauch). Wird nicht verknotet, so lässt man die Aufhängeschlaufe entsprechend kürzer.

An der Schlaufe oder unterhalb des Knotens das Werkstück am Tisch oder an einem Griff gut befestigen.

Ab dem Knoten beidseitig 40 cm mit einer dünnen farbigen Schnur markieren und auch die Seilenden mit A, links liegend, und B, rechts liegend, bezeichnen.

Seilhälfte A ab der Markierung zu zwei horizontalen Schlaufen legen. Seilende A liegt jetzt ebenfalls rechts.

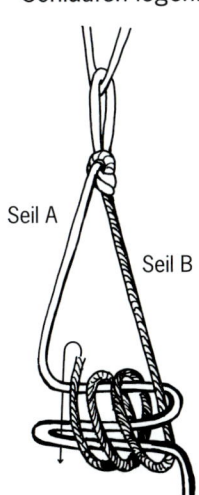

Seil A

Seil B

Rechts und links hat sich eine Schlaufe gebildet. Die drei gleich langen Strecken hält eine Person dicht zusammen oder man bindet sie mit einer dünnen Schnur etwas fest. Die andere Person geht mit Seilhälfte B durch die rechte obere Schlaufe (bis zur Markierung) und umwickelt mit B die Schlaufen (drei Strecken), so dicht es geht.

Alle Umwicklungen noch einmal sehr gut zusammenschieben, dann das Ende von B durch die linke untere Schlaufe stopfen. B liegt jetzt links, A rechts. Eine Trittstufe ist fertig.

Nun werden bei A und B wieder gleich lange Strecken von 25–30 cm markiert. Dies ist der Abstand der Stufen.

Jetzt mit B die Schlaufen legen und mit A wiederum von rechts nach links durch die erste Schlaufe gehen und die Strecken umwickeln, am Ende durch die zweite Schlaufe führen. So entsteht die zweite Stufe.

Nach der letzten Stufe die Enden wieder mit einem Überhandknoten zusammenführen oder die Enden einzeln zu Schlaufen verknoten, die mit stabilen Heringen im Boden verankert werden.

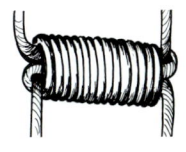

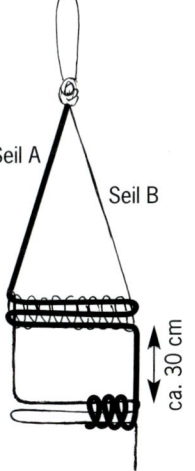

Seil A

Seil B

ca. 30 cm

TIPP

Falls es nicht erlaubt wird, die Leiter für eine gewisse Zeit im Schulgelände aufzuhängen, kann man das Thema auch in folgende Projekte einbinden: „Mein Wunschspielplatz" oder „Tarzans Baumhaus" und/oder kleinere Modelle arbeiten. Es können Hängematten, Kletterseile und Seilgitter geknotet werden. Auch ein Baumhaus aus verschnürten Holzästen/Weiden und eingeflochtenem Bast oder Schilf kann entstehen. Der Kreativität der Kinder sind hier keine Grenzen gesetzt. (Z.-P.)

WEBEN

Das Weben gehört zu den ältesten textilen Techniken. In der Frühzeit erfolgte das Weben von Stoffen auf einfachen, selbst gebauten Webgeräten. In Museen findet man heute noch Nachbildungen und Abbildungen von Gewichtswebstühlen und Lendenwebgeräten.

In der Schule gehört Weben zu den beliebtesten Werkverfahren, weil es eine Fülle an individuellen Gestaltungsmöglichkeiten bietet und gleichzeitig relativ einfach zu bewerkstelligen ist. Dabei wird die Feinmotorik beider Hände geschult. Die Kinder lernen ganz nebenbei die unterschiedlichsten Materialien kennen. Ihr Interesse an zu verwebenden Materialien in ihrer Umwelt wird geweckt. Das Weben bereitet den Kindern durch die Vielzahl von Anwendungsmöglichkeiten viel Freude.

Gewebe entstehen aus zwei Fadensystemen, Kette und Schuss, die sich in den Bindungspunkten rechtwinklig verkreuzen. Die Lage dieser Bindungspunkte zueinander kann variieren. Auf diese Weise können unzählige Bindungsmöglichkeiten entstehen. Alle Gewebebindungen lassen sich jedoch auf drei Grundbindungen zurückführen – die Leinwandbindung, die Köperbindung und die Atlas- oder Satinbindung.

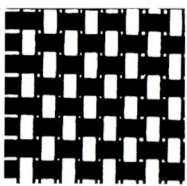

Leinwandbindung

Die Leinwandbindung ist die einfachste Möglichkeit, ein Gewebe herzustellen; gleichzeitig ist es die dichteste Bindung, in der feste, strapazierfähige Stoffe hergestellt werden.

Da sie sehr einfach nachvollziehbar ist, kurz gesagt: „mit einem Faden über einen und unter einen Kettfaden im Wechsel", weben Grundschüler eigentlich alles in der Leinwandbindung, unabhängig davon, ob in Hin- und Rückreihen oder als Rundgewebe.

Als **Webgeräte** für kleine Webarbeiten kann man an den Längskanten eingeschnittenen Karton, einfache Rund- oder Flachwebrahmen, Astgabeln, alte Bilderrahmen oder Bretter mit eingeschlagenen Nägeln zum Spannen der Kettfäden verwenden.

Das **Kettmaterial** sollte relativ glatt und reißfest sein, geeignet sind z. B. Baumwollkettzwirne. Der Abstand der Kettfäden ist abhängig von der Dicke des Kett- und des Schussmaterials. Für Letzteres lässt sich eigentlich alles verwenden, was dem anzufertigenden Gegenstand entspricht, z. B. Effektgarne und Stoffstreifen.

Um das lästige Vernähen der Fadenenden zu vermeiden, sollten diese gleich mit eingewoben werden, indem der Anfang des neuen Fadens ca. 5 cm breit parallel über das Ende des vorherigen Fadens gelegt wird.

Beim Weben gerader Flächen entstehen an den Seiten rechts und links beim Wenden des Schussfadens die Webkanten. Diese ziehen sich oftmals zu einer nicht immer gewollten „Taille" zusammen, wenn der Schuss zu fest angezogen wird. Eine Möglichkeit dieses zu vermeiden ist die Verwendung eines kleinen Schulwebrahmens, bei dem rechts und links ein Stahlstab die äußeren Kettfäden vor dem Zusammenziehen bewahrt.

Beim Weben auf den einfachen Webgeräten hebt bzw. senkt man mit dem Schuss jeden Kettfaden einzeln. Soll es schneller gehen bzw. soll ein größerer Gegenstand gewebt werden, kann man einen Webrahmen mit **Fachbildung** verwenden. Dabei wird jeder zweite Kettfaden gleichzeitig von einem Stab, Gatterkamm o. Ä. gehoben bzw. gesenkt. So entsteht ein **Fach**, durch das der auf ein **Schiffchen** gewickelte Schuss geschoben wird. Nach jeder Reihe wird das Fach gewechselt und der Schuss mit einem Kamm dicht an den vorherigen angeschoben. *(H.E.)*

WEBEN MIT DEM EIGENEN KÖRPER

KLASSE: ab 1. Schuljahr
ZEIT: 1 Stunde

ASPEKTE

Den Webvorgang nachvollziehen
Flechtweben und Fachbildung für
den Schussfaden unterscheiden
Fachausdrücke wie Kette, Schuss,
Webkante, Fach, Schiffchen, Lein-
wandbindung kennen lernen

MATERIAL

Trikotstreifen oder ein Seil in gleicher Stärke für den
Schuss
Anzahl der Trikotstreifen für die Kettgarne: halbe Schü-
lerzahl minus 1–2 Stück (Länge: 3,50–4 m)

ANLEITUNG

Zwei Kinder für den Schussfaden auswählen, alle anderen bilden zwei Gruppen, die sich in zwei Reihen einander gegenüber stehen. Je zwei Kinder bekommen
einen langen Trikotstreifen als „Kettfaden" in die Hand.
In jeder Reihe stehen abwechselnd „rote" und „blaue"
Spieler. Kinder mit den gleichen Farben stehen sich genau gegenüber. Jede Reihe steht so dicht wie möglich.

Jetzt die Kettbänder spannen und damit gleichzeitig
den Abstand zueinander regulieren. Die beiden Kinder
für den Schussfaden stellen sich ebenfalls gegenüber
an den Längsseiten auf.

Um das **Weben ohne Fachbildung** zu erfahren, geht
nun eines dieser beiden Kinder mit dem Schussknäuel
(aufgewickelte oder um ein riesiges Pappschiffchen
gewickelte Trikotstreifen) einmal über und einmal unter
der Kette durch. →

Diesen Vorgang wiederholen. Ist es auf der anderen Seite angelangt, kommt das dort wartende Kind an die Reihe und macht dasselbe in umgekehrter Richtung. Dabei aufpassen, dass der erste Kettfaden mit einbezogen wird! Landet der Schuss unter dem letzten Kettstreifen, so steigt das Kind über diesen, liegt er darüber, so bückt es sich unten durch.

Der Webvorgang geht einfacher, wenn die Kinder nicht zu nah an dem vorherigen Schusseintrag gehen. Die Schusseinträge können von der Lehrperson mit einem langen Stock etwas näher zueinander gebracht werden, um die Notwendigkeit des Anschlagens mit dem Kamm oder der Anschlaggabel zu verdeutlichen.

Sind die beiden Kinder einmal durchgestiegen, können sie mit denjenigen tauschen, die die Kette halten.

Weben in Leinwandbindung mit Fachbildung
Nach einigen Durchgängen sollen sich die Kinder überlegen, wie man diesen Arbeitsvorgang erleichtern kann.

Dies ist wie folgt möglich: Die „roten" Kinder halten zusammen mit ihrem Gegenüber den Kettfaden mit gestreckten Armen nach oben, während die „blauen" Kinder die Kette nach unten halten. So entsteht ein Fach. Dieses ist der Abstand zwischen den beiden Kettsystemen.

Nun geht es rascher voran: Das Knäuel bzw. Schiffchen wird einfach von der einen zur anderen Seite durchgeworfen.

Dann strecken die „blauen" Schüler ihre Arme nach oben und die „roten" nach unten. Es entsteht eine einfache Leinwandbindung.

Auf diese Weise gibt es durch das Hin- und Herwerfen des Knäuels mit jeweiligem Fachwechsel sehr schnell ein Gewebe. Natürlich ist dieses sehr locker.

Unmittelbar im Anschluss an die ganzkörperliche Übung lässt sich das Weben auf einem Rahmen bestens umsetzen.

TIPP
Es ist möglich, bereits bei dieser Übung Variationen der Leinwandbindung anzusprechen und zu verbildlichen, z. B. die Panamabindung. Hier wird der Schussfaden abwechselnd über und unter jeweils zwei Kettfäden gearbeitet, sodass ein Schachbrettmuster entsteht. (Z.-P.)

151

DEKORATIVE SCHACHTEL

KLASSE: ab 1. Schuljahr
ZEIT: ca. 5 Doppelstunden

ASPEKTE

Das Rundweben kennen lernen
Eine gewebte Fläche ausgestalten
Eine kleine Schachtel aus Wellpappe herstellen

VORBEMERKUNGEN

Kinder sammeln gerne „Schätze" in kleinen Behältnissen. Eine selbst gefaltete Schachtel aus Pappe oder Wellpappe, die als Schatztruhe verwendet werden kann, erfährt eine zusätzliche Aufwertung, wenn sie z. B. mit Hilfe einer kleinen Rundwebarbeit dekorativ verziert wird.

MATERIAL

Woll- oder Baumwollreste
Rundwebrahmen
Holzperlen
Wellpappe
Klebstoff
Web- und Sticknadel

ANLEITUNG

Nachdem die Kinder schon das Weben in der Rechtecksform kennen gelernt haben, ist das Rundweben sicherlich eine motivierende Abwandlung. Dazu können Woll- oder Baumwollreste verwendet werden. Da die Kettfäden auf dem Rundwebrahmen sternförmig verlaufen, muss beim Einspannen des Fadens darauf geachtet werden, dass die Mitte zentral liegt. Daneben dürfen weitere wichtige Webregeln nicht außer Acht gelassen werden: Die Anzahl der Kettfäden muss ungerade sein. Der letzte Kettfaden führt zur Mitte und ist Ausgangsfaden für die Webfläche und somit Schussfaden, der nicht zu fest angezogen werden darf.

Mit dem Garn in bunten Farben eine gleichmäßige runde Form weben.

Dann das entstandene Werkstück mit kleinen Holzperlen verzieren. So können bereits beim Abnehmen des Webstücks vom Webrahmen Perlen mit eingeknüpft werden.

Eine kleine Schachtel mit Deckel aus Pappe oder Wellpappe falten und sorgfältig kleben.

Schließlich die fertige Webarbeit vorsichtig auf dem Deckel festkleben.
(I.H./H.E.)

ANLEITUNG

Das Muster (siehe Abbildung) mit Klebefilm auf dem Ordner befestigen.
Kreuzpunkte mit der Ahle bzw. Prickelnadel auf der Unterlage durchstechen. Muster vorsichtig entfernen und neben den Ordner legen. Als Kettfaden ein langes Stück dünneres Garn einfädeln und am Ende gut verknoten.

Am Ordner bei der Nummer 1 von hinten nach vorne mit der Nadel ausstechen, bei Nummer 2 einstechen und bei Nummer 3 ausstechen. Faden gut anziehen, auf der gegenüberliegenden Seite bei Nummer 4 einstechen, bei Nummer 5 ausstechen. Diesen Vorgang wiederholen, bis der ganze Kreis ausgenäht ist. Sollte das Garn zu kurz sein, wird es auf der Rückseite stehen gelassen und der neue Faden von der Rückseite beim daneben liegenden Loch wieder ausgestochen.

Am Schluss das Garn durch das Mittelloch auf die Rückseite ziehen und alle Fadenenden verknoten. Die ungerade Anzahl Kettfäden garantiert den Fachwechsel beim Weben.

Nun mit Weben beginnen, einen Faden auf die Nadel nehmen, einen Faden liegen lassen usw. Bei der ersten Runde den Faden sehr gut anziehen, damit eine schöne, straffe Mitte entsteht (Schussfäden).

Ein Garnwechsel kann an jeder beliebigen Stelle vorgenommen werden. Vorsicht, beim Einsetzen des neuen Fadens entstehen häufig Fehler. Die Garnenden stehen lassen, das neue Garn ca. 4 Kettfäden doppelt weben.

Wenn der ganze Kreis ausgewoben ist, die abstehenden Garnenden vorsichtig abschneiden und etwas in den „Untergrund" schieben. (C.C.)

VERZIERTER ORDNER

KLASSE: ab 2. Schuljahr
ZEIT: 5 Doppelstunden

ASPEKTE
Rundweben kennen lernen
Muster übertragen

MATERIAL
Muster mit Locheinteilung
Ordner
Ahle/Prickelnadel mit Unterlage
Garn und Wolle in verschiedenen Farben und Qualitäten
5 stumpfe Wollnadeln
Klebefilm

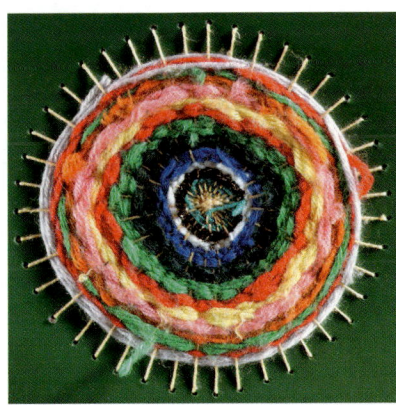

TIPP
Die Größe des gewobenen Kreises kann problemlos verändert werden. Eventuell mehrere verschieden große Kreise auf einen Ordnerdeckel arbeiten. Mit Effektgarnen erhält man eine sehr schöne Tiefenwirkung.

SCHMUCKDECKEL FÜR EINE DOSE

KLASSE: ab 2. Schuljahr
ZEIT: 5 Doppelstunden

ASPEKTE

Rundweben kennen lernen
Muster übertragen

MATERIAL

Muster mit Locheinteilung
Karton (etwas größer als Muster-kreis)
Ahle/Prickelnadel mit Unterlage
Cordonnetfaden
Garn und Wolle in verschiedenen Farben und Qualitäten
Stumpfe Wollnadel
Dose aus Holz oder Metall
Weißleim
Klebefilm

TIPP

Die Größe des Kreises kann problemlos jeder Deckelgröße angepasst werden.

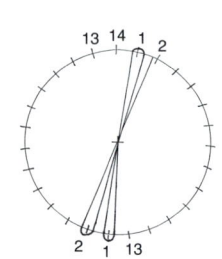

ANLEITUNG

Das Muster mit Klebefilm auf dem Karton befestigen. Kreuzpunkte mit der Ahle bzw. Prickelnadel auf der Unterlage durchstechen, Muster entfernen. Löcher nummerieren 1–13 und 1–14.

Rundherum mit Steppstichen die Löcher ausnähen, gut anziehen, Fäden auf der Rückseite verknoten.

Für die Kettfäden einen langen Cordonnetfaden in der Mitte ausstechen, das Ende auf der Rückseite mit Klebefilm gut fixieren. Um Nummer 1 herum nähen, auf der gegenüberliegenden Seite um die zweite Nummer 1 herum nähen. So wird die Kette über Kreuz gespannt (siehe Zeichnung). Muss der Faden neu angesetzt werden, den Schuss- und den Anfangsfaden durch ein Loch ziehen und auf der Rückseite mit Klebefilm fixieren.

Wenn der ganze Kreis bespannt ist, den Faden durch das letzte Loch auf die Rückseite ziehen und ebenfalls mit Klebefilm fixieren. So entsteht eine ungerade Anzahl Kettfäden für den Farbwechsel.

Der weitere Webvorgang erfolgt wie beim Ordner. Allerdings, wenn der ganze Kreis gewoben ist, die Steppstiche aufschneiden und die Arbeit sorgfältig vom Karton lösen.

Die abstehenden Kettfäden auf der Rückseite vernähen. Schussfäden vorsichtig abschneiden auf ca. 0,5 cm. Unter einem feuchten Tuch bügeln.

Die Rückseite der Arbeit mit Weißleim einstreichen und auf den Deckel der Dose kleben, gut andrücken und trocknen lassen. *(C.C.)*

TRAUMBILD

KLASSE: ab 2. Schuljahr
ZEIT: 3 Doppelstunden

ASPEKTE
Arbeitsweise des Webens kennen lernen
Verschiedene Materialien aus dem Alltag sammeln
„Wertlose" Gegenstände (Papier, Lederreste, Knöpfe,
Korken …) dekorativ einbinden

MATERIAL
Grüner Maschendraht, ca. 20 x 30 cm
Dünne (Sperr-)Holzplatte, ca. 24 x 34 cm
Webnadel, Klebstoff, Wolle
Leder-, Stoff-, Seidenreste
Knöpfe, Korken, Perlen, Bast, Papier
Handbohrer

VORBEMERKUNGEN
Die Kinder erfahren, wie aus einem Maschendrahtgitter
und verschiedenen Fundstücken ein dekoratives Bild
entsteht. Möglichst jedes Kind sollte Dinge mitbringen,
die gemeinsam sortiert und dementsprechend aus-
gesucht werden. In bereitgestellten Kartons können die
einzelnen Fundstücke aufbewahrt werden. Dabei gilt
der Leitsatz: Nur wenn viele etwas mitbringen, kann
jeder aus der Fülle schöpfen.

ANLEITUNG
Zuerst die Kanten des Maschendrahtstücks mit ca.
0,5 cm breiten Stoff- oder Lederstreifen umwickeln,
damit sich die Kinder nicht verletzen.

Nun als ruhenden Pol im Bildzentrum eine kleine Fläche
mit Wolle weben.

Anschließend das Traumbild mit den ausgesuchten
Materialien ausgestalten. Dabei Knöpfe, Korken und
ähnliche Materialien durch Einbinden befestigen.

Als Bildhintergrund dient eine Sperrholzplatte. Das
fertig ausgestaltete Drahtgeflecht zentriert auflegen,
an seinen Ecken kleine Löcher durch die Holzplatte
bohren, Wollfäden durchziehen und mit ihnen den Draht
befestigen.

Zum Aufhängen eine Wollkordel drehen und am Holz
anbringen. *(I.H./H.E.)*

CLOWN

KLASSE: ab 2. Schuljahr
ZEIT: 3 Doppelstunden

ASPEKTE

Einen einfachen Webrahmen gleichmäßig bespannen
Eine gerade Fläche in Leinwandbindung weben
Strcklieselschnüre herstellen

MATERIAL

Einfacher Schulwebrahmen
Baumwollkettgarn
Wollreste, Rupfen 34 x 24 cm
Strickliesel, Schere
Filzreste
Smyrna-Nadel
Nähgarn, Nähnadel
Filzstifte, eventuell Klebstoff

ANLEITUNG

Die Kettfäden ca. 8 cm breit spannen und eine gerade Fläche im Streifenmuster in Leinwandbindung weben.

Das Gewebe vom Rahmen nehmen und die Kettfäden haltbar vernähen.

Arme und Beine mit der Strickliesel stricken.

Den Rupfen als Trägerstoff zuschneiden; die Schnittkanten versäubern.
Kopf, Körper, Arme und Beine auf den Rupfen nähen oder kleben.

Gesicht und Haare gestalten. *(C.Hu./H.E.)*

HOSE FÜR EINEN HASEN

KLASSE: ab 3. Schuljahr
ZEIT: ca. 5 Doppelstunden

ASPEKTE

Eine Figur entwerfen und diese mit einer gewebten Hose schmücken
Einblick in die vielfältigen Möglichkeiten des Webens erhalten

VORBEMERKUNGEN

Die Auswahl an Figuren, die mit einer gewebten Hose „bekleidet" werden können, ist groß; so kann jedes Kind seine eigene Figur gestalten.

MATERIAL

Schulwebrahmen in der Größe 17 x 25 cm mit seitlich begrenzenden Stahlstäben
Schiffchen, Webnadel
Baumwollkettgarn
Diverse Wollreste, Filz, Garne etc. zum Ausgestalten
Fotokarton, Tonpapier
Klebstoff, Schere

ANLEITUNG

Die gesamte Breite des Webrahmens straff mit Kettgarn bespannen; die Fadenenden an der oberen Kante befestigen. Die Stahlstäbe über die äußeren Kettfäden legen und festschrauben.

Das Hosenteil in Leinwandbindung weben, dabei die Fadenenden am Anfang und beim Farbwechsel gleich mit einweben. Anschließend die Hosenbeine nacheinander in der gewünschten Länge weben.

Nach Beendigung des Webens die Stahlstäbe entfernen; Anfang und Ende des Kettgarns lösen.

Die Kettfäden am unteren Ende vom Rahmen nehmen und so durch die Hose nach oben ziehen, dass ein sauberer Kantenabschluss entsteht.

Die Arbeit vollständig vom Rahmen nehmen, die Kettfäden aufschneiden und zu Hosenträgern flechten.

Die Figur entwerfen, aus Fotokarton ausschneiden und ausgestalten. Zum Schluss die gewebte Hose aufkleben. *(H.E.)*

157

WACKELFIGUR

KLASSE: ab 3. Schuljahr
ZEIT: 4 Doppelstunden

ASPEKTE

Aus verschiedenen Materialien eine
Wackelfigur anfertigen
Kartonstücke zum Beweben vorbe-
reiten
Dichte Webflächen im Rundumver-
fahren herstellen
Farbwechsel fachgerecht ausführen

MATERIAL

Kartonstück für den Körper 13,5 x 16 cm
2 Kartonstücke für die Beine 4,5 x 10 cm
Kartonstück für den Kopf Ø 10 cm
Kartonreste für die Schuhe
Woll- und Baumwollreste
Webnadel, Häkelnadel
Lochzange
Filzstifte, Schere

ANLEITUNG

Die Teile für Körper und Beine aus fester Pappe zuschneiden und an den Schmalseiten im Abstand von
0,5 cm einschneiden.

Die Teile mit Kettgarn umwickeln – die Anzahl der
Kettfäden insgesamt muss ungerade sein. Das Kett-
garn darf nicht stramm gespannt werden, da sich die
Pappe sonst wölben könnte. Alle Teile dicht umweben.

Für den Kopf die Pappscheibe an der Oberseite lochen
und Haare einknüpfen. Das Gesicht ausgestalten.

Eine dicke Kordel für die Arme drehen und die Körperteile verbinden. Schuhe aus Karton zuschneiden und
befestigen. *(C.Hu./H.E.)*

VORBEMERKUNGEN

Das besondere an diesem Täschchen ist: Es wird in einem Stück gewebt, sodass die üblichen Schwierigkeiten wie das Weben gerader Kanten und das Zusammennähen von zwei Webflächen entfallen. Als Kettmaterial eignet sich fest verzwirntes Baumwollgarn, möglichst in der geplanten Grundfarbe des Täschchens. Für den Schuss eignen sich Häkel-, Strick- und Stickgarne in unterschiedlichsten Qualitäten; Garne einer Farbfamilie in Kombination mit Effektgarnen in Gold oder Silber ergeben eine ganz besondere Wirkung.

ANLEITUNG

Den Webkarton von oben nach unten mit Baumwollgarn gleichmäßig fest umwickeln. Dabei ist es unbedingt erforderlich, dass der Anfangsfaden in der ersten oberen Vertiefung doppelt liegt, damit eine ungerade Kettfadenzahl entsteht. Die beiden Fadenenden müssen oben liegen und können mit Klebefilm fixiert werden.

Mit einem Schussfaden in der Mitte der Kettfäden beginnen – so ist der Fadenanfang automatisch versäubert – und nun das Täschchen in Leinwandbindung um den Webkarton herum weben. Die ersten Runden müssen gleichmäßig dicht am Zackenrand des Kartons zusammengeschoben werden, denn diese bilden später den Boden des Täschchens.

Um das lästige Vernähen der Fadenenden zu vermeiden, diese bei jedem neuen Faden über ca. sieben Kettfäden im gleichen Fach übereinander weben. Nach 10–11 cm ist die Täschchenhöhe erreicht. Die Taschenklappe nur auf der Rückseite weiter weben.

HANDYTASCHE

KLASSE: ab 5. Schuljahr
ZEIT: 4–5 Doppelstunden

ASPEKTE

Ein nahtloses Täschchen um einen länglichen Karton herum weben
Verschiedene Garnqualitäten für das Täschchen auswählen
Konzentrationsvermögen, Sorgfalt, Ausdauer und Fingerfertigkeit trainieren

MATERIAL

Webkarton 20 x 8,5 cm
Baumwollgarn für die Kette
Verschiedene Wollreste, ca. 20 g
Effektgarn in Gold oder Silber
Webnadel
Klebefilm

Ist die gewünschte Länge der Klappe erreicht, immer zwei der frei gebliebenen Kettfäden in der Mitte aufschneiden und dicht am Gewebe verknoten. Erst wenn alle Kettfäden verknotet sind, vorsichtig den Webkarton herausziehen. Die unteren Schussreihen von Vorder- und Rückseite zusammenschieben. Die Enden der Kettfäden vernähen. *(H.E.)*

FISCHE IM WASSER

KLASSE: ab 3. Schuljahr
ZEIT: 5–6 Doppelstunden

ASPEKTE

Eine Fantasie-Unterwasserlandschaft auf einer Holz-
platte gestalten
Geeignete Farben und Materialien für ein harmonisches
Gesamtergebnis auswählen
Verschiedene textile Werkverfahren wie Häkeln, Weben,
Stricken anwenden

VORBEMERKUNGEN

Diese Kombination von Malen, Hämmern und Weben
fördert und motiviert die Kinder besonders wegen der
unterschiedlichen Techniken.

MATERIAL

Zeichenpapier 40 x 40 cm
Sperrholzplatte 40 x 40 cm
Plaka-Farbe in Weiß, Blau und Grün
Pinsel, Becher
Kleine Nägel, Hammer
Verschiedene Woll- und Baumwollgarne
Webnadel, Häkelnadel, Stricknadeln
Holzleim, Schere, Buntstifte

ANLEITUNG

Für Anfänger: Den Entwurf einer Fantasie-Unterwasserlandschaft in Originalgröße anfertigen, auf die Holzplatte übertragen und farblich gestalten.

Nägel im gleichmäßigen Abstand von ca. 1 cm auf den Umrisslinien einiger
Fischkörper einschlagen. Mit farblich passendem Baumwollgarn die Kettfäden vertikal spannen. Die Fischkörper in Längsrichtung beweben.

Für Fortgeschrittene ist eine Kombination verschiedener Techniken
möglich. Die Sperrholzplatte mit blauer Plaka-Farbe grundieren. Mit weißer
Plaka-Farbe den Himmel andeuten und anschließend mit grüner Farbe das
Meer abgrenzen.

Fantasiewolken aus weißer Wolle stricken. Steine auf dem Meeresgrund
mit festen Maschen häkeln. Für Algen und Wasserpflanzen: 10–20 Luftmaschen häkeln und in jede Luftmasche drei feste Maschen häkeln.

Nägel im Abstand von 1 cm in Form eines Fisches und einer Sonne ins
Brett schlagen. Mit einem festen Garn bespannen. Die Sonne von der
Mitte aus rundweben. Für die Strahlen gelbe Wollfäden um die Sonne
knüpfen. Den Fisch, je nachdem, wie die Fäden gespannt sind, in Längs-
oder Querrichtung in verschiedenen Farben weben.

Wolken, Steine und Algen mit Holzleim o. Ä. aufkleben. Das Bild mit
Fischen, Seesternen, Muscheln, Steinen weiter ausgestalten. *(H.E.)*

FISCH IM SELBST GEMACHTEN WEBRAHMEN

KLASSE: ab 3. Schuljahr
ZEIT: ca. 6 Stunden

ASPEKTE

Grundbindung kennen lernen
Webrahmen aus Weide konstruieren und herstellen
Die Eigenschaften von Holz erfahren und unterschiedliche Garne entdecken
Die Leinwandbindung und deren Abwandlungen kennen lernen und anwenden

MATERIAL

Weide oder anderes Astmaterial, z. B. Peddigrohr
Draht, ca. 20 cm
Baumwollkettgarn
Verschiedene Garne, auch Effektgarne,
z. B. Anchor Metallic
Webnadel oder stumpfe Nadel
Perlen

TIPP

Beim Befestigen der Kettfäden eventuell vorher Kerben in den Rahmen ritzen, um dem Kettgarn besseren Halt zu geben. *(T.H./Z.-P.)*

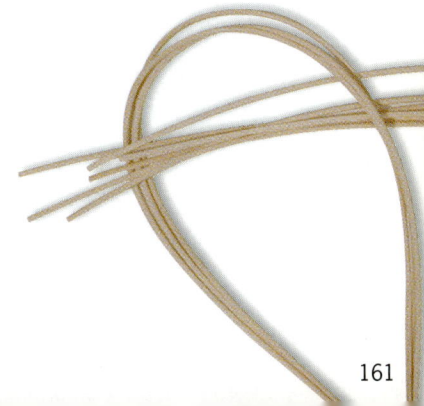

ANLEITUNG

Am Tag vorher die geschnittenen Äste (ca. 80 cm pro Fisch) in einem Eimer mit Wasser einweichen.

Die Äste aus dem Wasser nehmen. Jeweils zu zweit die Äste langsam in die gewünschte Fischform biegen. Die beiden Enden eines Astes überlappen und mit Draht fixieren.

Die Kettfäden mit einem festen Garn von einer Seite des Fisches zur anderen im Abstand von 0,5–1 cm spannen und mit Festonknoten befestigen. Der Abstand ist abhängig von der Stärke der Schussgarne. Die Webfläche sollte, je nach Größe der Fischform, ungefähr 10 x 10 cm betragen. Platz für das „Gesicht" lassen!

Auf der fertigen Webfläche kann nun eine einfache Leinwandbindung gewebt werden. Dazu eine Webnadel oder eine einfache stumpfe Nadel benutzen. Die unterschiedlichsten Garne können zum Einsatz kommen. Auch gerissene Stoffstreifen eignen sich. Es gilt, je dicker das verwendete Material, desto schneller kommt man mit dem Weben voran.

Nach dem Weben das überstehende Garn auf eine Länge abschneiden, am besten auf Höhe der Astenden, und über dem Draht zusammenbinden. Eine Perle, die als Auge mit einem Draht am Fischkopf angebracht wird, krönt das Werk.

TIERE – RUNDGEWEBT

KLASSE: ab 4. Schuljahr
ZEIT: 5–6 Doppelstunden

ASPEKTE

Rundwebrahmen richtig bespannen
Dichtes Rundgewebe anfertigen
Eine Tierfigur entwerfen und aus
Filz und Rundgewebe herstellen

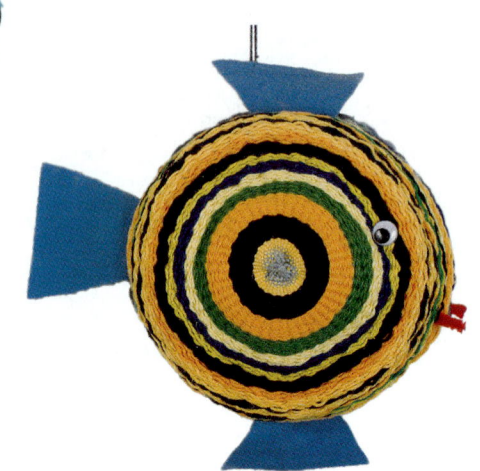

VORBEMERKUNGEN

Beim Rundweben ist das Bespannen des Rahmens die größte Schwierigkeit. Damit man eine ungerade Anzahl von Kettfäden erhält, darf der letzte Faden nur bis zur Mitte gespannt werden und kann von dort aus gleich für das Weben aus der Mitte verwendet werden.

MATERIAL

Entwurfspapier
Rundwebrahmen
Kettgarn, Wolle
Filz (Farbe je nach Tier)
Füllwatte
Knöpfe, Perlen, Pailletten, Wackelaugen
Nähnadel und -garn
Schere

ANLEITUNG

Den Umriss eines Tieres entwerfen, ausschneiden, auf Filz stecken und mit 1 cm breiter Nahtzugabe zuschneiden. Den zweiten Teil gegengleich zuschneiden.

Ein oder zwei runde Flächen in passender Größe zum ausgewählten Tier weben; dabei darauf achten, dass das Gewebe dicht wird.

Die beiden Körperteile mit kleinen Steppstichen zusammennähen, wenden, mit Füllwatte ausstopfen und die Wendeöffnung schließen.

Schnecke: Die beiden Webteile zusammennähen und leicht ausstopfen. Dabei den Rücken der Schnecke zwischen die Webteile einarbeiten. Aufhänger anbringen.

Fisch: Schwanz-, Bauch- und Rückenflossen aus Filz zuschneiden. Filzteile zwischen die Webteile legen und alles bis auf die Füllöffnung zusammennähen. Dann füllen und die Öffnung verschließen. Zum Abschluss einen roten Pfeifenputzer als Maul befestigen, Augen annähen und die Aufhängung anbringen.

Elefant: Zuerst den Körper fertigstellen. Das Webteil als Satteldecke aufnähen und mit Perlen und Pailletten ausgestalten. Die Augen annähen und eine Aufhängung anbringen. *(C.Hu./H.E.)*

GEWEBTES MEERESBILD

KLASSE: ab 3. Schuljahr
ZEIT: ca 6 Doppelstunden

ASPEKTE

Eine Unterwasserlandschaft in verschiedenen Blautönen weben
Die Gesamtfläche durch einzelne aneinander gewebte Flächen gliedern
Ein Webbild durch Filzapplikation ausgestalten

MATERIAL

Webkarton (DIN A4), Webnadel
Kettgarn
Ca. 30 g Wolle in Blau- und Türkistönen
Filz in verschiedenen Farben
Pailletten und Glitzerfarben
Schere, Klebstoff
Kleine Glasperlen

VORBEMERKUNGEN

Die Unterwasserlandschaft wirkt besonders lebendig, wenn unregelmäßige Flächen aneinander gewebt werden. Bei dünnen Garnen können die Flächen verbunden werden, indem man beim Wenden durch die Schlaufe des Schussfadens der angrenzenden Fläche sticht und so die Schussfäden miteinander verschlingt.

ANLEITUNG

Den Webkarton mit Kettgarn umwickeln; Anfang und Ende auf der Rückseite miteinander verknoten.

Einen 1–2 cm breiten Streifen über die ganze Breite weben, danach die Unterwasserlandschaft mit unregelmäßigen, miteinander verbundenen Flächen gestalten und zum Abschluss wieder einen 1–2 cm breiten Streifen weben, damit die Arbeit in sich stabil ist.

Die Kettfäden auf der Rückseite aufschneiden; immer zwei Fäden dicht am Gewebe miteinander verknoten.

Steine aus grauem Filz ausschneiden und auf den unteren Rand des Gewebes kleben. Die Fische aus Filz zuschneiden und ebenfalls auf das Gewebe kleben. Die Fischkörper dicht mit Pailletten bekleben. Kleine Glasperlen bilden die Augen. Algen aus Filz zuschneiden und aufkleben.

Den letzten Schliff erhält das Webbild durch Glitzerfarben auf Steinen, Fischen und Algen. *(H.E.)*

GESTALTUNG EINES TIPIS

KLASSE: ab 3. Schuljahr
ZEIT: ca. 10 Stunden

ASPEKTE

Materialien, Farben und Formen unter ästhetischen Gesichtspunkten zusammenstellen und auf Einflechtbarkeit prüfen
Mit den ausgewählten Materialien ein Zelt gestalten

MATERIAL

4 kräftige Haselstrauchstangen, ca. 2 m
4 Haselstrauchstangen, ca. 3,5 m
Genügend Schnur oder Kunststoffbänder
Viele bunte Stoffstreifen
Perlen, Federn, Äste, Schnüre, Draht, Wollreste, Lederreste, Schmuckbänder usw.
Scheren, Zangen, Webnadeln

TIPP

Die Länge und Anzahl der Stangen ist variabel. Das Zelt ist vor allem für Innenräume geeignet. Damit alle Kinder beschäftigt sind, ist es ratsam, sie in Arbeitsgruppen aufzuteilen, z. B. Garn spannen, Stoff reißen, Planen der Ausgestaltung, Einflechten an verschiedenen Bereichen. →

ANLEITUNG

Für das Grundgerüst die vier langen Stangen nebeneinander auf den Boden legen und ca. 20 cm unter den Stangenenden zur Spitze zusammenbinden.

Die Stangen aufrichten und zu einem Zelt mit quadratischer Grundfläche arrangieren. Die kürzeren Stangen am Boden mit Seilen zu einem Quadrat (Grundfläche) binden. Anschließend die vier Stangen der Pyramide mit denen der Grundfläche verbinden.

Jetzt kann das Umspannen beginnen. Die Garne spinnwebartig verspannen (siehe Foto). Für den Eingang an einer Seite die Garne nur bis auf die Hälfte spannen und von unten ein Garn halbkreisförmig einarbeiten.

Nach Absprache die gesammelten Materialien einweben, einflechten, anknoten oder anderweitig befestigen.

Am Eingangsbogen entlang Stoffstreifen o. Ä. befestigen, den Eingang locker mit Stoffstreifen bedecken, wie auf dem Foto ersichtlich. *(C.D./Z.-P.)*

FILZEN

Das Filzen ist vermutlich die älteste Textiltechnik und stammt aus dem asiatischen Raum. Wohl schon vor 8 000 Jahren wurde die Filzeigenschaft von ungesponnener Wolle entdeckt. Viele Nomadenvölker, z. B. die Mongolen, leben heute noch in Filzzelten, den so genannten Jurten, und machen sich die Eigenschaften von Filz zu Nutze: wärmeausgleichend, Wasser abweisend und stoßdämpfend. Die Bezeichnung „Filz" ist aus dem Westgermanischen abgeleitet und bedeutet „gestampfte Masse".

Eine alte Handwerkstechnik neu zu entdecken ist auch für Kinder ein interessantes Erlebnis. Der Vorteil beim Filzen liegt darin, dass jeder auch ohne Vorkenntnisse ein Erfolgserlebnis erzielen kann.

Die Kinder erfahren, dass sie selbst in der Lage sind, Gegenstände herzustellen, denen sie heutzutage wieder häufiger begegnen – zahlreiche Gebrauchsgegenstände und Accessoires werden aus Filz angeboten.

DAS PRINZIP DES FILZENS

Die Oberfläche der Wollfasern besteht aus vielen kleinen Schuppen, die sich durch Feuchtigkeit, Wärme und Druck unauflöslich miteinander verbinden. Diese Eigenschaft der Wolle macht man sich beim Filzen zu Nutze. Dabei wird als Gleitmittel Schmier- oder Kernseife verwendet.

Im Fachhandel sind verschiedene **Wollsorten** erhältlich. Nicht jede Wolle filzt gleich gut. Die Filzfähigkeit hängt von der Schafsrasse ab. Hier ein paar der verwendeten Wollarten: Merino-Wolle, Gotlandwolle, Hochlandwolle, Schweizer Alpenwolle und Fettwolle.

Für die Schule eignet sich am besten maschinell kardierte Wolle im Vlies oder als Kammzug. Sie ist fachgerecht vorbereitet, d. h. gewaschen, gereinigt, geglättet sowie teilweise gefärbt.

GRUNDTECHNIKEN DES FILZENS

Um altersgerecht Gegenstände anfertigen zu können, bieten sich die drei folgenden Techniken an.

Flächiges Filzen

z. B. Stuhlkissen, Teppich, Wandbild
Kardierte Wolle im Kammzug nebeneinander, dachziegelartig übereinander und in sich kreuzenden Schichten auslegen.
Alternativ: maschinell kardiertes Vlies (liegt in mehreren dünnen Lagen) verwenden.

Rundumfilzen oder Hohlfilzen

z. B. Tasche, Hut, Mütze, Hausschuhe
Wolle wie beim flächigen Filzen auslegen, aber doppelt; aus Folie gefertigten Schnitt dazwischenlegen und umfilzen.
Schnitt vor dem Walken wieder entfernen.

Einfilzen oder Umfilzen von Gegenständen

z. B. Stein, Wärmflasche, Tennisball, Schaumstoffformen
Gegenstände vor dem Einfilzen säubern.
Diese und eventuell benötigte Schnitte verbleiben im Objekt.
Die einzelnen Lagen zwischendurch leicht anfilzen, sonst verliert die Wolle ihre Form.

Schrumpfungsprozess

Durch das Anfilzen und anschließende Walken – also das Rollen und Reiben in Kombination mit heißem Seifenwasser – verfestigt sich der Filz immer mehr. Dies führt dazu, dass das Objekt je nach Intensität des Walkprozesses um ca. 30–40 % schrumpft. Deshalb eine Filzprobe herstellen und die Wolle vor dem Anfilzen entsprechend groß auslegen.

Material

Basisausstattung, die nicht mehr einzeln in der Materialliste der folgenden Vorschläge aufgeführt wird:

Schmierseife (flüssig oder Kern- bzw. Olivenseife)
Heißes Wasser (40–45 °C)
Plastikfolie
Noppenfolie, Bambusmatte oder Teppichunterlage (Gummimatte)
Schüssel, Sprühflasche
Gaze- oder Gittertuch, Handtücher
Gerillte Abtropffläche oder Automatte

Vorbereitung

Den Arbeitstisch zunächst mit Folie abdecken. Das Handtuch auslegen und Gummimatte oder Noppenfolie darauf legen. Wenn erforderlich Schnitt erstellen. Wollsorten und -mengen nach Bedarf unter Berücksichtigung des Schrumpfungsprozesses vorbereiten.

Zum Auslegen der Wolle die Fasern in kleinen Büscheln vorsichtig aus dem Vlies oder Kammzug ziehen und auslegen. Folgende Regeln beim Auslegen beachten: Die Wolle dachziegelartig und die einzelnen Schichten im Wechsel horizontal und vertikal legen, bis die gewünschte Höhe erreicht ist. Wolle mit Gaze oder Gitterstore abdecken.

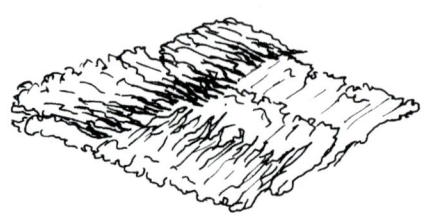

Einen Esslöffel Seife in etwa einen Liter heißes Wasser einrühren. Diese Seifenlauge, auf die vorbereitete Wolle gesprenkelt, unterstützt den Filzvorgang. Es kann auch heißes Wasser in verträglicher Temperatur auf die ausgelegte Wolle gesprüht und die Hände mit Seife eingerieben werden. Diese Möglichkeit ist für den Schulunterricht gut geeignet.

Filzen (Handfilzen)

Die ausgelegte, mit Gaze bedeckte Wolle mit eingeseiften Händen zunächst vorsichtig anfilzen, indem man mit den Handflächen in kreisenden Bewegungen von außen nach innen streicht. Die Fasern sollten sich dabei nicht verschieben. Die zu bearbeitende Oberfläche des Objekts wird mit Hilfe der Seifenlauge feucht, warm und gleitfähig gehalten. Während des Filzvorgangs den Druck der Hände immer mehr verstärken, bis sich keine einzelnen Fasern mehr aus dem Objekt herausziehen lassen.

Walken

Für das weitere Verfestigen (Walken) den Filz mit der darunter liegenden Unterlage (Gummimatte und Handtuch) straff einrollen und durch ständige Hin- und Herbewegung über einen längeren Zeitraum richtig durchkneten. Um den Festigungsprozess gleichmäßig vonstatten gehen zu lassen, die Rolle immer wieder öffnen und in verschiedenen Richtungen (horizontal-vertikal, diagonal, Oberseite-Unterseite) erneut einrollen und walken. Dabei auf eine kontinuierliche Feuchthaltung mit warmer Seifenlauge achten. Oder alternativ nach der traditionellen Methode auf gerillten Flächen unter Zugabe von heißem Seifenwasser in alle Richtungen rubbeln, bis die gewünschte Festigkeit erreicht ist.

Auswaschen

Den fertig gefilzten Gegenstand gründlich auswaschen, um sämtliche Seifenlauge zu entfernen. Zum Schluss noch etwas Essig in das Spülwasser geben. Es verhindert das Brüchigwerden des Filzes. Anschließend den Filz trocknen lassen und nach Belieben weiterverarbeiten.

Rollfilzen

Diese Methode führt zwar schneller zum Erfolg und der Filz kann etwas gleichmäßiger werden, jedoch wird das Material weit weniger haptisch und optisch erfahren.

Auf dem Arbeitstisch ein Handtuch, darauf zuerst eine Bambus- oder Bastmatte und dann das Vlies richten. Ist die gewünschte Vliesdicke erreicht, die mit Seifenwasser befeuchtete Fläche mit einem Gittertuch bedecken und zusammen mit der Bambusmatte einrollen und dabei platt drücken. Es sollten keine Falten entstehen. Dann das Handtuch um die Matte wickeln und mit Gummis zusammenhalten. Die Rolle 1–2 Minuten auf der Tischplatte hin und her bewegen, dann noch einmal öffnen, bei Bedarf heißes Wasser nachspritzen und eventuell entstehende Wellen mit den Fingerspitzen verteilen. Wieder aufrollen und noch einmal einige Minuten rollen, bis die gewünschte Festigkeit erreicht ist. Den Filz wie bei der Handfilzmethode weiterbearbeiten.

Vorfilz

Um bestimmte Muster filzen zu können, muss man zunächst einen **Vorfilz** herstellen. Hierfür legt man die entsprechende Wolle gleichmäßig und nur dünn aus und filzt die Fasern leicht an, sie müssen sich noch abheben lassen. Die Seife mit Wasser herausspülen, damit der Filz zu jeder Zeit wieder filzfähig wird. Die gewünschten Motive ausschneiden. Man kann sie feucht oder trocken in in eine Grundfläche als Muster oder Motiv einfilzen. *(I.H./H.E.)*

169

FILZKETTEN
FÜR DAS GANZE JAHR

KLASSE: ab 2. Schuljahr
ZEIT: 4–6 Stunden

ASPEKTE

Flächenfilzen erlernen
Farbige Partien in die Fläche einfilzen
Fertige Motive zu einer Kette verbinden

MATERIAL

Etwa 40 g Rohwolle in Weiß, Grau oder Beige
20 g farbige Märchenwolle in den gewünschten Tönen
Basisausstattung zum Filzen
Noppenfolie, je 30 x 25 cm
Tonzeichenkarton oder dünne Pappe
Bleistift, Papierschere
Textilschere, Steck- oder Sicherheitsnadeln
Effektgarn, z. B. Anchor Effektgarne mit Metallic-Effekt
oder festes Nähgarn
Nähnadel
Pappstreifen mit einer Markierung von 4–6 cm

ANLEITUNG

Für die Grundfläche (ca. 30 x 25 cm) eine Folie zurechtschneiden. Die Grundwolle auf der Folie überlappend wie Dachziegel und dann kreuzweise auslegen, jeweils eine dünne Lage längs und eine Lage quer, bis vier Lagen erreicht sind.

Es ist darauf zu achten, dass ein gleichmäßiges Vlies ohne Lochbildung entsteht. Wenn farbig gearbeitet werden soll, kommen nun kreuzweise locker und gleichmäßig auseinander gezupfte dünne Lagen der farbigen Alpenwolle oder Märchenwolle.

Besonders schön sehen die Figuren später aus, wenn mehrere Farben ineinander greifen beziehungsweise nebeneinander liegen. →

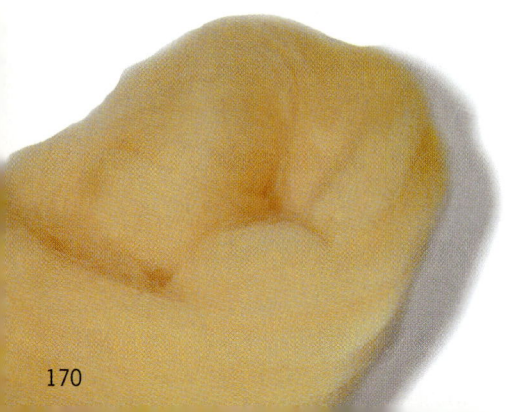

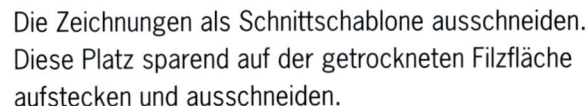

Sollen beide Seiten belegt werden, die Farbwolle etwas andrücken. Dann hält sie gut in sich zusammen und es ist ohne Probleme möglich, die Fläche vorsichtig zu wenden und ebenfalls mit Farbwolle zu belegen.

Alternativ bereits zu Beginn die farbige Wolle vor der Grundwolle auf der Noppenfolie auslegen und mit der zweiten Farbschicht oben enden.

Mit einem markierten Pappstreifen können die Schüler dann die Gesamthöhe der Schichten von 4–6 cm überprüfen.

Die Fläche am besten mit der Handfilzmethode filzen. Bei diesem Thema muss nicht gewalkt werden.

Die Seife gründlich auswaschen, einen Schuss Essig ins letzte Wasser geben. Mit einem Rundholz das Restwasser auf einem alten Handtuch ausdrücken. Zum Trocknen aufhängen, auf ein Papier oder zwischen Trocknungspappen legen.

Die Motive entwerfen die Kinder selbst auf dem dünnen Karton (Mindestgröße: Handballenmaß).

Darauf achten, dass die charakteristische Form der Motive ohne Details herausgearbeitet wird. Beispielsweise müssen Beine wesentlich dicker gezeichnet werden, als dies vielleicht der Wirklichkeit entspricht, damit der Filz später beim Schneiden nicht abreißt.

Die Zeichnungen als Schnittschablone ausschneiden. Diese Platz sparend auf der getrockneten Filzfläche aufstecken und ausschneiden.

Die Motive in Abstand und Reihenfolge anordnen und mit einem festen Nähgarn oder auch Effektfaden auffädeln. Damit sie nicht in die Schräge kippen, am besten von unten nach oben senkrecht durch die Figur fädeln (oder durch einen Teil derselben), nicht quer. Bei einem wenig verfestigten Filz könnten die Figuren aufeinander rutschen, in diesem Fall jeweils einen Knoten setzen, bevor man die nächste auffädelt.

TIPP

Die Figuren können auch gut im feuchten Zustand des Filzes zugeschnitten werden, das Schnittmuster sollte dann aber aus Folie sein, der Karton würde aufweichen. (Z.-P.)

JONGLIERBÄLLE

KLASSE: ab 3. Schuljahr
ZEIT: 1 Doppelstunde

ASPEKTE

Die Eigenschaften von Wolle kennen lernen
Bälle durch Filzen selbst herstellen
Beim Jonglieren die Geschicklichkeit üben

VORBEMERKUNGEN

Man kann Bälle ganz aus Rohwolle filzen – diese sind
besonders leicht und in Innenräumen relativ ungefähr-
lich. Will man jedoch damit jonglieren, sollten sie ein
bisschen schwerer sein. Es hat sich bewährt, einen
unaufgeblasenen Luftballon mit Sand, Milchreis o. Ä.
zu füllen, der dann umfilzt wird. Durch den Luftballon
ist die Handhabung beim Legen der Wolle besonders
einfach.

MATERIAL

Basisausstattung zum Filzen
Einen mit Sand oder Milchreis gefüllten und mit einem
Knoten verschlossenen Luftballon in der Größe eines
Hühnereis
30–50 g Rohwolle (Kardenband)
Etwas bunte Rohwolle (Märchenwolle)

ANLEITUNG

1–2 Esslöffel Schmierseife in warmem Wasser auflösen.

Die Rohwolle zu 2–3 cm breiten, ca. 50 cm langen Streifen teilen und
diese kreuz und quer fest um den Luftballon wickeln.

Die Märchenwolle auseinander ziehen, eventuell mit weiteren Farben
mischen und zu einem gleichmäßigen Vlies legen. Dieses über die Roh-
wollestreifen legen, um den Ball wickeln und festhalten.

Nun den Ball in das warme Wasser tauchen, etwas flüssige Schmierseife
in die Hand nehmen und so die äußere Schicht vorsichtig bestreichen –
dabei ganz sorgfältig vorgehen und auf keinen Fall drücken oder reiben!
Ringsum immer wieder die äußere Schicht mit Schmierseife „streicheln",
bis die äußere Schicht verfilzt ist und sich nicht mehr verschieben lässt.

Jetzt den Ball kräftig reiben, dann drücken, kneten und rollen – zwischendurch immer wieder in warmes Wasser tauchen – bis es ein fester Ball
geworden ist. Den Ball gut ausspülen und ca. drei Tage in der Sonne
trocknen lassen. *(H.E.)*

KLEINE FIGUREN AUS FILZ

KLASSE: ab 4. Schuljahr
ZEIT: ca. 2 Doppelstunden

VORBEMERKUNGEN

Der ausgewählte Gegenstand sollte aus den Filzabfällen nur so groß geformt werden, dass er gut in der hohlen Hand gehalten werden kann.

MATERIAL

Basisausstattung zum Filzen
Weißes und farbiges Kardenband ca. 20 g
Filzreste
Nähgarn, z. B. Coats Polyester

ANLEITUNG

Aus 1 Liter warmem Wasser und 1 Esslöffel Seife die Schmierseifenlösung vorbereiten.

Die weiße Rohwolle oder Filzabfälle befeuchten und daraus einen kleinen Gegenstand formen.

Nun sorgfältig eine trockene Schicht aus farbigem Kardenband schuppenartig auflegen, eventuell nachformen und mit dem Nähgarn fixieren.

Die fixierte Wollschicht vorsichtig mit Seifenlauge bespritzen. Anschließend die gesamte Form mit dem Gazetuch abdecken und sanft anfilzen.

Langsam den Druck verstärken und den Gegenstand weiter zwischen den Händen drücken, um eine größere Festigkeit zu erzielen.

Abschließend das fertig gefilzte Objekt gründlich (unter Zugabe von Essig) auswaschen und trocknen lassen.
(I.H./H.E.)

ASPEKTE

Das Formfilzen mit festem Kern üben
Filzreste als wieder verwendbar erfahren
Wichtigkeit genauen Arbeitens für eine schöne Form erkennen

EIN BILD MIT MOTIVEN FILZEN

KLASSE: 4.–6. Schuljahr
ZEIT: 4 Stunden

ASPEKTE

Das Filzen von Vorfilzen kennen lernen
Individuelle Entwürfe für ein Motiv anfertigen und
kreativ umsetzen
Die Eigenschaften von Wolle als Naturfaser kennen
lernen

MATERIAL

Basisausstattung zum Filzen
Kinder- oder Biologiebücher als Anschauungsmaterial
Entwurfspapier DIN A4, Bleistift, Radiergummi
Für die Vorfilze:
20–30 g farbige Rohwolle
2 kräftige Haushaltsgummis
Für die Grundfläche:
40–60 g Rohwolle in Weiß (Fettwolle), Grau (Gotland)
oder Beige (z. B. russische Wolle) und 10–20 g farbige
Alpenwolle in gewünschten Tönen
Bambus- oder Bastmatte DIN A4 bis A3

ANLEITUNG

Zuerst Anregungen aus Kinderbüchern geben, eine
mögliche Abfolge als Bildergeschichte besprechen, besonders wenn die Einzelbilder später zu einem Fries
oder einer Fläche zusammengesetzt werden.

Jedes Kind zeichnet ein Motiv möglichst in Seitenansicht, großformatig und ohne Details und plant einen
Formatrand von 2 cm ein.

In Rolltechnik kleine Vorfilze für die Motive herstellen
und trocken lassen. Währenddessen die Grundfläche
für das Bild mit einer gut filzenden Wolle im Vlies legen.
Für die vierte und fünfte Schicht Flocken aus farbigen
Wollvliesen anfügen, z. B. grüne Farben für eine Wiese,
blaue und weiße für einen Himmel. Das gerichtete Vlies
vorsichtig auf die Seite legen.

Aus dem trockenen Vorfilz die gewünschten Motive
ausschneiden. →

TIPP
Sind die Vorfilze zu stark verfilzt, mit einer Stahlbürste
leicht anrauen, um neue filzfähige Fasern zu gewinnen.

Diese seitenverkehrt auf der Bambusmatte auslegen
und gut andrücken. Jetzt kurz mit Seifenlauge anspritzen. Die gelegte Fläche auf der farbigen Seite ebenfalls einsprühen und mit dieser Seite auf das umgedrehte Motiv legen. Dann das Gittertuch darauf legen.

Die Fläche mit heißem Seifenwasser anspritzen und anfilzen, ohne die Wolle stark zu verschieben. Die Fläche
leicht anheben, um zu sehen, ob das Motiv bereits
angefilzt wurde. Ist dies der Fall, so wendet man die
Fläche zur Motivseite hin und filzt vorsichtig weiter,
ohne das Motiv zu verschieben. Mit der Zeit den Druck
verstärken und zwischendurch erneut einsprühen.

Bildrand schneiden: Wenn die Fläche genügend verfilzt
ist, den feuchten Rand abschneiden und die Kanten
zwischen den Handballen noch etwas weiterfilzen. Besser geht das Schneiden, wenn die Filzfläche ausgewaschen und getrocknet wurde. Eventuell kann man
auch ein wenig neue Wolle in die Kanten einlegen.
Durch das Schneiden sieht man die verschiedenen
Farbschichten an den Seiten.

Bildrand filzen: Für geübte Filzer bietet sich folgendes
Vorgehen für den Bildrand an. Ein langes, schmales,
ca. 1 cm dickes Wollvliesstück leicht verdrehen. Die
gerichteten, aber noch nicht gefilzten Wollfasern des
Bildes an den Kanten auf die Rückseite legen, dabei
die leicht verdrehte „Wurst" in den Rand einlegen.

Dann noch eine Schicht mit farbiger Wolle über die
Kante und die Rückseite legen, sodass die Farbe der
Vorderseite aufgenommen wird.

Jetzt die ganze Fläche filzen, wie oben beschrieben.
Um die Kanten besonders regelmäßig zu arbeiten,
umfasst man sie ganz mit dem Gittertuch, spritzt sie
extra ein und reibt mit den Handinnenflächen darüber.
Die Fläche muss nicht unbedingt gewalkt werden.

Das Bild liegend auf einem Gitter auswaschen und in
Essigwasser tränken oder übersprühen. Nach dem
Trocknen kann das Bild durch Sticken oder Applikationen weiter ausgestaltet werden. *(Z.-P.)*

FILZBILD MIT BLUME

KLASSE: ab 5. Schuljahr
ZEIT: ca. 2 Doppelstunden

ASPEKTE

Das Filzen einer Fläche kennen lernen
Einen gefilzten Wandbehang kreativ gestalten
Den Arbeitsplatz sachgerecht vorbereiten

MATERIAL

Basisausstattung zum Filzen
Ca. 100 g kardierte farbige Wolle
Eventuell Garnreste

VORBEMERKUNGEN

Zum Erstellen von Mustern können verschiedenfarbige
Garne oder Motive aus Vorfilz eingebracht werden.

ANLEITUNG

Nach der sachgerechten Vorbereitung des Arbeitsplatzes zunächst für die Blumenmotive einen Vorfilz
anfertigen, d. h. die Fasern eines dünn gelegten Vlieses leicht anfilzen und in die gewünschte Form zupfen.
Anschließend Wollfasern für den Hintergrund in zwei
bis drei Schichten dünn auf der Unterlage auslegen.
Darauf die Blumenmotive aus Vorfilz und Garnresten
anordnen. Die Wollschichten sorgfältig mit Seifenlauge
bespritzen.

Nun mit der flachen Hand auf die Wolle drücken, damit
die Luft entweichen kann.

Zum Anfilzen die Unterlage vorsichtig einrollen und
eine geraume Zeit unter leichter Bewegung drücken,
wodurch sich die Fasern zu verhaken beginnen.

Löst sich nun beim Abrollen die angefilzte Wolle von der Unterlage ab,
können die Ränder begradigt werden. Dazu werden sie bis zu 2 cm nach
hinten umgeschlagen und mit den Fingerspitzen sanft angefilzt.

Die angefilzte Fläche in warme Seifenlauge tauchen, ausdrücken, aufrollen
und kräftig gleichmäßig walken. Diese Arbeitsschritte wiederholen bis ein
stabiler Filz entstanden ist, dabei aber die Filzfläche immer von einer anderen Seite aufrollen.

Durch gleichmäßiges Walken den Filz immer mehr verfestigen, bis die Fläche gleichmäßig stark verfilzt ist.

Abschließend den Wandbehang gründlich auswaschen, trocknen lassen
und mit dem Bügeleisen leicht dämpfen. *(I.H./H.E.)*

GEFILZTE UND BESTICKTE BLUMENWIESE

KLASSE: 4.–6. Schuljahr
ZEIT: 8 Stunden

ASPEKTE

Eine farbige Fläche als Wiese mit eingefilzten Blumenmotiven herstellen
Die Fläche mit einfachen Grundstichen besticken

MATERIAL

Basisausstattung zum Filzen
Ca. 40 g Grundwolle in Grau, Beige oder Weiß
Ca. 30 g farbige Wolle in Dunkelgrün, Olivgrün, Hellgrün
Anchor Sticktwist oder Perlgarn
Leinengarn, grüner Naturbast
Spitze Sticknadeln

ANLEITUNG

Nach dem Richten des Arbeitsplatzes die Grundwolle kreuzweise in DIN-A3-Größe in etwa drei bis vier Schichten auslegen und filzen.

Als Deckschicht verschiedene Grüntöne für die Wiese auslegen; zwei bis drei dünne gleichmäßig auseinander gezogene Faserschichten genügen.

Aus Vorfilzen Blüten und Blätter ausschneiden und mit der Vorderseite nach unten auf der Bambusmatte auslegen. Stängel an den Blüten leicht überlappen lassen. Für zarte, verschwommen wirkende Blumen kleine Wollbäusche auslegen. Die vorbereitete Fläche mit der grünen Seite auf die Motive legen, die Fläche filzen und trocknen.

Die Wiese muss nicht gewalkt werden, da der weiche Charakter gut passt. Auch Wellen oder Unebenheiten im Rand stören nicht. Ansonsten kann man diese im feuchten Zustand beschneiden oder zurechtziehen.

TIPP

Die Stickerei sollte die Filzmotive nur unterstreichen, nicht völlig verdecken, daher sind lineare Stiche eher geeignet als flächendeckende.

Um einzelne Partien im Blumenbild zu betonen, können sie nach dem Trocknen bestickt werden, z. B. ein Stängel mit Stielstich, eine Blüte mit Margeritenstich oder Blüten mit Kreuz- oder Knötchenstichen. (Z.-P.)

177

FANTASIEVOLLE EIERWÄRMER

KLASSE: 3.–5. Schuljahr (Flächenfilzen),
6. Schuljahr (Hohlfilzen)
ZEIT: 4–6 Stunden

ASPEKTE

Flächenfilzen bzw. Hohlfilzen kennen lernen
Eine Figur charakterisieren und weiter ausgestalten
Teile annähen oder anfilzen

MATERIAL

Basisausstattung zum Filzen
10–20 g Grundwolle in Weiß, Grau oder Beige
10–20 g farbige Wolle
Drahtreste (mit Plastik ummantelt)
Dünner Sisaldraht
Kurze Nähnadel, Garn, Schere
Festere Plastikfolie, Rundholz
Pappmaß mit erforderlicher Höhenmarkierung
Gefilzte Reste, Stoffreste
Knöpfe, Perlen, Leder, Federn

ANLEITUNG

Eine Grundidee für ein Tiergesicht entwickeln und zuerst die Attribute filzen. Aus einem Vorfilz in gewünschter Größe die **Ohren** noch feucht zuschneiden. Die Schnittkanten nach Belieben noch etwas nachfilzen, hierzu diese zwischen den Handflächen reiben.

Für die **Zottelhaare** eine kleine Fläche nicht ganz fertig filzen. Die feuchte Fläche in ca. 1–1,5 cm breite Streifen schneiden. Für einzelne Zotteln kann sie durchgeschnitten werden, für zusammenhängende, z. B. einen Haarkranz, lässt man einen ungefilzten Streifen am oberen Rand der Fläche stehen.

Nun die Zotteln einzeln zwischen den eingeseiften Handflächen hin und her rollen und hin und wieder mit heißem Wasser einspritzen, bis sich die „Würstchen"

noch stärker an den Kanten verfilzt haben. Die ungefilzten Partien später am Kopf einfilzen.

Um **Elefantenrüssel, lange Nase, Hörner usw.** anzufertigen, wird ein Stück Draht oder Sisalfigurendraht zu Beginn des Auslegens und Einrollens der Wolle eingelegt. So bekommt man mehr Halt und kann die Teile später auch verbiegen.

Die **Knubbelnase** für ein Clownsgesicht entsteht folgendermaßen: Ein kleines Wollnest richten und zum Miniball filzen. Dazu das Nest leicht besprühen und durch kreisförmiges Rollen zwischen den Händen sanft filzen, weitere dünne Schichten darüber leicht anfilzen, bis die gewünschte Größe erreicht ist. Die Nase wird wie die anderen Kleinteile später angenäht oder eingefilzt. →

Das Filzen der **Grundform** erfolgt über eine Fläche oder eine Hohlform.

Zunächst zum **Filzen einer Fläche** die Grundwolle (z. B. Weiß für Huhn, Grau für Elefant) auswählen. Da beim Filzen die Wolle zusammenschrumpft, die doppelte Größe der Grundform auslegen, hier also ein DIN-A4-Format. Die Grundwolle auf der Folie kreuzweise auslegen, bis vier Lagen erreicht sind.

Auf diese Lagen nun die farbige Alpenwolle legen. Die oberen zwei bis drei Schichten mit einer zum Tier oder zum Gesicht passenden Wolle auflegen, z. B. für das Huhn gelbe Alpenwolle bis zu einer Höhe von 4–6 cm.

Die Wollfläche kreuz und quer sparsam einsprühen und filzen. Es muss nicht gewalkt werden. Die Seife gründlich auswaschen, einen Schuss Essig ins letzte Wasser geben. Mit einem Rundholz das Restwasser auf einem alten Handtuch ausdrücken und alles trocknen.

Aus dem noch feuchten Filz die gewünschte Form mit Hilfe einer erstellten Schablone ausschneiden. Entweder zwei identische Flächen zuschneiden, zusammennähen und wenden.

Oder die gefilzte Fläche doppelt legen und zuschneiden, so braucht man nur eine Handnaht auszuführen, diese auf die rückwärtige Mitte legen und die Rundung mit Abnähern erarbeiten.

Für ältere Schüler eignet sich das **Filzen einer Hohlform**. Eine Grundschablone aus festerem Plastikmaterial ausschneiden und die Wolle wie beim Flachfilzen auslegen. Die Wolle soll an den Seiten ca. 2 cm überstehen, darf aber an der unteren Kante nicht über das Plastik hinausragen.

Eine Hälfte ist nun fertig und wird zur Seite gelegt. Die zweite Hälfte identisch anfertigen, jedoch das Auslegen in die andere Richtung beginnen.

Haben beide Vliese die gleiche Höhe, das zweite Vlies vorsichtig drehen, die Plastikschablone liegt nun oben. Die überstehende Wolle wird satt über die Plastikkante gelegt und vorsichtig etwas ausgedünnt. Dann eine dünne Schicht Wolle auf das Plastik legen, das erste Vlies obenauf und beide Vliese gemeinsam umdrehen.

Mit den noch überstehenden Kanten des zweiten Vlieses ebenso verfahren, das heißt, auch diese möglichst satt über die Kante des ersten Vlieses ziehen und dabei etwas ausdünnen. Dann noch eine Schicht farbige Wolle darüber legen.

Jetzt die eine Seite ansprühen und leicht anfilzen, wenden und mit der anderen Seite ebenso verfahren. Beidseitig der einliegenden Schablone die Vliese innen etwas anfilzen, die Schablone entfernen, die Faust zwischen die Schichten schieben und mit der anderen Hand von außen weiterfilzen, dabei eventuelle Wülste an den Rändern glätten.

Anschließend – nach dem Auswaschen und Trocknen – wunschgemäß die Attribute mit Matratzenstich an die Eierwärmer annähen.

TIPP

Soll eine Nase, ein Rüssel oder Ähnliches gleich eingefilzt werden, zu Beginn eine kleine Öffnung in das Grundvlies bohren und das ungefilzte Ende der Nase vorsichtig zwischen die Wollschichten einlegen. *(Z.-P.)*

EIN PLASTISCHER FISCH

KLASSE: ab 5. Schuljahr
ZEIT: 3 Stunden

ASPEKTE

Aus kardierter Wolle die Grundform
eines Fischs filzen
Grundlegende Erfahrungen zur
Plastizität einer Form machen
Das Umfilzen kennen lernen

MATERIAL

Basisausstattung zum Filzen
Schaumstoff 15 x 15 cm, etwa
6 cm dick
Naturfarbene kardierte Wolle,
ca. 20 g
Bunte kardierte Wolle, ca. 10 g
Knöpfe, Nadel, Garn

ANLEITUNG

Das Motiv eines Fischs auf den Schaumstoff zeichnen
und anschließend mit einer Schere so ausschneiden,
dass es dreidimensional wirkt. Dies geschieht, indem
die Kanten des Fischs stufenweise etwas gerundet
werden.

Die erste Schicht der naturfarbenen Wolle in einer Richtung um den Fisch wickeln. Damit die einzelnen Schichten gut anliegen, diese ein wenig mit Seifenwasser anspritzen. Ungefähr fünf Schichten in abwechselnder
Richtung dicht um den Fisch legen und jeweils zwischendurch leicht anfilzen.

Durch farbige Wolle kann der Fisch noch lebendiger
werden. Da diese nicht ganz so gut filzt, wie die Natur-
wolle, wird sie nur dünn und gleichmäßig aufgetragen.

Den fertig umhüllten Fisch in das Netztuch einwickeln
und gut mit der Seifenlauge einspritzen.

Mit den flachen Händen leicht über das Tuch reiben,
bis die Wolle richtig anfängt zu schäumen.

Ist der Filz schon ein wenig fester, kann das Tier gewalkt werden. Lässt sich die Wolle nur schwer vom
Fisch abheben, so ist der Filzvorgang beendet.

Beim Ausspülen der Seife kann die Form verfestigt und
verkleinert werden, indem sie mit heißem Wasser über-
gossen wird. Der Fisch verfilzt dabei auch noch ein
wenig mehr.

Anschließend trocknen lassen, zuletzt noch Knöpfe als
Augen annähen. *(K.N./Z.-P.)*

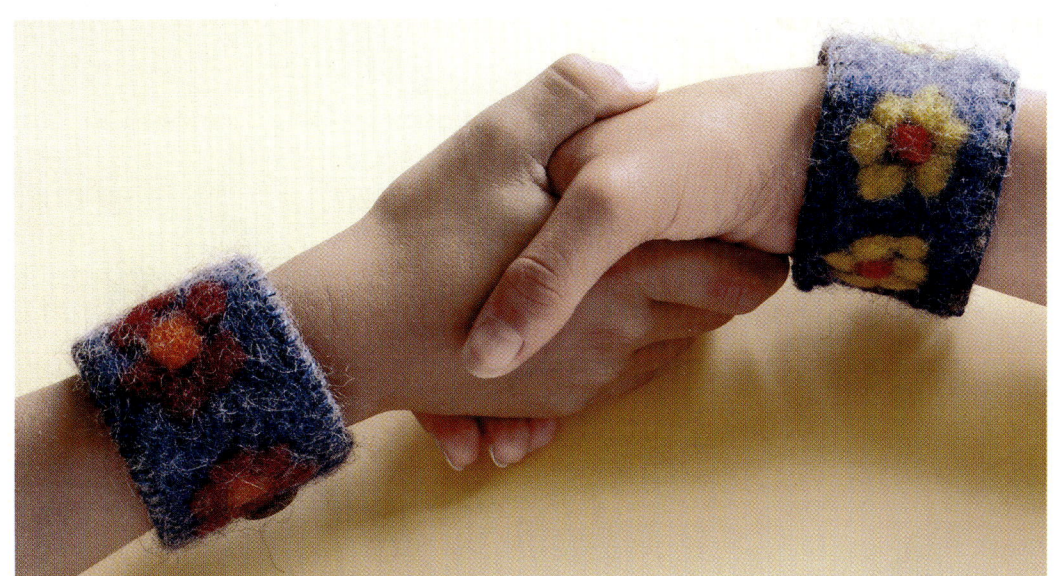

GEMUSTERTE ARM- ODER FUSSBÄNDER

KLASSE: ab 4. Schuljahr
ZEIT: ca. 3 Doppelstunden

ASPEKTE

Aus Kardierwolle ein Filzband mit Mustern herstellen Grundkenntnisse über das Filzverhalten oder die Filzeigenschaften von Wolle erlernen.

ANLEITUNG

Zwei Plastikfolien in Größe des Handgelenkumfangs plus 3 cm der gewünschten Breite plus Schrumpfungszugabe zuschneiden. Die Motive aus Vorfilzen ausschneiden oder aus farbiger Wolle auf der einen Plastikfolie auslegen. Daneben auf der zweiten Plastikfolie die ungefärbte Wolle auf der gesamten Fläche ca. 4 cm dick kreuzweise auslegen.

Dann das Muster besprühen und die Fläche der ungefärbten Wolle oben auf dem Muster platzieren. Das Gittertuch auflegen und wieder über die gesamte Fläche sprühen, anfilzen und das Gittertuch um das Band herumschlagen, sobald sich das Muster richtig mit der Grundwolle verbunden hat. Die Arbeit wenden und von der anderen Seite weiterfilzen.

Das Armband jetzt mit Hilfe der Plastikschablone auf die richtige Größe zuschneiden. Das Zuschneiden funktioniert im feuchten Zustand besser als im trockenen.

Die Innenseite mit einem Stück Stoff besetzen, das für besseren Tragekomfort sorgt. Hierfür passenden Stoff

MATERIAL

Basisausstattung zum Filzen
Ungefärbte, gut filzende Kardierwolle im Vlies, ca. 20 g
Vorfilze und Wolle im Vlies in verschiedenen Farben, ca. 5 g
Feiner Gardinenstoff, ca. DIN A4
Stickgarn, z. B. Anchor Perlgarn Nr. 5
Sticknadel, Stecknadeln, Knopf
Plastikfolie
Stoff (etwas größer als Plastikschablone)

mit 1 cm Nahtzugabe zuschneiden. Die Nahtzugaben zum Werkstück einschlagen und mit Stecknadeln fixieren. Für das Zusammenfügen mit dem Stoff und Umsticken des Filzbandes können verschiedene Stickstiche herangezogen werden: der Überwendlingsstich, Feston- oder Langettenstich.

Als Verschluss einen Knopf ca. 1–1,5 cm von der Schmalkante entfernt annähen und eine Schlaufe passend zur Knopfgröße anfertigen. *(S.B./V.D./Z.-P.)*

RINGE UND ARMBÄNDER

KLASSE: ab 4. Schuljahr
ZEIT: 1–2 Doppelstunden

ASPEKTE

Grundform „Schnur in der Runde" filzen
Zusammenhang zwischen Materialmenge und
Schrumpfprozess begreifen

MATERIAL

Basisausstattung zum Filzen
Kardierte Wolle in ver-
schiedenen Farben
Filzreste
Kleine Perlen

VORBEMERKUNGEN

Sicherlich wird man erst Erfahrungen mit dem
Schrumpfprozess beim Filzen sammeln müssen, um
Armband bzw. Ring in der richtigen Größe individuell
herstellen zu können. Die Schmuckgegenstände können sogar eher etwas zu groß gearbeitet werden, da
sie beim Tragen auf der Haut im Laufe der Zeit noch
mehr verfilzen.

ANLEITUNG

Für das **Armband** einen daumendicken Strang Wollvlies von etwa 60 cm
Länge legen und die Enden etwa 3 cm übereinander schlagen.

Die Wolle mit beiden Händen erst einmal leicht hin- und herrollen, dann die
Hände immer wieder in Seifenlauge eintauchen und den Wollring weiter-
rollen. Dabei stets etwas fester drücken und kneten, bis das gefilzte Armband stabil und auf die gewünschte Länge geschrumpft ist.

Einen fingerdicken, etwa 10 cm langen Strang Wollvlies für den **Ring**
locker über Zeige- und Mittelfinger einer Hand legen, sodass die Enden
einander gut überlappen.

Mit den Fingerspitzen der anderen Hand das Vlies vorsichtig rollen, dann
Seifenlauge dazunehmen und analog zum Armband weiterarbeiten.

Ist die gewünschte Größe erreicht, Armband und Ring gründlich waschen
und trocknen lassen.

Nach Wunsch die Schmuckgegenstände mit Filzresten oder Perlen verzieren. Je nach Kenntnisstand kann beim Ring eine Blüte aus Vorfilz ausgeschnitten und mit angefilzt werden. *(I.H./H.E.)*

KUGELKETTE

KLASSE: ab 4. Schuljahr
ZEIT: 2 Doppelstunden

ASPEKTE

Eine Kugel aus kardierter Wolle filzen und zu einem Schmuckgegenstand weiterverarbeiten

MATERIAL

Basisausstattung zum Filzen
Kardierte Wolle in verschiedenen Farben
Plastik-Kettendraht, ca. 55 cm
Große Nadel
Federring-Verschluss mit flachem Endstück
Sekundenkleber
Hammer, feine Zange

VORBEMERKUNGEN

Sollen die Filzkugeln annähernd die gleiche Größe haben, ist es ratsam die Wolle vorher genau abzuwiegen. Als Filzunterlage zum Verfestigen der Kugeln („Walken") kann eine Bambusrolle oder auch eine rutschfeste Teppichunterlage verwendet werden.

ANLEITUNG

Zuerst ein wenig kardiertes Vlies nehmen und nass zu einer festen Kugel rollen.

Dann etwas vorbereitetes Vlies auf die kleine Kugel legen, mit wenig Schmierseifenlösung bespritzen und anfilzen. Dabei vorsichtig arbeiten, sodass sich die Oberfläche gut schließt.

Damit die Kugeln einen festen Kern erhalten, müssen sie nun intensiv zwischen den Handflächen oder auf der Unterlage gerollt werden.

Nach dem Auswaschen der Kugeln mit einer dünnen Stopfnadel den Kettendraht einziehen. Sind die Kugeln ganz trocken, werden sie im frei gewählten Abstand mit Sekundenkleber festgeklebt.

Abschließend den Verschluss am Drahtende befestigen und eventuell die Filzperlen mit dem Hammer flach klopfen („Quetschperlen"). (I.H./H.E.)

FILZBOX FÜR KLEINE KOSTBARKEITEN

KLASSE: ab 5. Schuljahr
ZEIT: ca. 4–8 Stunden

ASPEKTE

Hohlformen mit farbiger Wolle filzen
Die Filzfläche mit Stickstichen oder Applikation gestalten

MATERIAL

Basisausstattung zum Filzen
Hellgraue Gotlandwolle als innere und äußere Trägerfläche
Farbige Schweizer Alpenwolle oder Merinowolle
Plastikhülle eines Überraschungseis, alternativ: zugeschnittene Styroporformen
Kreppband
Scharfes Messer
wahlweise:
Stickgarne in verschiedenen Farben
Sticknadel
Perlen, Faden, passende Nadel
Applikationsmotive, Schere

VORBEMERKUNGEN

Die gewünschte Form sollte noch von beiden Händen umschlossen bzw. gehalten werden können. Hat man keine Plastikbehälter von Überraschungseiern, können entsprechende Formen entweder aus einem Styroporblock ausgeschnitten oder vorgefertigt gekauft werden. Die Filzwollmenge ist von der Größe des Gegenstandes abhängig, für eine mittlere Box benötigt man ungefähr 30–60 g für die Innenschicht, 30 g für jede weitere Schicht und ca. 40–60 g für die Außenschicht.

ANLEITUNG

Bereits kardierte Wolle erspart viel Arbeit. An einem trockenen Ort kleine Strähnen vom Kardenband zupfen und handtellergroße Vliese zurechtlegen.

Soll die Schnittfläche der Box unterschiedliche Farbschichten zeigen, muss jetzt die Farbwahl getroffen werden. Ein mögliches Farbbeispiel der Wollvliese: von innen nach außen jeweils eine Lage Weiß, Grün, Rot, Blau und Grau.

Drei dünne Schichten Wollvlies so dicht um die Form herum auflegen, dass sie sich überkreuzen. Überstehende Kanten oder dicke Knickstellen dünn auszupfen und gleichmäßig verteilen. Die Arbeit kurz in heiße Seifenlauge eintauchen, sanft mit kreisenden Handbewegungen einschäumen und leicht ausdrücken. Die Faserschicht muss sich geschlossen um die Form legen und darf keine Löcher haben. →

Die nächste Lage des Wollvlieses, wie oben beschrieben, um die Form legen, mit heißer Seifenlauge befeuchten und wieder mit kreisenden Handbewegungen die Fasern zu einer geschlossenen Form verbinden. Überschüssige Seifenlauge leicht ausdrücken, die Form in den Händen mehr rollen als reiben. Diesen Arbeitsgang so lange fortsetzen, bis die gewünschte Form erreicht ist.

Vorsicht, die Wolle darf im Innern der Form nicht abkühlen, deshalb immer wieder mit heißer Seifenlauge benetzen!

Als letzte Wollvliesschicht sollte eine besonders gut filzende Wolle verwendet werden. Sobald die obere Schicht nach dem Einsprühen schäumt, kann mit mehr Druck gearbeitet werden. Nach ca. 5–10 Minuten kräftigem Reiben kann auch auf der Noppenfolie gerollt werden.

Sobald der Filz gut verbunden ist, wird gewalkt. Die Form nochmals kurz in die heiße Seifenlauge tauchen, ausdrücken und kräftig über die Rillen des Wasch- oder Filzbretts rollen.

Den Gegenstand in alle Richtungen walken, um eine gleichmäßig harte Filzoberfläche zu erhalten. Der Walkvorgang ist beendet, wenn die Form nicht mehr weiter eingeht.

Sobald die endgültige Form erreicht ist, den Filzball unter lauwarmem Wasser auswaschen, gut ausdrücken, in ein trockenes Handtuch einschlagen. Nach dem Trocknen so weit aufschneiden, dass sich ein Scharnier bildet.

Den Formeinsatz herausnehmen und die geschnittenen Ränder mit Seife einspritzen und nochmals leicht nachfilzen, sodass ein glatter Rand entsteht. Zum Schluss nochmals gut durchspülen und an einem luftigen Ort trocknen lassen.

Nach vollständiger Trocknung kann die Form verschönert werden:

a) Die Box erhält einen Verschluss.
Aus feinem Baumwollgarn eine Luftmaschenkette häkeln, diese am Deckel befestigen. Auf dem unteren Teil einen schönen Knopf annähen, dadurch wird die Box verschließbar.

b) Gewünschte Motive je nach Gebrauchszweck mit verschiedenen Sticharten sticken. Mit Perlenstickerei kann der Gegenstand auch individuell gestaltet werden.

TIPP
Der Filz- und Walkvorgang kann jederzeit unterbrochen werden. Das Werkstück dann jedoch an einem luftigen Ort aufbewahren, bis es weiterbearbeitet wird. *(J.-G.)*

UMFILZTE BLUMEN-TÖPFE

KLASS: 4.–6. Schuljahr
ZEIT: 2 Stunden;
bei zusätzlicher Herstellung
eines Vorfilzes: 4 Stunden

ASPEKTE

Das Umfilzen von Gegenständen
kennen lernen
Die Eigenschaften von Wolle als
Naturfaser erfahren

MATERIAL

Basisausstattung zum Filzen
Blumentopf aus Ton
Grundwolle in Weiß, Grau oder
Beige 20–30 g
Farbige Alpenwolle 10–20 g
Weißes Papier, Bleistift

ANLEITUNG

Die Wolle vom Vlies in gleicher Faserrichtung abziehen und in Flocken parallel nebeneinander arrangieren.

Den Blumentopf auf den Kopf stellen und von der Standfläche aus beginnend die vom Wollvlies abgezupften längeren Faserstränge, in sich überlappend wie Strahlen, rund um den Topf anordnen. Die Enden sollen weit über den Topfrand hinausragen.

Die Schichten gut andrücken, damit sie nicht abrutschen. Genau darauf achten, dass die Vliesteile den Topf gleichmäßig umgeben.

Die überstehenden Faserenden satt um den Topfrand nach innen legen, hierzu den Topf nur anheben.

Auf diese Weise klemmt man die Wollenden unter den Topfrand, was das satte Anlegen der nächsten Schichten erleichtert.

Die zweite Lage dem Umfang entlang (horizontal) auslegen.

Damit diese Lage während des Anfügens nicht abrutscht ist es ratsam, sich vorher diese horizontal liegenden Vliese wie folgt zurechtzulegen. Auf einem Blatt Schreibmaschinenpapier, das um den Blumentopf gelegt wird, die breiteste und schmalste Stelle markieren. Die Wolle dann zuerst auf dem Papier auslegen und danach die Wollfläche rundum anfügen und andrücken. →

Die dritte Schicht wieder strahlenförmig vorrichten, dann über den Topf legen und unter den Topfrand klemmen. Die Wolle mit beiden Händen gut andrücken, besprühen und leicht anfilzen.

Anschließend den Topf wenden und von innen auskleiden. Am Boden des Topfes beginnen und zuerst in Längsrichtung nach oben arbeiten. Auch hier die Wolle nach außen über den Topfrand legen, dann eine Querschicht einlegen, die erneut über den Rand hinausgeht.

Jetzt eine Längsschicht anfügen und innen gut andrücken, noch einmal einsprühen und leicht anfilzen. Den Topf erneut umdrehen und von außen die vierte und fünfte Schicht, eventuell ganz oder auch teilweise aus farbiger Wolle, vorsichtig anfügen.

Innen kann die Farbe fortgesetzt werden, es muss aber kein Muster gelegt werden.

Den fertig umkleideten Topf auf den Rand stellen, eventuell noch Schlieren, Punkte oder Ähnliches mit anderen Farben oder auch Muster aus geschnittenen Vorfilzen auflegen und mit heißer Seifenlauge befeuchten. Danach etwas kräftiger drücken und reiben.

Nun auch innen die Wolle wieder mit heißer Seifenlauge benetzen und mit gestreckten Fingern gegen den Topfrand drücken. Den ganzen Blumentopf rundherum bearbeiten, dabei ab und zu die Hände mit Seifenlauge befeuchten. Ist der Filz genügend verfestigt, die Seifenlauge unter fließendem Wasser auswaschen.

Die Töpfe sind ein beliebtes Geburtstags-, Oster-, Muttertags- oder Vatertagsgeschenk. Auch auf der Schulfensterbank wirken sie fröhlich und machen das Klassenzimmer gemütlich.

TIPP

Ein gut anliegendes Umfilzen gelingt dann, wenn die Wolle satt von außen nach innen und ebenso von innen nach außen über die Ränder gelegt, zwischendurch immer wieder angedrückt und gleichzeitig außen und innen gefilzt wird. Daher sollten die Gefäße die richtige Größe für Kinderhände haben. Da die Wolle beim Anfilzen zuerst etwas weiter wird, rundherum zuerst sanft arbeiten, um eventuelle Wülste durch die Mehrweite mit den Fingerspitzen zu vertreiben. Erst dann fester reiben. *(Z.-P.)*

HÄKELN

Häkeln ist ein faszinierendes, leicht erlernbares Werkverfahren – man braucht nur ein paar Garnreste, eine passende Häkelnadel, einige Grundkenntnisse – und schon kann's losgehen.

Ein gehäkeltes Maschengefüge ist fest und im Gegensatz zum gestrickten kaum dehnbar, trotzdem ist die Häkeltechnik vielseitig einsetzbar.

Garne

Zum Häkeln und Stricken eignen sich alle glatten, weichen, nicht zu locker gedrehten Garne aus Wolle, Baumwolle oder Mischfasern.

Anfangsschlinge

Man beginnt jede Häkel- und Strickarbeit mit der Anfangsschlinge.

Diese wird wie ein einfacher Überhandknoten gemacht, nur wird der Teil des Fadens, der zum Knäuel führt, nicht durchgezogen; er bildet die Schlinge.

Zieht man jetzt gleichzeitig an der Schlinge und am Fadenende, wird die Schlinge durch einen Knoten festgehalten – fertig ist die Anfangsschlinge.

Zieht man jedoch am Faden, der zum Knäuel führt, löst sich alles wieder auf. Kinder nennen die Anfangsschlinge deshalb auch „Zauberknoten".

Fadenspannung

Den Arbeitsfaden so durch die Finger der linken Hand führen, dass er während des Arbeitens mit geringer Spannung leicht durch die Hand gleitet. So kann ein gleichmäßiges Maschenbild entstehen.

Nadelstärke

Nadel- und Garnstärke müssen zusammenpassen, damit die Arbeit gleichmäßig und dicht werden kann. Auf den Banderolen wird in der Regel die Nadelstärke angegeben. Für dünne Garne eignen sich die Nadelstärken 2–3, für mittlere 3–4 und für dicke Garne 4–5 oder stärker.

Nadelhaltung

Am einfachsten ist es, wenn man die Häkelnadel bzw. die Stricknadeln beim Arbeiten mit der ganzen Hand umschließt (Pfötchengriff). Dabei ist jedoch zu beachten, dass der Zeigefinger, der das Garn hält, gestreckt in Ruhestellung bleiben muss.

Die letzte Masche

Die letzte Masche beim Häkeln und Stricken muss unbedingt befestigt werden, damit die Arbeit nicht aufgezogen werden kann. Das ist ganz einfach: Den Faden 10–15 cm nach der letzten Masche abschneiden, mit der Häkel- oder Stricknadel durchziehen und fest anziehen – fertig.

Fingerhäkeln

Um sehr schnell zu Erfolgserlebnissen zu kommen, können die ersten Luftmaschenketten durch Fingerhäkeln gebildet werden: Man hält mit der linken Hand das Fadenende einer großen Anfangsschlinge fest, greift mit Daumen und Zeigefinger der rechten Hand hindurch und zieht den Faden, der zum Knäuel führt, durch die Masche, während man ihn mit der linken Hand strammzieht. Die erste Luftmasche ist fertig. Auf diese Weise kann eine Luftmasche nach der anderen gehäkelt werden. Allerdings werden die Maschen durch das Hindurchziehen größer und müssen deshalb immer wieder zurückgezogen werden. Das Fingerhäkeln eignet sich gut als Hinführung zum Häkeln.

Luftmaschen

Luftmaschen sind die Anschlagmaschen für jede Häkelarbeit. Nach der Anfangsschlinge für jede Luftmasche den Faden von hinten um die Häkelnadel legen (Umschlag), mit dem Häkchen nach unten durch die Masche ziehen und die Masche strammziehen. Vereinfacht ausgedrückt: Faden holen und durchziehen.

Feste Maschen

Eine Luftmaschenkette in der gewünschten Länge zuzüglich einer Luftmasche zum Wenden häkeln.

Häkelnadel in das obere Maschenglied der vorletzten Luftmasche einstechen.

Faden holen, durchziehen (nun befinden sich zwei Schlingen auf der Nadel).

Erneut Faden holen und diesen durch die beiden Schlingen ziehen (eine Schlinge bleibt auf der Nadel) – fertig ist die erste feste Masche. Die nächste feste Masche in die nächste Luftmasche häkeln – und so weiter bis zum Reihenende.

Vereinfacht ausgedrückt:
Einstechen – Faden holen und durchziehen – erneut Faden holen – und durch die beiden Schlingen ziehen.

Am Ende jeder Reihe eine Luftmasche zum Wenden (Wendeluftmasche) häkeln.

Wo sticht man ab der zweiten Reihe ein? Es gibt drei Möglichkeiten:
Beim Einstechen in die **vorderen** Maschenglieder der Vorreihe entsteht das „Rippenmuster", das am schnellsten wächst.
Beim Einstechen in die **hinteren** Maschenglieder der Vorreihe entsteht das plastische „Reliefmuster".
Beim Einstechen in **beide** Maschenglieder der Vorreihe entsteht das sehr dichte und feste „Rosenmuster".

Feste Maschen eigenen sich nicht nur zum Häkeln einer Fläche, sondern auch zum Umhäkeln von Kanten, auch bei Stoffen.

Kettmasche

Die niedrigste und zugleich festeste Masche ist die Kettmasche (= eine halbe feste Masche).

Häkelnadel in die Masche der Vorreihe einstechen; Faden holen, durchziehen und auch gleich durch die Schlinge auf der Nadel ziehen, fertig ist die Kettmasche.

Stäbchen

Damit die Häkelarbeit aus Stäbchen Halt hat, sollte man immer zunächst eine Reihe fester Maschen häkeln.

Beim Stäbchen Faden von hinten nach vorn um die Nadel schlagen – Nadel in das vordere Maschenglied einstechen – Faden holen – durchziehen (nun befinden sich drei Schlingen auf der Nadel);

 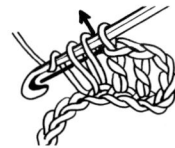

erneut Faden holen, durch zwei Schlingen ziehen (zwei Schlingen bleiben auf der Nadel);

noch einmal Faden holen und diesen durch die beiden Schlingen ziehen (eine Schlinge bleibt auf der Nadel).

Vereinfacht ausgedrückt:
Faden umschlagen – einstechen – Faden holen und durchziehen – erneut Faden holen und durch zwei Schlingen ziehen – erneut Faden holen und durch die beiden letzten Schlingen ziehen.

Am Ende jeder Reihe zwei Wendeluftmaschen häkeln.

Filethäkeln

Filethäkelarbeiten entstehen immer aus einer Kombination von Luftmaschen und Stäbchen im musterbedingten Wechsel von „dicht und licht" – das Muster entsteht durch dicht aneinander liegende Stäbchen, der Hintergrund aus einem Maschengitter, das jeweils aus einem Stäbchen und einer (oder zwei) Luftmasche(n) besteht. Die gitterbildenden Stäbchen befinden sich direkt übereinander; beim Häkeln der Muster ist zu beachten, dass stets in die Luftmaschen der darunter liegenden Reihe (nicht um die Luftmaschen herum) eingestochen wird.

Als Häkelmaterial eignen sich folgende Baumwollgarne: **Coats Lyric**, das Markenhäkelgarn für Einsteiger, bietet eine Auswahl an vielen attraktiven Farben in den Stärken 4 und 8. Es ist aus 100 % mercerisierter Baumwolle und findet außerdem bei folgenden Handarbeitstechniken Verwendung: Weben, Makramee und anderen Knüpfungsarten.

Coats Rot-Tulpe/Blau-Tulpe eignen sich zum Häkeln wie zum Stricken für Heimtextilien und Bekleidung. Sie sind aus 100 % mercerisierter Baumwolle und in vielen attraktiven Farben in 50 g-Knäueln lieferbar.
Rot-Tulpe ist vierfach gezwirnt, daher dünner als die achtfach gezwirnte Blau-Tulpe und hat die doppelte Lauflänge. *(H.E.)*

Pflegeeigenschaften für diese Garne:
- Waschbar bis 95 °C
- 3 Punkte bügelbar
- Chemisch reinigen P
  Koch-, Licht- und Reibecht

FEUERVOGEL

KLASSE: ab 4. Schuljahr
ZEIT: 6–8 Stunden

ASPEKTE

Einführung in die Häkeltechnik
Farben auswählen und mit weiteren
Materialien kombinieren

MATERIAL

Makramee-Schnur 70 cm
Weiße Wattekugeln mit Loch
Ø 3,5–4 cm
Garn in verschiedenen Farben,
z. B. Coats Lyric, Coats Blau-Tulpe
Häkelnadeln ab Stärke 3
Bunte Federn, Tonkartonreste
Klebstoff, evtl. etwas Plastilin
Wasser- oder Dispersionsfarben
Borstenpinsel Nr. 8

ANLEITUNG

Als Erstes den **Körper** aus
Makramee-Schnur mit Luftmaschen häkeln.
Darauf achten, dass diese fest genug angezogen wer-
den. Wenn der Vogelkörper eine Länge von 18–20 cm
erreicht hat, den Faden vollends durch die letzte
Masche ziehen.

So viele Luftmaschenketten aus verschiedenen Garnen
herstellen, dass der Vogelkörper gut ausgeschmückt
werden kann. Diese so um den Körper legen, dass auf
beiden Seiten die Enden gleich lang sind. Dann mit
zwei Knoten befestigen.

Der **Kopf** entsteht aus einer Wattekugel, die grundiert
wird. Sehr schön sehen silberne, goldene bzw. metal-

VORBEMERKUNGEN

Für die Luftmaschenketten eine vielfältige Farben-
palette an Garnen anbieten. Viele Luftmaschenketten
(ca. 30–35 cm lang) häkeln. Für diese benötigt man
ca. 70 cm Garn, das vorher schon zugeschnitten
werden kann.

TIPP

Es ist nicht leicht, die Makramee-
Schnur durch das Kugelloch zu
bekommen. Um es etwas zu erweitern, mit einem spitzen Gegenstand
mehrmals hindurchfahren. Das
Ende der Schnur gut drehen oder in
flüssiges Kerzenwachs tauchen,
bevor es durch das Loch gefädelt
wird.

lische Farben aus. Die Augen sollten sich dabei farblich
gut davon abheben.

Den **Schnabel** des Vogels aus farbigem Tonkarton
anfertigen und ankleben. Zur Verschönerung und zum
besseren Halt des Schnabels kann ein wenig Plastilin
über die Ecken gearbeitet werden, damit diese unsichtbar werden.

Um Kopf und Körper zu verbinden, ein Fadenende des
Körpers durch das Loch der Wattekugel führen und mit
einem Knoten an der Wattekugel anbringen.

Zur Ausschmückung können an Kopf und Schwanz
noch Federn angebracht werden, z. B. mit etwas Heiß-
kleber, aber unter Aufsicht eines Erwachsenen. Zur Aufhängung einen Faden oder Rundgummi an Kopf und
Schwanz befestigen und den Feuervogel im Schulzim-
mer „fliegen" lassen. (U.N./Z.-P.)

ANLEITUNG

Zuerst per Fingerhäkeltechnik oder auch mit der Häkelnadel verschieden lange Luftmaschenketten herstellen. Dabei unterschiedliche Garnsorten verwenden, damit die Luftmaschenspaghetti später möglichst vielfältig und bunt ausfallen. Sind ausreichend Luftmaschenketten angefertigt, erhält jedes Kind einen Pappteller und eine Papierserviette.

Die Serviette, zuvor eventuell noch dekorativ gefaltet, auf den Pappteller kleben und anschließend die Luftmaschennudeln hinzufügen, sodass ein bunt durchmischter Pastateller entsteht.

Während die Luftmaschenketten auf dem Teller antrocknen, das Besteck anfertigen. Auf festen, grauen Tonkarton mit Bleistift die Umrisse von Gabel, Löffel oder auch Messer zeichnen, ausschneiden und ebenso auf den Pappteller kleben.

Nachdem alles gut getrocknet ist, mit dem Locher in den oberen Tellerrand ein Loch stanzen, einen Faden durchziehen, verknoten und das fertige Werk im Klassenzimmer aufhängen. *(Z.-P.)*

LUFTMASCHEN-SPAGHETTI

KLASSE: ab 2./3. Schuljahr
ZEIT: 1–2 Doppelstunden

ASPEKTE

Alltagsthema textil umsetzen:
Textiles in seiner optischen Vielfalt und haptischen Qualität erfassen
Trotz des Erlernens eines technischen Ablaufs kreative Gestaltungsspielräume erschließen

MATERIAL

Baumwollgarne, Wollgarne, z. B. der Marke Schachenmayr
Hanf, Nylonbändchen
Häkelnadeln Nr. 4 oder 5
Schere, Bastelkleber
Einfarbige Pappteller
Papierservietten
Grauer Tonkarton DIN A4
Bleistift, Radiergummi

TIPP

Eine im Klassenraum gespannte Wäscheleine bzw. festere Schnur dient zum Aufhängen der fertigen Arbeiten.

DAS SEIFENBAND

KLASSE: ab 2. Schuljahr
ZEIT: 3 Doppelstunden

ASPEKTE

Luftmaschen häkeln
Einen Zopf flechten
Nach Rezept arbeiten

MATERIAL

Coats Lyric 8/8 in verschiedenen
Farben
Häkelnadel Nr. 4
Maßband
Stickkissen, Stecknadeln
Schüssel

SEIFENREZEPT

4 Joghurtbecher Seifenflocken
100 ml heißes Wasser
1 Kaffeelöffel Jojobaöl
50 ml Mandelöl
5 Tropfen ätherisches Öl
10–20 Tropfen Lebensmittelfarbe

TIPP

Aus dem Rest der Seifenmasse kleine Stücke
formen, auch diese gut trocknen lassen.

Die Farbe der Seife dem Seifenband anpassen.

Auch bei der Formgebung ist der Fantasie keine
Grenze gesetzt.

ANLEITUNG

Für das **Häkelband** aus Baumwollgarn Coats Lyric drei Häkelschnüre von
je 60 cm häkeln, auf beiden Seiten die Garnenden stehen lassen.

Alle drei Häkelschnüre auf einer Seite miteinander verknoten. Knoten mit
Stecknadeln auf das Stickkissen stecken. Die Häkelschnüre zu einem
straffen Zopf flechten. Zum Schluss die Enden verbinden, Anfang und
Ende des Häkelbandes miteinander verknoten.

Die Zutaten für die Seifenmasse in eine Schüssel geben und gut vermischen. Ätherisches Öl und Lebensmittelfarbe immer erst zum Schluss
dazugeben, nach Wunsch mehr oder weniger Öl und Farbe verwenden.

Ein Teil der Seifenmasse vorsichtig um den Knoten legen und gut festdrücken. Eventuell noch weitere Masse andrücken und in Form kneten.

Es ist ratsam, die Seife am Seifenband über eine längere Zeit, am besten
4–5 Wochen trocknen zu lassen, bevor man sie benutzt. Ansonsten zer-
bröselt die Seife sehr leicht. *(C.C.)*

SCHLÜSSELANHÄNGER

KLASSE: ab 2. Schuljahr
ZEIT: 2–3 Doppelstunden

ASPEKTE
Luftmaschenketten häkeln
Einen Zopf flechten

MATERIAL
Coats Lyric in verschiedenen Farben
Häkelnadel Nr. 3–4
Schlüsselring geschlossen
Schlüsselring offen
Schere, Stickkissen
Stecknadeln

ANLEITUNG

Mit dem ausgewählten Baumwollgarn sechs Häkelschnüre von je 30 cm Länge aus Luftmaschen häkeln.

Den geschlossenen Schlüsselring auf das Stickkissen stecken und die Häkelschnüre so durch den Ring ziehen, dass alle sechs Schnüre doppelt liegen.

Die 12 Hälften in drei Bündel à vier Hälften teilen. Mit diesen Bündeln einen straffen Zopf flechten.

Um die Enden einen Faden wickeln, anziehen und gut verknoten. Überstehende Garnenden abschneiden.

Ring vom Stickkissen lösen und am offenen Schlüsselring befestigen. *(C.C.)*

DOSENDEKORATION

KLASSE: ab 2. Schuljahr
ZEIT: 4 Doppelstunden

ASPEKTE

Luftmaschenketten häkeln
Ketten dekorativ fixieren
Behältnisse individuell verschönern

MATERIAL

Baumwollgarn in verschiedenen
Farben, z. B. Coats Lyric
Häkelnadel Nr. 3–4
Holz-, Plastik- oder Metalldose,
neu oder gebraucht
Bastelleim
Makulaturpapier
Schere

ANLEITUNG

Mit dem ausgewählten Garn zwei ausreichend lange Häkelschnüre häkeln, eine für den Deckel, eine für die Büchsenwand. Mit einem Faden die hierfür benötigte Länge ausmessen. Die Farben können während des Häkelns immer wieder gewechselt werden, müssen aber nicht.

Dose auf Makulaturpapier stellen und die Dosenwand rundherum ca. 1 cm hoch mit Bastelleim einstreichen. Die Dose muss sauber und fettfrei sein. Die Häkelschnur vorsichtig anlegen, darauf achten, dass immer die gleiche Seite oben ist. Wenn das erste Stück beklebt ist, ein weiteres mit Leim einstreichen und die Häkelschnur andrücken. So weiterverfahren bis die ganze Dosenwand beklebt ist.

Darauf achten, dass die Häkelschnur nicht zu weit an den oberen Rand geklebt wird, sonst passt der Deckel zum Schluss nicht mehr auf die Dose. Das übrig bleibende Ende der Häkelschnur abschneiden und die Masche fixieren.

Die gleiche Arbeit beim Deckel wiederholen, aber außen am Rand mit dem Kleben beginnen und die Häkelschnur zur Mitte hin auflegen. *(C.C.)*

TIPP

Mit Anchor Magic, einem Multicolor-Garn, werden sehr schöne Effekte erzielt.

SPRINGSEIL

KLASSE: ab 2. Schuljahr
ZEIT: 5 Doppelstunden

ASPEKTE
Luftmaschen häkeln
Zöpfe flechten

MATERIAL
Baumwollgarn in verschiedenen
Farben, z. B. Coats Lyric
Häkelnadel Nr. 3–4
2 Springseilgriffe
Schere
Stickkissen
Stecknadeln

ANLEITUNG
Mit Baumwollgarn sechs Häkelschnüre von je 3 m
Länge häkeln.

Die Enden der Häkelschnüre durch einen Springseilgriff ziehen, verknoten und bis an den Anschlag zurückziehen.

Die Häkelschnüre in drei Gruppen aufteilen, jeweils
zwei Schnüre.

Einen straffen Zopf flechten, dabei darauf achten, dass
die Enden sich nicht verknoten.

Zum Schluss das Ende des Zopfes durch den zweiten
Springseilgriff ziehen, Enden verknoten, abschneiden
und zurückziehen. *(C.C.)*

TIPP
Diese Arbeit eignet sich gut als abwechslungsreiche
Zwischenarbeit.
Eine kleine Bewegungseinheit damit verbinden und eine
Runde „hüpfen".

197

SILBERNER ARMREIF

KLASSE: ab 4. Schuljahr
ZEIT: 1–2 Doppelstunden

ASPEKTE
Flächen bilden
Ein filigranes Schmuckstück
gestalten

MATERIAL
Silberdraht Ø 0,25 mm
Häkelnadel Nr. 4
Nähnadel
Kleine Zange

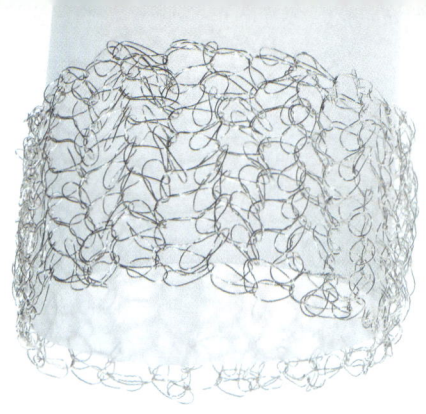

ANLEITUNG
Für den Armreif ein Band häkeln; bei einer Breite von
4 cm acht Luftmaschen und eine Wendemasche häkeln.

In Hin- und Rückreihe feste Maschen häkeln und jede
Reihe mit einer Wendemasche beginnen.

Ist die gewünschte Länge erreicht (Umfang des Hand-
gelenks an der breitesten Stelle), einen längeren Drahtfaden durch die letzte Masche ziehen und mit der Nadel
das Silberband zusammennähen.

Die Drahtenden mit einer Zange zu flachen Schlaufen
umbiegen. *(K.S.)*

OHRRINGE

KLASSE: ab 3. Schuljahr
ZEIT: 1–2 Doppelstunden
je Paar

ASPEKTE
Schmuck selbst herstellen
Flächen bilden und erweitern
Individuelle Gestaltungsmöglich-
keiten entdecken

MATERIAL
Anchor Perlgarn Metallic in Rot-Gold
und Weiß-Silber
Häkelnadel Nr. 2,5
Schere
Nadel zum Vernähen
Ohrring-Aufhänger
Kleine Zange

„QUADRATISCHE OHRRINGE"

VORBEMERKUNGEN
Je nach Wunsch ein Modell schon nach der zweiten
Runde beenden. Für einen größeren Ohrring erst nach
der dritten Runde aufhören oder gegebenenfalls noch
mit festen Maschen umhäkeln.

ANLEITUNG
4 Luftmaschen häkeln und mit einer Kettmasche in die
erste Luftmasche zum Ring schließen.

1. Runde: 3 Luftmaschen, 2 Stäbchen in den Ring,
2 Luftmaschen. Dann: *) 3 Stäbchen in den Ring,
2 Luftmaschen – *) insgesamt drei Mal. Mit Kettmasche in die erste Luftmasche schließen.

2. Runde: Bis vor die erste Luftmaschenlücke 4 Kettmaschen häkeln, dann 3 Luftmaschen, in die Lücke der
Vorrunde 2 Stäbchen, 2 Luftmaschen, 3 Stäbchen,
1 Luftmasche. *) In die nächste Luftmaschenlücke →

3 Stäbchen, 2 Luftmaschen, 3 Stäbchen, 1 Luftmasche – *) insgesamt drei Mal. Dann mit Kettmasche die Runde schließen.

3. Runde: Wieder bis zum Erreichen der ersten Luftmaschenlücke 4 Kettmaschen häkeln, dann 3 Luftmaschen, in die nächste Luftmaschenlücke 2 Stäbchen, 2 Luftmaschen, 3 Stäbchen, 1 Luftmasche. Dann 3 Stäbchen in die nächste Luftmaschenlücke, 1 Luftmasche. Nun *) in die nächste Luftmaschenlücke 3 Stäbchen, 2 Luftmaschen, 3 Stäbchen, 1 Luftmasche in die nächste Luftmaschenlücke 3 Stäbchen, 1 Luftmasche – *) insgesamt drei Mal. Runde mit Kettmasche schließen.

Diese Ausgangsform kann auch mit weiteren Elementen beliebig vergrößert oder variiert werden. Je nachdem, ob eine lockere Aufteilung gewünscht ist oder eher eine festere, die Stäbchen unterschiedlich anordnen.

Den zweiten Ohrring ebenso arbeiten. Fäden vernähen und Aufhänger anbringen.

„TROPFENOHRRINGE"

MATERIAL
Weißsilberne Ohrringe
Anchor Metallic Perlgarn
Häkelnadel Nr. 2,5
2 Ohrring-Aufhänger und Ösen

ANLEITUNG
8 Luftmaschen mit einer Kettmasche in die erste Luftmasche zum Ring schließen.
3 Luftmaschen, 13 Stäbchen in den Ring häkeln. 4 Luftmaschen, 4 Stäbchen in den Ring. Mit Kettmasche in die dritte der ersten Luftmaschen die Runde schließen.
*) 3 Luftmaschen, dann Kettmasche in die erste Luftmasche davon, feste Masche – *) acht Mal wiederholen. Nach den 9 Spitzen eine Kettmasche.
Zweiten Ohrring ebenso arbeiten. Fäden vernähen und die Ohrstecker befestigen.

MATERIAL
Grüngoldene Ohrringe mit Perlen
Anchor Metallic Perlgarn
je Ohrring 9 Goldperlen
Häkelnadel Nr. 2,5
2 Ohrring-Aufhänger und Ösen

ANLEITUNG
Zuerst die Perlen auffädeln und Luftmaschenring und Stäbchenrunde wie bei den weißsilbernen Ohrringen ausführen. Die Zacken, in denen die Perlen befestigt werden, wie folgt häkeln: *) 2 Luftmaschen, dann eine Perle, dann 2 Luftmaschen, Kettmasche in die erste Luftmasche, dann 1 feste Masche*) acht mal wiederholen. Nach den 9 Spitzen 1 Luftmasche häkeln, Faden durchziehen und vernähen. *(K.S.)*

TIPP
Damit die Ohrringe nicht zu weich sind und sich verformen, empfiehlt es sich, sie zu stärken. Noch feucht in Form ziehen – eventuell mit Nadeln spannen und trocknen lassen.

KETTE AUS SEIDENBAND

KLASSE: ab 3. Schuljahr
ZEIT: 3 Doppelstunden

ASPEKTE

Seidenband einfärben und mit Dampf fixieren
Anfangs-, Luft- und feste Masche anwenden
Erleben, wie viel Freude eine selbst gefärbte und
gehäkelte Kette als Schmuckstück bringt

MATERIAL

1 Rolle Seidenband
50 ml Seidenmalfarbe zum Dampffixieren
Pipette, Häkelnadel Nr. 3
Verschlusstulpen
Sticknadel, Klebstoff
Alte Zeitungen/Folien zum Abdecken der Tische
Alter Kochtopf mit gelochtem Einsatz

VORBEMERKUNGEN

Ketten können aus ganz unterschiedlichen Materialien
gehäkelt werden. Besonders reizvoll und spannend ist
es, Seidenbänder mit Dampffixierfarbe zu färben und
anschließend daraus eine Kette zu häkeln (auch als
Geschenk, z. B. für den Muttertag).

ANLEITUNG

Die Rolle auf die Folie legen, mit Wasser beträufeln und anschließend mit
Farbe betupfen. Den Farbauftrag langsam ausführen, da sich die Farbe
durch den Fließeffekt ausbreitet.

Etwas Wasser in den Topf geben und den gelochten Einsatz hineinstellen.
Die Seidenrolle in den Einsatz legen und ca. 30 Minuten bedampfen. Anschließend die Seide trocknen lassen.

Eine Anfangsschlinge anfertigen, 7 feste Maschen in diese häkeln und nun
die Anfangsschlinge zusammenziehen. Immer weiter in Runden häkeln, bis
die gewünschte Länge erreicht ist. Soll die Kette zur Mitte hin etwas breiter werden, ab und zu eine Masche zunehmen und gegengleich wieder
abnehmen. Abschließend alle Fäden vernähen und die Enden in die Verschlusstulpen einkleben. *(I.H./H.E.)*

TOPFLAPPEN-VARIATIONEN

ASPEKTE

Alltagsgegenständen durch Anwendung flächenbildender Verfahren herstellen

Eigenständige Entscheidung in Bezug auf Farbe, Form und ästhetische Gestaltung treffen

VORBEMERKUNGEN

Buntes Garn und feste Maschen – mehr braucht man nicht, um eine vielfältige Auswahl an verschiedenen Top-Modellen zu erstellen!

„BÄRCHEN"

KLASSE: ab 4. Schuljahr
ZEIT: 4–5 Doppelstunden

MATERIAL

50 g Coats Lyric 8/8 mittelblau und 50 g hellblau
Garnreste in Dunkelblau oder Schwarz
Häkelnadel Nr. 4, große stumpfe Sticknadel

ANLEITUNG

3 Luftmaschen mit einer Kettmasche zum Ring schließen. Jede Runde mit einer Luftmasche beginnen, die als erste feste Masche gezählt wird und mit einer Kettmasche in die erste Luftmasche schließen. Den Rundenschluss mit einem bunten Faden markieren!
8 feste Maschen in den Ring häkeln, eine Wendeluftmasche.

In der nächsten Runde die Maschenzahl auf 11 Maschen erhöhen, dafür in 3 Maschen je 2 feste Maschen häkeln. Mit einer Kettmasche schließen.

In der folgenden Runde jede zweite Masche verdoppeln. Dann jede dritte Masche verdoppeln usw. Zu Beginn der Runde, in der jede 14. Masche verdoppelt wird, für den Aufhänger eine Schlinge aus 12 Luftmaschen häkeln.

In der nächsten Runde jede 15. Masche verdoppeln. 16 feste Maschen in die Schlinge für den Aufhänger häkeln und die Runde bzw. den Topflappen fertig stellen.

Für die Ohren mit Hellblau einmal links und einmal rechts vom Aufhänger (ca. 8 Maschen Abstand) je 9 feste Maschen häkeln, Luftmasche, 8 feste Maschen, Luftmasche, 6 feste Maschen, Luftmasche, 4 feste Maschen.

Mit dem dunklen Garnrest Nase, Mund und Augen in Schling- und Plattstichen aufsticken. Alle Fäden vernähen.

TIPP

Wie wäre es mit einem „Kätzchentopflappen"? Dazu eine dreieckige Nase, Katzenaugen und lange Schnurrhaare sticken – die angehäkelten Ohren zwei Reihen höher häkeln und spitz auslaufen lassen.

Oder das Modell „Marienkäfer" – dafür einen runden Topflappen in Rot mit einem runden Kopf in Schwarz häkeln, dann einen Mittelstrich und Punkte (Knötchen) einsticken. *(K.S.)*

„DREI FARBEN –
IMMER WIEDER ANDERS"

KLASSE: ab 4. Schuljahr
ZEIT: 4–5 Doppelstunden

MATERIAL
für ein Paar Topflappen:
80–100 g kochfestes Baumwollhäkelgarn (Coats Lyric 8/8)
Häkelnadel Nr. 4

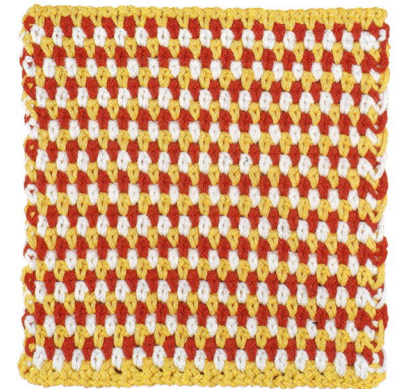

VORBEMERKUNGEN
Das Grundmuster dieser Topflappen besteht aus dem ständigen Wechsel von festen Maschen und Luftmaschen. Wechselt man jeweils nach zwei Reihen die Farbe, entsteht ein dekoratives Zickzack-Muster.

Wechselt man in jeder Reihe die Farbe, ist die Zickzack-Wirkung aufgehoben. In diesem Fall empfiehlt es sich, mit drei Farben zu arbeiten, damit die Fäden nicht nach jeder Reihe abgeschnitten und vernäht werden müssen, sondern jeweils in der vierten Reihe wieder aufgegriffen werden können.

TIPP
Mit Multicolorgarn können schon Einsteiger Muster erzielen, ohne verschiedene Farben zu verwenden. Dabei entfällt das Wechseln der Farbe und das Vernähen der Garne.

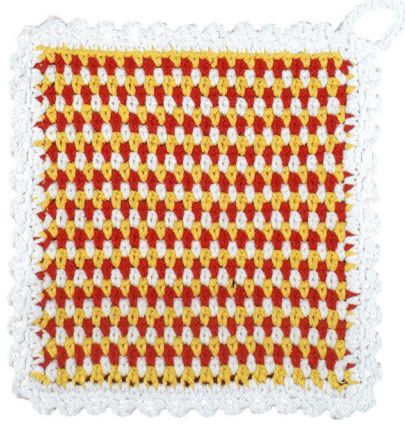

ANLEITUNG
36 Luftmaschen plus eine Wendeluftmasche anschlagen.

Mit dem Grundmuster beginnen: In jede zweite Masche eine feste Masche, dazwischen jeweils eine Luftmasche häkeln. Zum Schluss noch eine feste Masche häkeln.

Nach der Wendeluftmasche mit einer festen Masche in die erste Masche beginnen, dann eine Luftmasche und eine feste Masche im Wechsel häkeln; dabei ist zu beachten, dass die festen Maschen stets in die Lücke unter der Luftmasche der Vorreihe gehäkelt werden. Damit feste Seitenkanten entstehen, muss als erste und letzte Masche in jeder Reihe eine feste Masche gehäkelt werden.

Nach 35–36 Reihen (je nach Muster) die Kanten mit festen Maschen umhäkeln; dabei in die Eckmaschen jeweils drei feste Maschen häkeln. Das Umhäkeln eventuell mit einem Aufhänger aus Luftmaschen und festen Maschen beenden. Besonders dekorativ ist ein weiteres Umhäkeln mit „Mausezähnchen", die ebenfalls aus Luftmaschen und festen Maschen bestehen. (H.E.)

„TOPFLAPPEN, TUNESISCH GEHÄKELT"

KLASSE: ab 4. Schuljahr
ZEIT: 6 Doppelstunden

ASPEKTE

Das tunesische Häkeln kennen lernen
Entdecken, dass beim tunesischen Häkeln aus mehreren Farben vielfältige Muster entstehen können
Nach eigenen Entwürfen und Farbkombinationen häkeln

MATERIAL

für 1 Paar Topflappen:
80–100 g kochfestes Baumwollhäkelgarn
z. B. Coats Lyric 8/8 in Weiß, Gelb, Orange
Tunesische Häkelnadel Nr. 4
Häkelnadel Nr. 4

VORBEMERKUNGEN

Die tunesische Häkelei unterscheidet sich ganz wesentlich von der üblichen Topflappenhäkelei. Wird üblicherweise Masche für Masche fertig gehäkelt, werden hier in der Hinreihe alle Maschen halb und erst in der Rückreihe ganz fertig gehäkelt. Da alle halben festen Maschen der Hinreihe auf die Häkelnadel genommen werden, muss für diese Technik eine spezielle (tunesische) Häkelnadel mit gleichmäßigem langen Schaft verwendet werden. Die Mustermöglichkeiten sind in dieser Technik sehr vielfältig.

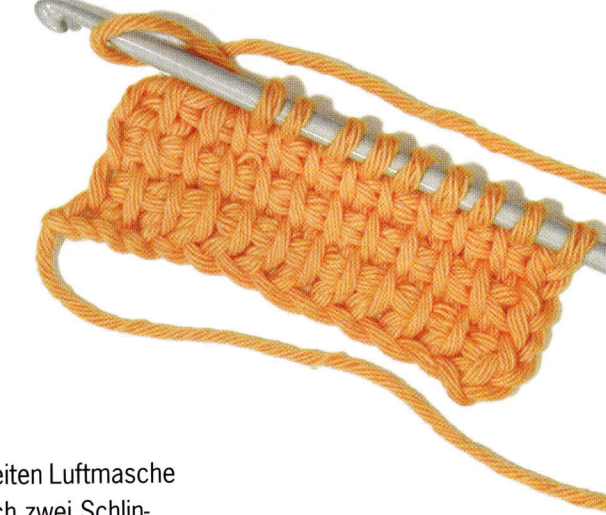

GRUNDMUSTER
Feste Maschen tunesisch gehäkelt

1. Hinreihe: Häkelnadel in das obere Maschenglied der zweiten Luftmasche einstechen, Faden holen und durchziehen – es befinden sich zwei Schlingen auf der Nadel. Aus jeder weiteren Luftmasche je eine Schlinge holen und auf der Nadel liegen lassen. Die Anzahl der Schlingen auf der Nadel am Ende jeder Hinreihe entspricht denen des Luftmaschenanschlags. →

1. Rückreihe: Einen Umschlag auf die Nadel nehmen und durch eine einzelne Schlinge ziehen (das entspricht der sonst üblichen Wendeluftmasche). Nun einen Umschlag auf die Nadel nehmen und durch zwei Schlingen ziehen – die erste feste Masche „tunesisch" ist fertig. Fortlaufend einen Umschlag auf die Nadel nehmen und durch zwei Schlingen ziehen, bis nur noch eine Schlinge (die letzte Masche) auf der Nadel ist.

2. Hinreihe: In die senkrecht liegenden Maschendrähte einstechen und jeweils eine Schlinge durchholen – dabei den ersten senkrecht liegenden Maschendraht auslassen, denn die auf der Nadel liegende Masche zählt als erste Schlinge (sonst wird die Häkelarbeit schräg).

2. Rückreihe: In dieser Reihe die Maschen genau so wie bei der ersten Rückreihe fertig häkeln. Die beiden Reihen fortlaufend wiederholen bis die gewünschte Höhe erreicht ist.

Abketten: In jeden senkrecht liegenden Maschendraht einstechen, einen Umschlag auf die Nadel nehmen und in einem Zug durch den senkrechtliegenden Maschendraht und die auf der Nadel liegende Schlinge ziehen.

ANLEITUNG

Einen Entwurf für ein Quadrat, das aus 25 Luftmaschen und 25 Reihen besteht, anfertigen. Nach diesem Entwurf den Topflappen in tunesischer Häkelei arbeiten.

Mit festen Maschen umhäkeln, dabei in die vier Eckmaschen jeweils drei feste Maschen häkeln. Die Umrandung wirkt besonders dekorativ, wenn alle im Topflappen verwendeten Farben in der Umrandung mindestens einmal vorkommen.

Nach der letzten Reihe kann ein Aufhänger aus 15 festen Maschen und 15 Kettmaschen gehäkelt werden. Alle Fadenenden vernähen und den Topflappen gut dämpfen. *(H.E.)*

VORBEMERKUNGEN

Die bunten Muster der Hackysacks entstehen durch die gemusterte Wolle von selbst. Super lassen sich die Bälle auch zum Jonglieren verwenden. Grundsätzlich gilt für die folgende Anleitung: Jede Runde mit einer Luftmasche beginnen, jede Runde mit einer Kettmasche schließen.

ANLEITUNG

Anfang: 4 Luftmaschen häkeln und mit einer Kettmasche zur Runde schließen. Den Beginn der Runden mit einem Faden oder einer Sicherheitsnadel markieren – das hilft, den Überblick zu behalten.

1. Runde: In den Luftmaschenring
6 feste Maschen (fM) häkeln (= 6 Maschen)
2. Runde: In jede fM 2 fM häkeln (= 12 Maschen)
3. Runde: In jede 2. fM 2 fM häkeln (= 18 Maschen)
4. Runde: In jede 3. fM 2 fM häkeln (= 24 Maschen)
5. Runde: In jede 4. fM 2 fM häkeln (= 30 Maschen)
6. Runde: In jede 5. fM 2 fM häkeln (= 36 Maschen)
7. Runde: In jede 6. fM 2 fM häkeln (= 42 Maschen)
Dann 9 Runden lang immer 42 fM häkeln
17. Runde: Immer 6 fM häkeln dann 1 fM auslassen (= 36 Maschen)
18. Runde: Immer 5 fM häkeln dann 1 fM auslassen (= 30 Maschen)
19. Runde: Immer 4 fM häkeln dann 1 fM auslassen (= 24 Maschen)
20. Runde: Immer 3 fM häkeln dann 1 fM auslassen (= 18 Maschen)
21. Runde: Immer 2 fM häkeln dann 1 fM auslassen (= 12 Maschen)

Nach dieser Runde mit der Füllung beginnen: Die Spitze eines Nylonstrumpfes in den Ball stecken. Mit Hilfe eines Papiertrichters das Füllmaterial, z. B. Reis oder Sand, einfüllen und den Strumpf verschließen.

22. Runde: Immer 1 fM häkeln, 1 fM auslassen (= 6 Maschen)
Den Faden nach der Kettmasche länger abschneiden und den Ball schließen. Anfangs- und Schlussfäden möglichst „unsichtbar" vernähen.
(K.S.)

TIPP

Babyball: Eine „Soft-Version" dieser Anleitung erhält man, indem mit dickerem Garn, dickerer Nadel und mit Füllwatte gearbeitet wird.

HACKYSACK

KLASSE: ab 2. Schuljahr
ZEIT: 2 Doppelstunden

ASPEKTE

Kugelform als gestalterischen Aspekt erfahren
Gestaltung von Hüllen üben
Textile Materialien zu Spielzwecken einsetzen

MATERIAL

Regia Ringel Color 4-fädig oder
Mini Ringel Color 4-fädig
Häkelnadel Nr. 3
Füllmaterial, wie Reis, Sand o. Ä.
Papiertrichter
Nylonstrumpf

SCHLAMPERMÄPPCHEN MIT PERLEN

KLASSE: ab 4. Schuljahr
ZEIT: 5–6 Doppelstunden

ASPEKTE

Eine rechteckige Fläche aus festen Maschen mit geradem Rand häkeln
Die Technik des Perleneinhäkelns erlernen
Einen Reißverschluss mit Steppstichen einnähen

VORBEMERKUNGEN

Als Material eignen sich Garne, die sich beim Verarbeiten nicht so leicht teilen. Günstig ist ein weiches Baumwollgarn oder Wolle.

Zum Einhäkeln können Holz-, Porzellan- oder Glasperlen verwendet werden. Sie werden nur auf der Vorderseite des Mäppchens verarbeitet. Bei sehr locker gehäkelten Arbeiten sollte von der Rückseite Bügel-Vlieseline aufgebügelt werden, damit die Stifte nicht herausrutschen können.

MATERIAL

50 g Wolle oder Baumwolle
z. B. Coats Lyric 8/4
Häkelnadel Nr. 3,5 oder 4
Bunte Perlen Ø 0,3–0,5 cm
Eventuell Bügel-Vlieseline
Farblich passender Reißverschluss
18–20 cm
Nähnadel, Nähgarn
Schere, Klebstoff

ANLEITUNG

Den Garnanfang mit Klebstoff zu einer festen Spitze formen und trocknen lassen. Die Perlen in der gewünschten Reihenfolge auffädeln.

43 Luftmaschen anschlagen und mit festen Maschen ein Rechteck in der Größe von 20 x 16–18 cm häkeln. Dabei auf der Vorderseite in jeder Rückreihe die aufgefädelten Perlen mit einhäkeln: Eine Perle bis an die zuletzt gehäkelte Masche schieben, Häkelnadel in die Masche der Vorreihe einstechen, den Faden hinter der Perle holen und durchziehen, erneut den Faden holen und durch die beiden Schlingen auf der Nadel ziehen.

Damit die Perlen immer auf derselben Seite erscheinen, in den Hinreihen feste Maschen, in den Rückreihen die Perlen einhäkeln.

Die Anfangs- und Endfäden vernähen und eventuell Vlieseline auf die Innenseiten aufbügeln. Den Reißverschluss mit Steppstich bei offenen Seitennähten einnähen. Die Seitennähte mit Matratzenstich oder Überwendlingsstich schließen. (C.Hu/H.E.)

VORBEMERKUNGEN

Der Beutel für allerlei Utensilien wird mit festen Maschen aus farbigem Plastikgarn gehäkelt. Er ist schön, praktisch und hat wenig Eigengewicht.

MATERIAL

Anchor Viva in Schwarz, Hellblau, Hellgrün und Pink
2 hellblaue Plastikperlen (oder Knöpfe)
Große Nähnadel
Häkelnadel Nr. 4

TÄSCHCHEN
IN MODERNER BASTOPTIK

KLASSE: ab 2. Schuljahr
ZEIT: 2–3 Stunden

ASPEKTE

Neue Produkte durch Anwendung von flächenbildenden Verfahren herstellen
Material mit Blick auf den Gebrauchseinsatz gezielt auswählen

TIPP

Auf diese Weise kann man auch viele andere Taschenformen gestalten. Wie wär's mit einer kleinen Tasche für Papiertaschentücher oder einer großen als Handtasche?

ANLEITUNG

1. Reihe: 28 Luftmaschen in Hellblau häkeln und eine Luftmasche zum Wenden.

2. Reihe: 28 feste Maschen in Hellblau häkeln und eine Luftmasche zum Wenden.

Weitere 40 Reihen feste Maschen häkeln und jeweils eine Luftmasche zum Wenden nicht vergessen.
Die Farbfolge: 2 Reihen hellblau, 2 Reihen schwarz, 2 Reihen pink, 2 Reihen schwarz, 2 Reihen hellgrün, 2 Reihen schwarz.

Die Fäden vernähen.

Einen Teil des Rechtecks in der gewünschten Taschengröße (hier nach 17 Reihen) umklappen.

Beide Seiten mit schwarzem Garn und festen Stichen schließen.

Der überstehende Teil bildet die Taschenklappe. Für die Verschlüsse mit pinkfarbenem Garn zwei kleine Schlaufen aus Luftmaschen an der oberen Kante anhäkeln. Zum Schluss die Knöpfe aufnähen. (K.S.)

BUNTE BECHERHÜLLEN

KLASSE: ab 2. Schuljahr
ZEIT: 1–2 Stunden

ASPEKTE

Neue Produkte durch flächenbildende
Verfahren herstellen
Material mit Blick auf Gebrauch gezielt
auswählen

MATERIAL

Anchor Viva in Schwarz, Hellblau,
Hellgrün, Pink
Große Nähnadel
Häkelnadel Nr. 4
Gläser

VORBEMERKUNGEN

Die dekorativen Becherhüllen werden
mit festen Maschen aus farbigem Plastikgarn gehäkelt: ein individueller Farb-
tupfer für den Schreibtisch.

ANLEITUNG

Die Häkelanleitung muss dem jeweiligen Gefäß ange-
glichen werden. Zuerst einen Luftmaschenring häkeln,
der gut um den unteren Glasrand passt. Weiter in Runden häkeln und den Ring ab und zu zur Anprobe über
das Glas ziehen. Da das Garn elastisch ist, braucht
man bei leichter Verbreiterung des Glases nicht zunehmen. Wird das Glas nach oben wesentlich breiter, dann
ab und zu eine Masche zunehmen.

1. Reihe: 23 Luftmaschen häkeln mit einer Kettmasche
die Luftmaschen zum Kreis schließen. Eine Luftmasche
häkeln.

2. Reihe: 23 feste Maschen in den Luftmaschenring
häkeln und mit einer Kettmasche den Ring beenden.
Folgende Reihen so weiterhäkeln, bis die gewünschte
Höhe erreicht ist. Farbfolge nach eigener Wahl oder
wie abgebildet. Fäden vernähen und Becherhülle über
das Glas streifen.

TIPP

Die Wasser abweisenden Becherhüllen verwandeln alte
Senf- oder Marmeladengläser in bunte Zahnputzbecher
oder dekorative Partygläser. *(K.S.)*

RECYCLINGTASCHEN

KLASSE: ab 3. Schuljahr
ZEIT: ca. 4 Stunden

ASPEKTE

Aus Alt mach Neu: Gebrauchte
Plastiktüten weiterverwenden
Eigenes „Häkelgarn" herstellen

MATERIAL

Alte Plastiktüten
Schere (oder Papierschneide-
maschine)
Häkelnadel Nr. 9

Große Umhängetasche
Höhe 26 cm, Breite 32 cm
Ca. 7–8 Tüten

„GROSSE UMHÄNGETASCHE"

ANLEITUNG

Die Plastiktüten flach hinlegen, glatt streichen und den oberen Rand (mit den Griffen) und den unteren Rand (Boden) abschneiden. Nun den Rest zwei Mal Seite auf Seite zusammenfalten.

Mit der Schere (oder der Papierschneidemaschine) in ca. 1 cm breite Streifen schneiden.

Die Streifen auffalten und einige der so entstandenen Schlaufen, wie beim Einhängeknoten, miteinander verknüpfen. Fertig ist das „Garn".

24 Luftmaschen häkeln plus eine Masche zum Wenden. Anschließend so viele Reihen feste Maschen häkeln, bis die gewünschte Taschenhöhe erreicht ist – im gezeigten Beispiel nach ca. 52 cm.

Nun das gehäkelte Rechteck in der Mitte falten und die Tasche mit festen Maschen zusammenhäkeln, an der unteren linken Ecke beginnen.

Am linken oberen Taschenrand angekommen, für den Henkel ca. 60 Luftmaschen häkeln und dann die rechte Taschenseite von oben nach unten zusammenhäkeln.

Den Luftmaschenhenkel mit einer Reihe fester Maschen verstärken. Lose Enden verhäkeln oder vernähen.

Kleine Handtasche
Höhe 13 cm, Breite 17 cm
Ca. 2 Tüten
1 große Holzperle
Große stumpfe Stopfnadel

„KLEINE HANDTASCHE"

Aus dem „Plastikgarn" 12 Luftmaschen häkeln plus eine Masche zum Wenden. So viele Reihen feste Maschen häkeln bis die gewünschte Taschenhöhe erreicht ist – im gezeigten Beispiel nach ca. 33 cm (2 x 13 cm für die Tasche und 7 cm für die Taschenklappe).

Den Anfang der Häkelarbeit so weit umschlagen, wie die Tasche hoch sein soll. Hier sind es 13 cm.

Die Seiten der Tasche jetzt mit festen Maschen zusammenhäkeln – mit der unteren linken Ecke beginnen.

An der linken oberen Taschenseite angekommen, über die Taschenklappe weiterhäkeln. In der Mitte der Taschenklappe mit Luftmaschen eine kleine Schlaufe häkeln.

Dann die rechte Taschenseite von oben nach unten zusammenhäkeln.

Lose Fäden verhäkeln oder vernähen und auf der Tasche den Knopf annähen.

Das Garn locker verhäkeln und nicht straff ziehen.
(K.S.)

TIPP

Man kann die Plastikschlaufen auch zu einem großen Knäuel wickeln – es häkelt sich jedoch besser, wenn man immer nur wenige Schlaufen hintereinander verknüpft. So kann man verdrehtes Garn besser „entdrehen" und die Farbfolge genauer bestimmen.

DREIFARBIGES SCHULTERNETZ

KLASSE: ab 2. Schuljahr
ZEIT: 2 Doppelstunden

ASPEKTE

Aus Luftmaschen eine Platz sparende Aufbewahrungs-
möglichkeit häkeln
Den Gebrauchswert im Sportbereich schätzen lernen
Mit wenig Material ein großes Volumen fassen
Individuelle Farbe und Größe bestimmen

MATERIAL

Je 50 g Coats Lyric 8/8 in Lila,
Bordeaux und Rosa
Häkelnadel Nr. 4
9 Gardinenringe
Schere
Große stumpfe Nadel
Lange Kordel (evtl. selbst gedreht)

ANLEITUNG

Einen Gardinenring mit 15 festen Maschen in Lila umhäkeln mit einer Kettmasche schließen. In jede feste Masche eine Schlinge aus 12 Luftmaschen häkeln.

Mit bordeauxfarbenem Garn in die erste Luftmaschenschlinge mit einer
Kettmasche häkeln, dann 12 Luftmaschen und die Schlinge mit einer festen Masche schließen. In jede weitere Schlinge 12 Luftmaschen, die letzte
Luftmaschenschlinge der Runde mit einer Kettmasche an die erste Masche
der Runde anschließen.

Nächste Runde mit rosafarbenem Garn ebenso häkeln. Im Farbwechsel
so lange weiterarbeiten, bis die gewünschte Netzlänge erreicht ist.

Fäden vernähen. In die Randschlingen werden nun die 8 Gardinenringe
eingehängt. Luftmaschenschlinge durch den Ring und über ihn ziehen. In
die erste und zweite Randschlinge je einen Ring, ansonsten in jede zweite
Randschlinge einen Ring einhängen.

Die gedrehte Kordel durch die Ringe ziehen: Bei einem der nebeneinander
liegenden Ringe beginnen, beim anderen herauskommen. Ein Ende der
Kordel durch den Ring am Boden führen, dann die Kordel zusammenknoten oder -nähen. *(K.S.)*

TIPP

Am besten nach jeder Reihe den Anfangs- und Endfaden
zuerst verknoten und dann vernähen, da die Fäden in
den Luftmaschenketten nicht stabil genug vernäht werden können.

Gardinenringe aus Holz mit Lackfarben zum Garn passend bemalen. Auch goldfarbene Metallringe sehen gut
aus.

Tolle Effekte können auch mit einem Multicolorgarn,
z. B. Anchor Magic von Coats, erzielt werden. Der
Effekt kommt direkt aus dem Knäuel.

EXOTISCHE KARTENHALTER

KLASSE: ab 4. Schuljahr
ZEIT: 6 Doppelstunden

ASPEKTE
Farbgestaltung/Musterung, Rapport in einem
eigenen Entwurf umsetzen
Form des passenden Gipssockels erarbeiten

MATERIAL
Baumwollgarn in verschiedenen Farben
z. B. Coats Lyric 8/4
Häkelnadel Nr. 3,5
1–2 Papierstreifen, 4 cm breit, 1 m lang
Gießpulver, ca. 300 g
Gießform, z. B. Joghurtbecher o. Ä.
(Fassungsvermögen ca. 0,5 Liter Inhalt)
Acrylfarben
Filzreste
Klebstoff
110 cm Elektrokabel, Ø 6–10 mm
Krokodilklammern
Seitenschneider, Zange
Handbohrer (Bohrmaschine)
Schleifpapier

VORBEMERKUNGEN
Klassengespräch über Ordnung und Aufräumen. Aufbewahren von „wichtigen" Notizen, schönen Postkarten
usw. Sammeln der Schülervorschläge.

ANLEITUNG
Der Kartenhalter kann aus einem
oder mehreren Klammerarmen
bestehen.

Einen Papierstreifen von der Größe
4 x 100 cm in die gewünschte
Anzahl von Armen teilen.

Die Kartenhalterarme können quer
oder längs gehäkelt werden.

Drei Garnfarben auswählen und auf
dem Papierstreifen mit Wasserfarbe
ein Muster mit diesen Farben entwerfen.

Muster und Größe der einzelnen
Arme nun dem Papiermuster
entsprechend mit festen Maschen
häkeln.

Farbwechsel je nach Höhe der
Abstände vornehmen. Entweder
Garn am Rand hochziehen oder
abschneiden und einzeln vernähen.
Darauf achten, dass alle Fäden auf
der Rückseite vernäht werden.

Häkelstreifen zum Schlauch schließen. Quer gehäkelte Streifen an
den Kanten mit Überwendlingsstichen zusammennähen. Längs gehäkelte Streifen mit festen Maschen
zusammenhäkeln. →

Elektrokabel in die Schläuche einschieben, mit einem Seitenschneider abschneiden, sodass die Enden nur noch ca. 1 cm herausragen.

An den oberen Enden je eine Krokodilklammer befestigen. Die Plastikummantelung ca. 1 cm tief wegschneiden. Je nach Dicke der Innenkabel 1–2 Kabelstränge abschneiden. Den Hals der Krokodilklammer nun gut über die verbleibenden Kabel schieben und mit einer Zange stark andrücken.

Die obere Öffnung des Häkelschlauches mit Garn zusammenziehen und mit ein paar Stichen an der Klammer befestigen, das untere Ende offen lassen.

Für den Sockel die Gießmasse nach der Gebrauchsanleitung mischen, in eine dafür vorbereitete Form gießen und aushärten lassen. Unregelmäßige Kanten glatt schleifen.

Mit einem Steinbohrer die gewünschten Löcher bohren (Lehrperson mit Bohrmaschine; Schüler mit Handbohrer). Den Sockel mit Acrylfarbe, abgestimmt auf das Häkelgarn, bemalen und die Standfläche mit Filz bekleben.

Die Kartenhalterarme mit Klebstoff oder Heißleim in den Löchern fixieren. Das untere Ende des Häkelschlauchs nach unten ziehen und ebenfalls befestigen. Abschließend die Arme in die gewünschten Richtungen zurechtbiegen.

TIPP

Bei einem Arm als Führung einen Holzstab anbringen. Muster und Farbgebung können zu einem bestimmten Thema erarbeitet werden, z. B. Unterwasserwelt, Tiere, Blumen oder außerirdische Figuren. (U.H.)

COOLE HÄKELKAPPEN

KLASSE: 4./5. Schuljahr
ZEIT: je Modell 2–3 Doppelstunden

ASPEKTE

Dekorative Kopfbedeckung herstellen
Farbzusammenstellung planen und einsetzen
Luftmaschen und Stäbchen kombinieren
Bunte Perlen einhäkeln

MATERIAL

50 g Schachenmayr Catania in Hellblau
Häkelnadel Nr. 3

„HELLBLAUE HÄKELKAPPE"
(Kopfumfang ca. 54 cm)

ANLEITUNG

Das Grundmuster der Mützen bildet das „Filetkaro". Es besteht aus einem Stäbchen und zwei Luftmaschen. Soll das Filetkaro verdoppelt werden, werden zwei Luftmaschen und ein Stäbchen um die Luftmasche der Vorreihe und zwei Luftmaschen und ein Stäbchen in das folgende Stäbchen der Vorreihe gehäkelt. Bis zur 17. Runde jede Reihe mit drei Luftmaschen als Ersatz für das erste Stäbchen beginnen und mit einer Kettmasche in die dritte Luftmasche des Rundenbeginns enden.

Anfang: Vier Luftmaschen häkeln und mit einer Kettmasche zum Ring schließen.

1. Runde: 8 Filetkaros (= Karos) in den Ring häkeln.
2. Runde: Jedes Karo verdoppeln (16 Karos).
3. Runde: Jedes 2. Karo verdoppeln (24 Karos).
4. Runde: 24 Karos häkeln.
5. Runde: Jedes 3. Karo verdoppeln (32 Karos).
6. Runde: 32 Karos häkeln.
7. Runde: Jedes 4. Karo verdoppeln (40 Karos).
8. Runde: 40 Karos häkeln.
9. Runde: Jedes 5. Karo verdoppeln (48 Karos).

10. Runde: 48 Karos häkeln.
11. Runde: Jedes 6. Karo verdoppeln (56 Karos).
12.–17. Runde: 56 Karos häkeln.
18. Runde: Eine Luftmasche, dann um die Luftmasche der Vorreihe jeweils zwei feste Maschen häkeln und mit einer Kettmasche in die Luftmasche enden (112 feste Maschen).
19. Runde: Eine Luftmasche als Ersatz für die erste feste Masche *) mit vier Luftmaschen drei feste Maschen der Vorreihe übergehen, eine feste Masche, ab *) 27 mal wiederholen, mit einer Kettmasche die Runde beenden (28 Bogen).
20. Runde: Drei Luftmaschen und drei Stäbchen über einen Bogen häkeln, dann über jeden Bogen vier Stäbchen häkeln, mit einer Kettmasche die Runde schließen.
21. Runde: Eine Luftmasche, *) mit vier Luftmaschen drei Stäbchen der Vorreihe übergehen, eine feste Masche, ab *) 27 mal wiederholen, mit einer Kettmasche die Runde beenden (28 Bogen).
22. Runde: Wie die 20. Runde häkeln.
Zum Schluss die Fäden vernähen.

214

MATERIAL

50 g Schachenmayr Catania in
Schwarz
Häkelnadel Nr. 3
Ca. 25 bunte Perlen (Achtung: Die
Perlen werden auf den Baumwollfa-
den aufgezogen und müssen des-
halb eine entsprechend große Öff-
nung haben!)

ANLEITUNG

1.– 9. Runde: Wie beim hellblauen Modell arbeiten.

10.–15. Runde: 48 Karos häkeln.

16. Runde: 1 Luftmasche, dann um die Luftmasche
der Vorreihe jeweils 2 feste Maschen häkeln und
mit 1 Kettmasche in die Luftmasche enden.
Am Ende der 16. Runde den Faden abschneiden.
Die Perlen für die bunte Kante auf das Knäuel auffädeln (ca. 25 Stück).

17. Runde: Neuen Faden anhäkeln: 1 Luftmasche als
Ersatz für 1 feste Masche *) mit 4 Luftmaschen
3 feste Maschen der Vorreihe übergehen. Dabei in
jede 3. Luftmasche eine Perle einhäkeln, 1 feste
Masche, ab *) wiederholen, mit 1 Kettmasche die
Runde beenden.

18. Runde: 3 Luftmaschen und 3 Stäbchen über einen
Bogen häkeln, dann über jeden Bogen 4 Stäbchen
häkeln, mit 1 Kettmasche die Runde schließen.

19. Runde: 1 Luftmasche, *) mit 4 Luftmaschen
3 Stäbchen der Vorreihe übergehen, 1 feste Masche, ab *) wiederholen, mit 1 Kettmasche die
Runde beenden.

20. Runde: Wie die 18. Runde häkeln.

Zum Schluss die Fäden vernähen.

TIPP

Bunte Perlen in unregelmäßigen Abständen über die
gesamte Kappe verteilt einhäkeln oder bunt bedruckte
Stoffbänder einweben. Farbige Häkelblüte anfertigen
und an die Seite nähen.

Wer es besonders bunt mag, arbeitet mit einem Materialmix aus verschiedenen Garnresten, meliertem oder
auch glänzendem Garn. (K.S.)

STRICKEN

Stricken gehört zu den beliebtesten Handarbeits-techniken und hat auch in der Mode wieder große Bedeutung gewonnen. Handgestricktes ist „in" – und der Handel hält klassische, aparte und hochmodische Effektgarne zum Stricken bereit.

Wer erst einmal stricken kann, dem bereitet diese Technik, die man in der Freizeit auch „nebenher" aus-führen kann, viel Freude.

Beim Stricken unterscheidet man zwei Grundarten: das Flachstricken (in Hin- und Rückreihen mit zwei Nadeln) und das Rundstricken (wobei man mit einem Nadelspiel oder einer Rundstricknadel spiralförmig strickt, ohne die Arbeit zu wenden).

Weitere Informationen zu Nadeln, Garnen und Anfangsschlinge usw. stehen im Kapitel Häkeln auf Seite 188.

Die Strickarbeiten in diesem Kapitel entstanden zum großen Teil aus dem Baumwollgarn Blau- bzw. Rot-Tulpe oder aus Schachenmayr-Handstrickgarnen und Regia Sockenwolle. Diese Strickgarne verbinden beste Qua-lität und Farbe mit hervorragenden Trageeigenschaften. Sie sind leicht zu stricken und einfach in der Pflege. Regia zeichnet sich besonders durch einzigartige Coloreffekte aus, die durch spezielle Färbeverfahren Muster direkt aus dem Knäuel entstehen lassen.

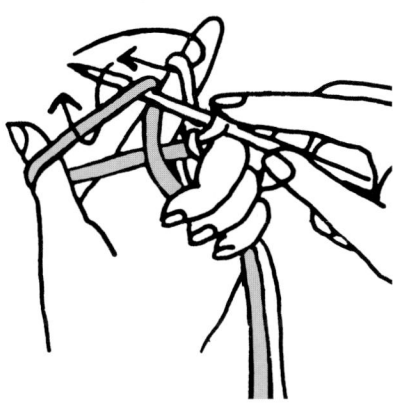

Der übliche Maschenanschlag ist der Kreuzanschlag.

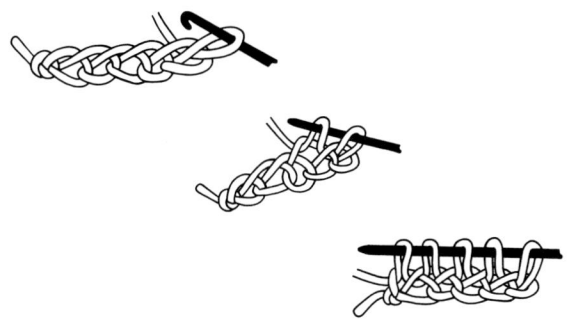

Der einfachste Anschlag ist das Herausstricken von Maschen aus einer Luftmaschenkette: Man häkelt eine lockere Luftmaschenkette und zieht dann mit der Stricknadel durch jede Luftmasche eine Schlaufe, die auf der Nadel bleibt.

Die erste Reihe nach dem Luftmaschenanschlag ist immer eine Rückreihe.

Das Stricken rechter und linker Maschen ist ganz leicht nachvollziehbar.

Rechte Maschen: Von unten einstechen – Faden holen – durchziehen – abheben.

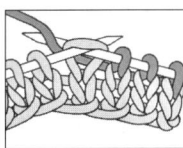 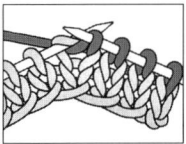 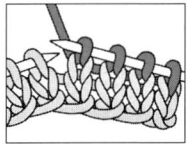

Linke Maschen: Von oben einstechen – Faden um die Nadel wickeln – durchziehen – abheben.

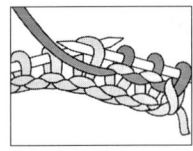 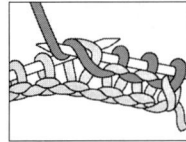 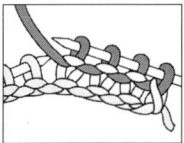

In den Strickanweisungen bedeutet **kraus-rechts** alle Maschen der Hin- und Rückreihe rechts stricken. Es entsteht ein Rippenmuster.

Glatt-rechts heißt, die Maschen der Vorderseite (Hinreihe) rechts, die Maschen der Rückseite (Rückreihe) links stricken.

Randmaschen: Strickanfänger sollten alle Maschen einer Reihe so stricken, wie sie erscheinen – das ergibt einen festen Rand, der sich auch gut zusammennähen lässt.

Abketten: Zwei Maschen locker stricken – *) die erste Masche locker über die zweite ziehen, sodass sich nur noch eine Masche auf der rechten Nadel befindet – wieder eine Masche locker stricken – ab *) wiederholen, bis alle Maschen abgekettet sind.

Beim **Abnehmen** innerhalb einer Strickarbeit gibt es folgende Möglichkeiten.

Rechts zusammenstricken: In zwei rechte Maschen gleichzeitig einstechen und die beiden als eine Masche rechts abstricken.

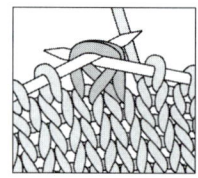 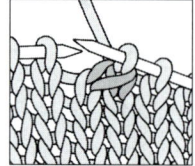

Rechts überzogen zusammenstricken: Eine Masche abheben, die zweite stricken und die erste über die zweite ziehen.

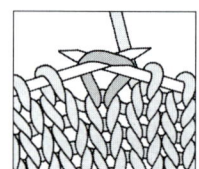 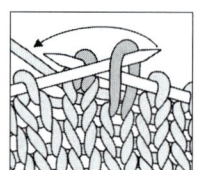

Alle Zeichnungen aus:
Katharina Buss,
Das große Strickbuch,
© 1996 Urania Verlag,
Berlin

Zunahme am Anfang einer Reihe:

Dieses Zunehmen beginnt immer am Anfang einer rechten Reihe bzw. Hinreihe. Die erste Masche abstricken, aus der ersten Masche eine Schlinge – wie beim Abstricken – herausziehen und verdreht auf die linke Nadel heben.

Die rechte Nadel nicht aus der Schlinge herausnehmen, sondern erneut eine Schlinge holen, durchziehen und auf die linke Nadel heben. Diesen Vorgang so oft wiederholen, bis die gewünschte Anzahl von Maschen zugenommen ist.

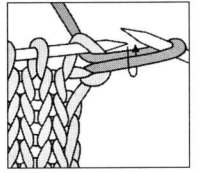 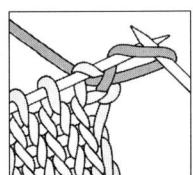 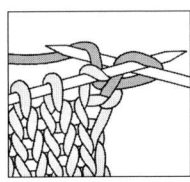 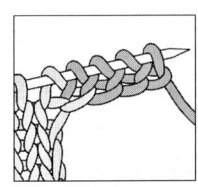

Zunehmen innerhalb einer Reihe:

Dieses Zunehmen kann an jeder gewünschten Stelle innerhalb der Reihe erfolgen.

Verschränkte rechte Zunahme: Den Querfaden zwischen zwei Maschen mit der linken Nadel von vorn nach hinten aufnehmen und rechts verschränkt abstricken

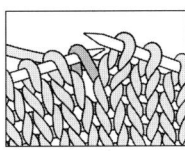 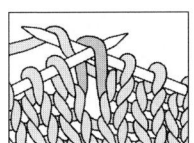

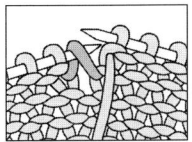 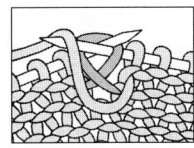

Verschränkte linke Zunahme: Wie bei der rechts verschränkten Zunahme mit der linken Nadel den Querfaden von vorn nach hinten aufnehmen, dann aber links verschränkt abstricken. *(H.E.)*

DAS ZOTTELTIER

KLASSE: ab 3. Schuljahr
ZEIT: 4 Doppelstunden

ASPEKTE

Mit unterschiedlichen Garnen
experimentieren
Verschiedene Maschen kombinieren
Verschiedene Strickelemente ver-
binden
Gemeinschaftsarbeit anfertigen

MATERIAL

Elastischer Stoff, z. B. Pannesamt,
für den Zotteltierkörper
Viele Garne in unterschiedlichen
Farben und Stärken, Paketschnur,
Bast oder Plastikstreifen
Passende Stricknadeln (möglichst
mit Stopper), Strickliesel
Füllmaterial

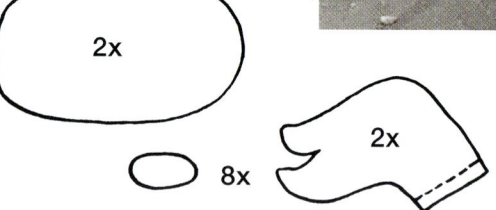

2x

8x

2x

VORBEMERKUNGEN

Die Schüler stellen gemeinsam zunächst ein „unbeklei-
detes" Stofftier her, das anschließend mit vielen „Strick-
zotteln" aus einem bunten Materialmix ausgeschmückt
wird. Allerlei bunte Reste können hierbei zum Einsatz
kommen.

Das fertige Tier anschließend als lustigen Gefährten für
die Kinder im Klassenzimmer aufhängen.

ANLEITUNG

Die Art des Tieres mit den Schülern absprechen und
einen einfachen Schnitt mit Kopf- und Bauchteil und
vier Füßen anfertigen.

Die Körperteile jeweils in doppelter Stofflage (Oberseite
innen) zuschneiden und von der Lehrkraft zusammennähen lassen, wenn die Kinder noch keine Erfahrung im
Maschinennähen haben. Durch das Ausstopfen erhalten
die einzelnen Teile des Stofftiers ihren plastischen
Charakter. Mit dicken Fingerstrickketten oder Strick-
schläuchen, mit der Strickliesel hergestellt, die Verbin-
dungen schaffen. So entstehen „baumelnde" Beine und
ein vielseitig bewegbarer Hals. →

Nachdem sich die Schüler für ein eigenes Zottelfell entschieden haben, erreichen sie noch Mustervarianten durch verschiedene Maschen, Garne oder Farben.

Damit möglichst viele verschiedene Zotteln am Tierkörper Platz haben, sollte die Breite eines Zottels höchstens 10 cm betragen. Der Maschenanschlag kann deshalb je nach Belieben breiter oder schmaler gewählt und in die Länge gestrickt werden. Wird der Maschenanschlag absichtlich länger als 10 cm gewählt, entsprechend weniger Reihen stricken und das fertige Teil quer am Zotteltier anbringen. Somit verläuft das Strickmuster in vertikaler Richtung und bringt eine weitere Abwechslung in das „Zottel-Bild".

Sind alle Zotteln fertig gestrickt, die Anfangs- und Endfäden vernähen und an einer passenden Stelle anbringen. Die verschiedenen Strickteile verleihen dem Zotteltier ein schönes, buntes Fell. Einige können aber auch dazu verwendet werden, das Zotteltier mit Schlappohren, einer Zunge, einem Schwänzchen etc. auszuschmücken.

TIPP

Das Stricken mit dickerem Garn (bei Anfängern ist zudem leicht elastisches Garn, das sich nicht so einfach spaltet, zu empfehlen) und entsprechend dickeren Nadeln ab Stärke 4 erleichtert den Schülern das Stricken, führt zu raschen Erfolgserlebnissen und steigert die Motivation.

Wird der Maschenanschlag weniger breit gewählt, wächst der „Strickzottel" auch schneller in die Länge. Oft treten Schwierigkeiten mit dem Maschenanschlag auf. Deshalb ist es wichtig, den Schülern, außer dem üblichen Kreuzanschlag, einfachere Alternativen zu zeigen, wie zum Beispiel das Herausstricken von Maschen aus einer Luftmaschenkette, aus einem Zopf oder aus einer Borte bzw. Spitzenbordüre. *(A.T./Z.P.)*

NADELKISSEN-SCHNECKE

KLASSE: ab 3. Schuljahr
ZEIT: 3 Doppelstunden

ASPEKTE
Rechte Maschen stricken
Farbwechsel durchführen
Abketten und Vernähen üben
Kleine Laubsägearbeiten und Schleifen erlernen

MATERIAL
Baumwollgarn, z. B. Coats Lyric, in verschiedenen Farben
Stumpfe Wollnadel, Stricknadeln Nr. 3,5
Füllmaterial, Pfeifenputzer 15 cm
Holzperlen, Deko Marker für Holz
Schere, Bleistift, Klebestreifen
Schnecken-Grundform: Sperrholz 5 mm
Laubsägebogen mit Sägeblatt
Sägetischchen mit Schraubzwinge
Schleifpapier (Nr. 80, 100, 120)
Ahle, Handbohrer mit 3 mm-Bohreinsatz
Holz- und Bastelleim
Selbstklebemagnet
Eventuell Wackelaugen →

ANLEITUNG

Für das Schneckenhaus 20 Maschen anschlagen.
7 Rippen (14 Reihen) rechte Maschen stricken.

Farbe wechseln, erstes Garn bei ca. 15 cm abschneiden, mit dem neuen Garn weiterstricken, nach 5 Maschen die beiden Enden verknoten.

7 Rippen rechte Maschen stricken, zweiter Farbwechsel. 7 Rippen rechte Maschen stricken, alle Maschen abketten. Alle Fäden auf der Rückseite vernähen.

Einen Wollfaden von ca. 40 cm Länge in eine stumpfe Wollnadel einfädeln. Mit kleinen Vorstichen rund um die Strickarbeit nähen.

Garnenden etwas anziehen, satt zu einer Kugel ausstopfen. Eine Öffnung von 3 cm lassen, Fäden verknoten, nicht abschneiden.

Eine Grundform für den Schneckenkörper entwerfen lassen oder als Vorlage anbieten. Das Muster ausschneiden und mit Klebestreifen auf das Sperrholz kleben. Mit Bleistift nachzeichnen und die Punkte in der Mitte mit der Ahle vorstechen. Kreisdurchmesser ca. 4 cm, Abstand der Löcher ca. 1 cm.

Die Schneckenform mit der Laubsäge aussägen.

Die Kanten mit Schleifpapier glätten, mit Körnung Nr. 80 beginnen, zum Schluss mit Nr. 120.

Die Löcher zum Annähen des Schneckenhauses und der Fühler mit dem Handbohrer Nr. 3 bohren, Unterlage nicht vergessen! Löcher und Flächen schleifen.

Mit dem Bleistift ein Muster für die anschließende Körperbemalung vorzeichnen, mit den Deko Markern ausmalen, trocknen lassen und noch die zweite Seite bemalen.

Anschließend das Schneckenhaus mit den Garnenden auf den Körper nähen, zweimal rundherum nähen (Vorstich). Fäden im Schneckenhaus vernähen.

Am Kopfende Pfeifenputzer durch die Löcher einziehen. Für die Augen zwei Holzkugeln mit Bastelleim befestigen. Eventuell auch lustige Wackelaugen verwenden. In den Kreis auf der Unterseite des Körpers einen Magnet kleben. *(C.C.)*

TINTENFISCH

KLASSE: ab 3. Schuljahr
ZEIT: 4 Doppelstunden

ASPEKTE

Rechte Maschen stricken
Abketten üben
Luftmaschen häkeln

MATERIAL

Baumwollgarn in verschiedenen Farben,
z. B. Coats Blau-Tulpe
Zwei Stricknadeln Nr. 3,5
Häkelnadel Nr. 3,5
Stumpfe Wollnadel, Nähnadel
Schere, Bleistift, Klebstoff
Füllwatte, kleine Steine
Wackelaugen
Kleine Filzstücke
Karton für die Füße
Gummifaden zum Aufhängen

ANLEITUNG

Für den Körper auf eine Nadel 22 Maschen anschlagen. 22 Rippen, d. h. 44 Reihen rechte Maschen, stricken. Alle Maschen abketten, Fäden vernähen.

Einen Baumwollfaden auf allen vier Seiten der Strickarbeit mit kleinen Vorstichen einziehen. Leicht zusammenziehen und mit Füllmaterial ausstopfen. Die Steine in Füllwatte einwickeln und in die Mitte des Bauchs geben. Garnenden gut anziehen, Bauchunterseite zusammennähen und beide Fäden vernähen.

Für Beine und Füße 8 Schnüre von 35 cm Länge häkeln.

Ein Muster (kleine ovale Flächen) achtmal aus Karton ausschneiden. Eventuell Unterseite bemalen. Den Fuß mit Klebstoff einstreichen und die Häkelschnur vorsichtig auftragen, außen beginnen. Gut trocknen lassen. Anschließend die Beine in gleichmäßigen Abständen auf der Unterseite des Bauchs festnähen.

Mit einem Mund aus Filz und zwei Wackelaugen das Gesicht gestalten.

Oben in der Mitte des Kopfes einen Gummifaden zum Aufhängen einziehen. *(C.C.)*

RUNDGESTRICKTER ZAUBERSCHAL

KLASSE: ab 4. Schuljahr
ZEIT: 6–7 Doppelstunden

ASPEKTE

Eine geeignete Materialauswahl treffen

Lernen, auf einer Rundstricknadel einen Schal glatt rechts zu stricken

Schal durch Fallmaschen „wie von Zauberhand" verlängern

MATERIAL

300 g Regia Crazy Color oder 150–200 g Schnellstrickwolle
Rundstricknadel Nr. 4–4,5
Dicke Sticknadel ohne Spitze (Smyrna-Nadel)
Häkelnadel zum Heraufholen heruntergefallener Maschen und zum Einknüpfen von Fransen

VORBEMERKUNGEN

Das Besondere an diesem Schal: Man strickt nur ein Drittel der Gesamtlänge – die restlichen zwei Drittel erhält man durch Fallmaschen quasi geschenkt. Damit das optimal gelingt, muss ein glattes Garn ohne Noppen oder Mohairanteil verwendet werden. Bei Verwendung von Multicolor-Garn den Schal mit doppeltem Faden stricken, um schnell zu einem Ergebnis zu kommen. Dabei auf den gleichen Farbrhythmus beider Knäuel achten.

ANLEITUNG

Je nach Garn und Nadelstärke 100–110 Maschen anschlagen. Es muss immer eine gerade Maschenzahl sein. Die angeschlagenen Maschen zur Runde schließen. Dabei unbedingt darauf achten, dass der Maschenanschlag nicht verdreht ist!

In Runden relativ locker glatt rechts stricken, bis der Schal ein Drittel der gewünschten Länge erreicht hat. Beim Garn- und Farbwechsel werden Anfangs- und Endfaden über etwa 10 Maschen zusammengestrickt.

Das Abketten beim Schal geschieht folgendermaßen: 1 Masche rechts stricken, die nächste Masche fallen lassen; 1 Masche rechts stricken und die 1. Masche locker über die 2. Masche ziehen (abketten), erneut 1 Masche fallen lassen; 1 Masche stricken und abketten, 1 Masche fallen lassen etc. →

Der Rhythmus beim Abketten ist also: fallen lassen, abketten, fallen lassen, abketten, bis zum Ende.

Die beim Abketten fallen gelassenen Maschen nun gefühlvoll durch leichte Drehung des Schals bis ca. 3 Runden vor dem Maschenanschlag herunterziehen. Nun zu zweit die beiden Schalenden in die Hand nehmen und mehrmals kräftig ziehen. So erhält der Schal seine endgültige Länge.

In die Maschenlücken in der Anfangs- und Endreihe Fransen zum Schließen des Schlauches knüpfen oder auch Quasten, Pompons o. Ä. an den Schalenden befestigen.

TIPP

Den fertigen Schal glätten, über Nacht in ein feuchtes Frottee-handtuch wickeln, am nächsten Morgen herausnehmen, der Länge nach glatt ziehen, auf ein Handtuch legen und trocknen lassen. *(H.E.)*

WÄRMENDER STECKSCHAL

KLASSE: ab 5. Schuljahr
ZEIT: 5–6 Stunden

ASPEKTE

Ein wärmendes Kleidungsstück herstellen
Eine einfache Fläche mit Schlitzen stricken

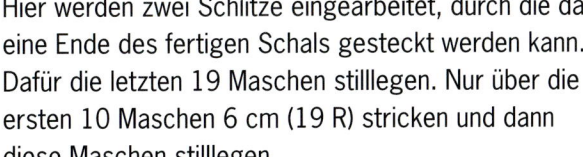

ANLEITUNG

29 Maschen auf einer Nadel anschlagen und jede Reihe rechte Maschen stricken bis zu einer Höhe von ungefähr 21,5 cm (ca. 68 R).

Hier werden zwei Schlitze eingearbeitet, durch die das eine Ende des fertigen Schals gesteckt werden kann. Dafür die letzten 19 Maschen stilllegen. Nur über die ersten 10 Maschen 6 cm (19 R) stricken und dann diese Maschen stilllegen.

Über die mittleren 9 Maschen ebenfalls 6 cm (19 R) stricken und stilllegen. Zum Schluss auch die letzten 10 Maschen 6 cm (19 R) hoch stricken.

Jetzt wieder über alle 29 Maschen stricken und in 95 cm (300 R) Höhe alle Maschen abketten. *(S-D-S)*

MATERIAL

100 g Schachenmayr BRAZILIA
Stricknadeln Nr. 4,5–5,5

PULSWÄRMER

KLASSE: ab 4. Schuljahr
ZEIT: 4–5 Stunden

ASPEKTE

Ein wärmendes und schmückendes Accessoire
herstellen
Eine einfache Fläche, die zu einem Schlauch zu-
sammengeführt wird, stricken
Abschluss durch Zusammenstricken in der letzten
Hinreihe erlernen

MATERIAL

Modell A
Schachenmayr-Effektgarn
50 g je Farbe
Stricknadeln Nr. 6
Wahlweise 50 cm Pailletten-
oder Perlenband
Farblich passendes Nähgarn

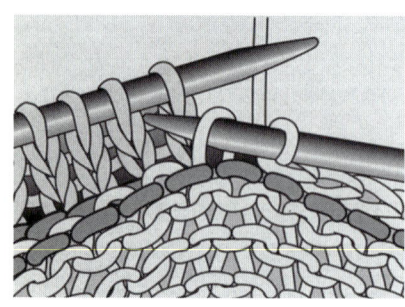

VORBEMERKUNGEN

Für alle Modelle gilt das gleiche Grundmuster: Wichtig für das spätere
Zusammenstricken ist es, den Maschenanschlag mit einem glatten Kon-
trastfaden zu arbeiten. Glatt rechts stricken: Hinreihe rechte Maschen und
Rückreihe linke Maschen. Die Pulswärmer in der letzten Hinreihe wie in der
Zeichnung ersichtlich zusammenstricken.

Von der letzten Hinreihe die Rand-Masche auf die rechte Nadel heben,
*) den Querfaden der 1. Reihe vom Originalgarn auf die rechte Nadel
heben, die folgende Masche rechts stricken, die aufgefasste Masche der
1. Reihe über die gestrickte Masche ziehen, dann die Rand-Masche überziehen.

Ab *) stets wiederholen, bis alle Maschen abgestrickt sind. Zum Schluss
den Kontrastfaden entfernen. →

ANLEITUNG A

24 Maschen mit einem Kontrastfaden anschlagen und im Originalgarn 16 cm stricken. In der letzten Hinreihe den Pulswärmer zusammenstricken. Dann das Pailletten- bzw. Perlenband in entsprechender Länge zuschneiden, es muss sich bequem über die Hand schieben lassen. Das Band an die untere Kante nähen.

ANLEITUNG B, C, D

32 Maschen mit einem glatten Kontrastfaden anschlagen und glatt rechts (Hinreihe rechte Maschen und Rückreihe linke Maschen) 16 cm hoch stricken. Für die Puschelkante aus Effektgarn an einer Seite über 5 Maschen mit beiden Qualitäten Krausrippen stricken: Hin- und Rückreihe rechte Maschen. Die Pulswärmer in der letzten Hinreihe zusammenstricken.

ANLEITUNG E

Den Maschenanschlag mit einem glatten Kontrastfaden arbeiten. Für die Puschelkante aus Effektgarn an einer Seite über 5 Maschen mit beiden Qualitäten Rippen stricken: Hin- und Rückreihen rechte Maschen. Die Pulswärmer in der letzten Hinreihe zusammenstricken.

24 Maschen mit einem Kontrastfaden anschlagen und im Originalgarn 16 cm stricken. In der letzten Hinreihe den Pulswärmer zusammenstricken.

TIPP

Ein Knäuel Wolle reicht für drei Paar Pulswärmer – ein Geschenk für liebe Freundinnen. *(S-D-S)*

MATERIAL

Modell B
Schachenmayr-Wolle
50 g Hair Schwarz und 25 g Franseneffektgarn

Modell C
Schachenmayr-Wolle
50 g Hair Farn und 25 g Franseneffektgarn

Modell D
Schachenmayr-Wolle
50 g Hair Kirsch und 25 g Franseneffektgarn

Modell E
Schachenmayr-Wolle
50 g Mirage Azur und 25 g Franseneffektgarn

Stricknadeln Nr. 4,5

SOCKEN

KLASSE: ab 6. Schuljahr
ZEIT: 7–8 Stunden

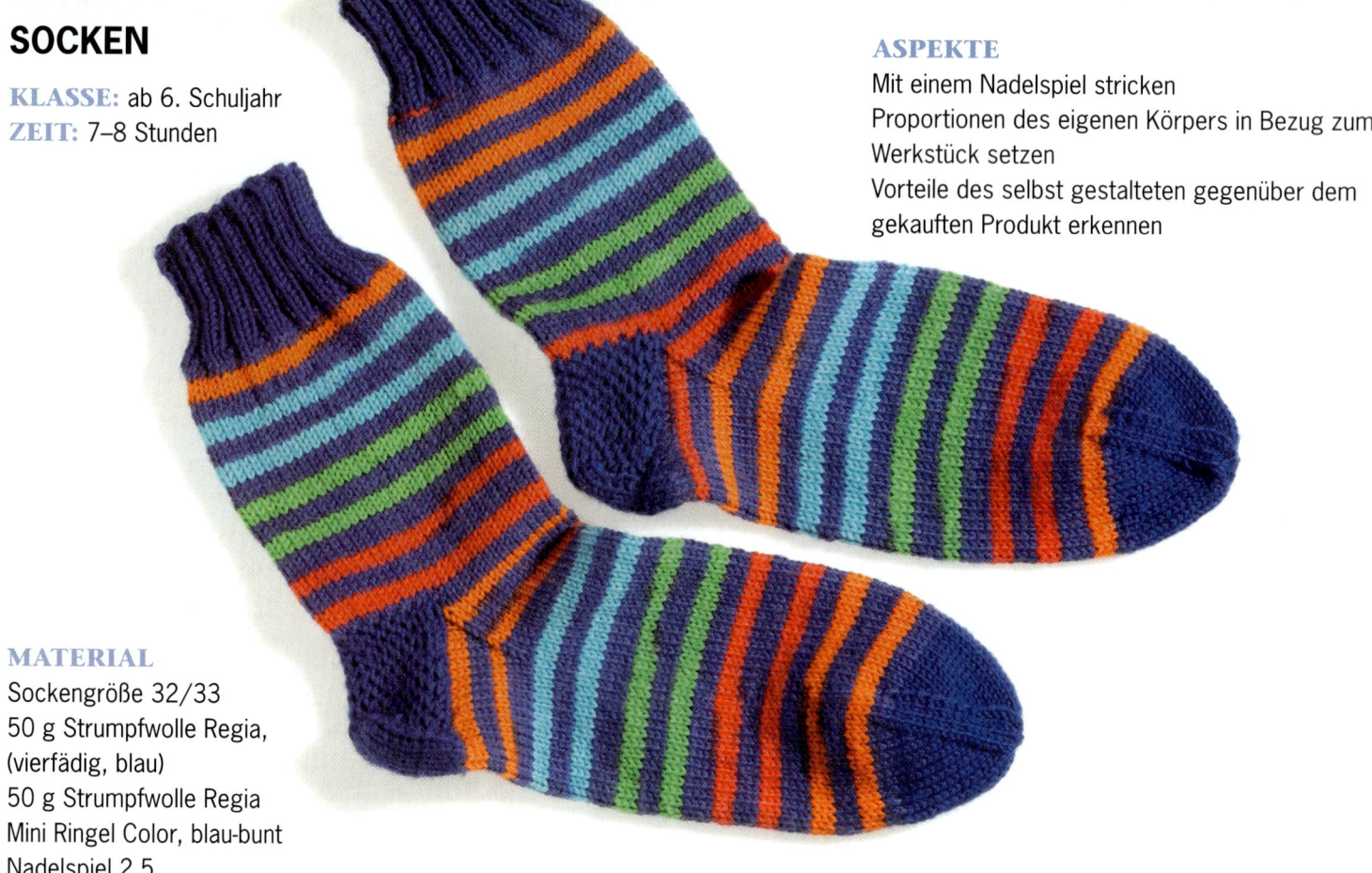

ASPEKTE

Mit einem Nadelspiel stricken
Proportionen des eigenen Körpers in Bezug zum Werkstück setzen
Vorteile des selbst gestalteten gegenüber dem gekauften Produkt erkennen

MATERIAL

Sockengröße 32/33
50 g Strumpfwolle Regia,
(vierfädig, blau)
50 g Strumpfwolle Regia
Mini Ringel Color, blau-bunt
Nadelspiel 2,5
Nähnadel

„RINGELSOCKEN"

ANLEITUNG

Mit zwei Nadeln 56 Maschen in Blau anschlagen und auf vier Nadeln verteilt für das **Bündchen** wie folgt abstricken: 2 rechte Maschen, 2 linke Maschen. Auf jeder Nadel sind 14 Maschen. Die Nadeln zur Runde schließen und im begonnenen Muster 4 cm weiterstricken.

Jetzt den **Schaft** mit der gemusterten Wolle (Mini Ringel Color) und nur mit rechten Maschen ca. 10 cm weiterstricken.

Für die **Fersenwand**, die über die Maschen der 4. und 1. Nadel gestrickt wird (d. h. Nadeln vor und nach dem Rundenwechsel), insgesamt 28 Maschen auf eine Nadel zusammenführen. Die Maschen der 2. und 3. Nadel ruhen solange. →

TIPP

Zur Verstärkung der Ferse und der Spitze kann auch ein farblich passender Beilauffaden mitgestrickt werden!
Da die Ringelwolle auf dem Knäuel selten mit der gleichen Farbe und Farblänge beginnt, vor Strickbeginn Garn beider Knäuel überprüfen und den Farbrhythmus abstimmen.

In diesem Beispiel wird die Fersenwand „verstärkt" gearbeitet, dann ist sie haltbarer. Man strickt sie mit dem blauen Garn wie folgt:

1. Reihe: Im Wechsel 1 Masche rechts stricken, 1 Masche rechts abheben (Faden liegt hinter den Maschen).
2. Reihe (Rückreihe): Nur linke Maschen stricken.
3. Reihe: 1. Masche rechts abheben (Faden liegt hinter den Maschen), 2. Masche rechts stricken etc.
4. Reihe (Rückreihe): Nur linke Maschen stricken.

In diesem Muster weiterstricken, bis die Fersenwand 4,5 cm lang ist.

Für das **Fersenkäppchen** jetzt die Fersenwand wie folgt dritteln: 9 Maschen, 10 Maschen, 9 Maschen – nach jedem Teil zur besseren Orientierung eine Markierung (bunten Faden oder Sicherheitsnadel) anbringen.

Nun bis zur letzten Masche vor der zweiten Markierung rechts stricken, die Masche vor der Markierung mit der Masche nach der Markierung überzogen zusammenstricken, danach wenden und die erste Masche wie zum Linksstricken abheben.

Weiter bis zur letzten Masche vor der ersten Markierung links stricken, die Masche vor der Markierung und die Masche nach der Markierung links zusammenstricken, wenden und die erste Masche wie zum Linksstricken abheben.

Auf diese Weise weiterarbeiten, bis alle seitlichen Maschen aufgebraucht und nur noch die Maschen des mittleren Teils übrig geblieben sind.

Mit Mini Ringel Color geht es für den **Zwickel** über alle Nadeln in Runden weiter. Dabei aus jedem Fersenrand 15–16 Maschen aufnehmen. Die Maschenzahl der 2. und 3. Nadel ist gleich geblieben. Die der 1. und 4. Nadel gleichmäßig verteilen, der Rundenwechsel liegt in der Mitte des Fersenkäppchens.

Den Zwickel folgendermaßen wieder abnehmen: In jeder 2. Reihe die letzten 2 Maschen der 1. Nadel rechts zusammenstricken, die ersten 2 Maschen der 4. Nadel überzogen zusammenstricken. So lange wiederholen, bis die Anfangsmaschenzahl erreicht ist.

Den Fuß bis zum Beginn der Spitze gerade weiterarbeiten und zwar ca. 17 cm vom Beginn des Fersenkäppchens an gemessen.

Die **Spitze** wieder mit dem blauen Garn stricken. Dazu die zweit- und drittletzte Masche der 1. Nadel rechts zusammenstricken und die 2. und 3. Masche der 2. Nadel überzogen zusammenstricken. Am Ende der 3. Nadel die 2. und 3. Masche rechts zusammenstricken und am Anfang der 4. Nadel die 2. und 3. Masche überzogen zusammenstricken. Abgenommen wird sechsmal in jeder zweiten Runde, dann in jeder Runde bis nur noch je 2 Maschen auf jeder Nadel bleiben.

Diese letzten 8 Maschen mit dem Arbeitsfaden zusammenziehen. Alle Fäden unauffällig in der Innenseite des Sockens vernähen.

Den zweiten Socken ebenso stricken. Hier wurde mit dem Rest des Mini Ringel Color Garns gleich weitergestrickt, daher ist die Abfolge der Ringel etwas anders. (K.S.)

„RINGELSOCKEN MIT VERKÜRZTER FERSE"

MATERIAL

Für Sockengröße 36–38
100 g Regia Crazy Color 6-fädig
Nadelspiel Nr. 3
Dicke Sticknadel ohne Spitze

ANLEITUNG

Für das **Bündchen:** 48 Maschen anschlagen und gleichmäßig auf 4 Nadeln verteilen, zur Runde schließen und über 12 Runden das Bündchen mit 1 Masche rechts und 1 Masche links im Wechsel stricken.

Die gewünschte **Schafthöhe** in Runden glatt rechts stricken.

Anschließend alle Maschen der 1. und 4. Nadel (insgesamt 24 Maschen) für die Ferse auf eine Nadel nehmen und glatt rechts mit immer kürzer werdenden Reihen stricken.

Grundsätzliches zum Stricken mit verkürzten Reihen (d. h. es wird nur ein Teil einer Reihe gestrickt): Die Anfangsmasche jeder Reihe arbeitet man als „Doppelmasche", da sonst Löcher entstehen würden. Diese werden in den Hin- und Rückreihen immer gleich gearbeitet:

Den Faden vor die Arbeit legen;
Faden und Masche links abheben;
Den Faden nach hinten legen und fest anziehen; jetzt liegen zwei Schlingen als Doppelmasche auf der rechten Stricknadel;
Nun die nächste Masche wie üblich rechts oder links stricken. →

Die **Fersenrückwand** mit immer kürzer werdenden „verkürzten" Reihen stricken, d. h. am Ende jeder Reihe bleibt eine Doppelmasche mehr stehen. Alle Maschen der 1. und 4. Nadel auf eine Nadel nehmen und glatt rechts wie folgt stricken:

1. Reihe (Hinreihe): Alle Maschen rechts stricken; wenden.
2. Reihe (Rückreihe): 1 Doppelmasche arbeiten, den Faden nach vorne ziehen und alle weiteren Maschen links stricken; wenden.
3. Reihe: 1 Doppelmasche arbeiten, alle weiteren Maschen bis zur Doppelmasche am Reihenende rechts stricken (die Doppelmasche bleibt ungestrickt); wenden.
4. Reihe: 1 Doppelmasche arbeiten, alle weiteren Maschen bis zur Doppelmasche am Reihenende links stricken; wenden.

Die 3. und 4. Reihe stets wiederholen, bis sich nach dem Stricken einer Hinreihe an beiden Seiten je 9 Doppelmaschen und dazwischen 6 rechte Maschen befinden.

Die Fersenmaschen wieder auf zwei Nadeln verteilen. Nun zwei Runden über die Maschen aller Nadeln rechts stricken, dabei in der ersten Runde die beiden Schlingen der Doppelmaschen zugleich erfassen und als eine Masche rechts zusammen abstricken; dabei den Faden gut anziehen.

Die Fersenmaschen wieder auf eine Nadel nehmen und weiter geht´s mit dem **Fersenboden**, bei dem die verkürzten Reihen wieder länger werden. Das heißt am Ende jeder Reihe wird die Doppelmasche der Vorreihe als eine Masche und zusätzlich eine weitere gestrickt, danach wenden und mit einer Doppelmasche beginnen:

1. Reihe (Rückreihe): Die 6 Maschen des mittleren Drittels links stricken; wenden.
2. Reihe (Hinreihe): 1 Doppelmasche arbeiten, bis einschließlich der letzten Masche des mittleren Drittels rechts stricken; wenden.
3. Reihe: 1 Doppelmasche arbeiten, nun links bis zur Doppelmasche stricken, diese als eine linke Masche stricken, die folgende Masche links stricken; wenden.
4. Reihe: 1 Doppelmasche arbeiten, nun rechts bis zur Doppelmasche stricken, diese als 1 rechte Masche stricken, die folgende Masche rechts stricken; wenden.

Die 3. und 4. Reihe wiederholen, bis auch über den äußeren Fersenmaschen eine Doppelmasche gestrickt wurde.

Nach der letzten Rückreihe (in der folgenden Reihe, die gleichzeitig der Rundenanfang ist, noch einmal eine Doppelmasche arbeiten) in Runden glatt rechts weiterstricken, dabei in der nächsten Runde die Doppelmasche als eine Masche rechts abstricken.

Den **Fuß** in der gewünschten Länge (bis zum Ansatz des kleinen Zehs) glatt rechts stricken.

Die einfachste gut sitzende Spitze ist die im Folgenden beschriebene Sternspitze. →

Grundsätzliches zur Sternspitze:

Die Abnehmestellen befinden sich in der Mitte und am Ende jeder Nadel, sodass in jeder Abnehmerunde 8 Maschen abgenommen werden.
Die Zahl der glatt rechts gestrickten Zwischenrunden ist gleich der Zahl der Zwischenmaschen.
Die Zahl der Zwischenrunden und Zwischenmaschen verringert sich jeweils um eine. Die Berechnung der ersten Abnehmerunde erfolgt nach der Formel: Maschenzahl einer Nadel minus 4 geteilt durch 2 (z. B. (12–4) : 2 = 4 Maschen).

1. Abnehmerunde: (bei 48 Maschen = 12 Maschen pro Nadel) 4 rechte Maschen stricken, 2 Maschen rechts zusammenstricken, fortführend über die gesamte Runde. 4 Zwischenrunden glatt rechts stricken.
2. Abnehmerunde: 3 rechte Maschen stricken, 2 Maschen rechts zusammenstricken, fortführend über die gesamte Runde. 3 Zwischenrunden glatt rechts stricken.
3. Abnehmerunde: 2 rechte Maschen stricken, 2 Maschen rechts zusammenstricken, fortführend über die gesamte Runde. 2 Zwischenrunden glatt rechts stricken.
4. Abnehmerunde: 1 rechte Masche stricken, 2 Maschen rechts zusammenstricken, fortführend über die gesamte Runde (sodass 16 Maschen übrigbleiben). 1 Zwischenrunde glatt rechts stricken.
5. Abnehmerunde: Jeweils zwei Maschen rechts zusammenstricken.

Das Fadenende durch die letzten acht Maschen ziehen, damit die Spitze schließen. Anschließend das Fadenende nach innen ziehen und vernähen. (H.E.)

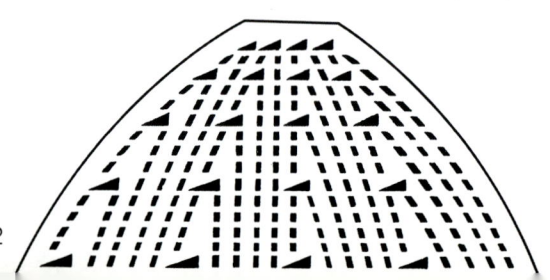

232

BESTRICKEND SCHÖNE HÜLLEN

„HANDYTASCHE"

KLASSE: ab 3. Schuljahr
ZEIT: ca. 4 Stunden

ASPEKTE

Eine Flachform stricken
Strickschrift lesen und umsetzen
Farbkombinationen und Muster aus rechten und linken Maschen entwickeln

MATERIAL

Zwei Stricknadeln Stärke 3
Wolle, z. B. Schachenmayr Favorit
Dicke Sticknadel, Schere
Druckknopf, Nähnadel
Diverse Zierknöpfe

ANLEITUNG

20 Maschen anschlagen, Hinreihe rechte Maschen, Rückreihe linke Maschen stricken, nach jeweils ca. 8 cm die Wollfarbe wechseln, Farbwechsel immer in der Hinreihe ausführen. Die Handygröße entscheidet über die Länge der Strickfläche.

Für die Verschlusslasche 3 cm in einer weiteren, passenden Garnfarbe stricken, danach abketten.

Die Strickarbeit ausbreiten und von der linken Seite leicht dämpfen. Mit dem Matratzenstich die Randmaschen zusammennähen, dabei die Farbwechsel mit einbeziehen.

Für Handys mit Antennen etwas Platz aussparen. Hierzu den Umschlag der Lasche über Eck nach innen legen, sodass ein Dreieck entsteht. Dieses mit Saumstichen, auf der Unterseite, festnähen und einen Zierknopf auf die Oberseite der Lasche nähen. Als Verschluss einen Druckknopf auf die Laschenunterseite und auf die Vorderseite nähen.

„UMHÄNGETÄSCHCHEN"

ANLEITUNG

Das Umhängetäschchen wird im Prinzip wie die Handytasche gestrickt. Die Länge bzw. Größe kann beliebig
variiert werden.

In diesem Beispiel wurden 22 Maschen angeschlagen.
In der Hinreihe rechte Maschen und in der Rückreihe
linke Maschen stricken, nach jeweils ca. 6 cm die Strick-
garnfarbe wechseln.

Für die Verschlusslasche 3 cm in einer weiteren Farbe
stricken.

Die Kartenhülle, wie die Handytasche, zusammennähen. Die Verschlusslasche umklappen. Zur Verzierung kann der äußere Rand mit einer Kordel eingefasst
werden.

Materialberechnung für die Kordelherstellung:
Geplante Kordellänge mal 5 abmessen und abschneiden. Den doppelt gelegten Faden mit dem Mixer drehen, dadurch gewinnt man Zeit gegenüber einer von
Hand gedrehten Kordel.

Dabei in der Klappenmitte eine Schlaufe als Verschluss
für den Knopf bilden. Einen Knopf passend zur Schlaufe
auf die Vorderseite des Beutels nähen.

Anstelle der Kordel kann eine Luftmaschenkette
(6–8 Luftmaschen) als Schlinge für den Knopfver-
schluss an den Deckel angehäkelt werden. (J.G.)

„GRABSCHMAUL"-HANDPUPPEN

KLASSE: ab 6. Schuljahr
ZEIT: 6–8 Doppelstunden

ASPEKTE

Stricken mit einem Nadelspiel üben
Vielseitige Möglichkeiten entdecken, um mit Wollresten
bewegliche Handpuppen zu stricken
Die Handpuppe fantasievoll ausgestalten

VORBEMERKUNGEN

Das Faszinierende an den gestrickten Handpuppen ist der bewegliche
Mund, mit dem sie herrlich originelle Grimassen schneiden können; die
Handpuppen wirken dadurch sehr lebendig.
Die Maschenzahl richtet sich nach der Woll- und Nadelstärke sowie der
Größe der Spielerhand.

ANLEITUNG

Für eine mittlere Wollstärke und Größe:
40–60 Maschen anschlagen, gleichmäßig auf 4 Nadeln
verteilen und zur Runde schließen.
Achtung! Die Maschen dürfen sich nicht verdrehen!

Körper: Soll der Körper glatt rechts gestrickt werden,
4–6 Reihen im Bündchenmuster (1 rechts, 1 links)
stricken, damit sich der untere Rand nicht nach oben
rollt.

Den Körper im gewünschten Muster gerade hoch
stricken, Länge etwa 12–15 cm.

Mit der Gesichtsfarbe geht es 3–4 cm bei gleicher
Maschenzahl weiter.

Jetzt aufpassen, denn der Mund ist etwas Besonderes!
Dort, wo sich der Mund befinden soll, 15–20 Maschen
mit einem kontrastfarbenen Hilfsfaden stricken, als
gäbe es diese zusätzliche Reihe gar nicht (1).

Kopf: Den Kopf 4–5 cm gerade weiterstricken.
Um den Kopf zu schließen, gleichmäßig in jeder Runde
die beiden letzten Maschen auf jeder Nadel rechts
zusammenstricken. →

MATERIAL

Nadelspiel Stärke 3–4
Bunte Wolle in der entsprechenden Stärke

Eine schöne runde Kopfform erhält man, wenn in jeder Abnehmerunde gleichmäßig verteilt 6 Maschen abgenommen werden. Dazwischen erst einmal drei, zweimal zwei Runden, dreimal eine Runde glatt stricken, dann in jeder Runde abnehmen, bis nur noch 6–8 Maschen übrig sind. Diese mit Nadel und Faden zusammenziehen und innen vernähen.

Soll die Handpuppe stets eine Mütze tragen, kann man diese in Stirnhöhe wie oben beschrieben anstricken; man braucht dann nur noch den Mützenrand anzustricken.

Grabschmaul: Jetzt geht es am Grabschmaul bzw. am Clown weiter: Den Hilfsfaden vorsichtig lösen und gleichzeitig die Maschen unten und oben auf je eine Stricknadel nehmen (2). Beim anschließenden Verteilen auf 4 Nadeln darauf achten, dass die Maschen nicht verdreht auf den Nadeln liegen.

Nun mit Rot den Mund stricken, dabei in der ersten Runde rechts und links (in den Mundwinkeln) je 2 Maschen zusätzlich rechts verschränkt aufnehmen, damit keine Löcher entstehen (3).

Abschluss: Nach 8–10 Runden folgendermaßen mit einer „Bandspitze" abnehmen: Am Schluss der 2. und 4. Nadel die drittletzte und zweitletzte Masche rechts zusammenstricken und am Anfang der 1. und 3. Nadel die zweite und dritte Masche überzogen zusammenstricken. Nach der 1. Abnehmerunde 2 Runden glatt, nach der 2. und 3. Abnehmerunde je 1 Runde glatt dazwischenstricken – danach in jeder Runde abnehmen. Die letzten 8 Maschen mit dem Fadenende zusammenziehen und dieses vernähen (4).
Und jetzt geht´s an das kreative Ausgestalten! *(H.E.)*

SILBERNE ARMREIFEN
MIT PERLEN

KLASSE: ab 4. Schuljahr
ZEIT: 2 Doppelstunden (je Modell)

ASPEKTE

Verschiedene Entwurfsmöglichkeiten entwickeln
Eigenes Design umsetzen
Mit feinem Draht und bunten Perlen stricken

MATERIAL

Silberdraht 0,25 mm
Kleine Rocaille-Perlen (Modell 1)
Kleine Holzperlen (Modell 2)
Rundnadel Nr. 4 oder
Stricknadeln am Ende mit Korken versehen
Nähnadel
Kleine Zange

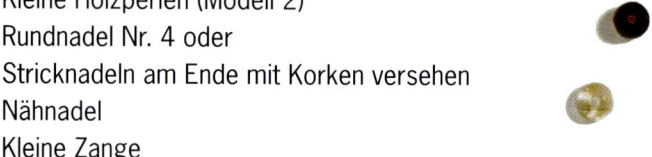

TIPP

Sehr schön sieht auch ein schlichter Armreif ohne Perlen aus. Diese Reifen ergeben eine dekorative Hülle für Teelichtgläser.

VORBEMERKUNGEN

Perlen auffädeln und losstricken! Das Band aus Silberdraht wird zum Schluss zusammengenäht und ruckzuck ist ein neues Schmuckstück gezaubert.

Modell 1 ist 24 cm lang und 7 cm hoch
(10 Maschen + 1 Wendemasche); ca. 250 Rocaille-Perlen, diese ab und zu mit einarbeiten.

Modell 2 ist 20 cm lang und 4 cm hoch
(7 Maschen und 1 Wendemasche); je Farbe 31 Holzperlen, diese in gewünschter Farbfolge auffädeln.

1. Reihe: im Wechsel eine rechte Masche ohne Perle, eine rechte Masche mit Perle;

2. Reihe: nur rechte Maschen.

Reihe 1 und 2 wiederholen, bis die gewünschte Länge erreicht ist.

ANLEITUNG

Zuerst die Perlen jeweils nach entworfenem Muster auf den Silberdraht fädeln.

Je nach gewünschter Breite ca. 7–10 Maschen plus eine Masche zum Wenden aufnehmen. Nur rechte Maschen stricken (Hin- und Rückreihen), bis die gewünschte Armreiflänge erreicht ist.

Maschen abketten, längeren Drahtfaden durch die letzte Masche ziehen, diesen in eine Nadel fädeln und das Silberband zusammennähen. Drahtenden mit einer Zange zu flachen Schlaufen umbiegen. *(K.S.)*

MOBILE AUS STRICKLIESELSCHNUR

KLASSE: ab 2. Schuljahr
ZEIT: 3–4 Doppelstunden

ASPEKTE

Lernen, mit der Strickliesel Schnüre zu stricken
Aus Stricklieselschnur ein Mobile herstellen
Die Fingerfertigkeit trainieren

VORBEMERKUNGEN

Das Stricken mit der Strickliesel macht allen Kindern viel Spaß, wenn sie die Technik erst einmal sicher beherrschen. Es gibt Kinder, die meterlange Schnüre stricken und gar nicht mehr aufhören wollen …

Damit das Stricken mit der Strickliesel Spaß macht, ist Folgendes zu beachten: Die Garnqualität muss stimmen, d. h. es muss ein mittelstarkes, fest gezwirntes elastisches Garn verwendet werden, z. B. Strumpfwolle.

ANLEITUNG

An den Fadenanfang, der durch das Loch der Strickliesel gesteckt wird, ein kleines Gewicht knoten, das die gestrickte Masche automatisch durch das Loch nach unten zieht.

Das Einstechen in die Masche muss immer von oben nach unten erfolgen, da sonst die Masche vom Haken rutscht, bevor die neue Masche gestrickt wurde. Auf diese Art und Weise aus verschiedenen Wollresten eine Schnur mit der Strickliesel stricken.

Moosgummimotive in der Mitte lochen und in unregelmäßigen Abständen auf die Stricklieselschnur fädeln. Den Anfang eines dünnen Drahtes umbiegen und durch die Stricklieselschnur schieben. Nun kann das Mobile in beliebige Formen gebogen werden. *(N.G./H.E.)*

MATERIAL

Strickliesel
Smyrna-Nadel oder kurze Stricknadel
Glatte mittelstarke Wolle, z. B. Bravo von Schachenmayr, in verschiedenen Farben
Moosgummiteile oder -platten für schmückende Motive
Dünner Draht
Schere

RUNDKISSEN

KLASSE: ab 4. Schuljahr
ZEIT: 10 Doppelstunden

ASPEKTE

Rundstricken üben
Maschen abnehmen
Stoffteile zusammennähen
Strickarbeit auf Stoff nähen

MATERIAL

Baumwollgarn in verschiedenen
Farben
Wolle in verschiedenen Farben
Lange Stricknadel Nr. 4,5
Rundstricknadel Nr. 4,5 (60 cm lang)
Nadelspiel Nr. 4,5
Wollnadel, Steck- und Nähnadeln
Baumwollstoff, ca. 40 cm
Heft- und Nähgarn
Maßband, Bleistift, Schere
Füllmaterial

ANLEITUNG

Farben für das Kissen auswählen. Da die Arbeit mit doppeltem Faden gestrickt wird, können auch zwei verschiedene Farben miteinander verstrickt werden. Es werden immer Baumwollgarn und Wolle miteinander verstrickt. Den Farbwechsel immer am Rundenanfang vornehmen, es spielt keine Rolle bei welcher Runde.

120 Maschen auf einer langen Nadel anschlagen und alle Maschen rechts auf die Rundstricknadel stricken, die Strickarbeit zur Runde schließen.

7 Runden rechte Maschen stricken.

In der folgenden Runde 1 Masche rechts stricken, 1 Masche rechts abheben, 1 Masche rechts stricken, die abgehobene Masche über die gestrickte ziehen, diese drei Punkte wiederholen (80 Maschen).

11 Runden rechte Maschen stricken, die Maschen in der 11. Runde auf 4 Nadeln verteilen, auf jeder Nadel befinden sich 20 Maschen.

Eine Runde rechts überzogen abnehmen (40 Maschen). 6 Runden rechte Maschen stricken.

Eine Runde rechts überzogen abnehmen (20 Maschen). Maschen auf drei Nadeln verteilen, darauf achten, dass auf jeder Nadel eine gerade Maschenzahl vorhanden ist (8 M, 8 M, 4 M). Zwei Runden rechte Maschen stricken. →

Eine Runde rechts überzogen abnehmen (10 Maschen) (4 M, 4 M, 2 M). Eine Runde rechte Maschen stricken.

Eine Runde rechts überzogen abnehmen (5 Maschen). Garn und Wolle abschneiden, Enden in eine Wollnadel einfädeln, die verbleibenden 5 Maschen auffassen, zusammenziehen und auf der Rückseite vernähen, ebenso die Fäden der Farbwechsel. Die fertige Rundarbeit auf der Rückseite bügeln.

Einen Kreis mit 36 cm Durchmesser auf Papier aufzeichnen und ausschneiden.

Den Stoff doppelt legen, Papiermuster mit Stecknadeln aufstecken, rundherum mit 1 cm Nahtzugabe markieren.

Entlang der markierten Linie ausschneiden, mit ca. 1 cm großen Stichen entlang des Musters heften und dann dieses entfernen.

Anschließend die Kissenteile (z. B. mit der Nähmaschine füßchentief) mit Steppstichen zusammennähen, zum Wenden eine Öffnung lassen.

Heftfaden entfernen, rundherum alle 2 cm bis auf 2 mm an die Naht einschneiden.

Kissen wenden und mit Füllmaterial ausstopfen.

Öffnung zusammenstecken und mit Gegenstichen zusammennähen.

Den Strickkreis mit Stecknadeln auf die Vorderseite des Kissens stecken und mit Überwendlingsstichen festnähen.

TIPP

Anstelle eines selbst genähten Kissens kann der gestrickte Kreis auf einen vorgefertigten Kissenbezug genäht werden. *(C.C.)*

FRISBEE-SCHEIBEN

KLASSE: ab 4. Schuljahr
ZEIT: 10 Doppelstunden

ASPEKTE

Rundstricken üben
Maschen abnehmen
Feste Maschen um einen
Gegenstand stricken

MATERIAL

Baumwollgarn in verschiedenen Farben, z. B. Coats Lyric
Nadelspiel Nr. 4
Häkelnadel Nr. 4
Wollnadel, ca. 90 cm Bleiband

ANLEITUNG

Farben für die Frisbeescheibe auswählen. Da die Arbeit mit doppeltem Fadenlauf gestrickt wird, können auch verschiedene Farben miteinander verstrickt werden.

80 Maschen auf 4 Nadeln gleichmäßig verteilt anschlagen und zur Runde schließen.

7 Runden rechte Maschen stricken.

Farbwechsel; Garnende ca. 15 cm stehen lassen, abschneiden und später miteinander verknoten. Mit der neuen Farbe weiterstricken.

4 Runden rechte Maschen stricken. →

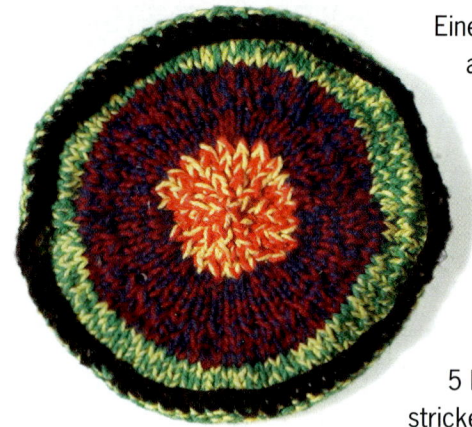

Eine Runde rechts überzogen abnehmen (40 Maschen) dafür 1 Masche rechts abheben, 1 Masche rechts stricken, die abgehobene Masche über die gestrickte ziehen, diesen Vorgang wiederholen. Auf jeder Nadel befinden sich noch 10 Maschen.

5 Runden rechte Maschen stricken.

Farbwechsel und eine Runde rechte Maschen stricken.

Eine Runde rechts überzogen abnehmen (20 Maschen). Maschen auf drei Nadeln verteilen, darauf achten, dass eine gerade Maschenzahl auf jeder Nadel vorhanden ist (z. B. 8/4 Maschen).

Zwei Runden rechte Maschen stricken.

Eine Runde rechts überzogen abnehmen (10 Maschen: z. B. 4/4/2 Maschen).

Eine Runde rechte Maschen stricken.

Eine Runde rechts überzogen abnehmen (5 Maschen), Garn abschneiden. Mit dem Garnende die verbleibenden Maschen auffassen, zusammenziehen und auf der Rückseite vernähen.

Die Knoten bei den Farbwechseln lösen, Garnenden vernähen.

Am Rand mit festen Maschen ein Bleiband einhäkeln und dieses immer wieder nachziehen, sonst wird das Frisbee nicht flach.

Nachdem die Garnenden vernäht sind, das Frisbee auf der Rückseite mit Sprühstärke und Dampf bügeln.

TIPP

Nach dem Farbwechsel die Fäden verknoten.

Mit Ringelwolle oder Anchor Magic erzielt man zusätzliche Farbeffekte und das Verknoten entfällt.

Zum Schluss einen gemeinsamen Spielnachmittag veranstalten. Welche Frisbee-Scheibe fliegt am besten? *(C.C.)*

TIERHANDPUPPEN

KLASSE: ab 6. Schuljahr
ZEIT: 6–8 Doppelstunden

ASPEKTE

Stricken mit einem Nadelspiel vertiefen
Entdecken, wie vielseitig die Möglichkeiten sind, aus
Wollresten nach eigenen Ideen Handpuppen zu stricken
Die Handpuppe fantasievoll ausgestalten

MATERIAL

30–50 g bunte Wolle, z. B. Extra von Schachenmayr,
in verschiedenen Farben
Nadelspiel Stärke 3–4

VORBEMERKUNGEN

Im Wesentlichen entspricht die Herstellung dieser originellen Figuren der
Beschreibung für die gestrickten „Grabschmaul"-Handpuppen. Wesent-
licher Unterschied ist hier, dass durch Zu- und Abnehmen von Maschen
bei den gestrickten Tierhandpuppen die Körperform differenziert wird. Die
gestrickten Tierhandpuppen erfordern deshalb besonders viel Experimen-
tierfreudigkeit und Kreativität.

ANLEITUNG

Im Gegensatz zu den Grabschmaul-Handpuppen haben
diese Tiere einen bauchigen Körper und einen kleineren
Kopf. Damit die Figur bauchig wird, zunächst ein Bündchen in der gewünschten Größe stricken, daran den
Körper gerade hochstricken und, bevor mit dem Kopf
begonnen wird, drei- bis viermal gleichmäßig verteilt an
sechs Stellen zwei Maschen zusammenstricken. Zwischen diesen Abnehmrunden sollten jeweils drei bis
vier glatt gestrickte Runden liegen.

Beine, Ohren, Nase, Bauch, Schwanz und Flügel können angestrickt oder separat gehäkelt, gestrickt,
geknüpft oder aus Filz angefertigt und dann angenäht
werden. Haare und Stacheln einknüpfen; Augen aufsticken oder aus Filz zuschneiden und aufkleben – es gibt
eine große Bandbreite an Ausgestaltungsmöglichkeiten
mit den verschiedensten Materialien! *(I.B./H.E.)*

MASKOTTCHEN

KLASSE: 4. Schuljahr
ZEIT: 7 Doppelstunden

ASPEKTE

Rundstricken üben
Rechte und linke Maschen stricken
Maschen abnehmen
Wirkung von Farben wahrnehmen

MATERIAL

Weißes Zeichenpapier DIN A4
Kartonstreifen ca. 3 x 18 cm
Zeitschrift, Wollreste
Baumwollgarn in verschiedenen
Farben, z. B. Coats Blau-Tulpe
4 Stricknadeln Nr. 3,5
Füllwatte, Wackelaugen
Plüsch-Webpelzreste (Langhaar)
Klebstoff
Schlüsselring

VORBEMERKUNGEN

In Gruppen- oder Klassenarbeit Sinn und Verwendungszweck von Maskottchen herausfinden. Viele Sportver-
eine haben ihre eigenen Maskottchen. Bilder suchen.
Haben die Kinder auch Glücksbringer? Wie sprechen
mich Formen und Farben an?

TIPP

Maskottchen für besondere Anlässe
entwickeln, z. B. den Sporttag, die
Klassenfahrt oder auch zum Abbau
von Prüfungsängsten. →

ANLEITUNG

Beim Zeichenblatt in die obere Hälfte ein Passepartout von ca. 8 x 8 cm schneiden.

Aus Zeitschriften ein Bild aussuchen, das farblich am besten gefällt und mit dem Passepartout einen Ausschnitt suchen. Diesen etwas größer ausschneiden und hinter die Öffnung kleben.

Möglichst alle auf dem Bild vorkommenden Farben in Garn- und Wollresten suchen, kleine Bündel wickeln und unter das Bild kleben. Erstaunlich wie viele Farbnuancen es gibt!

Die drei „schönsten Lieblingsfarben" bestimmen und damit auf einen Kartonstreifen ein Streifenmuster wickeln.

Den Karton ebenfalls auf das Zeichenblatt kleben.

Das ist nun die Farb- und die Mustervorgabe für das Maskottchen.

36 Maschen verteilt auf drei Nadeln anschlagen und in der gewickelten Farb- und Streifenfolge 20 Runden stricken. Davon sollten mindestens 2 Runden links gestrickt werden.

Abschließend Maschen abnehmen: Mit dem „4er Abnehmen" beginnen, 2 Runden rechts stricken, „3er Abnehmen", 2 Runden rechts stricken.

Garn abschneiden (ca. 20 cm stehen lassen) und mit einer Wollnadel locker durch die Maschen ziehen.

Für die **Haare** eine verstärkte Luftmaschenkette häkeln oder eine Kordel drehen (25 cm). Anfang und Ende zusammenknoten.

Plüsch- oder Webpelzreste um den Knoten wickeln und festnähen oder kleben. Achtung: Schlaufe schaut oben aus den Haaren heraus!

Dieses Haarbündel nun von oben durch die Maschenrunde schieben, Strickteil wenden, Restgarn nach innen holen (der Knoten muss ganz im Inneren sein), Maschen zusammenziehen und das Ganze mit diesem Restgarn festnähen. Arbeit wenden.

Durch die Schlaufen der Anschlagsmaschen ebenfalls ein Stück Garn einziehen. Maskottchen mit Füllwatte stopfen, untere Öffnung zusammenziehen und Garnenden gut vernähen.

Wackelaugen annähen oder mit Heißklebepistole anbringen. *(U.H.)*

FAMILIE SCHWEIN

KLASSE: ab 4. Schuljahr
ZEIT: ca. 6–8 Stunden, je nach Größe der Figur

ASPEKTE

Hohlform mit Rundstricknadeln stricken
Flachgestrick mit zwei Nadeln stricken
Zu- und Abnahmetechnik sowie das Anstricken üben

MATERIAL

Nadelspiel Nr. 3,5
Bouclé-Wolle, z. B. Paradiso von Schachenmayr
Ca. 40 g für das kleine, 50 g für das große Schwein
Ca. 50 cm schwarzes, blaues oder dunkelbraunes Garn für Augen und Nase
2 Stricknadeln, Stärke 2,5
Stick- und Stecknadeln
Häkelnadel Nr. 4
50 g Zauberwatte
Eventuell Pfeifenputzer

VORBEMERKUNGEN

Auf den Abbildungen erkennt man sehr deutlich die Stricktechnik.

Ein Teil der Schweinchen ist mit einer Bouclé-Wolle gestrickt, die Strickart ist dann nicht erkennbar, da die Oberfläche weicher und kompakter ist.

Die Größe der Schweinchen hängt auch von der Nadelwahl und der Garnstärke ab. In der Regel gilt: Je feiner, desto mehr Maschen anschlagen.

ANLEITUNG

Für den Kopf 12 Maschen für das kleine (20 Maschen für das große) Schwein anschlagen und auf vier Nadeln verteilen, zur Runde schließen.

Eine Masche rechts, eine Masche links im Wechsel ca. 1,5 cm hoch für die Schnauze stricken.

Dann auf jeder Nadel eine Masche wie folgt zunehmen: Die erste Masche auf der Nadel abstricken, aus dem unten liegenden Querfaden eine Masche rechts abstricken. Die folgende Runde im Grundmuster rechts, links ohne Zunahme stricken.

In der folgenden Runde wieder auf jeder Nadel in der oben beschriebenen Weise eine Masche zunehmen. Zwei Runden im Grundmuster stricken, jetzt liegen 20 Maschen für das kleine (28 Maschen für das große) Schwein auf der Nadelrunde. →

Die nun folgenden 7 (9) cm für den **Körper** glatt rechts in der Runde stricken. Anschließend für das Hinterteil die 1. und 2. Masche auf jeder Nadel rechts zusammenstricken. Die Runde beenden und so weiter verfahren, bis nur noch eine Masche auf jeder Nadel bleibt. Den Strickfaden ca. 25 cm lang abschneiden und alle Maschen mit einer Sticknadel aufnehmen, zusammenziehen und vernähen.

Aus dem Fadenende das **Ringelschwänzchen** aus ca. 15 Luftmaschen häkeln.

An der Übergangsstelle Kopf und Körper die **Ohren** anstricken. Dazu 6 (7) Maschen aus den Zwischengliedern aufnehmen.

4 Reihen glatt rechts stricken. In der 5. Reihe jeweils 2 Maschen zusammenstricken und in der letzten Reihe die restlichen Maschen zusammenstricken, Fadenende vernähen. Zweites Ohr gegengleich arbeiten.

Die **Beine** mit zwei Nadeln stricken. 4 gleiche Rechtecke nach folgender Anleitung stricken:

7 (8) Maschen anschlagen und mit 1 Masche rechts, 1 Masche links ein Rechteck von 2 cm Höhe stricken. Maschen abketten.

Das gestrickte Rechteck so aufeinander legen, dass wieder die Form eines Rechtecks entsteht. Mit dem Endfaden eine schmale Seite und die Längsseite im Matratzenstich zusammennähen. Die Öffnung mit Zauberwatte füllen. Gut ausstopfen, damit das Schweinchen standfest bleibt. Mit den drei weiteren Strickflächen für die Beine genauso verfahren. Die Beine mit Stecknadeln an den Bauch stecken und von innen festnähen. Zur besseren Standfestigkeit kann zuvor noch ein Pfeifenputzer in das Bein eingelegt werden.

Für die **Nase** 4 (6) Maschen anschlagen und ein Quadrat im Muster: 1 Masche rechts, 1 Masche links stricken und abketten. Das Quadrat in die Nasenöffnung einsetzen und mit dem passenden Garn von innen an die Anschlagmaschen nähen.

Die **Nasenlöcher** sowie die Augen mit Kreuzstichen aus schwarzem Garn aufsticken.

Anschließend den **Körper** mit Zauberwatte ausstopfen. Das Quadrat mit den aufgestickten Nasenlöchern in die Nasenöffnung einpassen und mit dem Endfaden gut vernähen. (S.L./J.-G.)

APPLIZIEREN

In diesem Kapitel steht **Applikation** als Bezeichnung für verzierende Aufnäharbeiten. Applikationen haben in erster Linie schmückenden Charakter. Sie dienen aber auch der Gebrauchswerterhaltung, vor allem bei Kinderkleidung, wenn schadhafte Stellen überdeckt werden sollen.

Anfänger bzw. Neueinsteiger in diese Technik führen die Applikationen zunächst von Hand aus. Der benötigte **Trägerstoff** sollte deshalb fest, aber leicht zu durchstechen sein. Rupfen, Baumwollgewebe, Handarbeitsstoffe und leichte Jeansstoffe sind hervorragend als Trägerstoffe geeignet. Locker gewebte oder sehr dicke Stoffe eignen sich nicht.

Die **Applikationsstoffe** sollten dicht, nicht ausfransend und leicht zu handhaben sein – besonders gern werden Baumwollstoffe und Filz verwendet, aber es können natürlich je nach Verwendungszweck alle vorhandenen Stoffreste und Effektmaterialien appliziert werden.

Soll die Applikation jedoch einen Gebrauchsgegenstand schmücken, müssen alle verwendeten Materialien gleiche Pflegeeigenschaften haben.

Es ist sinnvoll, zunächst einen Entwurf in Originalgröße für die Applikation anzufertigen und diesen dann so zu zerschneiden, dass die Einzelteile als Schnittschablonen dienen können.

Um ein Verrutschen und Ausfransen der Motivteile zu verhindern, können sie mit Haftvlies hinterbügelt und dann auf den Trägerstoff aufgebügelt werden.

Zum Applizieren eignen sich alle gängigen Stickstiche. Bei Gebrauchsgegenständen sollten die Applikationsstiche jedoch die Kanten umschließen, dies ist – je nach Altersstufe – mit dem Schlingstich, dem Überwendlingsstich, Hexenstich oder Zickzackstich möglich.

Alle gängigen Stickgarne, die zur weiteren Ausgestaltung der Applikation ausgewählt werden, können auch zum Aufnähen benutzt werden.

Eine besondere Form ist die „unterlegte Applikation" oder **Reverse-Applikation**, bei der – in der einfachen Version – unter den Grundstoff an den gewünschten Stellen ein farblich kontrastierender Stoff genäht und dann das Motiv aus dem darüber liegenden Grundstoff ausgeschnitten wird.

Bei der klassischen **Mola-Applikation** sind die Motive in Stufentechnik durch mehrere Lagen Stoff geschnitten, das heißt es werden mehrere verschiedenfarbige Stoffe übereinander verwendet, wobei die darunter liegenden Schichten die Farbwirkung ergeben. Die Muster werden Stück für Stück aus dem oben liegenden Grundstoff ausgeschnitten.

Diese farbenfrohe Applikationsart, die oft auch mit aufgenähten Applikationen kombiniert wird, stammt von den Cuna-Indianerinnen der San Blas-Inseln (Mittelamerika). Die Indianerinnen verwenden hauptsächlich überlieferte Motive u. a. aus ihrer Symbolik und der Natur.

TIPP

Bei fransenden Stoffenden die Schnittkanten am besten umschlagen und mit kleinen Saumstichen annähen. Diese Technik ist relativ schwierig und erfordert viel Geschicklichkeit. Beim Einstieg in diese Technik empfiehlt es sich deshalb, statt mit fransenden Stoffen mit Bastelfilz zu arbeiten. Die Schnittkanten der Motive müssen dann nicht umgeschlagen werden, sondern können mit einfachen Stichen festgenäht werden. *(H.E.)*

MÄRCHENFIGUREN & CO.

KLASSE: ab 1. Schuljahr
ZEIT: 1–2 Doppelstunden

ASPEKTE

Märchenfiguren als Klebeapplikation nach eigenen
Vorstellungen gestalten
Stoffe sorgfältig schneiden und aufkleben üben
Die Figur kreativ ausgestalten

MATERIAL

Zeichenblockpapier
Fotokarton, ca. DIN A3
Reste von verschiedenen Stoffen
und Wolle
Spitze, Leder, Goldpapier, Ton-
papier etc.
Klebestifte
Schere

VORBEMERKUNGEN

Klebeapplikationen bieten sehr reizvolle und verschie-
denartige Möglichkeiten der Gestaltung, weil nahezu
alle textilen Materialien dabei Verwendung finden können. Sie werden haltbar auf den Untergrund geklebt;
so können bereits Erstklässler relativ schnell zu ansprechenden Ergebnissen gelangen.

ANLEITUNG

Eine Märchenfigur auswählen, auf Zeichenpapier in Originalgröße malen
und ausschneiden. Zur Ausgestaltung die gewünschten textilen Materialien
zurechtschneiden, zunächst locker auf der Figur anordnen und eventuelle
Korrekturen vornehmen. Danach die Applikationen aufkleben.

Die fertige Märchenfigur auf farblich passendes Tonpapier aufkleben.
(R.D./H.E.)

KAMEL IM ORIENT

KLASSE: ab 4. Schuljahr
ZEIT: 7–8 Doppelstunden

ASPEKTE

Eine orientalische Stadt als Wandbild entwerfen
Durch Stoffmalerei, Applikation und
freies Sticken ausgestalten

MATERIAL

Weißes, nicht zu feines Gewebe,
ca. 30 x 40 cm
Entwurfspapier
Bleistift, Farbstifte, Schere
Stoffmalfarben, Borstenpinsel
Grüner, brauner und kamelfarbener
Filz oder Stoff
Haftvlies
Spitze Sticknadel, Stecknadeln
Passendes Stickgarn
Bügeleisen

VORBEMERKUNGEN

Bücher mit orientalischen Märchen und entsprechenden Illustrationen
regen dazu an, eine orientalische Stadt und ein Kamel zu entwerfen.
Der Entwurf eines Kamels gelingt mit entsprechenden Tierfotos oder Abbildungen. Für die Applikation von Kamel und Palme können Filz- oder
Stoffreste verwendet werden, wobei letztere mit Haftvlies fixiert werden
müssen, um ein Ausfransen zu vermeiden. Die Schnittkanten des Trägerstoffes sollten mit der Nähmaschine versäubert werden.

ANLEITUNG

Orientalische Stadt mit Palme und einem Kamel entwerfen und farbig anlegen. Den Entwurf der Stadt mit
Stoffmalfarbe auf den Trägerstoff übertragen. Dabei
kann das Kamel ausgespart werden, dann jedoch ca.
0,5 cm über die Bleistiftkonturen hinweg in die Aussparung hineinmalen.

Die Konturen der Häuser, Dächer, Türme, Fenster etc.
durch Steppstich hervorheben.

Kamel, Palmenkrone und -stamm vom Entwurf ausschneiden, auf den Applikationsstoff stecken, ausschneiden und an den gewünschten Stellen applizieren.

Das Kamel erhält noch Auge, Maul und Schwanz. Den
Vordergrund mit diversen Pflanzen aus verschiedenen
grünen Garnen besticken und schließlich das fertige
Wandbild vorsichtig von links dämpfen und eventuell
rahmen. *(R.-R./H.E.)*

KAKTEENFENSTER

KLASSE: ab 2. Schuljahr
ZEIT: 2–3 Doppelstunden

ASPEKTE

Die Technik der Applikation kennen lernen
Einfache Schnittmuster herstellen und umsetzen
Zierstiche erlernen und anwenden

MATERIAL

Für jeden Schüler:
Blauer Filz 20 x 23 cm
Filzreste in Braun- und Grüntönen sowie kleine bunte Reste
Stecknadeln, spitze Nadel
Farblich passendes Stickgarn, z. B. Anchor Sticktwist
Für jeweils 4 Schüler:
Etwa 3 m Holzleisten (1,5 x 0,5 cm für den Rahmen)
Starke Pappe zum Aufkleben 45 x 50 cm
Dünne Kordel oder Klebeaufhänger

VORBEMERKUNGEN

Zur Vorbereitung können Blumenbilder gesammelt und Blumenbücher gemeinsam betrachtet werden. Dabei ist es wichtig, auf die typischen Merkmale von Kakteen hinzuweisen.

ANLEITUNG

Einen Entwurf in Originalgröße anfertigen.

Alle Teile aus Filz ausschneiden, auf dem Untergrund anordnen und feststecken.

Den Kaktus auf den Untergrund applizieren und ausgestalten.

Jeweils vier Bilder auf die Pappe kleben.

Die vorbereiteten Leisten als Rahmen angeordnet ebenfalls aufkleben.

Die Aufhängung anbringen. *(C.Hu./H.E.)*

EIN BAUM IM FRÜHLING

KLASSE: ab 2. Schuljahr
ZEIT: 3–4 Doppelstunden

ASPEKTE

Einfache Stickstiche anwenden (Zickzackstich, Vorstich, Flachstich, Steppstich, Hexenstich)
Neue Stiche durch Abwandlung erarbeiten
Verschiedene Materialien und Garne kennen lernen

MATERIAL

Trägerstoff in DIN-A4-Größe aus festem (naturfarbenen) Gewebe
Spitze Sticknadel
Karton für die Kreis- und Baumschablonen
Stoffreste in verschiedenen Grüntönen und Materialien für die Blätter
Braune Stoffreste für den Baumstamm
Anchor Sticktwist in unterschiedlichen Farben (Grün- und Brauntöne)
Haftvlies, Bügeleisen

VORBEMERKUNGEN

Die Gestaltung des applizierten Baumes ist variabel. Je nach Alter und Motivation der Kinder kann entweder die Blätteranzahl reduziert oder der Baum größer und vielseitiger gestaltet werden. Soll eine Gemeinschaftsarbeit erstellt werden, so bietet es sich an, dass jedes Kind sein Blatt individuell gestaltet. Im Anschluss daran können alle Blätter zur Baumkrone zusammengefügt und mit Haftvlies aufgebügelt werden.

ANLEITUNG

Die ausgewählten grünen und braunen Stoffreste mit Haftvlies hinterbügeln.

Schablonen aus Karton anfertigen, eine für den Baumstamm und eine Kreisform mit maximal 5 cm Durchmesser für die Blätter.

Blätter und Baumstamm aus dem Stoff ausschneiden. Den zugeschnittenen Baumstamm auf den Trägerstoff bügeln und mit einfachem Flachstich applizieren.

Die Blätter auf dem Trägerstoff und auf dem Baumstamm anordnen und nach und nach aufbügeln. Die Blätter mit unterschiedlichen Stickstichen applizieren.

Eventuell den Baum als Wandbild in einen Holzrahmen setzen. *(S.R./H.E.)*

HEXENMOBILE

KLASSE: 2. Schuljahr
ZEIT: 6 Stunden

ASPEKTE

Eine doppelseitige Figur gestalten
Eine auf einem Besen reitende Hexe
in Seitenansicht entwerfen
Vielfältige Details zur Hexendarstel-
lung entwickeln
Geeignete Stoffe auswählen

MATERIAL

Vielfältige Stoffreste
Wolle oder Reste von Makrameegarn
Schere, Klebestift
Filzstift, Bleistift
Fotokarton DIN A4
Weißes Zeichenpapier
Kleine Äste für den Besen
Stopfnadel und Nähgarn

ANLEITUNG

Mit Bleistift das Profil einer auf einem Besen reitenden Hexe auf Fotokarton zeichnen und ausschneiden. Nach dieser Vorlage die Einzelteile wie Hut, Kleid, Arme und Schuhe auf Zeichenpapier übertragen und als Schnittmuster für die Stoffteile verwenden.

Die einzelnen Schnittmusterteile mit dem Filzstift auf die Rückseite des Stoffes übertragen und doppelt für beide Seiten der Hose oder des Rocks ausschneiden. Die Rückseite spiegelverkehrt!

Die Stoffteile beidseitig auf die Hexe aus Fotokarton aufkleben. Die wuscheligen, aus dem Hut herausquellenden Haare der Hexe aus Wollresten oder Makrameegarn auf beide Seiten des Kopfes kleben, bevor der Hut befestigt wird.

Mit viel Geduld und Fantasie dann die Figur mit Federn und Bändern für Hut, Schürze, Schultertuch, Weste, Strümpfe und Flicken ausschmücken. Mit Filzstift dem Gesicht der Hexe Ausdruck verleihen.

Aus feinen Zweigen den Hexenbesen anfertigen und ihn an zwei Punkten mit Nadel und Faden am Hexenkörper festnähen.

TIPP

Wenn mehrere Hexen in der Klasse verbleiben dürfen, ist schnell ein Mobile angefertigt, an dem alle Freude haben. (I.J./H.E.)

FEUER SPEIENDER DRACHE

KLASSE: ab 3. Schuljahr
ZEIT: 3–4 Doppelstunden

ASPEKTE

Einen eigenen Entwurf als Schnittmuster herstellen
Textiles Material sparsam zuschneiden
Stoffteile sorgfältig und haltbar verbinden
Verschiedene Möglichkeiten der Befestigung anwenden

MATERIAL

Weißer oder farbiger Rupfen oder Jutestoff 40 x 45 cm
Grüner Filz 25 x 45 cm
Roter Filz 4,5 x 45 cm
Woll- und Garnreste, Perlen
Pappe 38 x 43 cm
Klebeaufhänger oder alternativ ein Passepartout

VORBEMERKUNGEN

Dinosaurier und Drachen interessieren Kinder sehr und sie können selbst Anschauungsmaterial dazu bereitstellen. Zur Ausgestaltung können sie alle bekannten Stickstiche anwenden. Außer der Stickerei finden auf dem Drachenkörper auch noch kleine Filzteile und Perlen als Schuppen Platz.

ANLEITUNG

Einen originalgroßen Entwurf als Schnittmuster für den Drachen anfertigen. Da Kamm und Teile der Beine unter den Körper geschoben werden, muss an diesen Stellen beim Ausschneiden eine Nahtzugabe einbezogen werden (siehe Schnittmuster). Alle Teile dementsprechend auf den Trägerstoff aufstecken und danach aufnähen.

Drachen mit Perlen, Wolle und Stickgarn nach eigenen Vorstellungen ausgestalten. Auf Pappe aufziehen oder mit einem Passepartout versehen. Klebeaufhänger befestigen. *(C.Hu./H.E.)*

TIPP

Da Rupfen stark ausfranst, sollte er vor Beginn der Arbeit sechs Fäden von der Schnittkante entfernt gekettelt und dann ausgefranst werden – das ergibt einen haltbaren, dekorativen Rand.

AQUARIUM

KLASSE: ab 3. Schuljahr
ZEIT: 3 Doppelstunden

ASPEKTE

Sorgfältig mit Bügeleisen und Haftvlies umgehen
Bekannte Stickstiche anwenden
Gemeinsam einen Raumschmuck
für die Schule herstellen

MATERIAL

Blauer Rupfen 100 x 50 cm
Bügel-Vlieseline 100 x 50 cm
Bunte Baumwollstoffe
Haftvlies
Spitze Nähnadel
Farblich passendes Baumwollgarn
(z. B. Anchor Rot-Tulpe)
Perlen, Muscheln, Korken
Wollreste, Häkelnadel
6 kleine Messingringe für die
Aufhängung
Bügeleisen

VORBEMERKUNGEN

Als Trägerstoff für diese Gemeinschaftsarbeit eignet
sich blauer Jutestoff (Rupfen), der zur besseren Handhabung mit starker Vlieseline hinterbügelt werden sollte.

ANLEITUNG

Verschiedene Fische entwerfen und diese Entwürfe auf
Haftvlies übertragen, grob ausschneiden.

Die Entwürfe auf die Rückseite der Baumwollstoffe bügeln, die Fische ausschneiden und das Papier abziehen.

Die Fische gemeinsam auf dem Trägerstoff anordnen,
aufbügeln und mit Schlingstich applizieren.

Mit Häkelschnüren (für die Wasserpflanzen), Muscheln,
Perlen, Korken etc. ausgestalten. Für die Aufhängung
Messingringe anbringen. (C.Hu./H.E.)

BUNTER PAPAGEI

KLASSE: ab 3. Schuljahr
ZEIT: ca. 6 Doppelstunden

ASPEKTE

Einen Entwurf in Originalgröße anfertigen
Filzteile mit dem Steppstich applizieren
Wandbild durch Sticken kreativ ausgestalten

MATERIAL

Naturfarbener Rupfen (Jutestoff), ca. 30 x 40 cm
Entwurfspapier in der Größe des Rupfenstückes
Farbstifte, Filz und Stickgarn in verschiedenen Farben
Heftgarn (und/oder Haftvlies, Bügeleisen)
Spitze Sticknadeln, Stecknadeln, Schere
Knopf bzw. Perle als Auge

VORBEMERKUNGEN

Bevor man einen Entwurf fertigt, ist es sinnvoll, anhand von Abbildungen die charakteristischen Merkmale eines Papageis herauszuarbeiten.
Um das Ausfransen des Stoffs zu vermeiden, sollten die Kanten mit der Nähmaschine versäubert werden. Die Blätter können frei Hand zugeschnitten werden.

ANLEITUNG

Einen Papagei, der auf einem Ast sitzt, entwerfen und mit Buntstiften anmalen, sodass er in klare Felder gegliedert ist und die einzelnen Felder ausschneiden.

Die so gewonnenen Schablonen auf den Filz stecken und die Teile zuschneiden. Zunächst den Ast auf den Rupfen aufstecken und festheften, dann mit farblich passendem Stickgarn applizieren.

Die Teile des Papageis können entweder aufgeheftet oder mit Haftvlies befestigt werden. Nach dem Fixieren die einzelnen Teile ebenfalls mit Stickgarn in den entsprechenden Farben aufnähen.

Das Gefieder des Papageis durch Sticken ausgestalten, das Auge anbringen. Blätter aufstecken und festnähen. Zweige und Ästchen durch Sticken gestalten.
(R.-R./H.E.)

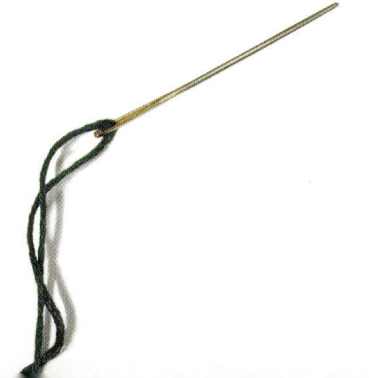

255

BADETUCH MIT APPLIKATION

KLASSE: 6. Schuljahr
ZEIT: 8 Doppelstunden

ASPEKTE

Ein Bild in eine textile Applikation umsetzen

MATERIAL

Frotteestoff 150 x 90 cm
Baumwollstoffe in diversen Farben
Nähgarn, z. B. Coats Polyester
Haftvlies, Stickvlies
Eventuell Stoffmalfarben
Verzierungsmaterial wie Perlen, Knöpfe etc.
Bügeleisen
Eventuell Nähmaschine

VORBEMERKUNGEN

Beim Applizieren werden die einzelnen Stoffteile schichtweise übereinander genäht. Das bedingt, dass bei den untergeschobenen Teilen ein Untertritt von ca. 5 bis 10 mm zugegeben werden muss.
Die Applikationen können mit Stoffmalfarben kombiniert werden.

ANLEITUNG

Einen eigenen Entwurf anfertigen oder eine Vorlage auswählen und auf Papier übertragen.

Einzelteile in der Reihenfolge, in der sie später aufgenäht werden sollen, nummerieren. Anschließend die einzelnen Teile inklusive Nummerierung auf Papier übertragen, die nötigen Untertritte an den Überschneidungen direkt zugeben und ausschneiden.

Das Haftvlies entsprechend der Einzelteile großzügig zuschneiden.

Applikationsstoff den Einzelteilen zuordnen und die beschichtete Seite des Haftvlieses auf die Rückseite dieser Stoffe aufbügeln.

Die einzelnen Teile der Vorlage seitenverkehrt mit Bleistift auf die Papierseite des Haftvlieses übertragen und ausschneiden. Papier des Haftvlieses entfernen.

Einzelteile schrittweise auf das Badetuch aufbügeln oder aufnähen. →

Falls Nähmaschine vorhanden, Stickfuß einsetzen, Stichbreite 1,5 bis 2, Stichlänge fast bei 0 einstellen (Raupennaht). Oberfaden in der Farbe des Applikationsstoffes oder einer Kontrastfarbe wählen. Unterfaden in der Farbe des Trägerstoffes einfädeln.

Einzelteile nur an den sichtbaren Stoffkanten aufnähen. Es empfiehlt sich, mit den Kindern eine einfache Vorübung zu machen.

Das Badetuch wie folgt säumen: Längsseiten: 2 cm umlegen, heften und mit dem Stretch-Overlockstich oder Vari-Overlockstich festnähen, wie bei einer Flachnaht.

Querseiten: Mit den vorhandenen Webenden einen doppelten Saum nähen. Oder im gleichen Verfahren wie bei den Längssäumen arbeiten. Tipp: Zum exakten Absteppen der Saumkante den Blindstichfuß verwenden.

Auf das fertige Badetuch kann nun direkt appliziert werden oder die Applikation auf einen passenden Trägerstoff und dann als Tasche auf das Badetuch nähen. Dazu diese Tasche vorher mit Schrägstreifen einfassen. Tasche so platzieren, dass sie eventuell auch als Kissen dienen kann. (U.H.)

HEXEN ZUM UMHÄNGEN

KLASSE: ab 3. Schuljahr

ZEIT: 3–4 Doppelstunden

ASPEKTE

Das Material „Rupfen" kennen lernen
Eine Rupfentasche mit einer selbst entworfenen Figur gestalten
Geeignete Materialien und möglichst verschiedene Applikationsstiche anwenden

MATERIAL

Rupfenumhängetasche
Stoffreste, Knöpfe
Litzen u. Ä. zum Ausgestalten
Stickgarn, z. B. Anchor Sticktwist
Spitze Sticknadel
Schere

VORBEMERKUNGEN

Rupfentaschen sind eine gute Alternative zu den üblichen Baumwolltaschen. Bei Rupfen handelt es sich allgemein um grobes Gewebe aus Jutegarn. Früher befanden sich in jedem Haushalt Kartoffelsäcke (manchmal auch Kohlensäcke) aus Rupfen, deshalb bezeichnete man es auch als „Sackleinen". Rupfen ist ein sehr strapazierfähiges und preiswertes Material, das sich gut als Trägerstoff für Applikationen eignet.

ANLEITUNG

Eine Hexe oder einen Zauberer als flächenfüllende Figur entwerfen. Den Entwurf als Schnittmuster für die Applikation verwenden.

Geeignete Materialien auswählen, ausschneiden und auf der Tasche platzieren.

Zunächst den Körper, dann den Kopf und weitere Teile der Figur applizieren. Zum Schluss die Figur mit Stickstichen ausgestalten. (E.B./H.E.)

EINE KINDERMOLA

KLASSE: ab 2. Schuljahr
ZEIT: als Klebeapplikation: 3 Stunden
          mit Stickerei: 4–5 Stunden

ASPEKTE

Textilgestaltungen eines anderen Kulturkreises
kennen lernen
Ein Tier aus dem Lebenskreis der Cuna-Indianer als
Reverse-Applikation (Mola) gestalten

MATERIAL

3 Quadrate synthetisches Vlies (sog. Bastelfilz)
in verschiedenen Farben
Entwurfspapier in gleicher Größe, Stift
Sicherheits- oder Stecknadeln
Textilschere, Nagel- oder Stickschere
Buchbinderleim (für 2. Schuljahr)
Nadel und Faden (ab 3. Schuljahr)
Nach Belieben: schwarzer Fotokarton für ein Passe-
partout, eventuell auch eine Tasche, auf die das Werk-
stück genäht werden kann.

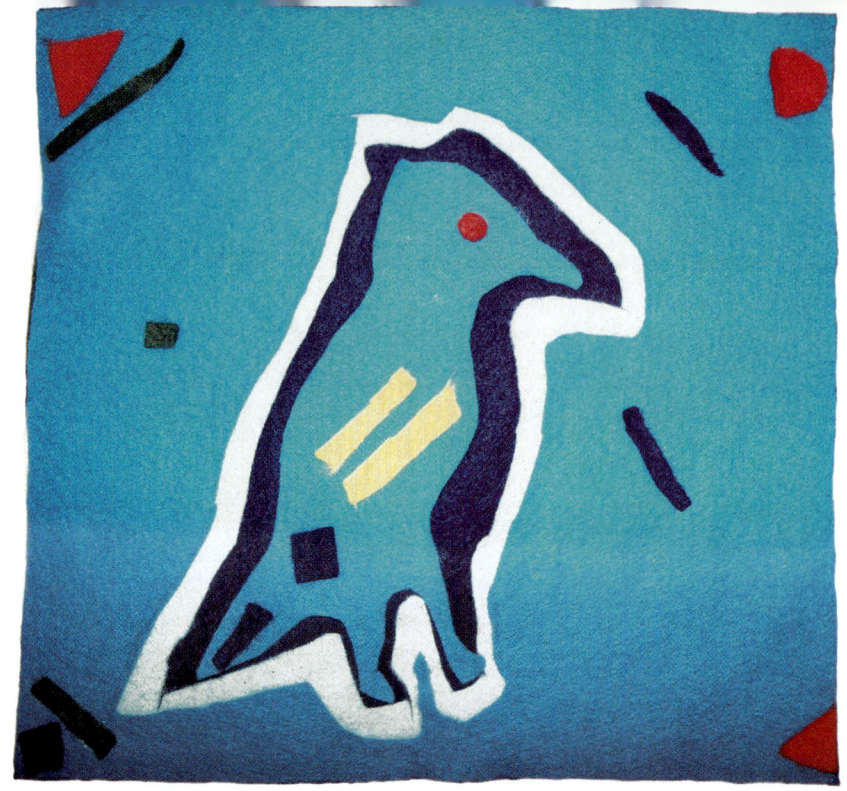

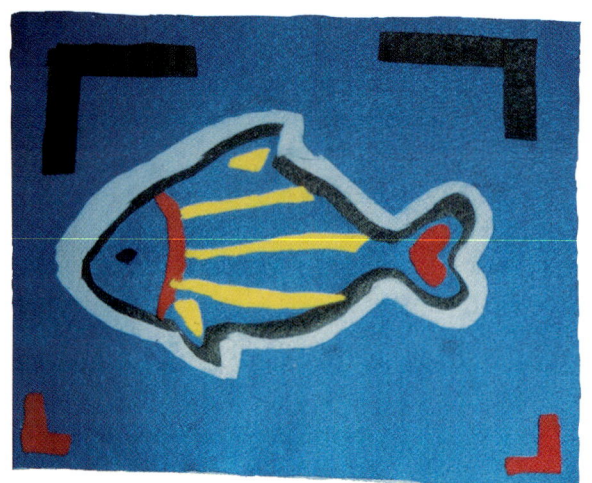

VORBEMERKUNGEN

Einführend sollten zunächst Bilder von Molakana (Singular: Mola) gezeigt
und die vorkommenden Motive, die dem Lebensumfeld der Cuna-Indianer
entstammen, besprochen werden.
Die typischen Merkmale häufig vorkommender Motive wie Fisch, Vogel
oder Schildkröte anhand der Bilder herausarbeiten und deutlich machen,
dass zunächst nur der charakteristische Umriss wichtig ist.

ANLEITUNG

Das Tier formatfüllend ohne Details in Originalgröße
auf Papier entwerfen. Wichtig: An den Rändern mindestens 2–3 cm Platz lassen!

Das Tier aus dem Papier ausschneiden und mit Steck-
oder Sicherheitsnadeln auf der obersten Stofflage so
befestigen, dass die Vliesränder erhalten bleiben. Alternativ kann der Entwurf auch auf die Rückseite des Vlieses mit Filzstift oder Kreide aufgezeichnet werden. →

Die Tierform entlang der Schnittschablone so herausschneiden, dass eine negative Form entsteht. Der Rahmen darf nicht durchtrennt werden! Am besten dazu
den Stoff mit dem oben liegenden Papier an einer geraden Strecke knicken und einen kleinen Einschnitt mit
der Schere am Papier entlang machen. Von dort aus
weiterschneiden. Man erhält einen vollständigen Rahmen (negative Tierform) und eine positive Tierform.

Den Rahmen bündig auf ein zweites, andersfarbiges
Vlies mit Sicherheits- oder Stecknadeln aufstecken.

Bei diesem noch einmal die Tierform parallel zum oberen Vlies, aber ca. 1 cm kleiner ausschneiden. Dabei
orientiert man sich an der ersten Schnittlinie. Ist noch
Freiraum im Entwurf, kann eine Ausschmückung mit
„tas-tas" (senkrechte Einschnitte), „wane-wane" (kleine
aufgesetzte Dreiecke) oder selbst entworfenen Formen
erfolgen.

Die dritte Schicht dient unbearbeitet als Hintergrund-
fläche. Ist sie dunkel, so leuchten die anderen Farben
gut heraus. Man kann sie auch größer zuschneiden als
die anderen Teile, dann erhält man eine Art Passepartout.

Jüngere Schüler kleben nun alle Flächen mit Buchbinderleim sorgsam aufeinander: zuerst die mittlere auf
die untere Fläche, dann die obere auf die mittlere.

Die älteren Schüler können die drei Schichten auch von
Hand zusammennähen. Hierzu eher schlanke Nadeln
und entsprechenden Nähfaden in der Farbe der obersten Schicht benutzen. Am besten mit kurzen Vorstichen
annähen, aber auch andere Sticharten sind möglich.
(Z.-P.)

Echte Kindermolakana der Cuna-Indianer (Privatbesitz)

EIN FISCH AUS FILZ

KLASSE: ab 3. Schuljahr
ZEIT: 3 Doppelstunden

ASPEKTE

Mola kennen lernen
Vor-, Schling- und Steppstiche anwenden
Sorgfältiges Schneiden und Nähen üben

MATERIAL

Zwei verschiedenfarbige Filzstoffe
Schablone, Stecknadeln, Schere
Verschiedene Nähnadeln
Verschiedene Näh- und Stickgarne
Bilderrahmen mit Glas

ANLEITUNG

Das gewünschte Motiv (hier einen Fisch) mit Hilfe einer Schablone auf den Oberstoff aufzeichnen und genau ausschneiden.

Den Ober- und Unterstoff etwas außerhalb des Motivrandes zusammenheften. Das Motiv mit Vor- oder Steppstichen befestigen bzw. zur Zierde ausgestalten.

Eventuell auch kleinere Teile beliebig als Applikation aufsetzen und mit Schlingstichen befestigen.

Den Bildrand begradigen und die Mola hinter Glas rahmen. *(I.H./H.E.)*

SCHNEEMANN

KLASSE: ab 3. Schuljahr
ZEIT: 3 Doppelstunden

ASPEKTE

Mola-Technik anwenden

VORBEMERKUNGEN

Um den Kindern die Arbeit zu erleichtern, wird hier nur eine Schicht hinterlegt und Filz verwendet, da er nicht ausfranst.

MATERIAL

Blauer Filz 20 x 30 cm
Weißer Filz 15 x 23 cm
Bunte Filzreste zum Ausgestalten
Nähnadel
Farblich passender Nähfaden

ANLEITUNG

Den weißen Filz auf den blauen heften, sodass ein gleichmäßiger Rand entsteht. Eine Schneemannschablone im Faltschnitt herstellen. Den Schneemann mit Bleistift auf den weißen Filz zeichnen und mit weißem Nähfaden im Vorstich entlang der Bleistiftlinie aufnähen. Arbeit wenden und knapp innerhalb der Vorstichlinie den Schneemann ausschneiden, ohne dabei den weißen Filz zu zerschneiden. →

WANDBEHANG MIT VOGEL

Die beiden Filzteile mit farblich passendem oder kontrastierendem Garn zusammennähen. Es eignen sich Vorstich, Knopflochstich oder Überwendlingsstich.

Nach Belieben Schneeberge oder Schneeflocken in derselben Art herstellen. Hut, Nase, Augen, Knöpfe aufnähen.

Für den Schal zwei schmale Filzteile schneiden, nur an den oberen Enden befestigen und den Rest zum Schal schlingen. (C.Hu./H.E.)

ANLEITUNG

Das ausgewählte klassische Mola-Motiv eines Vogels mit Hilfe einer nach Vorlagen erstellten Schablone auf den Oberstoff aufzeichnen.

Ober- und Unterstoff aufeinander legen und etwas außerhalb des Motivrandes zusammenheften.

Den Oberstoff entlang der aufgezeichneten Linien exakt einschneiden, sodass der Unterstoff sichtbar ist.

Die Schnittkanten einschlagen und mit kleinen Stichen am Unterstoff befestigen. Sollen bestimmte Teile andersfarbig hervorgehoben werden, so können weitere bunte Stoffe unterlegt und die eingeschlagenen Schnittkanten analog befestigt werden.

Auge, Schnabel und Hals mit kleinen Vorstichen verzieren.

Mit der Nähmaschine die Randeinfassung in den entsprechenden Hauptfarben anbringen sowie Aufhängeschlaufen einarbeiten. (I.H./H.E.)

KLASSE: ab 5. Schuljahr
ZEIT: 4 Doppelstunden

MATERIAL

Farbintensive Baumwollstoffe in verschiedenen Farbtönen
Passende Nähgarne
Nähnadel
Stecknadeln
Stickgarn, z. B. Anchor Sticktwist
Nähmaschine

KISSEN UND SAMMELMAPPEN

KLASSE: 5.–6. Schuljahr
ZEIT: 6 Stunden

ASPEKTE

Mola-Technik mit der Nähmaschine anwenden
Farbkompositionen kennen lernen

MATERIAL

Filz in diversen Farben
Passendes Nähgarn
Stoff zum Abfüttern bzw.
Verstürzen (je nach Weiterverarbeitung)
Farbige Kartonsammelmappe
Stopfwatte, Abdeckband
Farbiges Zeichenpapier
Kleine spitze Schere
Stift, Stoffkreide
Kopierrädchen und -papier
Stecknadeln
Nähmaschine

ANLEITUNG

Mola-Größe bestimmen (im Beispiel: 15 x 15 cm). Einen Entwurf aus Papier herstellen in gleicher Größe wie das Filz-Original. Die ganze Fläche des Papiers in kleinere Felder unterteilen, indem mehrere Linien von Rand zu Rand kreuz und quer über das Blatt gezogen werden. Sie bilden später die Nähte.

Keine Linie mitten in der Fläche beginnen! Es müssen immer geschlossene Felder entstehen. Kreise sollte man zunächst vermeiden oder in Spinnennetzform gestalten.

Filz zuschneiden. Alle Filzlagen am Rand mit Fadenschlag zusammenheften. Den Entwurf mit Stoffkreide oder Kopierrädchen und Kopierpapier auf die oberste Filzlage übertragen.

Mit der Nähmaschine mit Geradstich die Linien nachnähen. Fäden verknoten oder vernähen. Heftfaden entfernen. →

Mit kleiner spitzer Schere schichtweise Filzecken herausschneiden. Darauf achten, dass die unteren Filzschichten nicht verletzt werden. Es entsteht ein Spiel zwischen Farben und Formen.

Die unterste Filzschicht nicht einschneiden!

Für die **Sammelmappe** nun ein Fenster aus dem Karton ausschneiden, das als Passepartout dient, und den fertigen Mola-Einsatz auf der Rückseite in das Fenster kleben. Die überhöhte Kante innen mit Abdeck-/Textilband überkleben und somit ausgleichen.

Für das **Nadelkissen** zum Schluss einen passenden Baumwollstoff in gleicher Größe (15 x 15 cm) für die Rückseite ausschneiden. Vorder- und Rückseite mit Stecknadeln heften und schließlich an drei Seiten zusammennähen. Das Kissen mit Watte stopfen und die Öffnung schließen. *(U.H.)*

NÄHEN

Grundlegende Kenntnisse im Hand- und Maschinennähen sind für die Bewältigung des Alltags unumgänglich – zum einen, um kleine Reparaturen an Kleidungsstücken und Heimtextilien ausführen zu können, zum anderen, um einfache Kleidungsstücke, Accessoires, Spielsachen oder Heimtextilien nach eigenen Vorstellungen selbst anfertigen zu können.

Der erste Teil dieses Kapitels enthält Vorschläge zum Nähen mit Hand. Beginnend mit der Nähprobe „Maus", siehe Seite 275, werden Ideen zum Maschinennähen vorgestellt.

Zur Einführung in das Nähen mit der Nähmaschine lohnt es sich, Spiele zu erfinden bzw. das ALS-Nähmaschinen-Lernspiel zu verwenden, damit die Kinder relativ leicht und schnell den Umgang mit der Nähmaschine erlernen.

GRUNDSTICHE FÜR DAS HANDNÄHEN

Heftstich (Vorstich) zum vorläufigen Zusammenhalten der Stofflagen (bei Patchworkarbeiten zum Quilten)
Steppstich zum haltbaren Zusammennähen
Matratzenstich zum unsichtbaren Schließen von Wendeöffnungen
Saumstich zum Nähen eines handgenähten Saums
Überwendlingsstich oder Schling- bzw. Festonstich, um ausfransende Schnittkanten zu sichern.

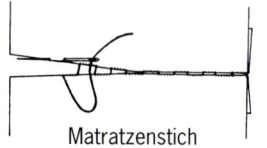

Matratzenstich

GRUNDTECHNIKEN BEIM MASCHINENNÄHEN

Nadel- und Garnstärke müssen auf den Stoff abgestimmt sein. Für Baumwollstoffe (z. B. Linon) verwendet man Nadelstärke 80 und handelsübliches Nähgarn. Für dicke Gewebe, z. B. Jeans, eignet sich eine Nadel mit einer schlanken Spitzenform, die besonders gut durch harte Gewebe dringt (Stärke 130). Für feine Maschenware oder Seide empfiehlt es sich, eine Nadel mit feiner Rundspitze einzusetzen.

Geradstich (Steppstich) zum Nähen von Nähten und Säumen sowie zum Absteppen, Stichlänge 2,5–3
Zickzackstich zum Versäubern von Schnittkanten Stichlänge 1,5, Stichbreite 3–3,5.
Nähen von elastischen Stoffen mit einem auf der Nähmaschine vorhandenen **Overlockstich** oder einem kleinen Zickzackstich und einer Jersey-Maschinennadel. Da sich diese elastischen Stiche nur schwer wieder auftrennen lassen, sollten die vorbereitenden Arbeiten wie Stecken oder Heften sorgfältig ausgeführt werden.

Einfache Naht: Nahtzugabenbreite 1–1,5 cm.
Saum: Einschlag 1 cm, Umschlag 1,5 cm breit, den Saum knappkantig steppen.
Nähen um die Ecke: Maschinennadel einstechen, Nähfuß heben, Stoff drehen, Nähfuß senken und weiternähen.
Verstürzen: Zwei Stofflagen Oberseite auf Oberseite aufeinander legen, rundherum bis auf eine Wendeöffnung zusammennähen, auf die Oberseite wenden, die Nähte glatt streichen bzw. bügeln, die Wendeöffnung mit dem Matratzenstich schließen.

Material

Nähmaschinen-Anfänger sollten keine rutschigen Stoffe verwenden – sie bekommen auch bei größter Sorgfalt keine befriedigenden Ergebnisse. Am einfachsten zu handhaben und gleichzeitig preiswert sind leinwandbindige Baumwollstoffe.

Wenn die Stichbildung nicht zufrieden stellend ausfällt, kann das an der Fadenspannung, aber auch am Garn liegen. Es lohnt sich, ein qualitativ hochwertiges Nähgarn zu verwenden.

Nähgarne sind in der Regel Zwirne, die aus mehreren Einzelfäden zusammengedreht werden.

Polyestergarne, wie z. B. Coats Polyester, sind Multitalente für optimale Nähergebnisse auf allen Stoffen. Durch die relativ hohe Elastizität eignen sie sich auch für Jersey-Stoffe. Sie sind für das Nähen von Hand und mit der Maschine geeignet. Markenprodukte können normalerweise mit 95 °C gewaschen werden.

Gute **Baumwollgarne** sind mercerisiert. Die Garne erhalten dadurch einen schönen Glanz und eine höhere Festigkeit. Wichtig ist, die Wascheigenschaften der im Handel erhältlichen Garne zu beachten. Sie reichen von 30 °C bis zu 95 °C bei Markengarnen, wie z. B. Coats Cotton.

Der Vorteil von **Seide**, z. B. Coats Silk, besteht im hohen Glanz des Seidengarns. Dank der modernen Produktionsmethoden kann ein Seidenstoff aber auch mit Polyester genäht werden.

Heftgarne, wie Coats Heftgarn (auch Reihgarn genannt), sind spezielle Baumwollgarne mit geringer Reißfestigkeit. Sie werden nur zum Zusammenheften der einzelnen Teile benutzt.

Bei der **Farbauswahl** des Nähgarns sollte beachtet werden, dass Kunstlicht den Farbausfall der Stoffe verändern kann. Wenn möglich sollte man den Stoff und die gewählte Garnfarbe bei Tageslicht betrachten. Hierbei sollte der Farbton des Garns eher etwas dunkler ausfallen. *(H.E.)*

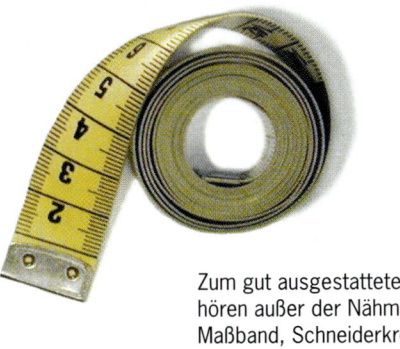

Zum gut ausgestatteten Arbeitsplatz gehören außer der Nähmaschine Schere, Maßband, Schneiderkreide, Kopierrädchen, Stecknadeln, Nähnadeln und Heftgarn sowie je nach Bedarf Bügeleisen und Bügelbrett.

DEKORATIONSHERZEN

KLASSE: ab 2. Schuljahr
ZEIT: 2–3 Doppelstunden

ASPEKTE
Vorstich erlernen
Eine kombinierte Technik mit Filz, Draht und Perlen anwenden

VORBEMERKUNGEN
Nicht nur zum Muttertag, sondern auch zum Valentinstag, Geburtstag oder als Tischdekoration verbreitet diese Arbeit Freude. Es empfiehlt sich, einen handlichen Stoff wie Bastelfilz zu verwenden. Dann ist es eine leichte Näharbeit, die bereits von kleineren Kindern ausgeführt werden kann. Je nach Leistungsstand können mehrere Herzen genäht werden.

MATERIAL
Roter Bastelfilz
Füllwatte
Nähgarn, z. B. Coats Polyester in Rot
Nähnadel
Kerzendraht (aus dem Floristikbedarf)
Perlen in verschiedenen Größen
Schere
Klebstoff

ANLEITUNG
Einen Entwurf auf Papier skizzieren und ausschneiden. Nun den Stoff doppelt legen, zusammenstecken und das Papierherz mit Bleistift übertragen.

Entlang dieser gezeichneten Linie mit kleinen Vorstichen nähen, dabei eine Öffnung zum Füllen freilassen. Jetzt erst die Herzform außerhalb der Nählinie zuschneiden.

Das Herz mit Füllwatte ausstopfen. Zusätzlich kann auch noch Lavendel zugegeben werden. Anschließend die Öffnung schließen.

Draht von der Herzspitze nach oben durchstecken und mitsamt der abschließenden Perle festkleben. Beim Ausgestalten mit Draht und Perlen ist die Lehrerhand hilfreich. *(I.H./H.E.)*

KLEINE BUNTE VÖGEL

KLASSE: ab 2. Schuljahr
ZEIT: 2 Doppelstunden

ASPEKTE

Vorstich und Überwendlingsstich anwenden
Handgenähte Vögel als Dekorationsgegenstand
im Jahreskreis einsetzen

MATERIAL

Klein gemusterter Baumwollstoff,
ca. 15 x 20 cm
Passendes Coats Nähgarn
Ovale Kartonschablone 8 x 10 cm
Tonpapier
Filzreste
Pfeifenputzer 20 cm lang
Perlen
Nähnadel, Sticknadel, Schere

VORBEMERKUNGEN

Kleine Vögel können aus ganz unterschiedlichen Stoffen gearbeitet werden. Besonders reizvoll ist es, den Stoff selbst einzufärben und anschließend zu verarbeiten. Viel Freude erfahren die Kinder, wenn ihre selbst genähten Vögel als dekorative Gemeinschaftsarbeit im Klassenzimmer (z. B. an einem Ast der Korkenzieher-Hasel oder -Weide) aufgehängt werden.

ANLEITUNG

Den Vogelkörper als ovale Kartonschablone entwerfen, ausschneiden und auf den gewählten Stoff übertragen. Den Baumwollstoff rundherum ca. 1 cm größer ausschneiden.

Außerhalb der Umrisslinie mit größeren Vorstichen nähen, damit der überstehende Stoff auf der Rückseite zusammengezogen werden kann. Das Tonpapier einlegen und den Stoff zusammenziehen.

Das bezogene Tonpapier der Breite nach exakt zur Hälfte falten und mit Überwendlingsstichen die beiden Hälften zusammennähen.

Dabei an den beiden Enden der Bruchkante beginnen und nicht ganz bis zur Mitte nähen, damit die beiden Teile des halbierten Pfeifenputzers als Beine eingelegt werden können. Nahe der Bruchkante auch Platz für den Schnabel lassen!

Ein kleines Dreieck aus passendem Filz als Schnabel zur Hälfte falten, ca. 2 cm vor der Bruchkante zwischen die Lagen schieben und einnähen.

Die Perlen für die Augen aufnähen und eventuell einen Nähfaden als Aufhänger anbringen. *(I.H./H.E.)*

WUSCHEL-KLEIDERBÜGEL

KLASSE: 2.–3. Schuljahr
ZEIT: 9 Stunden

ASPEKTE

Einfädeln, Knoten, Vernähen lernen
Überwendlingsstich üben

MATERIAL

Schaumgummimatte 33 x 49 cm
Einfache Holzkleiderbügel
Nähgarn Coats Polyester
Nähnadel

ANLEITUNG

Jedes Kind erhält eine Schaumstoffmatte einer Farbe. Diese der Länge nach in vier gleich breite Steifen einteilen. Hierfür die Matte zur Hälfte falten, Knicklinien anzeichnen, erneut knicken und die nächsten zwei Knicke markieren. Streifen möglichst exakt schneiden.

Jetzt dürfen die Schüler untereinander die Farben tauschen. Jedes Kind hat zum Schluss wieder vier Streifen, diesmal allerdings in unterschiedlichen Farben.

Streifenfolge festlegen und gegebenenfalls nummerieren. Beim 1. und beim 4. Streifen je ein 4 cm breites Stück abschneiden. Mit diesen beiden kleinen Streifen werden die Enden des Kleiderbügels „eingepackt" und etwas festgenäht.

Schaumstoffstreifen 1 der Länge nach falten und an der Längskante mit Überwendlingsstichen bis 1 cm vor Ende zusammennähen.

Streifen 2 ebenfalls längs falten, 1 cm auf Streifen 1 legen und mit dem Nähen fortfahren. Streifen 3 und 4 in gleicher Weise ansetzen. Alle vier Streifen bilden ein Band.

Die gesamte obere, geschlossene Kante nun im Abstand von ca. 1 cm senkrecht einschneiden. Achtung: Nählinie nicht durchschneiden!

Nun beim linken, eingepackten Ende des Kleiderbügels mit Wickeln beginnen. Die erste Spiralschlinge festnähen. Alle weiteren Schlingen relativ straff wickeln. Nicht nähen! Anhaltspunkt: 2 Streifen bis zum Haken ergibt die Mitte! Letzte Schlinge wieder festnähen. (U.H.)

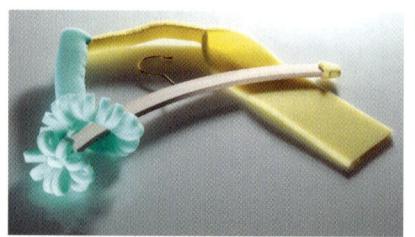

Die Schaumgummimatten gibt es als Tropfbretteinlagen in verschiedenen Farben.

VORBEMERKUNGEN

In einen aus Flanell genähten und verstürzten Stern wird eine Spieluhr eingesetzt. Um diese entfernen und den Sternbezug waschen zu können, wird auf der Rückseite des Sterns ein ca. 10 cm langer Reißverschluss eingenäht. Das „Gesicht" des Sterns kann individuell gestickt oder auf die Vorderseite des Sterns appliziert werden.

EIN MUSIKALISCHER STERN

KLASSE: ab 6. Schuljahr
ZEIT: 4–5 Doppelstunden

ASPEKTE

Ein selbst gewähltes Motiv auf Stoff übertragen und gestalten
Stoffteile applizieren
Einen Reißverschluss einnähen

MATERIAL

Zeichenpapier, Stift, Schere
Schneiderkreide
Sticknadeln und Stickgarn
Flanellstoff, bunt 35 x 70 cm,
uni 25 x 25 cm
Haftvlies 25 x 25 cm
Reißverschluss 10 cm
Füllwatte, ca. 100–150 g
Nähgarn, evtl. Nähmaschine
Holzkugel
Eine Spieluhr mit Zugvorrichtung
(in einem Gehäuse)

TIPP

Flanellstoff ist besonders gut geeignet, da er weich und strapazierfähig ist und zudem durch die angeraute Oberfläche bei aufeinander liegenden Stoffschichten kaum verrutscht.
Möchte man das Einnähen eines Reißverschlusses umgehen, wählt man einen anderen Verschluss, beispielsweise einen Hotelverschluss mit Klettband.

ANLEITUNG

Das Motiv auf ein 30 x 30 cm großes Papier als Stern aufzeichnen und doppelt ausschneiden.

Innerhalb des Sterns einen weiteren, kleineren Stern oder Kreis (Ø max. 20 cm) aufzeichnen. Die Fadenläufe parallel einzeichnen. Der kleinere Stern bzw. Kreis ist die Grundlage für das Gesicht. →

Den kleinen Stern auf der Rückseite des Haftvlieses aufzeichnen, ausschneiden und auf die Rückseite des einfarbigen Stoffes aufbügeln, dabei den Fadenlauf des Stoffes beachten. Den Stern zusammen mit dem Haftvlies ausschneiden. Aus dem gemusterten Flanell ein 34 x 34 cm großes Quadrat zuschneiden. Den kleineren Stern im gleichen Fadenlauf auf die Vorderseite aufbügeln, Augen und Mund aufsticken.

Für die Rückseite des Sterns zwei Stoffteile von je 17,5 x 34 cm zuschneiden.

Diese beiden Stoffteile rechts auf rechts legen und an einer der langen Kanten von beiden Seiten aus 12 cm zusammennähen. Die Naht auseinander bügeln. Die Unterseite liegt oben. Jetzt den Reißverschluss mit der rechten Seite nach unten auf die Naht legen und mit großen Stichen aufheften und anschließend den Reißverschluss per Hand oder mit dem Reißverschlussfuß einnähen. Bei einem etwas dickeren Stoff wie Flanell ist darauf zu achten, dass nicht zu dicht an der Naht entlang genäht wird, denn nur so bleibt der Reißverschluss verdeckt.

Jetzt die beiden Stoffquadrate (Vorder- und Rückseite des Sterns) rechts auf rechts aufeinander legen und den Sternumriss auf die linke Seite der Gesichtsseite übertragen. Man kann sich dabei an der applizierten Naht des Gesichts, die auch auf der linken Seite zu sehen ist, orientieren!

Auf diesem gezeichneten Stern beide Teile zusammennähen, ohne vorher den Stern aus dem Quadrat zu schneiden.

Beim Nähen Folgendes beachten: In den Ecken und an den Spitzen die Stichlänge verkleinern. Da Flanell ein mittelschwerer Stoff ist, genügen zwei Querstiche an den Spitzen und Ecken.

Lediglich in der Innenecke, in der die Ziehschnur der Spieluhr später durchgezogen werden soll, je nach Dicke der Schnur eine kleine Öffnung lassen.

Sind alle Zacken genäht, den Stern mit einer Nahtzugabe von 1 cm ausschneiden.

Beim Beschneiden der Ecken wie auf der Abbildung ersichtlich vorgehen.

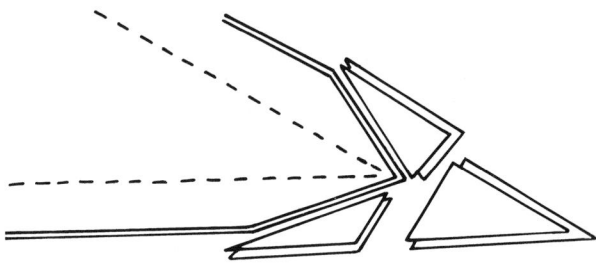

Anschließend den Stern verstürzen, indem man den Reißverschluss öffnet und den Stern durch diese Öffnung wendet.

Zunächst mit wenig Füllmaterial die Zacken des Sterns ausstopfen, dann setzt man die Spieluhr ein, zieht die Zugschnur, die an einer Nadel befestigt ist, durch die vorgesehene Ecke des Sterns und knotet eine Holzkugel an deren Ende.

Für die Knubbelnase einen Kreis aus dem bunten Flanellstoff mit Heftstichen an der Kante entlang reihen, mit Füllwatte ausstopfen und von Hand annähen.

Jetzt den Stern ausfüllen, bis die Spieluhr von außen nicht mehr zu spüren ist und der Reißverschluss noch geschlossen werden kann. (M.P./Z.-P.)

VON DER KOCHLÖFFELPUPPE ZUR SCHMUSEPUPPE

KLASSE: ab 6. Schuljahr
ZEIT: Kochlöffelpuppe ca. 8 Doppelstunden
Schmusepuppe ca. 4 Doppelstunden

ASPEKTE

Nach eigenen Ideen Puppen anfertigen
Augen-, Mundformen und Haare als charakteristische
Ausdrucksformen verschiedener Typen erkennen und
ausarbeiten
Ausgewählte Figuren mit entsprechenden Kleidern und
Accessoires ausschmücken

„KOCHLÖFFELPUPPE"

MATERIAL

Roher Holzkochlöffel
Stoff-, Woll-, Filz- und Spitzenreste
Borten, Seidenbänder
Entwurfspapier, Bleistift
Radiergummi, Schere
Plaka-Farben, feiner Pinsel
Klarlack, Klebstoff
Nähnadel
Nähgarn Coats Polyester

VORBEMERKUNGEN

Bei dieser Themenstellung werden folgende drei Teilbereiche der Textilgestaltung angeschnitten: Umgehen mit einem Schnittmuster, Häkeln (bei der Herstellung des Kopfschmucks) und Nähen.
Die Augen- bzw. Mundstellung mit den Schülern vorher an der Tafel erarbeiten. Es macht ihnen Spaß, immer wieder neue Gesichtsausdrücke zu „erfinden".
Für das Kleid muss man beachten, dass sich nur klein gemusterte und einfarbige Stoffe eignen. Ebenso empfiehlt es sich, dicke und stark fransende sowie durchsichtige Stoffe nicht zu verwenden.
Aus Wolle lassen sich viele verschiedene Frisuren (Zöpfe, kurzer Krauskopf, lange Haare – durch Auftrieseln der Wolle – mit und ohne Pony) herstellen.
Schleifen, Bänder und lustige Filzhütchen eröffnen weitere Gestaltungsmöglichkeiten. →

TIPP

Haltbarer und ausdrucksvoller werden die Gesichtszüge durch einen Überzug mit Klarlack, den man nach dem Trocknen der Farben aufsprüht.

ANLEITUNG

Ein Gesicht für die **Kochlöffelpuppe** entwerfen und die Gesichtszüge ohne Grundierung vorsichtig mit Bleistift auf dem Kochlöffel markieren, bevor man sie mit Farben ausmalt. Aufpassen, dass über den Augen noch genügend Platz für die Frisur und eventuell für eine Kopfbedeckung bleibt. Am Hals des Kochlöffels eine Rille für das Befestigen des Kleids anbringen.

Einen einfachen Schnitt für die Kleidung entwerfen und Nahtzugabe einplanen!

Die zugeschnittenen Teile an den Schultern und Seiten zusammennähen. Rundungen etwas einschneiden und die Nahtzugaben versäubern.

Nahtzugaben der Ärmel nach innen falten. Die Hände aus dickerem Filz zuschneiden und in die Ärmel einnähen. Kleid säumen und eventuell mit Spitze verzieren.

Die Nahtzugabe am Hals nach innen stülpen und am Kochlöffel auf Stielweite einreihen und festnähen.

Anschließend die Puppe wunschgemäß mit Haaren, Schal, Mütze, Hut usw. ausschmücken. *(E.W./H.E.)*

„SCHMUSEPUPPE"

MATERIAL

Baumwollstoff für den Körper 30 x 30 cm
Hautfarbener Trikotstoff, ca. 8 x 10 cm
Wollreste für die Haare
Waschbares Füllmaterial
Elastikbinde 8–10 cm breit
Filzstifte in Blau, Rot, Grün oder Braun
Schere, Stecknadeln, Nähnadel
Nähgarn, eventuell Wachsgarn
Bügelvorrichtung

ANLEITUNG

Ein Schnittmuster für die **Schmusepuppe** entwerfen und für den Körper den Stoff rechts auf rechts legen. Papierschnitt auf der linken Stoffseite feststecken.

Körperteile ausschneiden. Die Nahtzugaben sind im Schnitt bereits enthalten!

Stoffteile des Körpers vom Halsausschnitt ab zusammennähen. Auf der gegenüberliegenden Schulter nur bis zur Markierungslinie für die Wendeöffnung arbeiten. Den Körper wenden. →

Mit der waschbaren Füllung den Körper gleichmäßig ausstopfen und die Öffnung mit Überwendlingsstichen bis auf die Halsöffnung schließen.

Aus Füllwatte eine Kugel mit ca. 8 cm Durchmesser als Kopf formen. Die Kugel mit der Elastikbinde waagerecht abbinden. Hierzu die Binde zweimal stramm herumziehen, sodass der Kopf sehr fest wird, und hinten mit einigen Stichen zusammennähen.

Trikotstoff über die Elastikbinde ziehen, wobei unten ein Stück übersteht, und ebenfalls hinten zusammennähen.

Den Kopf durch die noch offene Stelle am Halsausschnitt in den Körper hineinstecken und mit Überwendlingsstichen mit der Halsöffnung verbinden. Am besten eignet sich hierfür Wachsgarn. Das Ende des Fadens kann noch mehrmals um den Hals gewickelt werden, damit der Kopf stramm aufsitzt.

Da der gewirkte Trikotstoff sehr fein und dehnbar ist, für die Haare zunächst einen Kreis häkeln, der auf den kleinen Kopf passt. Den Kreis mit kleinen Stichen auf dem Kopf aufnähen.

Die Haare in doppelter Länge zuschneiden, da sie durch die Maschen gezogen werden. Es ist abhängig von der Frisur, wie die Fäden angeordnet werden. Will man einen Pferdeschwanz herstellen, braucht man dafür nur in die äußeren Randmaschen Fäden einzuziehen. Bei Zöpfen dagegen wird vom Mittelscheitel aus der ganze Kopf mit Haaren versehen. Die Haare zuletzt der Frisur entsprechend zusammenfassen und auf eine Länge zuschneiden.

Das Gesicht zunächst mit Stecknadeln andeuten, da man so die Stellung der Augen und des Mundes durch erneutes Einstecken korrigieren kann. Erst dann Mund und Augen mit einem Filzstift aufzeichnen. *(B.G./H.E.)*

Wendeöffnung

FLEECEKISSEN

KLASSE: ab 4. Schuljahr
ZEIT: 3 Doppelstunden

ASPEKTE

Einsatz von Einlagestoffen kennen
lernen
Umgang mit dem Rollschneider und
dem Trennmesser erlernen
Schlingstich anwenden

MATERIAL

Fleece: Rückseite 43 x 43 cm
Erste Vorderseite 23 x 43 cm
Zweite Vorderseite in Kontrastfarbe 23 x 43 cm
Rollschneider, Schere
Patchworkmatte und -lineal, Trennmesser
2 Streifen stärkere Bügelvlieseline 43 x 10 cm
Spitze Nadel, Baumwollgarn (Anchor Sticktwist)
2 farblich passende Knöpfe
Kissenfüllung 40 x 40 cm

VORBEMERKUNGEN

Fleece lässt sich relativ gut verarbeiten, da es genau
wie Filz nicht ausfranst. Der Nachteil besteht darin,
dass sich der Stoff leicht verzieht und zwischendurch
nachgeschnitten werden muss, was am besten mit
dem Rollschneider geschieht. Fleecestoff muss immer
etwas größer zugeschnitten werden als die Größe nach
Fertigstellung sein soll.

ANLEITUNG

Vlieseline auf jeweils eine Längskante der beiden Vorderteile bügeln. Diese Kanten mit Schlingstichen einfassen. Die Vorderteile so auf das Rückteil legen, dass die
beiden eingefassten Teile überlappen und eine quadratische Form entsteht.

Die Teile aufeinander stecken und bei 40 x 40 cm rundherum heften. Danach mit dem Rollschneider ein Quadrat von 41 x 41 cm zuschneiden.

Die Teile ringsum mit Schlingstichen verbinden. Auf
dem oben liegenden Vorderteil im Abstand von 10 cm
zwei Knopflöcher anzeichnen und mit dem Trennmesser
vorsichtig einschneiden. Knöpfe annähen. (C.Hu./H.E.)

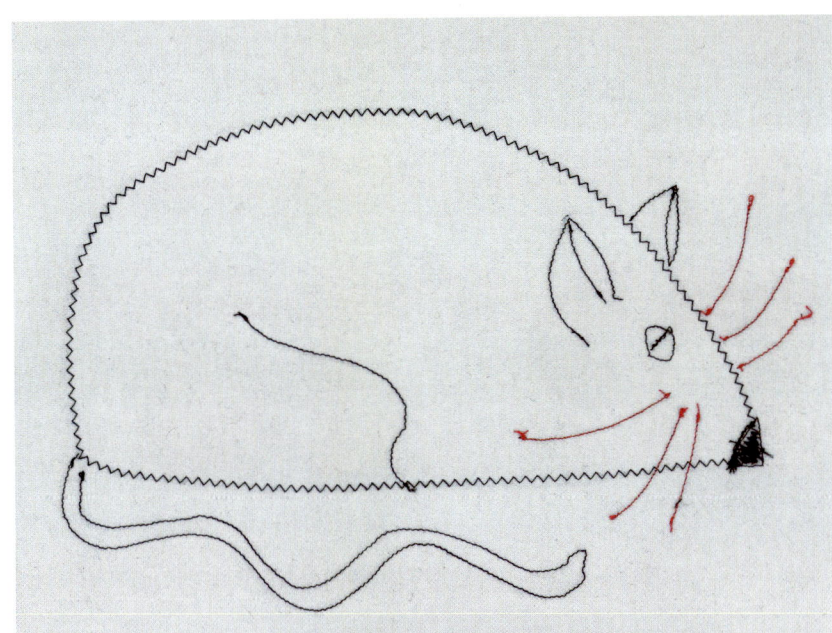

KLASSE: ab 4. Schuljahr
ZEIT: ca. 2 Stunden

ASPEKTE

Grundlegende Arbeitsweisen einer
Nähmaschine anwenden
Regeln für einen folgerichtigen
Arbeitsablauf spielerisch einhalten:
z. B. Farbwechsel des Garnes

MATERIAL

Schreibpapier DIN A4
Bleistift, Kopierpapier
Nähmaschine und Zubehör
Nähmaschinennadel Nr. 80
Nähgarn grau und verschiedene bunte Farben
Schere
Bügelvlieseline DIN A4
Nesselgewebe DIN A4
alternativ eine dickere Vlieseinlage (dann entfällt das
Aufbügeln und der Nesselträgerstoff)

VORBEMERKUNGEN

Entweder lässt man die Kinder eine Maus auf Papier
entwerfen oder zeichnet selbst eine Mausvorlage. Die
Vorlage mit Kopierpapier auf den Trägerstoff kopieren.

ANLEITUNG

Eine Maus entwerfen und eine aufbügelbare Vlieseline
auf die Rückseite des Trägerstoffs zur Verstärkung
aufbügeln. Alternativ kann auch eine dickere Vlieseinlage verwendet werden. Die Umrisse der Maus mit
grauer Farbe im Zickzackstich (Stichbreite 4–5 mm,
Stichlänge 1,5 mm) nähen. Anfang und Ende jeweils
mit einigen Stichen sichern.
Beim Nähen der Ohren bitte beachten: An der Ohrspitze angekommen, Nadel im Eckpunkt stecken lassen,
Stoffdrückerhebel anheben, Stoff in die Nährichtung
drehen, Stoffdrückerhebel senken und weiternähen.

Den Schwanz mit schwarzem Garn nähen. Ideal dafür
ist der Geradstich (Stichlänge 2,5 mm). Anfang und
Ende mit Rückstichen sichern.

Die Barthaare können bunt abgenäht werden. Sticheinstellung: Geradstich (Stichlänge 2 mm). Anfang und
Ende mit Rückstichen sichern, die Fäden am äußeren
Ende ca. 3 cm hängen lassen.

Achtung: Nach Beenden der Naht das Nähgut vorsichtig nach hinten wegziehen! *(J.-G)*

NÄHEN AUF HANDGESCHÖPFTEM PAPIER

KLASSE: ab 5. Schuljahr
ZEIT: ca. 3 Doppelstunden

ASPEKTE

Arbeitsweise des Papierschöpfens kennen lernen
Geschöpfte Papiere durch Stoffapplikation und einfache Näharbeit verzieren
Erfahren, dass Altpapier nicht nur ein Abfallprodukt ist

MATERIAL

Altpapier, Mixer/Pürierstab
Schöpfwanne
Schöpfrahmen/Fliegengitter im Format 20 x 20 cm
Vliestücher
Bretter 40 x 40 cm
Nudelholz, Nähgarn
Stoffreste, Schere
Haftvlies, Bügeleisen
Fotokarton, Klebstoff

VORBEMERKUNGEN

Papierschöpfen ist ein altes Handwerk – kombiniert mit Stoff und Garn ergibt sich eine sehr wirkungsvolle Technik. Das Ausgangsmaterial bestimmt die Farbe, die Aufschwemmung und der Feinheitsgrad der Faserteile beeinflussen das Volumen und die Struktur des handgeschöpften Papiers.

ANLEITUNG

Das ausgewählte und daumennagelgroß zerkleinerte Altpapier über Nacht einweichen. Das durchweichte Papier mit Pürierstab oder Mixer zu einem sämigen Brei pürieren und in die Schöpfwanne geben. Nun das Sieb bzw. den Schöpfrahmen eintauchen, parallel zur Wasseroberfläche gleichmäßig langsam herausheben und kurz abtropfen lassen.

Den Schöpfrahmen auf das vorbereitete Vliestuch stürzen und das geschöpfte Papier mit einem zweiten Tuch abdecken. Mehrmals weiter so verfahren, bis genügend Papiere geschöpft sind.

Anschließend den geschöpften Papieren durch Pressen zwischen zwei Brettern Wasser entziehen und sie einzeln zum Trocknen auslegen. Mit dem Bügeleisen glätten.

Stoffstreifen zuschneiden und nach Belieben auf das trockene, gebügelte Papier nähen.

Diverse Motive aus Stoff ausschneiden, mit Haftvlies hinterbügeln, die Papierrückseite abziehen und die Motive auf das handgeschöpfte Papier bügeln. Abschließend die ausgestalteten Arbeiten auf Fotokarton aufkleben. *(I.H./H.E.)*

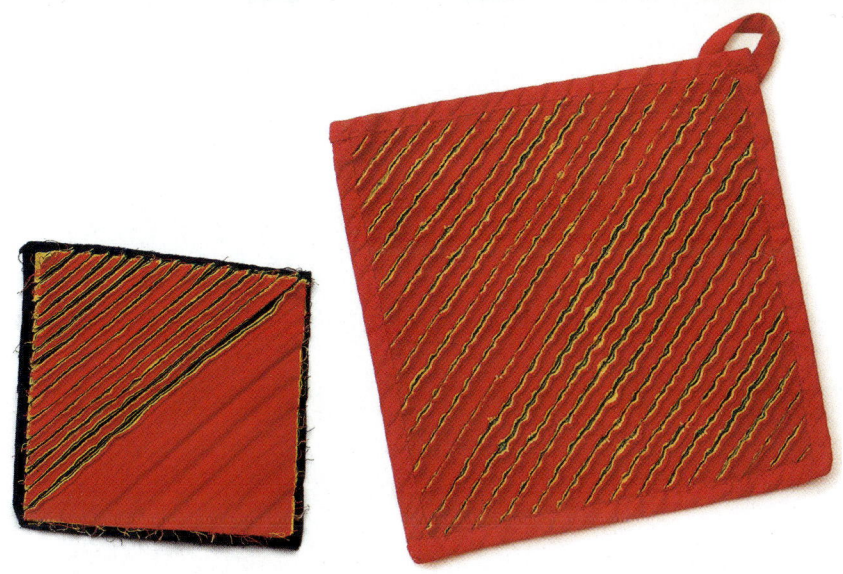

TOPFLAPPEN
IN CHENILLE-TECHNIK

KLASSE: ab 6. Schuljahr
ZEIT: ca. 3–4 Doppelstunden

ASPEKTE

Die Chenille-Technik kennen lernen und damit einen Gegenstand aus verschiedenen Stoffen kreativ mit der Nähmaschine gestalten
Die nähtechnischen Fertigkeiten (Einfädeln, Spulen, gerades Steppen, Verstürzen) anwenden

MATERIAL

Baumwollstoffe in unterschiedlichen Farben:
Grundstoff 22 x 22 cm und 3–4 unterschiedlich farbige Stoffstücke, ca. 2 cm kleiner
Schrägband, Nähgarn, Stecknadeln
Schneiderkreide oder Verschwindestift
Rollschneider mit Schneideunterlage

VORBEMERKUNGEN

Der Begriff „Chenille" ist vor allem von Chenille-Garnen bekannt. Dies sind weiche und füllige Garne mit raupenähnlichem Aussehen, die entweder als Garn oder zu Gewebe verarbeitet in den Handel kommen. Für diese Technik kann Baumwolle, Seide und Leinen verwendet werden. Besonders flauschige Effekte entstehen aus Mischgeweben, z. B. Baumwolle mit Viskose.

ANLEITUNG

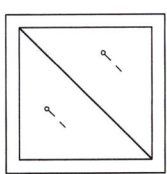

Die 3–4 verschiedenen Stoffe für die Vorderseite deckungsgleich auf den Grundstoff legen und mit Stecknadeln befestigen.

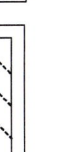

Diagonalen mit Schneiderkreide o. Ä. einzeichnen und absteppen. Das ganze Stoffstück rechts und links neben den Diagonalen steppfußbreit absteppen.

Die oberen Stofflagen zwischen den gesteppten Nähten durchschneiden. Achtung, den Grundstoff nicht beschädigen!

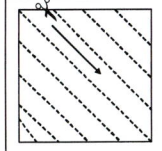

Zum Erzielen des Chenille-Effekts das gesteppte Stoffstück in der Waschmaschine waschen oder nass machen und im Wäschetrockner trocknen. Dabei springt der Stoff an den Schnittkanten auf und es entsteht der flauschige Chenille-Effekt.

Der Flauscheffekt kann noch unterstützt werden, wenn man zum Trocknen Tennisbälle oder einen Scheuerschwamm in den Trockner gibt.

Die Kanten der Arbeit am besten mit dem Rollschneider begradigen, Topflappen mit Schrägband einfassen und dabei einen Aufhänger miteinnähen.

VARIATIONEN

Mustermöglichkeiten entstehen, wenn auf die oberste Stofflage ein einfaches Motiv, z. B. Baum, Apfel, Segelschiff, ebenfalls aus Stoff aufgelegt wird. Dieses Motiv mit absteppen und später aufschneiden. So lassen sich auch kleine Wandbehänge mit Motiven gestalten.
(R.V./H.E.)

277

TASCHE IN CHENILLE-TECHNIK

KLASSE: ab 5. Schuljahr
ZEIT: 4 Doppelstunden

ASPEKTE

Aus einer Vielfalt zueinander passende Stoffe
auswählen
Effekte durch gezielte Anordnung von Nähten
kennen lernen
Die Chenille-Technik anwenden

VORBEMERKUNGEN

Interessante Gestaltungseffekte können erzielt werden, indem in einzelnen
Flächenbereichen Parallellinien genäht werden, die senkrecht zu anderen
Linien stehen. Durch die vielen Nähte, die zur Taschenfertigung notwendig
sind, trainieren die Schüler den Umgang mit der Nähmaschine und werden
zum genauen Arbeiten angehalten.

ANLEITUNG

Die drei verschiedenen Baumwollstoffe (45 x 50 cm)
mit der farblich passenden Grundfläche für die Vorderseite sauber aufeinander legen (gemusterte Stofflage
nach oben!) und zusammenstecken. Im Abstand von
etwa 2,5 cm zueinander parallele, entweder diagonal
oder schräg verlaufende Linien mit dem Verschwindestift für das Nähen markieren.

Die vier Stofflagen entlang der markierten Linien zusammennähen. Dabei das Vorderteil nach jeder Naht
um 180° drehen, damit der Stoff nicht verzogen wird.
Anfangs- und Endfäden jeweils vernähen.

Die oberen drei Lagen Baumwollstoff in der Mitte zwischen den gesteppten Nähten vorsichtig und sauber
bis fast an den Rand bzw. zur senkrecht stehenden
Naht aufschneiden.

Anschließend für die Rückseite ein gleiches Teil anfertigen. Vorder- und Rückseite der Tasche nun mit einfacher Naht unter Beachtung der Nähregeln verbinden.

MATERIAL

Drei verschiedene Baumwollstoffe
Farblich passender Baumwollstoff
für Tasche, Träger und Einfassung
Stecknadeln, Lineal
Verschwindestift
Nähgarn, z. B. Coats Polyester
Tennisball
Stofftasche

Als oberen Taschenabschluss die Ränder begradigen
und eine Einfassung von 2 cm Breite anbringen. Die
Träger (ca. 10 x 120 cm) herstellen und fachgerecht
befestigen.

Zum Erzielen des typischen Chenille-Effekts die fertig
genähte Tasche mit einem Tennisball in eine einfache
Stofftasche geben, diese mit ihren Trägern zuknoten
und alles bei ca. 40 °C im normalen Waschgang waschen. Anschließend trocknen lassen und von links
ausbügeln. *(I.H./H.E.)*

ANLEITUNG

Für die Oberseite des quadratischen Stuhlkissens einen Entwurf zeichnen und die Farben bestimmen. Den Entwurf in Originalgröße (Seitenlänge 38 cm) auf stärkeres Papier übertragen.

Dieses Muster mit Namen, Stoffmuster und der gleichen Nummer wie beim Entwurf beschriften und die einzelnen Farbteile auseinander schneiden.

Musterteile Platz sparend auf den jeweiligen Stoff stecken. Rundherum 1 cm Nahtzugabe anzeichnen und ausschneiden.

Wenn alle Teile ausgeschnitten sind, die entsprechenden Teile zuerst zusammenstecken und mit einfacher Naht zusammennähen.

Dann die Heftfäden entfernen und die Nahtzugaben auseinander bügeln. Ist die Vorderseite fertig gestellt, für die Rückseite zwei Teile im Format 26 x 40 cm zuschneiden. An der langen Seite beider Teile einen Saum nähen (1 cm Einschlag, 2 cm Umschlag).

Beide Rückenteile auf das Vorderteil legen. Die Teile überschneiden sich, damit später die Füllung nicht sichtbar ist. Diese Überschneidung ohne das Vorderteil zusammenstecken, dann oben und unten (jeweils 5 cm) zusammenheften und absteppen.

Jetzt Vorder- und Rückenteil (rechte auf rechte Seite) aufeinander legen, zusammenstecken und heften. Den eventuell überstehenden Stoff auf beiden Seiten rundherum begradigen und mit der einfachen Naht zusammennähen. Alles mit dem Zickzackstich versäubern.

Das Kissen wenden, bügeln und das Schaumgummiquadrat einsetzen. *(C.C.)*

STUHLKISSEN MIT HOTELVERSCHLUSS

KLASSE: ab 4. Schuljahr
ZEIT: 3–4 Doppelstunden

ASPEKTE

Muster von einem Modell vergrößern
Stoffe zuschneiden
Eine einfache Naht und einen Saum mit der Nähmaschine nähen

MATERIAL

Baumwollstoff in verschiedenen Farben und Mustern
Entwurfs- und Schnittmusterpapier, Bleistift
Verschiedenfarbige Farbstifte
Klebestift
Maßband oder Lineal 30–60 cm
Schere, Stecknadeln
Nähnadeln, Coats Heft- und Nähgarn
Schaumgummi, 3 cm dick, 35 x 35 cm

TIPP

Vor dem Einsetzen des Schaumgummiteils die Größe überprüfen.

PINGUINE AUS NICKISTOFF

KLASSE: ab 6. Schuljahr
ZEIT: 4–5 Doppelstunden

MATERIAL

Nickistoff, 40 x 30 cm in Schwarz, 25 x 30 cm in Weiß,
26 x 20 cm in Rot
Rotes und schwarzes Nähgarn, z. B. Coats Cotton
Nähzeug, Nähmaschine
Waschbare Füllwatte, 2 (Wackel-)Augen, Bleistift

ASPEKTE

Einen Pinguin unter Verwendung eines vereinfachten
Schnittbogens aus Nickistoff zuschneiden und nähen
Unterschiedliche Größen entwerfen evtl. mit Hilfe eines
Kopiergerätes
Lernen, dehnbare Stoffe zu verarbeiten

VORBEMERKUNGEN

Diese Pinguine eignen sich als Spiel- und Schmusetiere
oder Maskottchen. Die Pinguine können in relativ kurzer Zeit angefertigt werden. Der Materialaufwand ist
gering. Der Pinguin zeigt Kindern Möglichkeiten, Spielsachen in ihrer Freizeit für sich, ihre Geschwister oder
Freunde herzustellen und findet bei der oben genannten Altersstufe großen Anklang.
Da der Nickistoff sehr dehnbar ist, müssen alle Nähte
mit Overlock-Stichen (bzw. den vorhandenen Stichen
für elastische Stoffe) genäht werden. Die Nahtzugaben
nach dem Nähen soweit wie möglich zurückschneiden,
um ein optimales Ergebnis zu erzielen. →

ANLEITUNG

Die Stoffe rechts auf rechts legen, alle Schnittteile auf der linken Stoffseite feststecken. Die Konturen des Schnitts (= spätere Nählinie) mit Bleistift umfahren. Die Nahtzugaben von 1 cm rundherum abtragen und einzeichnen.

Alle Teile auf dieser Linie ausschneiden. Achtung, Bauchteil nur einmal ausschneiden!

Das Bauchteil des Pinguins an die Seitenteile heften und auf der eingezeichneten Nählinie zusammennähen.

Die Seitenteile aufeinander stecken und heften; am Rücken eine 6–8 cm lange Wendeöffnung lassen und auf der Nählinie zusammennähen; wegen der Wendeöffnung am Rücken beginnen.

Die Nahtzugaben an den Rundungen und Ecken einschneiden. Den Körper wenden, die Nähte rundherum sorgfältig herausstoßen.

Den Körper mit waschbarer Watte gleichmäßig fest ausstopfen; die Wendeöffnung möglichst unsichtbar von Hand zusammennähen.

Die roten Schnabelhälften von links zusammennähen, wenden, so über den schwarzen Schnabel schieben, dass die Nähte übereinander liegen und mit kleinen Überwendlingsstichen festnähen.

Beide Flügel von links zusammennähen, wenden, leicht ausstopfen und die Öffnung schließen. Die Flügel an der im Schnitt bezeichneten Linie am Körper des Pinguins festnähen.

Beide Füße von links zusammennähen, wenden, leicht ausstopfen, die Öffnung schließen; die Füße so am Bauch des Pinguins festnähen, dass er stehen kann. Augen anbringen. (H.E.)

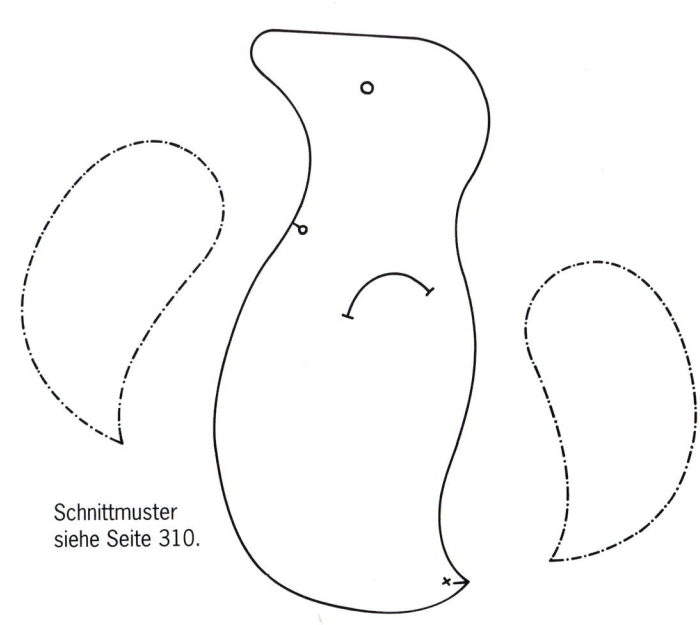

Schnittmuster
siehe Seite 310.

281

HANDYTASCHEN –
EIN SCHNITT, VIELE GESICHTER

KLASSE: ab 6. Schuljahr
ZEIT: ca. 10 Stunden

ASPEKTE

Textile Materialien für eine Handytasche auswählen
Gestaltungsmöglichkeiten überlegen und umsetzen
Arbeitsschritte beim Nähen einer Handytasche
unter Einsatz der Nähmaschine erarbeiten

MATERIAL

Nähmaschinennadel 80
Nähgarn, z. B. Coats Polyester
Lederreste, Alcantara
Seidenstoffreste
Wachstuch
Dickeres Polyestergewebe,
z. B. Leopardmuster …
Schneiderkreide, Schere
Stecknadeln
Schnittvorlage

VORBEMERKUNGEN

Je nach Gestaltungsidee können die
unterschiedlichsten Materialien gewählt werden. Allerdings müssen
die Gebrauchseigenschaften für ein
Handy berücksichtigt werden: Das
Material darf nicht flusen, damit die
Mechanik des Handys nicht beschädigt wird. Es sollte relativ strapazierfähig, fest und Schmutz abweisend sein.
Zudem muss man die Schnittvorlage
an die Maße des eigenen Handys
anpassen. Je nach Handymodell
eine Aussparung für die Antenne
einplanen. Die Laschenform kann
beliebig verändert werden. Auf
den Besatz kann verzichtet werden, wenn z. B. Leder verwendet
wird. →

ANLEITUNG

Den Handyschnitt mit Schneiderkreide auf die linke Stoffseite übertragen und mit einer Nahtzugabe von 0,5 cm zuschneiden. Wird ein Besatz zur Stabilisierung der Lasche benötigt, muss dieser zuerst verstürzt genäht werden.

Die Nähte ausstreichen, Ecken und Rundungen beschneiden bzw. ausdünnen. Anschließend auf die Oberseite wenden und die Schnittkanten am Boden versäubern. Es genügt, die Nahtzugabe auf die linke Seite zu schlagen.

An den beiden Ecken jeweils einen kleinen Einschnitt von 3 mm vornehmen und den Einschlag mit einem Geradstich schmalkantig festnähen. Anfang und Ende mit Rückstichen versäubern. Alternativ kann dieser Arbeitsgang auch mit Handsteppstichen ausgeführt werden.

Am vorderen Taschenbeutel den eventuell vorgesehenen Einschlag nach innen schlagen; Stoffteile rechts auf rechts legen und die Seitennähte schließen. Auf die Oberseite drehen.

Je nach ausgewähltem Material kann die Handytasche auch weiter ausgestaltet werden, z. B. wie hier im Bild mit Perlen. Der Fantasie sind keine Grenzen gesetzt.

Folgende Verschlussvarianten sind möglich:
1. Auf die untere Verschlusslasche einen Klettverschluss aufnähen. Das Gegenstück auf den vorderen Taschenbeutel nähen.

2. Anstelle des Klettverschlusses kann auch ein einstanzbarer Druckknopf angebracht werden.

3. Ein Knopfloch von Hand in die Lasche einarbeiten und einen Zierknopf annähen.

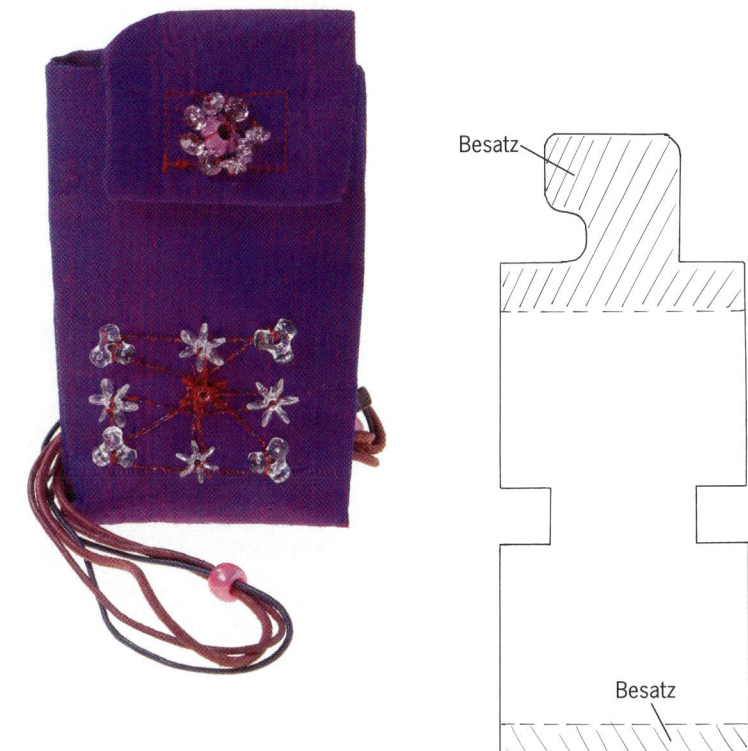

TIPP

Handytaschen sind aktuell und können, vorausgesetzt eine Einführung ins Maschinennähen hat stattgefunden und eine einfache Naht kann genäht werden, auch von Nähanfängern angefertigt werden. Die Handytasche kann für jüngere Schüler (ab 4. Schuljahr) auch mit dem Steppstich von Hand gearbeitet werden, da die Nähstrecken sehr kurz sind. Auf gleichmäßige kleine Steppstiche achten! *(J.-G.)*

KÖRBCHEN FÜR ALLERLEI DINGE

KLASSE: ab 5. Schuljahr
ZEIT: ca. 6–8 Stunden

ASPEKTE

Grundformen der Schnittgestaltung an einem
praktischen Gegenstand kennen lernen
Materialerfahrung erweitern und für den jeweiligen
Verwendungszweck einsetzen

MATERIAL

Schnittpapier, Bleistift, Schere
Verschiedene Gewebe je nach
Verwendungszweck (Wachstuch
mit textiler Rückseite, Leder bzw.
Kunstleder, helles Baumwoll-
gewebe in mittlerer Köperqualität)
Schneiderkreide
Nähgarn, z. B. Coats Polyester oder
Coats Cotton
Ablösbares Kreppklebeband
Aufbügelbare Vlieseline (dicke Qualität)
Druckknöpfe zum Einstanzen (Set)
Hammer, Nähmaschine mit Zubehör
Spezialnähnadel bei Wachstuch- und
Lederverarbeitung

VORBEMERKUNGEN

Das Material nach dem Verwendungszweck auswählen,
z. B. für Lebensmittel waschbare bzw. abwaschbare
Gewebe. Besonders gut lässt sich Wachstuch mit Tex-
tilbeschichtung verarbeiten, das eine gewisse Festig-
keit mit sich bringt, was sich für die Formgebung und
Stabilität günstig erweist.
Werden Leder, Fell oder andere flauschige Stoffe ver-
wendet, kann dieses Körbchen Schmuck oder andere
Kleinigkeiten aufbewahren.
Zur Stabilität wird zwischen beide Stofflagen eine auf-
bügelbare Vlieseline mit eingenäht.
Die geeigneten Materialien sollten eine glatte, nicht
fransende Schnittkante haben, ansonsten muss das
Körbchen in der Verstürztechnik hergestellt werden. →

ANLEITUNG

Aus der Schnittvorlage ein Modell auswählen und in gewünschter Größe ausschneiden oder selbst verändern.

Aus Stabilitätsgründen sollten die Seitenteile im Verhältnis nicht größer oder kleiner gefertigt werden als in der nebenstehenden Skizze gezeigt. Die Grundfläche kann jedoch in den Ausmaßen geändert werden.

Den Papierschnitt auf beide Stofflagen legen, dabei liegen die beschichteten Schauseiten oben, und feststecken.

Achtung: Bei der Verwendung von Wachstuch und Leder keine Stecknadeln verwenden, da sich Einstichlöcher ergeben, sondern mit wieder ablösbarem Klebeband fixieren. Bei der Verwendung nicht ausfransender Stoffe direkt neben dem Schnitt die Schnittkontur einzeichnen, danach ca. 5 mm daneben ausschneiden.

Wird die Verstürztechnik angewendet, ist eine Nahtzugabe von 1 cm erforderlich.

Es empfiehlt sich, gleich die Vlieseline auf die Rückseite der unteren Stofflage aufzubügeln und exakt an der Kante auszuschneiden.

Anschließend die drei Stofflagen aufeinander legen und in der Nählinie mit dem Geradstich (Stichlängeneinstellung 2,5 mm) um die Konturen nähen. Anfang und Ende mit 2–3 Rückstichen sichern.

Besonders an den Ecken auf eine exakte Naht- bzw. Eckbildung achten.

Die Kanten anschließend mit einer scharfen Schere bis auf 2 mm zurückschneiden.

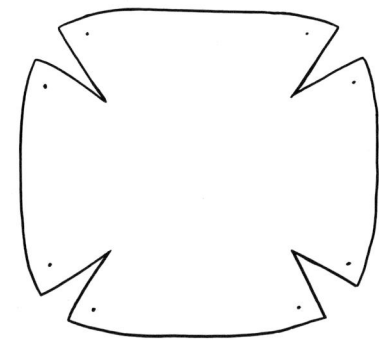
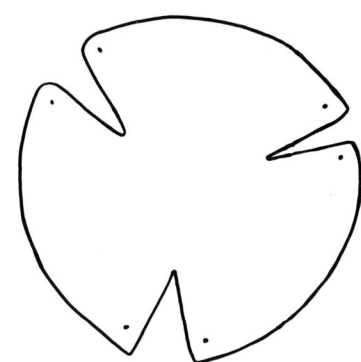

Schnittmuster siehe Seite 311

Variante: Verstürzen bei fransendem Gewebe

Wie vorher beschrieben vorgehen, jedoch die Stoffoberseiten nach innen legen und an einer Kante genügend Platz offen lassen, um die Arbeit auf die rechte Seite drehen zu können. Nach dem Zusammennähen die Ecken und Rundungen beschneiden.

Die Kanten an der offenen Stelle nach innen gegeneinander schlagen und mit Handstichen zunähen. Zur besseren Stabilität kann noch zusätzlich die äußere Kante schmal abgesteppt werden.

Die Abstände für die Druckknöpfe vorher genau festlegen. Dazu die Seiten hochklappen und mit dem Kreppband fixieren, entsprechende Markierungen für den exakten Sitz der Druckknöpfe mit einem Filzstift einzeichnen.

Druckknöpfe genau nach der Gebrauchsanweisung einstanzen.

Die Seiten hochklappen, Druckknöpfe schließen – fertig ist das Körbchen! (J.-G.)

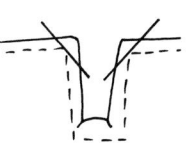

Beschneiden
der Ecken

MEIN HANDSCHMEICHLER

KLASSE: ab 4. Schuljahr
ZEIT: ca. 6 Stunden

ASPEKTE

Wahrnehmung für textile Materialien sensibilisieren
Typisierung von Tierformen vornehmen
Grundformen der Schnittgestaltung anwenden
Einfache Grundstiche (Steppstich, Vorstich, Überwend-
lingsstich) mit der Nähmaschine und/oder von Hand
nähen

VORBEMERKUNGEN

Die Figur soll aus mindestens zwei kontrastierenden
Materialien erarbeitet werden. Beispielsweise ist
beim Bärchen die Rückseite aus flauschigem Webpelz und die Gesichtsseite aus Fleeceware, die
bemalt werden kann. Beim Igel sind Körper und
Nase aus unterschiedlichem Material. →

MATERIAL

Gewebe in unterschiedlicher Textur und Farbe, pro Tier-
form ca. 25 x 25 cm, z. B. Webpelz mit kurzen, langen,
feinen, gröberen Haaren, Samt, Fleece, Cord, Maschen-
ware, grobes Leinen, Wachstuch, Frottierware, Fell
oder Leder
Nähgarn, z. B. Coats Polyester
Schnittpapier, Bleistift, Schere
Schneiderkreide
Stecknadeln, Nähnadel, Sticknadel
Tieraugen, Knöpfe
Waschechte Textilfarbstifte
Als Füllstoff: Kirschkerne, Dinkelkörner, Reiskörner,
Füllwatte aus Polyester oder ausrangierte klein ge-
schnittene Nylonstrumpfhosen

ANLEITUNG

Zunächst eine einfache Tierfigur entwerfen. Dabei auf klare Formen achten, keine zu kleinen, schmalen Formen (z. B. für die Beine) verwenden, damit beim Nähen das Wenden auf die Oberseite leichter fällt und für das Ausstopfen genügend Platz bleibt.

Den Schnitt unter Beachtung des Fadenlaufs auflegen, einen Zentimeter Nahtzugabe mit Schneiderkreide einzeichnen und ausschneiden. Die Nählinien mit Schneiderkreide exakt übertragen.

Wird Webpelz verarbeitet, beim Zuschneiden in der unteren Gewebelage, wo die Fasern eingebettet sind, schneiden, damit der Haarflor nicht beschnitten wird.

Die Stoffteile, Oberseite auf Oberseite liegend, an der eingezeichneten Nählinie mit Steppstichen zusammennähen. Eine Öffnung von 4–6 cm zum Wenden lassen.

Vor dem Wenden die Nahtzugaben zurückschneiden, besonders an Ecken und Rundungen Dreiecke herausschneiden und die Nähte ausstreichen.

Auf die Oberseite wenden und mit der Scherenspitze vorsichtig die Ecken herausholen.

Die gewählte Figur entsprechend des Typs ausgestalten: Nase aufnähen oder aufsticken. Tieraugen oder Knöpfe annähen oder Augen aufmalen.

Sobald die Gestaltung der Figur fertig ist, kann sie nach Belieben mit folgenden Materialien gefüllt werden:

Dinkelspreu: riecht nach dem Produkt, raschelt, mittlere Körnung
Kirschkerne: geruchlos, grobe Körnung
Reis: geruchlos, mittlere Körnung
Hirse: geruchlos, feinere Körnung
Füllwatte/Nylonstrumpfhose: waschbar, geruchlos, weich

Den Tierkörper mit dem ausgewählten Füllmaterial ausstopfen. Die Öffnung mit Überwendlingsstichen schließen. Werden Körner zum Füllen verwendet, die Stiche besonders eng setzen!

TIPP

Eine Kirschkern- oder Dinkelfüllung hat den Vorteil, dass sie auch zur Wärmebehandlung verwendet werden kann. Hierfür den Handschmeichler kurzzeitig auf die Heizung legen. Wohlig warm kann er auch als Trösterchen dienen. Aber auch als Wurfspielzeug sind die gut gefüllten Figuren bestens geeignet. (J.-G.)

FÜHLHANDSCHUH

KLASSE: ab 6. Schuljahr
ZEIT: 4–5 Stunden

ASPEKTE

Haptische Erlebnisse unter Ausschluss optischer Qualitäten erfahren
Verschiedene Fühlqualitäten zusammenstellen
Einen Handschuh entsprechend gestalten und von Hand oder mit der Nähmaschine herstellen

MATERIAL

Pro Handschuh dunkler Molton 30 x 37 cm oder anderer fester Stoff, der sich angenehm anfühlt
Transparenter Polyesterorganza 42 x 29 cm oder ein anderer Effektstoff (als Deckschicht des Handschuhs, Größe ca. DIN A3)
Nähnadeln für die Maschine (Nadelstärke 80–100)
Nähgarn, z. B. Coats Polyester, Scheren
Eventuell Klebstoff

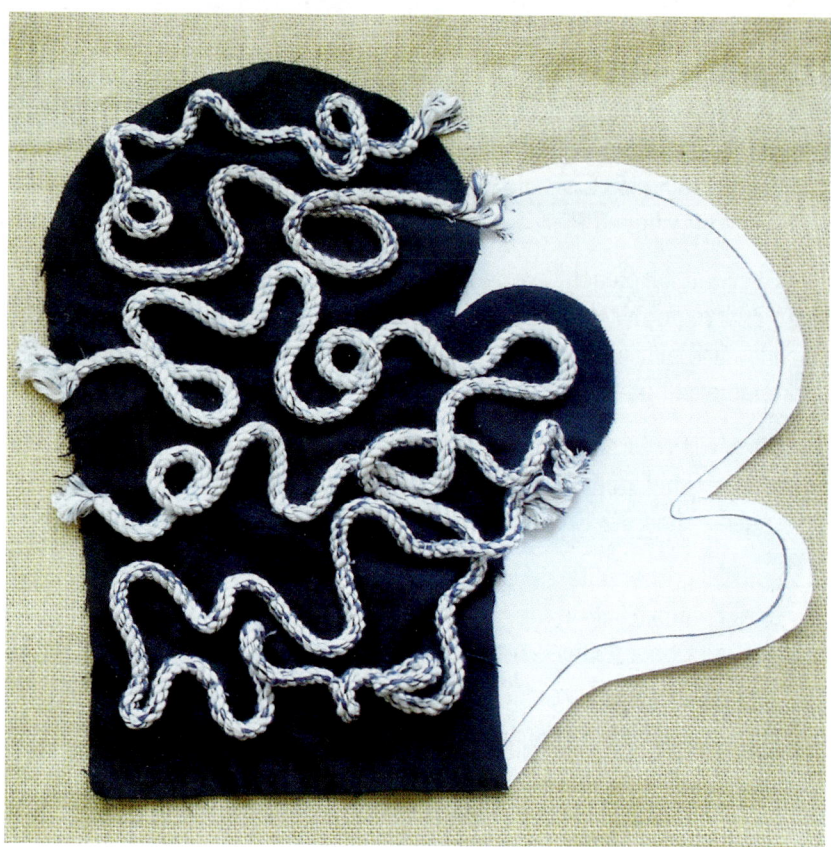

VORBEMERKUNGEN

Es sollten für das Fühlen nur haltbare und näh- oder zumindest klebbare Materialien verwendet werden. In jedem Handschuh befindet sich immer nur eine gleichartige Fläche, um die Konzentration auf einen Fühleindruck zu lenken.

Mögliche Fühlmaterialien: Textilien mit Gitterstruktur, Tüll, verschiedene Garne, Kordeln, Luftpolsterfolie, Schwämme mit rauer Kratzseite, Waschleder, Pannésamt, Cordsamt, Satin, Bänder, Gummis, Wäscheseil, Bast, Füllwatte, Volumenvlies, grobes Schleifpapier, Knöpfe, Perlen und vieles andere mehr.

ANLEITUNG

Nach ersten Übungen zum Erfühlen verschiedener Materialien Handschuhschablonen anfertigen, diese auf den festen Stoff in doppelter Stofflage aufstecken und ausschneiden (pro Handschuh zwei gegengleiche Teile). Es sollten insgesamt gleich viele rechte wie linke Hände entstehen.

Den transparenten Oberstoff als rechteckige Fläche belassen, da er beim Nähen noch leicht verrutschen kann.

Das ausgewählte Fühlmaterial direkt auf der rechten (oder linken) Handschuhseite aufnähen oder kleben. →

Ganz bis zu den Handschuhkanten hinaus nähen oder kleben; Ausnahme: höhere Teile wie Schwämme. Hier 2 bis 3 cm vor der Nählinie enden und später die Ränder aufeinander kleben.

Wird das ausgewählte Fühlmaterial vorher bearbeitet, z. B. in sich gekräuselt, gerafft oder perlig abgebunden, die Fläche nach der Bearbeitung rechteckig und etwas größer als den Handschuh belassen. Diese zwischen die beiden gegengleichen Teile legen und erst nach dem Nähen beschneiden.

Der transparente Effektstoff sollte etwas über den Handschuheingriff hinausragen, damit man nicht hineinschauen kann. Hierzu wird er an einer Schmalkante mit einem Ein- und Umschlag gesäumt (spätere Eingriffsseite) und auf die beiden Handschuhflächen aufgesteckt.

Entlang der Handschuhkanten, beginnend vom Saum des transparenten Stoffs, durch alle Flächen mit einer sichtbaren Zickzacknaht durchnähen. Der Handschuh wird nicht gewendet. Alle Kanten sauber beschneiden.

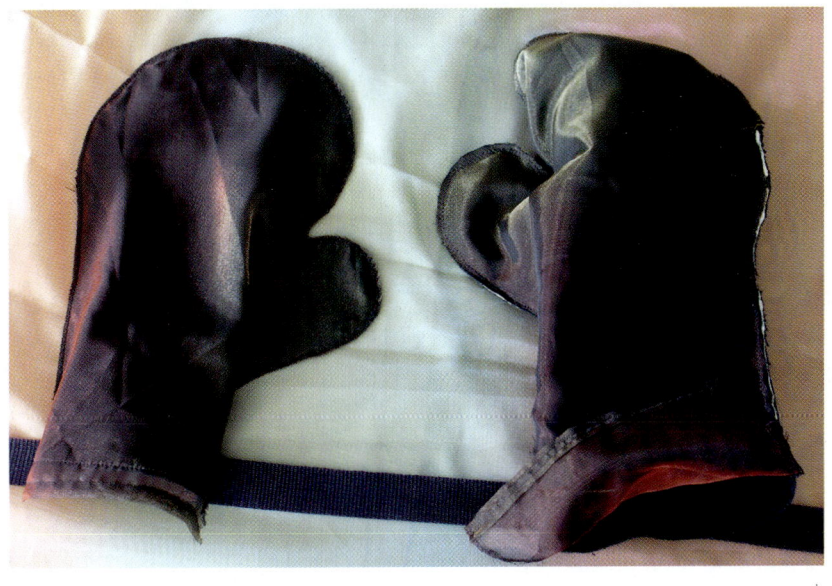

TIPP

Für steifere Fühlmaterialien, wie Schleifpapier oder bei unterlegter Pappe, wird das oben liegende Handschuhteil wie auch das transparente Deckmaterial für den besseren Eingriff etwas zusammengeschoben und angenäht, sodass es sich leicht wölbt.
Falls die Fühlmaterialien zwischen den Handschuhkanten hervorblitzen, sollte man sie dunkel anmalen, damit sie nicht erkannt werden. *(Z.-P.)*

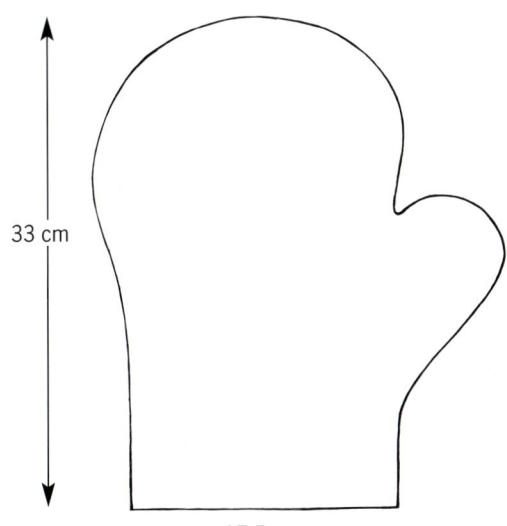

33 cm

17,5 cm

transparente Deckschicht

säumen, nähen,
dann beschneiden

EINE RIESIGE SITZGELEGENHEIT

KLASSE: 6. Schuljahr
ZEIT: 10 Stunden

ASPEKTE

Ein Schnittmuster von einem dreidimensionalen
Gegenstand entwickeln
Stoffdruck üben

MATERIAL

Fester Baumwollstoff, bei 150 cm Breite ca. 250 cm
Länge (z. B. dünner Jeansstoff)
Packpapier, Klebeband, Heftklammern
Altes Leintuch
Nähgarn, reißfest
Klettverschluss, ca. 50 cm
Textilfarben
Moosgummi und Holzklötze zum Herstellen von
Stempeln
Wieder ablösbarer Leimspray
Styropor-Füllmaterial

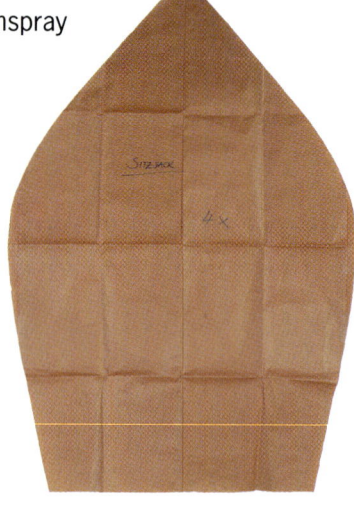

TIPP

Alte Jeans sammeln und mit neuem Stoff kombinieren!
Alte Vorhänge für den Innen- oder Außensack und zum
Füllen altes Styropor-Verpackungsmaterial verwenden.

VORBEMERKUNGEN

Der Einstieg kann über das Wortspiel „Sitzgelegenheit"
erfolgen, das Sitzen und Liegen einschließt. Dazu lassen sich Bilder von verschiedenen Sofas, Betten und
Stühlen betrachten und deren Funktion besprechen.

ANLEITUNG

In Gruppenarbeit aus Packpapier, Klebeband und Heftklammern eine Sitzgelegenheit herstellen. Größe und
Form besprechen.

Die dreidimensionale Form aufschneiden, in ca. vier
Einzelsegmente aufteilen. Einen Boden einpassen. Eine
runde, leicht ovale Form eignet sich am besten.

Der Boden braucht in der Mitte eine Teilungsnaht. Die
so erhaltene Schnittform dient nun als Schnittmuster
für den Prototypen.

Aus Packpapier oder Altstoff den Prototypen herstellen
und eventuell Änderungen ausführen. Danach ein ge-
naues Schnittmuster entwickeln. →

Zuerst alle Teile aus dem alten Leintuch für den Innensack zuschneiden: 4 x das große Segment (Nahtzugabe 1,5 cm), 2 x Halbkreis (3 cm Saum- und 1,5 cm Nahtzugaben). Dann alle Teile aus dem Baumwollstoff zuschneiden und vor dem Weiterverarbeiten die einzelnen Stoffsegmente mit Zickzackstich umnähen.

Als Gestaltungsaufgabe für einzelne Motive auf den Kissen wurde das Thema „Spuren und Eindrücke hinterlassen" gewählt. Dementsprechend eine persönliche oder bekannte (Tier-)Spur entwerfen und eine Schablone herstellen. Dicke Kunststofffolie eignet sich sehr gut.

Über einzelne Teile nun die Spur schablonieren, drucken oder malen, je nach gewünschtem Effekt.

Zum Schablonieren vorbereitete Kunststofffolie auf der Rückseite mit Leimspray besprühen, trocknen lassen, Schablone platzieren, große Flächen mit Schwammpinsel oder -roller ausmalen, Schablone lösen und neu platzieren. Einzelne Effekte nachher mit Pinsel oder Liner auftragen. Textilfarben nach Angabe des Herstellers einbügeln.

Jetzt kann mit dem Nähen begonnen werden. Zuerst den Innensack nähen. Es ist eine gute Übung! Zwei Segmente rechte auf rechte Seite legen, eine Längsseite stecken, mit der Nähmaschine nähen. Naht auseinander bügeln. Die anderen zwei Segmente in gleicher Weise zusammennähen. Nun alle vier Segmente an den Längsseiten aneinander nähen. Für den Boden des Innensacks Mittelnaht beidseitig ca. 10 cm zunähen, Rest zum Füllen offen lassen.

Bei der Außenhülle an Stelle der Mittelnaht beidseitig einen Saum nähen (1 cm Einschlag, 2 cm Umschlag). Der Saum dient als Unter- und Übertritt für den Klettverschluss. 50 cm Klettverschluss aufnähen. Beide Hälften so übereinander legen, dass der Klettverschluss diese fixiert und die offenen Seiten zusammennähen.

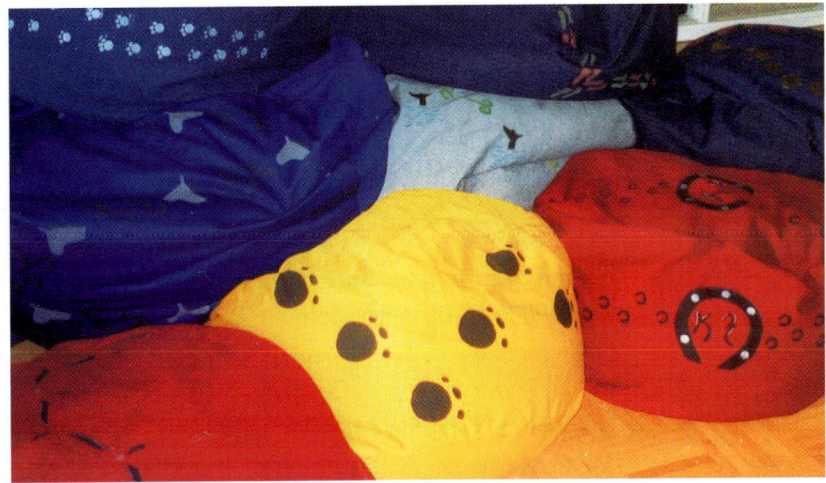

Um den Boden einzunähen, den Kreis vierteln und die Faltkanten auf je eine Naht stecken. Eventuelle Überweite der Segmente einfach als Falte mitnähen. Nähte so gut wie möglich auseinander bügeln.

Innensack und Außenhülle nun durch die Öffnung im Boden wenden. Den Innensack in die Hülle einschieben. An der höchsten Stelle mit einer Sicherheitsnadel von außen fixieren.

Für das Füllen formt man aus Papier einen großen Trichter und schüttet die Styroporkugeln hinein. Nicht allzu prall füllen, da sonst ein späteres Abziehen der Außenhülle schwierig werden könnte.

Zum Schluss die Öffnung im Boden des Innensacks mit starkem Faden von Hand zunähen. Der Außensack lässt sich bequem mit dem Klettverschluss schließen. (U.H.)

TASTATURABDECKHÜLLE – MOUSE-PAD

KLASSE: ab 5. Schuljahr (Abdeckhülle)
ab 4. Schuljahr (Mouse-Pad)
ZEIT: ca. 8 Stunden (Abdeckhülle)
ca. 4 Stunden (Mouse-Pad)

ASPEKTE

Gestaltungsmöglichkeiten für eine Tastaturabdeckhülle
und ein Mouse-Pad kennen lernen
Stoffmaltechniken ausprobieren und miteinander kombinieren
Neue Medien einsetzen

MATERIAL

Nähen der Tastaturabdeckhülle

Relativ dünner Baumwollstoff, ca. 60 x 35 cm in
Leinwandbindung, Farbe Weiß (um die Farbpalette
für die Bemalung ganz ausnutzen zu können)
Nähgarn, z. B. Coats Polyester
Nähmaschine mit Zubehör
Schnitt für eine Tastaturabdeckhülle
Schere, Stecknadeln, Bügeleisen

Gestaltung der Tastaturabdeckhülle

Stoffmalstifte in verschiedenen Farben
Schwarzer Textilstift, Plusterstifte
Fun-Liner Magic-Color (Marabu) in
verschiedenen Farben
Klebefilm
Sticknadel, Anchor Sticktwist

Gestaltung der Mouse-Pads

Mouse-Pads
Transferfolien für Mouse-Pads
PC mit Farbdrucker, Scanner
Bildbearbeitungsprogramm
Window-Color-Farben
Klebstoff

ANLEITUNG

Den Schnitt der Tastaturabdeckhülle an die Originalgröße der eigenen Tastatur angleichen. An die Nahtzugabe denken, auf allen Seiten 5 cm.

Den weißen Baumwollstoff waschen, um die Appretur
zu entfernen, und glatt bügeln. Den Schnitt auflegen
und mit 1 cm Nahtzugabe im Fadenlauf zuschneiden.

Motiv auswählen und auf die entsprechende Größe bringen, Position bestimmen. Die Vorlage unter den Stoff
legen, mit Klebefilm an vier Seiten festkleben. Auf der
Oberseite mit einem schwarzen Textilstift die Umrisse
des Motivs nachfahren und die Felder bunt ausmalen.
Je nach Gestaltungswunsch können mit einem Fun-
Liner zusätzlich Effekte gesetzt werden.

Nach der Trocknungszeit auf links bügeln. Das Textil ist
dann bei 40 °C waschbeständig. →

Achtung: Beim Verwenden von Plusterstiften muss mindestens 6 Stunden gewartet werden, bis der Plustereffekt durch Bügeln auf der Rückseite möglich wird.

Die Schrift kann ausgestickt werden. Die Umrisse der Schrift mit dünnem Bleistiftstrich markieren und mit dem Steppstich nachsticken. Je nach Effekt einen dünneren oder dickeren Sticktwist verwenden.

Nach der Ausgestaltung die Nähte an den vier Ecken mit dem Steppstich schließen, nach dem Ausbügeln der Naht diese mit dem Zickzackstich versäubern.

Anschließend alle vier Kanten säumen: 0,5 cm nach links umschlagen, 1 cm Einschlag umstecken und bügeln.

Eventuell den Einschlag mit Heftstichen sichern, danach den Saum schmalkantig mit dem Steppstich nähen. Hier hat sich der Blindstichfuß, auch als Kantenrillenfuß bekannt, für eine exakte schmale Kantennaht besonders bewährt.

Für die Gestaltung der Mouse-Pads gibt es verschiedene Arbeitstechniken:

Die Vorlage einscannen. Das Motiv spiegeln! Auf die gewünschte Größe einstellen und auf eine Transferfolie für Mouse-Pads drucken.

Folie abziehen und glatt auf das Pad aufziehen. Die transparente Deckfolie, wie in der Gebrauchsanweisung beschrieben, aufkleben.

Bei Verwendung der Original-Mouse-Pads des ALS-Verlags kann auch mit den Window-Color-Farben gearbeitet werden. Dann vorgehen wie in der Gebrauchsanweisung angegeben ist. Die Unterwasser-Welt wurde mit Window-Color nachgemalt. *(J.-G./J.J.)*

Schnitt für Tastatur-Hülle

Fadenlauf

5
5

5
5

5
5

5
5

33 cm

60 cm

BRUSTTASCHE ODER CD-TASCHE MIT TRANSFERDRUCK

KLASSE: ab 6. Schuljahr
ZEIT: ca. 10 Stunden

ASPEKTE

Verschiedene Funktionen der Nähmaschine einsetzen
Zeitgemäße Gestaltungsmedien kennen lernen und anwenden
Genähte Tasche mit der Transferdruck-technik gestalten

MATERIAL

Weißes Papier DIN A4
Klebefilm
Jeansnadel
Nähgarn, z. B. Coats Polyester
Schere, Stecknadeln, Reihfaden, Nähnadel, Schneiderkreide
2 Baumwollstoffe, ca. 40 x 17 cm (Oberseite weiß, Innenseite nach Wahl)
2 Stanzdruckknöpfe, Zange bzw. Klettverschluss
Ca. 60 cm Kordel (Garne von Coats) und evtl. Mixer mit Knethaken zur Kordelherstellung
Futterstoff, ca. 34 x 17 cm für ein zweites CD-Fach
Nähmaschine
PC mit Zeichenprogramm
(hier: Standardprogramm Paint von Microsoft)
Transferdruckfolie für Textilien
Seidenpapier

VORBEMERKUNGEN

Damit der farbige Aufdruck gut zur Geltung kommt, möglichst eine neutrale Grundfarbe (Weiß oder Creme) für die Stoffoberseite wählen. Weißer Baumwollstoff in mittlerer Qualität eignet sich gut dafür.

Als Futterstoff für die Innenseite bieten sich farbige leichtere Baumwollstoffe an. Beide Stoffe zuvor waschen, um die Appretur zu entfernen, danach glatt bügeln.

ANLEITUNG

Mit Hilfe eines DIN-A4-Blatts entsteht der Schnitt für die Brusttasche. Das Blatt halbieren und an der oberen Kante 4–5 cm umklappen. Zum besseren Verständnis die Teile beschriften: Klappe, Rückenteil, Vorderteil. Das Blatt wieder auseinander falten, an der Mittellinie durchschneiden und die beiden Schmalseiten mit Klebefilm aneinander kleben. →

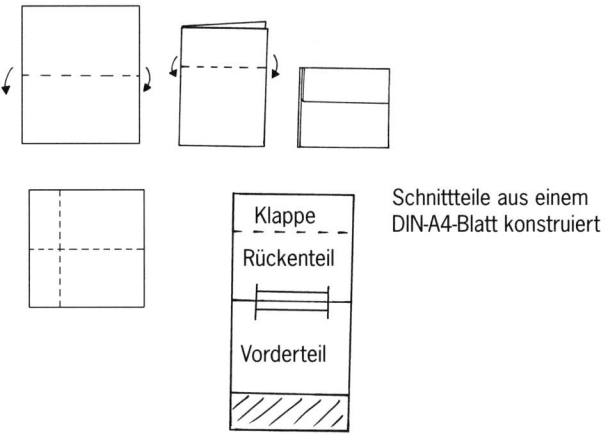

Schnittteile aus einem
DIN-A4-Blatt konstruiert

Dabei wird klar, dass an den Klappen der innere Teil (schraffiert) doppelt ist und am Schnittmuster abgeschnitten werden muss.

Beide Stoffe, Oberseite auf Oberseite liegend, zusammenlegen und das Schnittmuster im Fadenlauf aufstecken, 1 cm Nahtzugabe zuschneiden. Den Schnitt mit Schneiderkreide umfahren und abstecken. Die Stoffteile aufeinander liegend mit dem Geradstich zusammennähen, an der schmalen Seite zum Wenden offen lassen. Die vier Ecken bis auf 2 mm beschneiden. Nähte gut ausbügeln und durch die Öffnung auf die Oberseite drehen. Die Kanten der offenen Seite 1 cm nach innen schlagen und feststecken. Alle vier Umbrüche bügeln und mit dem Blindstichfuß/Kantenrillenfuß schmalkantig absteppen.

Das Vorderteil des Taschenbeutels hochklappen, an beiden Seiten feststecken, dann mit dem Geradstich annähen, Anfang und Ende mit Rückstichen sichern.

Jetzt muss auch entschieden werden, ob die Brusttasche mit Kordel hergestellt werden soll. Dann die Klappe schließen, mit Stecknadeln fixieren und eine Linie mit Schneiderkreide im Abstand von 1 cm zur oberen Kante ziehen und absteppen. Anfang und Ende mit Rückstichen fixieren. Durch den entstandenen Tunnel wird später die Kordel gezogen. Als Verschluss entweder einen oder zwei Druckknöpfe mit dem Stanzset nach Gebrauchsanweisung anbringen. Alternativ kann auch ein Klettverschluss angenäht werden.

Für eine einfache Kordel gilt folgende Materialberechnung: Geplante Länge 5 mal abmessen. Die Kordel kann mit dem Mixer gedreht werden. Soll die Kordel dicker werden, das Garn doppelt nehmen. Farbeffekte ergeben sich, wenn Farben miteinander gemischt und verdreht werden.

Es gelten für die **CD-Tasche** die gleichen Arbeitsfolgen wie für den Brustbeutel, das Abnähen des Kordeldurchzugs entfällt jedoch.

Ist ein zweites Fach für weitere CDs gewünscht, kann es zusätzlich auf den Taschenbeutel genäht werden. Den fertigen Beutel in der Mitte an die Vorderseitenkante der Tasche schmalkantig aufnähen. →

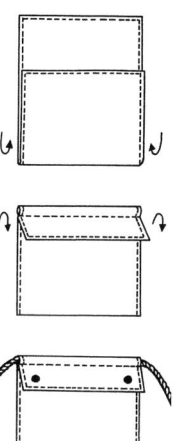

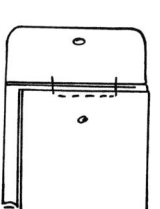

GESTALTUNG MIT TRANSFERDRUCK

Die Motive lassen sich in jedem einfachen Zeichenprogramm entwerfen.

Farbwahl mit Paint:
Kurze Anweisung (für Windows Paint):
Programm starten (Vorgehen über: *Start – Programme – Zubehör – Paint*) und Paint-Oberfläche (Werkzeuge der Anwendung) kennen lernen.

Die Dokumentgröße festlegen: Über die Auswahl *Bild*, dann Auswahl *Attribute* die Bildgröße festlegen (Pixel oder in Zentimeter angeben).

Einen Text schreiben: Zunächst den gewünschten Text schreiben. Dazu das Text-Tool (Textwerkzeug: Symbol A) aktivieren. Es muss auf der Formatleiste sichtbar sein.

(Im Menü *Ansicht Formatsymbolleiste* auswählen). Durch Halten der rechten/linken Maustaste einen Textrahmen ziehen.

Wichtig: Die Schrift kann nur verändert werden, solange der Textrahmen nicht aktiviert ist (durch Mausklick auf eine andere Stelle des Dokuments, außerhalb des Textfeldes). Einmal deaktiviert, wird die Schrift Teil des Dokuments und ist nicht mehr veränderbar, sie kann nur noch durch den Radierer gelöscht oder mit dem Auswahltool markiert und anschließend ausgeschnitten, versetzt oder kopiert werden.

Funktion der Lupe: Ein Klick auf die Lupe und es wird ein Rahmen sichtbar. Den Rahmen verschieben, bis er den Bereich des Elements, das bearbeitet werden soll, umspannt. Die Stelle im Dokument anklicken, die vergrößert werden soll.

Die Veränderungen können auf Pixelebene vorgenommen werden. Dazu die Lupe erneut anklicken. Vergrößerungen bis zum Achtfachen sind möglich. Das Zurückschalten zur Normalgröße erfolgt stets durch Anklicken der Lupe und des Symbols *1 x* bzw. der linken oder rechten Maustaste.

Bildelemente löschen: Mit dem Radierwerkzeug oder mit verschiedenen Auswahltools kann der Bildbereich gelöscht werden: Die Auswahl *Radierer* anklicken, die Maus auf den zu löschenden Bereich ziehen und mit gedrückter rechter oder linker Maustaste löschen.

Farbwahl mit Paint: Die Vordergrundfarbe festlegen, dazu mit der linken Maustaste auf eine Farbe in der Farbpalette (links unten) klicken. Die Hintergrundfarbe wird mit Klick der rechten Maustaste auf eine Farbe der Farbpalette festgelegt.

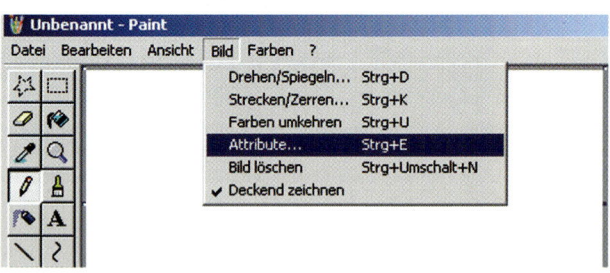

Testen verschiedener Zeichenwerkzeuge:
Erster Schritt: Linien, Rechtecke und Ellipsen überlagernd, aber transparent auf die Seite zeichnen. →

Zweiter Schritt: Einzelne Bereiche der Zeichnung mit Farbe ausfüllen. Dazu in der Toolbox auf den Farbfüller klicken. Der Mauszeiger nimmt die Form eines Farbeimers an. Nun mit der linken Maustaste auf die Bereiche klicken, die ausgefüllt werden sollen.

TIPP

Umrandungen dürfen keine Lücken oder Unterbrechungen haben, denn sonst fließt die Farbe in die Umgebung. Mit dem Befehl *Bearbeiten – Rückgängig* kann der Vorgang wiederholt werden.

Farbauswahl mit der Pipette: Hier kann eine Farbe aus einem bestehenden Bild aufgenommen werden. Pipetten-Tool auswählen, der Mauszeiger nimmt die Form einer Pipette an. Mit der linken Maustaste auf den Farbbereich der Abbildung klicken, der aufgenommen werden soll. Die Farbe steht nun als Vordergrundfarbe zur Verfügung.

Auswahlwerkzeuge Rechteck oder Stern: Mit dem Rechteck-Symbol lassen sich Bildbereiche als Rechteck markieren. Mit dem Freihandzeichen (Stern) fährt man mit der gedrückten linken Maustaste um den zu markierenden Bildbereich. Sobald die Maustaste losgelassen wird, ist der gewünschte Bereich markiert. Die so markierten Bildbereiche lassen sich nun kopieren (Taste STRG + C) oder ausschneiden (Taste STRG + X) und in andere Bereiche oder Programme einfügen (STRG + V). Auf diese Weise einzelne Bildelemente vervielfältigen oder gruppieren.

Das Motiv in der Größe der Schnittteile konzipieren und speichern. Eventuell muss das Motiv vorher noch gespiegelt werden. Dann speichern und auf eine Textilfolie drucken.

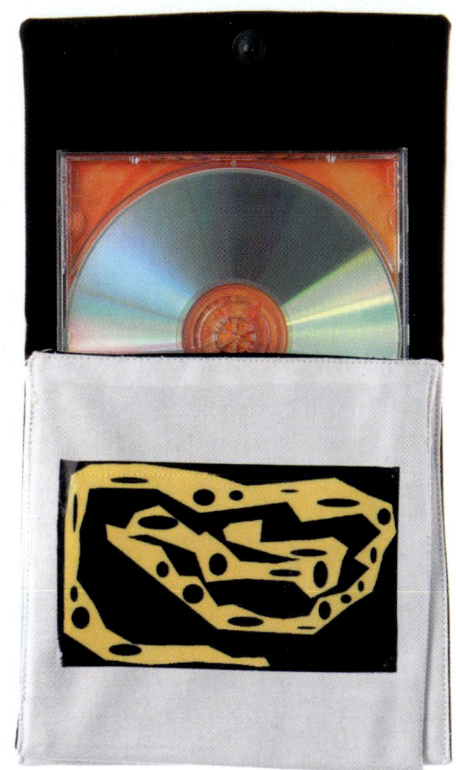

Bei Verwendung der Textilfolie immer den Anweisungen des Herstellers folgen.

Das Motiv auf der bedruckten Textilfolie auf 2 mm zurückschneiden, in der Regel mit der bedruckten Seite auf die vorgesehene Stelle legen und bügeln.

TIPP

Achtung, vor jedem Druck kontrollieren:
1. Bild muss in der Regel gespiegelt werden, sonst kann ein Text nicht richtig gelesen werden.
2. Die korrekte Druckeinstellung beachten, damit eine gute Druckqualität erhalten bleibt.
3. Die Textilfolie mit der richtigen Seite in den Drucker legen! *(J.-G.)*

PATCHWORK

Patchwork (engl. Flickarbeit) ist laut Brockhaus „das Aneinanderfügen von Textil- und Lederflicken verschiedener Farben, Formen und Muster in harmonischer Buntheit zu Kleidern, Kissen, Decken, Taschen u. a."

Hierbei handelt es sich um eine uralte Technik, zunächst aus der Not geboren, denn Stoffe waren sehr wertvoll und knapp. So wurden alle gut erhaltenen Teile von unbrauchbar gewordenen Kleidungsstücken herausgeschnitten und mit weiteren Stoffresten zu neuen textilen Flächen zusammengenäht.

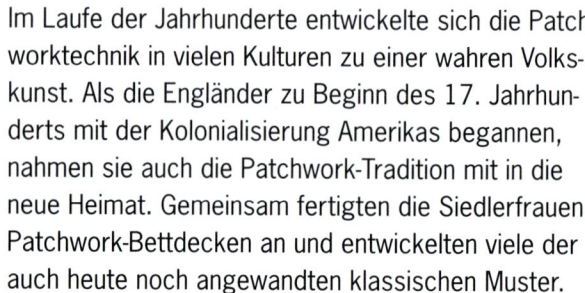

Im Laufe der Jahrhunderte entwickelte sich die Patchworktechnik in vielen Kulturen zu einer wahren Volkskunst. Als die Engländer zu Beginn des 17. Jahrhunderts mit der Kolonialisierung Amerikas begannen, nahmen sie auch die Patchwork-Tradition mit in die neue Heimat. Gemeinsam fertigten die Siedlerfrauen Patchwork-Bettdecken an und entwickelten viele der auch heute noch angewandten klassischen Muster.

Seit einigen Jahren ist auch bei uns wieder der Patchwork-Boom ausgebrochen. Kein Wunder, denn Patchwork ist eine faszinierende Technik mit unendlich vielen Variationsmöglichkeiten.

Die Kunst besteht zum einen im sorgfältigen Aneinandernähen der Flächen, zum anderen in der harmonischen Zusammenstellung der Stoffe.

Da viele kleine Stoffstücke bzw. -streifen benötigt werden, können bereits vorhandene Stoffreste verarbeitet bzw. mit neu hinzugekauften ergänzt werden.

Am besten eignen sich für Nähanfänger **Baumwollstoffe**, weil diese beim Zuschneiden und Nähen nicht so leicht verrutschen. Es ist darauf zu achten nur Stoffe mit ähnlichen Pflegeeigenschaften zu verwenden.

Für das Zuschneiden der Stoffe sollten eine Patchworkschneidematte, ein Patchworklineal und ein Rollschneider zur Verfügung stehen. Mit diesem **Patchworkset** können immer gleich mehrere Stofflagen ganz exakt zugeschnitten werden.

Für Nähanfänger sind die einfachen Patchworkverfahren wie **Log Cabin** (Blockhaus) und **Courthouse Step** (Stufen zum Gerichtsgebäude) sowie das **Crazy Patch** (verrücktes Patchwork) besonders gut geeignet. Diese drei Techniken sind bei den weihnachtlichen Tischsets (Seite 302) ausführlich beschrieben.

Diese Techniken können aus Einzelteilen mit geraden Nähten zusammengefügt oder – bei Anfängern besonders beliebt – auf einem hellen Baumwollstoff (z. B. Nessel, der als Trägerstoff dient oder einer Rasterquick-Vlieseline) gearbeitet werden. So kann nichts verrutschen und die Arbeiten erhalten gleichzeitig die notwendige Festigkeit.

QUILTEN

Auch gequiltete Arbeiten haben eine jahrhundertealte Tradition. Ein Quilt besteht immer aus drei Lagen – der (eventuell gepatchten) Stoffoberseite, der Fülllage und der Stoffunterseite. Mit einfachen Vorstichen das weiche Füllmaterial zwischen den zwei Stofflagen befestigen. Früher überwog der praktische Aspekt, es wurden vorwiegend Bettdecken (Quilts) oder warme Kleidungsstücke „abgesteppt". Heute liegt der Schwerpunkt mehr auf dem dekorativen Zusammenspiel von Formen und Farben, der Betonung von Konturen und den plastischen Gestaltungsmöglichkeiten.

Der klassische Quilt wird mit kleinen Vorstichen von Hand gequiltet. Hierzu gibt es speziell gewachste Handquiltgarne. Inzwischen kann man aber auch mit moderneren Nähmaschinen quilten. Die Quiltstiche halten die Stofflagen dauerhaft zusammen und geben dem Quilt die typisch plastische Wirkung.

Diese Informationen sollen das Thema „Patchwork" vervollständigen, es werden aber keine Quiltarbeiten vorgestellt. *(H.E.)*

KISSEN IN BUNTEN FARBEN

KLASSE: ab 5. Schuljahr
ZEIT: ca. 6 Doppelstunden

ASPEKTE

Fachgerecht mit Patchworkzubehör umgehen
Erfahrungen im Umgang mit der Nähmaschine
sammeln

MATERIAL

Gefärbte Stoffe
Bunte Baumwollstoffreste
Baumwollstoff für Einfassung und Rückseite
Dreiecksschablone (90°-Winkel)
Vlies als Einlage
Patchworkunterlage, Patchworklineale
Rollschneider, Schere
Nähgarn, z. B. Coats Polyester, Nähmaschine

TIPP

Beim Nähen und Bügeln darauf
achten, dass die Stoffe nicht verzogen werden.

ANLEITUNG

Zuerst farblich passende Stoffe auswählen, waschen und bügeln. Eine Schablone (rechtwinkliges Dreieck) anfertigen und die Stoffteile entsprechend zuschneiden, jeweils vier Dreiecke aus einem Stoff.

Die Dreiecke im Wechsel aneinander nähen, sodass eine Bandreihe aus vier Dreiecken entsteht. Diesen Arbeitsschritt wiederholen. Die beiden Reihen miteinander verbinden und von rechts so bügeln, dass die Nahtzugaben in der gleichen Richtung liegen. Danach die Kissenplatte auf das Vlies heften und annähen.

Für die Umrandung zwei Streifen in gewünschter Breite und in der Länge der Kissenplatte oben und unten annähen und Nahtzugaben wieder in eine Richtung bügeln. Anschließend rechts und links die Stoffstreifen, in der Länge der Kissenplatte zuzüglich der beiden bereits angenähten Streifen, auf gleiche Weise annähen und ausbügeln.

Vorder- und Rückteil nun mit einer einfachen Naht verbinden. Die Kissenhülle umdrehen, die Kanten ausbügeln und absteppen. Ein passendes Inlett macht das Werkstück für den alltäglichen Gebrauch verwendbar.
(I.H./H.E.)

TASCHE AUS LEUCHTENDEN DREIECKEN

KLASSE: ab 6. Schuljahr
ZEIT: ca. 6 Doppelstunden

ASPEKTE

Mit Patchworkzubehör fachgerecht umgehen
Eine Patchworktechnik kennen lernen und bei der
Herstellung einer Tasche anwenden

MATERIAL

Gemusterte und unifarbene, evtl. selbst gefärbte
Baumwollstoffe
Futterstoff, Vlies als Einlage für Träger und Tasche
Stecknadeln, Nähgarn, Nähmaschine
Patchworkset, Dreieckschablone 60°-Winkel

VORBEMERKUNGEN

Die Textilindustrie liefert eine große Palette farbiger Stoffe. Dennoch ist es für die Schüler eine persönliche Herausforderung, Stoffe selbst zu färben und anschließend zu vernähen. Als anspruchsvollere Näharbeit bietet sich das Zusammensetzen von Dreiecken an. Es sollten Grundkenntnisse im Umgang mit der Nähmaschine vorhanden sein. Beim Nähen und Bügeln ist darauf zu achten, dass die Stoffe nicht verzogen werden.

ANLEITUNG

Zuerst die Stoffe farblich passend aussuchen, waschen und bügeln. Eine Schablone in der gewünschten Größe (gleichseitiges Dreieck) anfertigen und die Stoffteile entsprechend zuschneiden.

Danach die Dreiecke im Wechsel aneinander nähen, sodass eine Bandreihe entsteht. Diesen Arbeitsschritt mehrmals wiederholen. Dabei von Reihe zu Reihe jeweils links und rechts ein Dreieck weglassen (bzw. dazugeben), sodass sich später beim Zusammensetzen die gewünschte Taschenform ergibt. Jetzt die einzelnen Reihen nach und nach untereinander verbinden und von rechts so bügeln, dass die Nähte in der gleichen Richtung liegen.

Ist die gewünschte Taschengröße erreicht, die einzelnen Teile mit einer einfachen Naht oder durch Seitenteile und Taschenboden aus einem unifarbenen Baumwollstoff miteinander verbinden. Zur Stabilisierung der Tasche eventuell ein Vlies als Einlage verwenden.

Das Futter einnähen und den oberen Rand der Tasche mit dem gleichen Stoff wie die Träger einfassen. Träger in gewünschter Länge anfertigen und befestigen. Zur besseren Haltbarkeit können zuletzt der Taschenabschluss und die Träger nach Belieben abgesteppt werden.
(I.H./H.E.)

WEIHNACHTLICHE TISCHSETS

KLASSE: ab 6. Schuljahr
ZEIT: 3–4 Doppelstunden

ASPEKTE

Einfache Patchwork-Techniken kennen lernen

Stoffe, Farben und Formen so kombinieren, dass ein harmonisches Gesamtbild entsteht

Aus vorhandenen Stoffresten einen neuen Gebrauchsgegenstand herstellen

Rationell und sorgfältig arbeiten

Courthouse Step

MATERIAL

5 cm breite Stoffstreifen aus klein gemusterter Baumwolle für die Oberseite

Baumwollstoff für die Rückseite 40 x 50 cm

Nessel o. Ä. als Trägerstoff 30 x 40 cm

Patchworkset, Nähgarn

VORBEMERKUNGEN

Für Nähanfänger sind diese einfachen Patchwork-Sets eine reizvolle überschaubare Arbeit.

Hier fiel die Entscheidung auf weihnachtliche Muster, aber der Farb- und Musterauswahl sind natürlich keine Grenzen gesetzt. Interessant ist, wie sehr der Rahmen die Farbwirkung beeinflusst. Obwohl immer die gleichen Stoffe verwendet wurden, ist die Wirkung sehr unterschiedlich.

Durch das Verwenden einer Stoffrückseite, aus der gleichzeitig der Rahmen gebildet wird, sind die Sets von beiden Seiten benutzbar.

Alle drei Techniken sollten auf einem hellen Baumwollstoff, wie z. B. Nessel, als Trägerstoff gearbeitet werden. Dadurch kann nichts verrutschen und gleichzeitig erhalten die Sets die notwendige Festigkeit. →

ANLEITUNG

Für die beiden Blockhausmuster zuerst gleich breite Streifen aus allen zu verwendenden Stoffen zuschneiden.

Für das **Courthouse Step**-Muster, die einfachste Blockhausvariante, werden immer zwei kürzere und zwei längere Streifen benötigt, die Länge der gegenüberliegenden Streifen ist stets gleich.

Ein Rechteck in der Mitte des Trägerstoffs festheften. Die ersten beiden Stoffstreifen in der Breite dieses Rechtecks zuschneiden und rechts und links bündig an die Schmalseiten annähen, umklappen und bügeln. Zwei Stoffstreifen in der Länge der bisher zusammengesetzten Stücke zuschneiden, bündig nähfußbreit aufnähen, umklappen und bügeln.

In diesem Rhythmus geht es immer weiter, bis die gewünschte Größe von 30 x 40 cm erreicht ist. Die äußeren Kanten gerade schneiden.

Nun die Briefecken in den Unterstoff arbeiten und den Saumeinschlag sorgfältig bügeln (siehe Seite 105).

Die Patchwork-Arbeit mittig einlegen, gut feststecken und den Saum knappkantig feststeppen.

Die Technik **Log Cabin** ähnelt dem Courthouse Step, nur die Reihenfolge und somit die Streifenlängen sind anders. Für diese Technik werden je nach der Größe des mittleren Rechtecks (oder Quadrats) unterschiedlich lange Streifen pro Runde benötigt, die im Uhrzeigersinn angeordnet werden.

Ein Rechteck in der Mitte des Trägerstoffs festheften. In der gleichen Länge den ersten Streifen zuschneiden und auf die obere Kante des mittleren Rechtecks rechts auf rechts bündig nähfußbreit aufnähen, umklappen und bügeln.

Den zweiten Streifen in der Länge der rechten Kante zuschneiden, aufnähen, umklappen und bügeln. Den dritten Streifen in der Länge der unteren Kante zuschneiden, aufnähen, umklappen und bügeln. Den vierten Streifen in der Länge der linken Kante zuschneiden, aufnähen, umklappen und bügeln.

Nun geht es immer in diesem Rhythmus weiter, bis die gewünschte Größe erreicht ist. Die Weiterverarbeitung erfolgt wie beim vorherigen Set im Courthouse Step. →

Log Cabin

Crazy Patch

Die Technik **Crazy Patch** unterliegt keinen strengen Gesetzmäßigkeiten – hier können selbst kleinste Reste Verwendung finden. Allerdings muss beachtet werden, dass die Stoffteile immer größer bzw. länger werden. Beim gezeigten Beispiel wird folgendermaßen gearbeitet:

Ein unregelmäßiges Stoffstück in der Mitte des Trägerstoffs festheften (hier ist es das blaue Dreieck).

Ein Stoffstück in der Länge einer Kante zuschneiden, rechts auf rechts bündig auf diese Kante nähen, umklappen und bügeln.

So kann man immer weiter „bauen". Wichtig dabei ist, dass die Nähte stets lang genug sind und dass jedes Stoffteil umgeklappt und gebügelt wird, bevor das nächste Stoffstück aufgelegt wird.

Ist die gewünschte Größe erreicht, die Kanten gerade schneiden und das Set, wie unter Courthouse Step beschrieben, fertig stellen. *(H.E.)*

MARMORIERTER KISSENBEZUG

KLASSE: 6. Schuljahr
ZEIT: Marmorieren: 1 Doppelstunde
Nähen: 3–4 Doppelstunden

ASPEKTE

Technik des Marmorierens kennen lernen
Verschiedene Muster entwerfen
Selbst marmorierte Stoffe mit einfarbigem Stoff durch Patchwork kombinieren
Beim Herstellen eines Gebrauchsgegenstandes für die Wohnung eigene Vorstellungen verwirklichen

MATERIAL

9 Stücke naturfarbener Baumwollstoff, je 11 x 11 cm, gewaschen, gebügelt, appreturfrei
Marmorierfarben und zugehöriger Marmoriergrund, ca. 0,5 Liter
Flache, helle Schälchen,
mind. 12 x 12 cm
Zahnstocher, Stecknadeln
Papiertücher
Farblich passender einfarbiger Stoff
Nähgarn
2 Knöpfe
Schere →

ANLEITUNG

Zum **Marmorieren** den Marmoriergrund einige Zeit vorher anrühren (Zeit hängt vom Typ des Marmoriergrundes ab).

Arbeitsplatz einrichten: Tische abdecken, Schälchen, Farben, Zahnstocher und Stecknadeln bereitstellen, Papiertücher und gebügelte Stoffe bereitlegen.

Marmoriergrund in ein flaches Gefäß füllen und die Marmorierfarben mit einem Zahnstocher o. Ä. auftragen. Wenn die Farbe auseinander gesprungen ist, diese zu beliebigen Mustern verziehen. Den Stoff glatt auf die Farbe legen und herunternehmen, wenn die Farben in den Stoff eingedrungen sind. Den Marmoriergrund abtupfen.

Trocknen lassen und die Farbe durch Bügeln von der Rückseite fixieren (siehe auch Seite 102).

Für den Kissenbezug (39 x 39 cm) den einfarbigen Stoff wie im Folgenden angegeben zuschneiden.

Vorderseite:
6 Streifen je 5 cm breit und 11 cm lang
4 Streifen je 5 cm breit und 35 cm lang
2 Streifen je 5 cm breit und 41 cm lang
Rückseite:
19 cm x 41 cm
36 cm x 41 cm

Die einfarbigen Streifen dienen als Umrandung der marmorierten Stücke im Format 11 x 11 cm der Vorderseite.

Die Stoffe bei allen Nähten rechts auf rechts legen und mit 1 cm Nahtzugabe nähen.

Nun abwechselnd einen marmorierten Stoff und einen kurzen Streifen aneinander nähen, bis drei marmorierte Stoffe in einer Reihe liegen.

Drei solcher Streifen anfertigen und durch die 35 cm langen einfarbigen Stoffstücke verbinden. Auch oben und unten je einen dieser einfarbigen Streifen annähen.

An die verbleibenden zwei Ränder die langen Streifen nähen.

Zur Versäuberung kann die gepatchte Vorderseite noch mit einem Stück weißem Stoff (41 x 41 cm) hinterlegt werden.

Für den Verschluss auf der Rückseite an beiden Teilen je einen 4 cm breiten Saum nähen und dann zusammenstecken. Vorder- und Rückseite zusammennähen und versäubern.

Den Kissenbezug wenden, zum Schluss noch drei Knopflöcher nähen und Knöpfe annähen. *(T.S./H.E.)*

STRANDSPIEL

KLASSE: ab 6. Schuljahr
ZEIT: 4–5 Doppelstunden

ASPEKTE

Ein Spiel für den Strand erfinden
Geeignete Stoffe begründet auswählen
Stoffe in „Schachbrett-Patchwork" zusammenfügen
Spielfläche auf ein Duschhandtuch applizieren
Weitere Applikationen anbringen

MATERIAL

Duschhandtuch
Stoffreste in verschiedenen Farben
Haftvlies
Stoffmalstift in Schwarz
Nähgarn

VORBEMERKUNGEN

Ein Spiel für das Schwimmbad oder den Strand, das leicht transportiert werden kann und groß genug ist, sodass nicht alle Einzelteile im Sand „vergraben" werden, ist für Kinder und Jugendliche immer reizvoll; noch reizvoller ist diese Arbeit, wenn das Spiel und die Spielregeln selbst erfunden und umgesetzt werden können.

Die Techniken „Schachbrett-Patch" und Applizieren sind leicht zu lernen und umzusetzen.

ANLEITUNG

Quadratische Stoffstücke für das Spielfeld zuschneiden. Zwei Streifen aus jeweils fünf Quadraten zusammennähen; die Nahtzugaben gut auseinander bügeln und die beiden Streifen sorgfältig zusammennähen.

Ein Dreieck für das Dach zuschneiden und an die obere Kante der gepatchten Fläche nähen. Haftvlies hinter die gepatchte Fläche sowie hinter die Stoffreste für die Applikation bügeln.

Das Papier entfernen, die gepatchte Fläche sorgfältig auf das Handtuch legen und aufbügeln. Mit engem Zickzackstich die Schnittkanten auf das Handtuch applizieren.

Weitere Applikationen zur Ausgestaltung des Spiels aufnähen, mit Stoffmalstift die Zahlen aufzeichnen. *(H.E.)*

WEIHNACHTSSTIEFELCHEN

KLASSE: ab 6. Schuljahr
ZEIT: 1–2 Doppelstunden

ASPEKTE

Eine individuelle Verpackung gestalten
Aus Stoffresten kleine Stiefel zum Füllen
anfertigen

MATERIAL

Dünner Baumwollstoff in Rot oder Grün
Stoffreste (uni und weihnachtliche Motive)
Nähgarn, z. B. Coats Polyester
Bändchen zum Aufhängen
Patchworkset

VORBEMERKUNGEN

Diese Stiefelchen sind schnell angefertigt. Sie wirken
besonders dekorativ, wenn man auch glänzende und
glitzernde Materialien verwendet.

ANLEITUNG

Aus dem dünnen Baumwollstoff die Vorderseite des Stiefels mit 1 cm
Nahtzugabe, die Rückseite mit 2 cm Nahtzugabe sowie außerdem verschieden breite Stoffstreifen zuschneiden.

Diese Stoffstreifen schräg verlaufend auf die Vorderseite des Stiefels
rechts auf rechts nähen, umklappen und nach jedem Streifen bügeln. Ist
die ganze Vorderseite mit Streifen benäht, Vorder- und Rückteil ca. 3–4 cm
an der vorderen Kante bis zum Beginn der Rundung in der vorderen Mitte
rechts auf rechts zusammennähen.

Jetzt lässt sich der obere Besatz am Stiefelrand gut annähen.

Nun vorder- und Rückteil wieder rechts auf rechts aufeinander legen und
entsprechend weiter zusammennähen. Am oberen Rand in der hinteren
Mitte das Bändchen zum Aufhängen mit einnähen.

Die Nahtzugaben an der vorderen Rundung einschneiden, den Besatz säumen, das Stiefelchen wenden und bügeln. *(H.G./H.E.)*

GEDICHTE SPIELEN ... Seite 32

Die vergesslichen Räuber

Sieben riesige Räuber
zogen sieben
riesige Jacken an.
Sieben riesige Räuber
schlüpften in sieben riesige Socken
und in sieben riesige Stiefel
und setzen sieben riesige Hüte auf.

Sieben riesige Räuber
schnallten sieben riesige Gürtel
mit sieben riesigen Säbeln um.
Sieben riesige Räuber
humpelten durch den Wald,
aber nicht weit,
dann machten sie halt.
Sie riefen: „Zu dumm!".
Und kehrten wieder um.

Sieben riesige Räuber
humpelten wieder nach Haus.
Sieben riesige Socken
und sieben riesige Stiefel
reichen für sieben riesige Räuber nicht aus.

aus: Josef Guggenmos, Oh, Verzeihung sagte die Ameise
© 1990 Beltz & Gelberg Verlag, Weinheim und Basel

Bertolt Biber

Alarm! Hier spricht die Polizei:
Bertolt Biber, der ist frei!
Ist aus seinem Zoo entwichen,
hat sich in die Stadt geschlichen,
wo er seitdem klaut und frisst,
dass es nicht zu glauben ist.
Hundertzwanzig Streuselkuchen
sind verschwunden, und wir suchen
außerdem ein ganzes Fass
Honig, siebzig Ananas,
tausend Tafeln Schokolade,
neunzig Eier, und gerade
hören wir, es fehlt noch mehr:
Ob Negerkuss, ob Gummibär,
ob Marzipan, ob Früchtebrot,
ob Speiseeis, ob Obstkompott,
ob groß, ob klein, ob heiß, ob kalt –
Bertolt macht vor gar nichts halt.
Drum lasst ihn nicht in eure Wohnung!
Hunderttausend Mark Belohnung
winken dem, der ihn ergreift
und zur nächste Wache schleift.
Seid so gut, schafft ihn herbei!
Schönen Dank! Die Polizei

aus: Robert Gernhardt, Mit dir sind wir vier
© Insel Verlag Frankfurt 1976

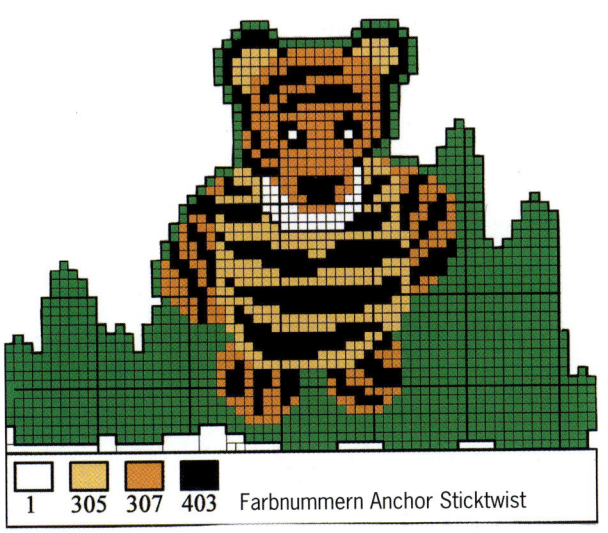

BILDERRAHMENSCHMUCK Seite 113

ZÄHLMUSTER

1 289 290 403
Farbnummern
Anchor Sticktwist

Kreuzstich mit 3-fädigem Sticktwist auf Plastic Canvas

1 305 307 403
Farbnummern Anchor Sticktwist

Kreuzstich mit 3-fädigem Sticktwist auf Magic Canvas, grün

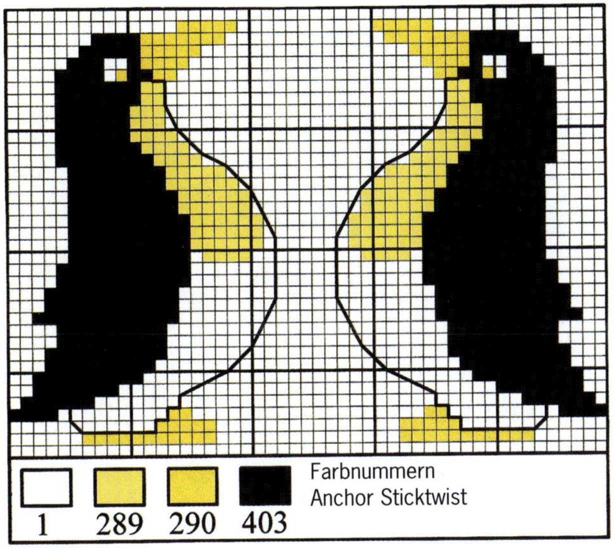

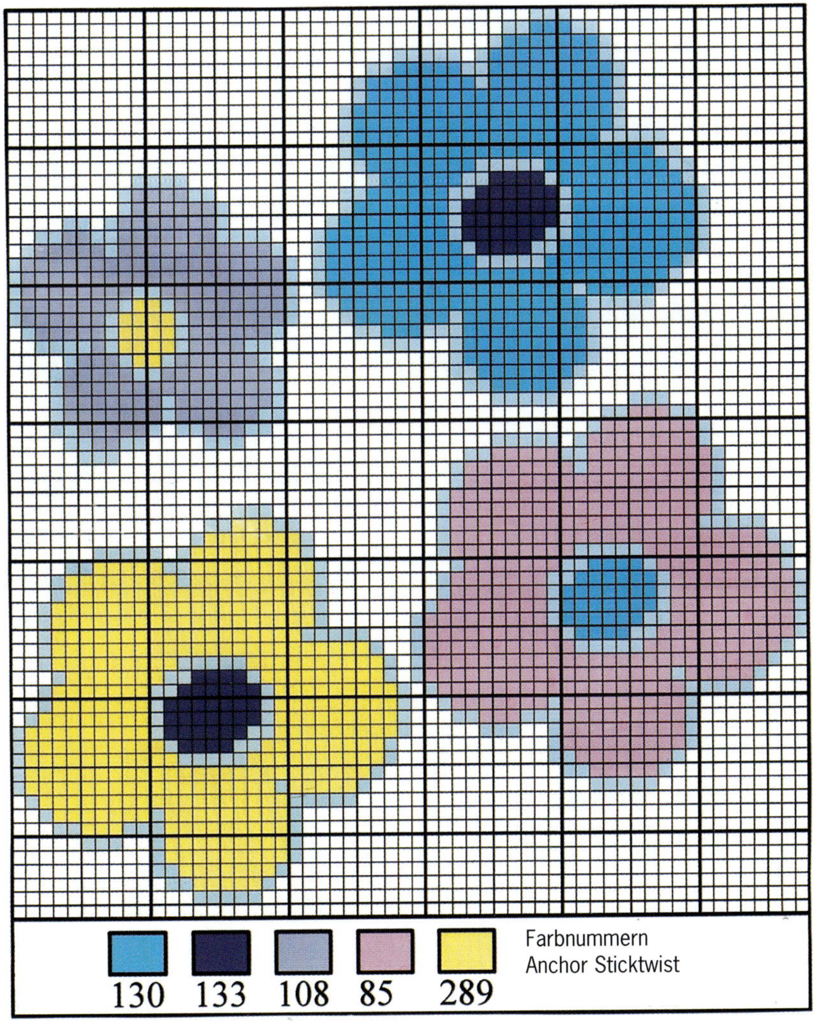

130 133 108 85 289
Farbnummern
Anchor Sticktwist

Kreuzstich mit 3-fädigem Sticktwist auf Magic Canvas

PINGUINE AUS NICKISTOFF Seite 280

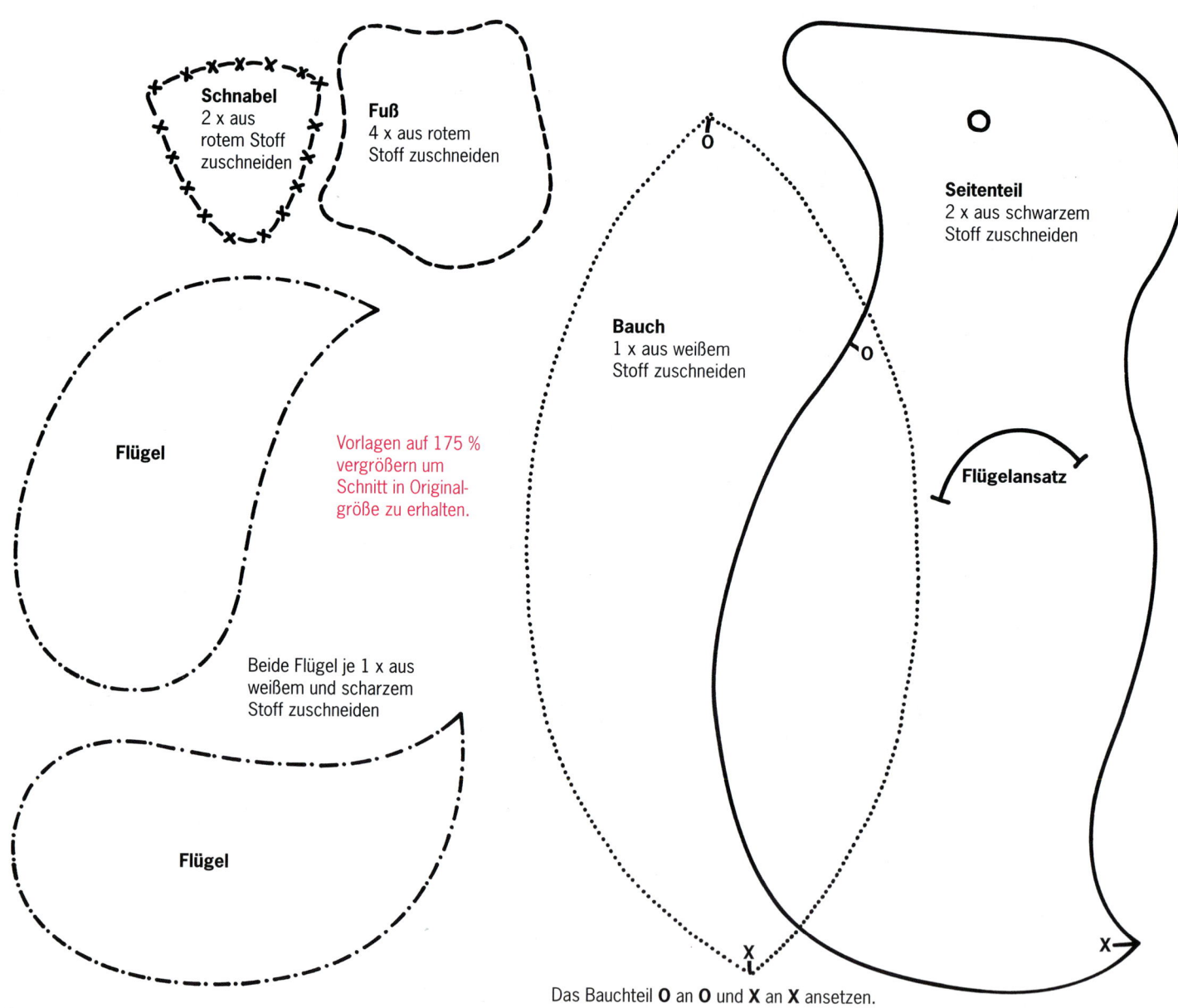

Schnabel
2 x aus
rotem Stoff
zuschneiden

Fuß
4 x aus rotem
Stoff zuschneiden

Flügel

Vorlagen auf 175 %
vergrößern um
Schnitt in Original-
größe zu erhalten.

Beide Flügel je 1 x aus
weißem und scharzem
Stoff zuschneiden

Flügel

Bauch
1 x aus weißem
Stoff zuschneiden

Seitenteil
2 x aus schwarzem
Stoff zuschneiden

Flügelansatz

Das Bauchteil **O** an **O** und **X** an **X** ansetzen.

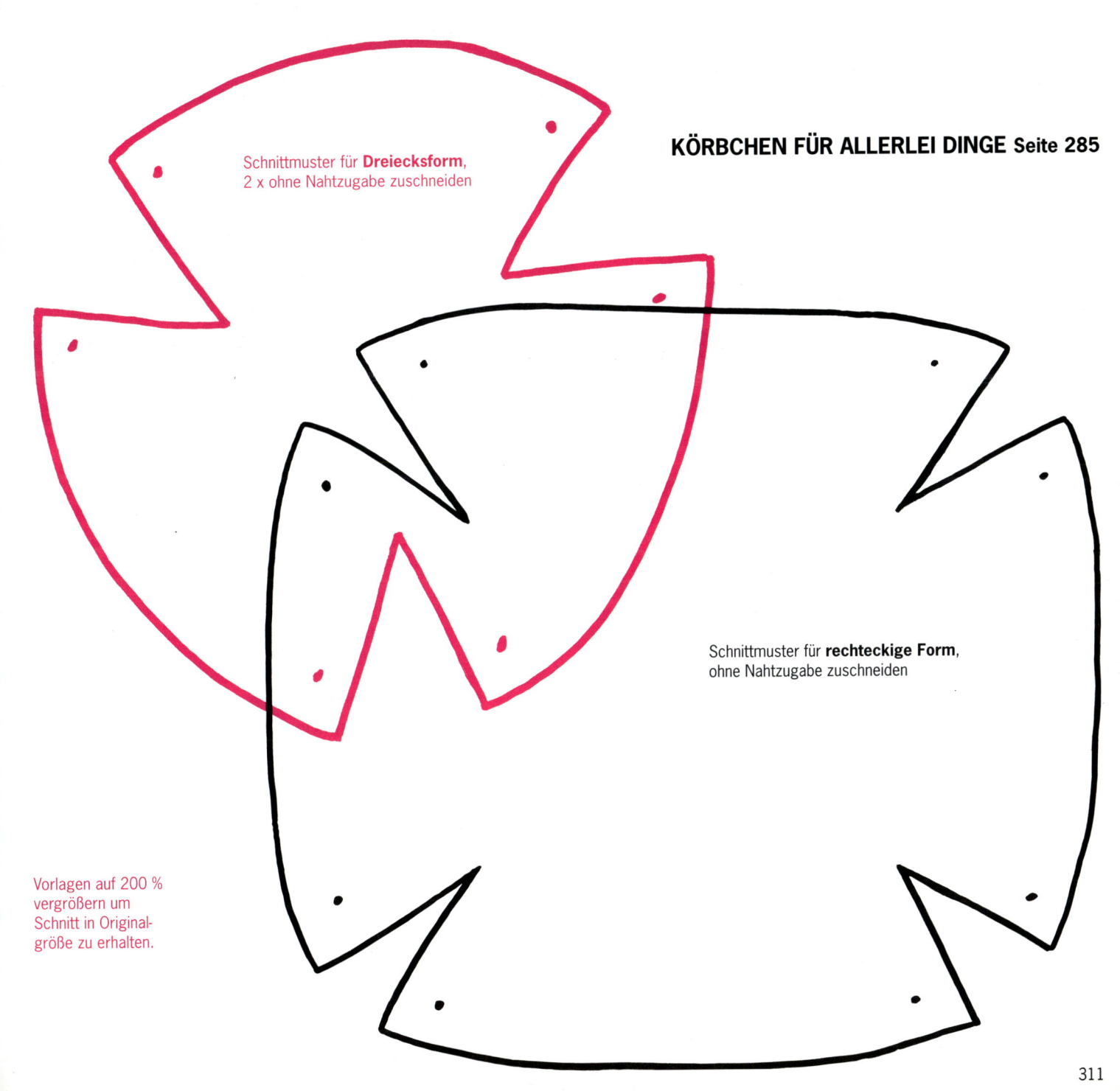

Schnittmuster für **Dreiecksform**,
2 x ohne Nahtzugabe zuschneiden

KÖRBCHEN FÜR ALLERLEI DINGE Seite 285

Schnittmuster für **rechteckige Form**,
ohne Nahtzugabe zuschneiden

Vorlagen auf 200 %
vergrößern um
Schnitt in Original-
größe zu erhalten.

Fordern Sie hierzu unsere kostenlosen Infoprospekte mit Prüfstück an.

TEXTIL-STUNDE

Ihnen sind kreative Gestaltungsimpulse zu aktuellen Themen im Bereich Textiles Gestalten der Klassen 1–6 wichtig?

In der beliebten Textil-Stunde werden von erfahrenen Pädagogen sinnliches Erleben, Sachkenntnis und die Vermittlung von Arbeitstechniken didaktisch und methodisch fundiert zusammengeführt. Jeder Vorschlag enthält wichtige Informationen zum Gegenstand und seiner Geschichte, zu Didaktik und Methodik. Ausführliche Erläuterungen zur Durchführung, inklusive zahlreicher Farbbilder und je nach Bedarf separater Arbeitsblätter ergänzen das Abonnement.

Zwei Aussendungen pro Jahr mit je sechs kindgerechten und praktischen Unterrichtsvorschlägen.

TEXTIL-STUNDE II

Sind Sie Fachlehrer für Textiles Gestalten und suchen erprobte Unterrichtsideen zu aktuellen Themen für die 6. bis 10. Klasse?

Die Textil-Stunde II ist die Weiterführung der beliebten Textil-Stunde und greift aktuelle Fragestellungen aus der Lebenswelt der 12- bis 16-jährigen auf.

Textilprojekte mit hohem Praxisbezug, Kleidungsstile als Ausdrucksform von Alltagskultur, funktionale und ästhetische Gesichtspunkte, Medienkompetenz und vieles mehr haben neben der Vermittlung klassischer Techniken hier ihren Platz. Jeder Vorschlag enthält wichtige Informationen zum Gegenstand oder Thema sowie ausführliche Erläuterungen zu Lernzielen, Arbeitsmitteln, Zeitrahmen, dem Werkverfahren, zur Didaktik und Methodik und zur Durchführung. Farbige Abbildungen und Arbeitsblätter bzw. Schnittbogen vervollständigen die Unterrichtsvorschläge.

Zwei Aussendungen pro Jahr mit je sechs abwechslungsreichen Unterrichtsvorschlägen.